辨異第四之一

有同必有異字之有異

傷高論日月之月上有

之月上畫合中二畫左

兩點卩字在左爲卓在

豪蘿謴以千里昌黎韓

南華眞經旁注目錄 終

雜明英華殘揮道鈔

南華眞經旁注卷之一

歐浦方盧名浮惰輯注

海陽孫平仲公次音校

列御寇第三十二

天下第三十三

古文苑卷第一

文

石鼓文

避車銃工避馬䤵同避車䤵

員員員運遷員族麑鹿速速君

士系其求異蕙莘

古詩

賦陳盧中振芳堂

有腰按節臨天關勿成圭璧驚人寰一朝勿起

相橋想堕作人間冰雪顏國香端擬避清絶圍

安得窺幽閑雪中長疑肌起栗挽佳直恐垂

還風流別乘似何遼哦詩興健排江山華

上海市古籍保護中心 編

《上海市古籍保護十年》編纂委員會

編委會主任 陳 超 王 瑋

編 委 （按筆畫排列）

于建榮 王 成 王海良 王漢棟 周德明 金榮彪 姚 捷
徐學蓮 陳先行 陳建華 淩 雲 張 榮 張 毅 張靜波
黃顯功 楊光輝 楊慶紅 劉民鋼

主 編 周德明 黃顯功

圖 錄 撰 稿 （按筆畫排列）

王有朋 王 楓 回達強 仲 威 李 莎 李善强 沈從文
林 寧 郁琭琭 金 雪 周保明 柳向春 徐 駿 徐瀟立
郭立暄 陳 雷 陳 韻 眭 駿 黃月妲 程 佳 趙 龍
鄭曉霞 樂 怡 韓 進 魏小虎 顏逸凡 嚴 謹

圖錄選件審稿 郭立暄 眭 駿

工作總結撰稿 上海圖書館黃顯功

復旦大學圖書館眭駿

華東師範大學圖書館周保明

上海師範大學圖書館胡振華、趙龍

上海中醫藥大學圖書信息中心王楓

上海交通大學醫學院圖書館徐駿

中國科學院上海生命科學信息中心沈東婧、姚遠

上海社會科學院圖書館程佳

上海博物館柳向春

上海辭書出版社圖書館陳韻

上海圖書公司胡建强

上海文廟管理處徐學蓮

篆 刻 周建國
圖錄攝影 林 樺

前　言

　　自 2007 年國務院頒發《關於進一步加强古籍保護工作的意見》以來，在文化部和國家古籍保護中心的主持下，全國各古籍收藏單位按照"中華古籍保護計畫"的要求與目標，廣泛開展了古籍普查等工作，取得了一系列重大進展和成果。今年正值"中華古籍保護計畫"實施十周年，回首這十年，全市的古籍工作者肩負歷史的使命，砥礪前行，爲上海的文化事業與中華古籍保護作出了重要貢獻。

　　上海的古籍保護工作在上海市文化廣播影視管理局的領導下，由上海市古籍保護中心協調全市公共圖書館、高校圖書館、科研圖書館、博物館和新聞出版、宗教機構圖書館等古籍收藏單位，共同努力，積極推進，十年成績斐然。自 2007 年 3 月起，上海的古籍保護工作陸續展開。當年 8 月 23 日，上海市文化廣播影視管理局召開了上海市古籍普查試點工作會議，標誌著上海地區古籍普查工作正式全面啟動。之後，上海圖書館派出專家組對上海師範大學圖書館等單位進行現場考察，調研本市古籍工作現狀，協助政府部門草擬了上海古籍保護工作推進計畫與《上海市珍貴古籍名録評審辦法》，隨之啟動了上海首批珍貴古籍名録的申報與評審；組織各單位人員參加在京、滬等地舉辦的各種培訓班，參與國家珍貴古籍特展；舉行多形式與主題的宣傳展覽等。8 月，經市政府批準，由上海文廣局牽頭建立了上海市古籍保護工作聯席會議制度，聯席會議成員有市發改委、市教委、市科委、市民族宗教委、市財政局、市新聞出版局、上海圖書館和上海博物館。聯席會議辦公室設在市文廣局，通過多次會議部署了全市各系統的古籍保護工作。

　　2008 年 7 月 29 日，上海市人民政府正式批準上海圖書館增掛上海市古籍保護中心牌子，10 月 9 日在上海圖書館舉行了揭牌儀式。11 月 17 日，上海市古籍保護工作專家委員會成立，並正式公佈首批專家成員名單。至 2008 年底，上海市古籍保護的組織機構和工作機制基本成形，上海市珍貴古籍名録數量初具規模，上海市重點古籍保護單位佈局初步形成。

　　在此基礎上，各單位按照各自的館藏特點與實際情況，有針對性地明確了工作重點，制定了實施措施，有步驟地開展了古籍普查、修復、數字化、學術研究、整理出版、宣傳展覽等工作。十年來，上海各單位的古籍保護工作在協同推進中，均前所未有地得到了提高，形成了各自的特色與優勢。本書所收録的工作報告總結了 12 家單位的工作歷程，我們可從中看到致力於中華典籍保護的領導、專家和全體同仁爲此所付出的艱辛。本書圖録部分刊登的書影是各館十年以來古籍保護成果的縮影，藉此可管窺各館藏書的風貌。

　　十年來，上海地區的古籍保護工作在繼承和創新中不斷提高和升華，多項舉措具有創先性。如舉行上海市古籍修復技能競賽；評選上海市古籍保護先進單位、先進個人和古籍保護優秀成果獎；復旦大學率先在國內高校中成立古籍保護中心和中華古籍保護研究院；圖書館與高校聯合辦學培養古籍修復專業學生……縱觀上海古籍保護工作十年來所取得的成果，主要體現在以下幾個方面：

　　1、建立了上海古籍重點保護單位網絡。現有 7 家圖書館列入"全國古籍重點保護單位"，9 家圖書館列入"上海市古籍重點保護單位"。

　　2、建立了上海珍貴古籍名録數據庫。現有各單位和收藏家的 1473 種古籍入選《上海市珍貴古籍名録》，其中 913 種古籍入選《國家珍貴古籍名録》。

3、多元性古籍保護人才培養體系得到加強和完善。全市現有國家級古籍修復中心一家（上海圖書館）、國家古籍保護人才培訓基地兩家（上海圖書館、復旦大學圖書館）、國家級古籍修復技藝傳習中心傳習所兩家（上海圖書館、復旦大學圖書館）。此外，上海視覺藝術學院、上海工會管理職業學院均開設文獻修復人才的專業課程培養本科生和大專生。復旦大學中華古籍保護研究院招收了古籍保護專業碩士生，開創了上海高學歷古籍保護人才培養的教學實踐。

4、古籍的編目整理工作得到了有效的推動。各單位完成了大量古籍的普查登記，完善了古籍書目數據庫，部分圖書館已經和接近完成館藏古籍登記目録的編纂。

5、古籍研究與館藏古籍的整理出版取得了豐碩的成果。各單位均出版了豐富多彩、學術價值高的著作和文獻史料，舉行了一系列專業學術會議，榮獲了許多種獎項和榮譽。一批古籍學術專著和工具書成爲我國當代古籍研究的重大成果，顯示了上海古籍研究的實力，造就了一批有真才實學的古籍專家隊伍。

6、古籍數字化工作得到了有效促進。各單位的館藏古籍數字化保存和服務呈現高效推進的景象。古籍再生性保護成果方便了讀者的利用，改善了圖書館的閱覽服務，使廣大讀者體驗到了中華古籍保護成果的獲得感，提高了古文獻的利用效率。

7、古籍的宣傳效應日益獲得社會的廣泛關注，加強了社會各界的古籍保護意識。各單位舉辦的古籍講座、展覽，策劃的專題報道、現場演示等活動，向公衆有效地傳播了中華優秀文化，使珍貴而神秘的古籍走進了衆人的視野，有助於增強公衆的文化自信和民族文化的自豪感。

8、"中華古籍保護計畫"促進了本市各古籍收藏單位之間的互學互鑒，密切了各館之間的業務合作和交流，在取長補短中汲取經驗，爲共同推進本市的古籍保護創造了良好的平臺。同時，古籍收藏單位與出版社、數據處理公司的跨界合作，實現了互利共贏，提高了各館工作成果的顯示度，合作完成了大量古籍出版與數字化加工業務。

9、提高了各古籍收藏單位的資源建設意識。各館充分認識到古籍是不可再生的珍貴文獻，在做好現有館藏古籍保護工作的同時，積極開展了古籍的徵集與採購，取得了顯著的成效，其中跨國徵集與採購的成功案例成爲中國當代圖書館書史上影響深遠的濃彩重筆。

10、有效地推動了各級領導與相關部門對古籍保護工作的重視。各單位加大了財力、物力的投入，部分圖書館的古籍工作、保存、閱覽環境得到了改善升級，增添了專用設備，提高了工作效益，增強了從業人員的工作榮譽感和信心。

古籍是中華文化的根脈，傳承文化、保護古籍是一項艱巨而浩大的文化工程。十年來，全市古籍保護從業人員克服困難，在古籍普查、整理、修復、研究、出版、展覽、宣傳等工作中，取得了可喜的階段性成果，爲上海的文化建設譜寫了光輝的篇章。"中華古籍保護計畫"開創了中國當代古籍保護事業的新局面，在十年的辛勤耕耘中，我們從中受到了激勵，因爲古籍所承載的中華優秀傳統文化是中華民族最深厚的文化軟實力，是我們增強文化自信的智慧源泉。作爲新一代的古籍工作者，我們是中華文明的守護者，我們還要繼續努力，做好古籍保護工作，讓中華文化薪火相傳，實現中華民族的偉大復興。

上海市古籍保護中心

2017 年 5 月

目　録

凡　例

一、本書爲配合 2017 年 6 月舉辦之"上海市古籍保護工作十年成果展"而作，其中涉及藏品均出自上海市各家古籍收藏單位。

二、本書分爲上、下二編：上編"展覽圖録"，著録古籍善本 120 種，逐條撰寫説明；下編"工作總結"，收録本市各單位自 2007 年以來古籍保護工作回顧文 12 篇。

三、上編"展覽圖録"分爲"舊藏擷華"、"新弄掇英"兩個單元，前者著録古籍 61 種，《中國古籍善本書目》已有著録；後者著録古籍 59 種，爲 2007 年以來本市各單位新整理發現者，未見載於各家公藏目録。

四、展品根據版本類型之不同，按刻本、稿本、抄本、批校本、拓本、繪本之次序排列先後。刻本按大致刊刻時代先後，稿本按作者生年先後，抄本按抄寫時代先後，批校本按批校者生年先後，拓本按拓印先後排列。稿本作者或批校人生年相同者，按出生月之先後排列。

五、展品説明側重揭示版本，末注藏書印記及今藏單位，文字務求簡要。稿本附列作者小傳，批校本附列批校者小傳。

上　編／展覽圖録

說　明

　　自 2007 年中國文化部推動古籍保護工作，至今已走過十年。在這十年中，上海地區的各家古籍收藏單位均付出努力，並取得進展。去年年底，參與其事的領導與同仁們商量，希望大家合作編纂一部古籍展覽圖録，作爲這些努力與進展的見證，這便是本編形成的緣起。下面，我們就本編的設想與内容作簡要的交代。

一

　　編纂展覽圖録，首先要確定展品的收録原則。關於這一點，兄弟省市已有不少現成的樣板。最通行的做法，是將收入《國家珍貴古籍名録》（以下簡稱《名録》）中屬於本省的部分抽出來，單獨出版，這樣做自有多快好省之便，此處不再贅述。

　　本編的藏品遴選，是在此做法基礎上又加變通，將範圍擴大至與《中國古籍善本書目》（以下簡稱《善目》）的收録時間齊平。在具體操作中，更側重於存世版本的唯一性。根據這一原則，一些清代著名學者的寫本（稿本、抄本、批校本）得以收録和呈現。《名録》中已經公佈的古籍精品，固然都是不可或缺的重要選項，[①]本市各藏書單位十年來通過基礎整理發現的善本，更需給予恰如其分的表彰。既不簡單地重複《名録》，也不局限於《名録》，這樣做當然有一定風險，但我們願意嘗試。經過反復商榷，我們選定了 120 部古籍，分爲“舊藏擷華”、“新春掇英”兩個品種上相對平衡的單元，分別反映上述兩方面的收獲。希望本編在完成展覽介紹的任務之餘，還能給讀者提供一點最新的學術資料和線索。

　　刻本有雕刊時代早晚之別，區分其優劣相對容易一些。區分寫本的高下要看書寫者名氣的大小，不太好把握。好在我們的前輩學者——也是新中國第一代古籍版本研究者——顧廷龍、潘景鄭、瞿鳳起諸先生在寫本鑒定方面化過專門的工夫，對於哪些品種是重要的、有代表性的，有比較一致的意見。大致在上世紀七十年代，他們已形成符合傳統習慣的、相對統一的善本觀。[②]我們認爲，這種善本觀至今仍有其不可取代的價值。本次展覽，我們努力將這種觀念貫注於展品的遴選之中，從這一角度來說，本次實踐又可視爲業務尚不成熟的年輕後輩對於兩代前輩學者的一次致敬。

　　上海圖書有限公司藏有一部清抄本沈周《石田稿》（見〇九七），有清嘉慶二十二年（1817）黄丕烈跋，一般來說，大家會將注意力放在“黄跋”上，其實本書的亮點並不止於此。此本鈐有“虞山王乃昭圖書”、“乃昭”、“樂饑”、“嬾髯”等印，審其字跡，與上海圖書館藏清康熙十二年（1673）王乃昭手抄本《陸右丞蹈海録》、《李江州遺墨》正同。

王乃昭其人雖無顯赫的官場履歷，却屬於藏書傳統意義上的名家，按照前輩學者的善本觀，此本當屬上品。由於觀念差異，此本尚未引起足夠重視，本次展覽我們將其展示出來，希望觀衆能細細品味這個本子的韻味。

二

作爲一部由集體完成的版本圖録，每篇文字說明需寫到什麼程度，確實頗費思量，這涉及到對於本編性質的設定。我們將本編定位爲相對專業的版本學讀物，其說明文字務求簡要，注意力側重於版本的考訂，與此無關的内容概從簡省，以避免在衆所周知的内容上化費太多筆墨、於版本優劣得失反而全無心得的毛病。不同的版本類型，說明文字的體例可以有所不同，以便突出特色，但同一類型風格應該相對統一。在工作開展伊始，我們根據版本情況差異分別拿出幾條樣例，供各館同仁參考，確保各位撰寫人的成稿能保持體例的整齊。後來的事實證明，這樣做是有必要的。

我們希望，說明文字不要僅僅滿足於給出版本作鑒定的單一結果，應當盡可能揭示文本整體演變的相互關係及該本在其中所處的位置。舉例來說，南宋初年刻本《通典》是學術界極爲關注的版本，中國大陸藏有六部殘本：一明晉府舊藏本，存五卷（卷十一至十五）；一内閣大庫舊藏蝶裝本，存五卷（卷一百九十一至一百九十三、一百九十八至一百九十九）。以上二帙今藏中國國家圖書館，均爲南宋前期修補印本。又有涵芬樓舊藏本，存七卷（卷七十九至八十、一百六至一百十、卷七十八之末葉），今藏國家圖書館；一嚴元照舊藏本，存二十三卷（卷十一至十五、二十一至二十七、三十六至三十八、四十六至四十八、一百八十一至一百八十三、一百九十四至一百九十五），今藏國家圖書館；一木犀軒舊藏本，存八十八卷（卷一至五、二十六至三十五、八十一至一百、一百十一至一百四十五、一百六十三至一百八十），今藏北京大學圖書館。以上三帙均有南宋中期及元補版葉。最後一部爲鄧邦述跋本，存七卷（卷八十四至八十五、卷一百三十六至一百四十），另存五卷的零葉（卷四十二的五葉，卷八十二的三葉，卷八十三的五葉，卷一百七十六的四葉，卷一百七十七的三葉），今藏上海圖書館（見〇〇一）。《善目》將該本簡單地著録爲“宋刻本”，存卷數也誤作八卷。日本學者尾崎康《關於北宋版通典及各種版本》文[③]對此刻存世印本有詳細考述，而于鄧邦述跋本仍作“宋刻本”，未能突破陳見。通過六部殘本的横向比對，我們判定鄧邦述跋本爲中國大陸僅存的南宋中期修補印本，它在六部印本中居於過渡的中間環節。

三

本次展覽選用的部分品種過去存在鑒定失誤，經過專業人員審核，糾正了著録。元刻明修本《晦庵先生朱文公文集》（見〇二〇）是一個典型的例子，《中國古籍善本書目》著録該本，誤定爲“宋咸淳元年建安書院刻宋元明遞修本”，《名録》沿襲而不改。按臺灣“中央圖書館”藏有此刻之初印本一帙，版心有刻工名，皆元代中期建刻良工，知其爲元刻無疑。錢大昭《說文分類權衡》（見〇五六），《善目》定爲稿本，今審核原書款式，實爲待刻寫樣本，文中避清宣宗諱“寧”字，知其寫定已在作者身後。嚴復手批本《世說新語》（見〇六一），《善目》著録其底本爲明嘉靖十四年（1535）袁褧嘉趣堂刻本，實爲嘉靖四十五年太倉曹氏翻刻袁本。這類錯誤，本次展覽直接予以改定。

另一些版本原來的著録存在局部偏差，比如元大德九路本《漢書》（見〇一五），刷印不晚於成化，書中無一葉正德補版。《善目》却將其歸入“元刻明成化正德遞修本”，降低了其價值，今改定爲明成化修補本。該書有部分卷次缺失，用明嘉靖南監本配補完整，也是在本次展覽籌備過程中發現的。類似的例子還有元刻本《新入諸儒議論杜氏通典詳節》

（見〇六三），過去著録存七卷，實際存三卷（卷十七、二十二、二十三）；明前期刻本《音點春秋左傳詳節句解》（見〇二六），《善目》著録“卷二十九至三十五配明嘉靖刻本”，實則卷二十七至二十八也是嘉靖本。這類錯誤，本次展覽都根據實際一併作了修改，以避免輾轉沿訛的情況繼續出現。

　　也有個別品種，鑒定方面存在疑問。比如《標音古文句解精粹大全》（見〇二三），過去一向定爲元刻本，今查該本的字體風格與明前期刻八行本劉履《選詩補註》接近，疑是明前期建本。鑒於目前尚無更進一步的證據來支持這一判斷，本次展覽圖録暫時未作修改，留待學者進一步研究。

四

　　另有一些版本，曾經引起過學者的迷惑，我們借由這次展覽的機遇，重新檢點原書，將這些疑難初步解決了。

　　涵芬樓藏有一部宋本《入注附音司馬溫公資治通鑑》，張元濟先生解題認爲，該書通行本附有劉恕《外紀》，而他所藏的宋本“不涉《外紀》，似屬有別”④，認爲是書坊任意減損所致。上海辭書出版社圖書館藏有一部宋本《資治通鑑詳節目録》、《綱目》、《圖》（見〇〇七），字體峭厲，與張本風格一致，當同屬一刻。二者相配，可更爲完整地反映原書面貌。宋本《詳節目録》顯示，本書還有《外紀》四卷。張氏當時僅見該書正文部分，未見《詳節目録》，據此作出的結論，現在看來有修正的必要。

　　元刻本《資治通鑑》胡三省注，印本或有王磐興文署新刊序，前人多據以定爲至元二十二年（1285）興文署刻。但學者比對元刻初印本，發現並無王序，因而判斷此序由後人僞作混入，“是明季或清初好事者的僞作品”⑤。本次展覽收録了一部元刻本《通鑑》胡注，有清乾隆丙戌（二十一年，1766）吳城跋，復旦大學圖書館藏（見〇二二），過去定爲初印本，開卷有王磐序。尾崎康氏曾借閱此帙，雖指出其中有矛盾之處，却未給出合理解釋⑥。這次我們逐葉核對，發現本書實爲兩部同版而不同印次的印本配成：一元刻中印本，文字清晰；一元刻明遞修本，文字模糊，遞有修補。吳城跋云：“此書初藏楊氏繼京，繼藏項氏霜田，及歸先子插架，散失已十之三。余購求累年，始獲補全，續得者版樣雖同，而紙印較後。”正與印本實際情況相合。王磐序出自中印本，爲後人添入，固然證明歷來流傳之所謂興文署刻《通鑑》事爲不足信；中印本之刷印當在明初或稍晚，又證明作僞者之時代不會晚至明末，至於清初之説則更是絕無可能。

五

　　上海市古籍保護的一項重要内容是摸清家底，比如上海圖書館就專門組織了一支年輕的專業團隊，開展未編文獻整理。目前，他們已從塵霾中搶救出兩萬餘種古籍，其中不乏如沈曾植稿本《蠻書校注》（見〇九〇）這類前輩學者懸想多年而未得的精品。而最讓人驚喜的，是他們發現的一些新品種居然因緣湊巧，恰好可與館藏文獻缺失部分相配。這裏舉幾個例子：尤袤《梁谿遺橐》二卷，清康熙三十九年（1700）尤侗刻本，上圖舊藏《詩鈔》一卷，鈐有“勞格”、“季言”、“季言汲古”、“剛伐邑齋藏書”、“玄冰室珍藏記”等印，整理中新發現尤刻本《文鈔》一卷（見〇七二），也有剛伐邑齋印記。根據袁榮法《剛伐邑齋藏書志》的記載，二者原爲一家眷屬。沈德潛《杜詩選》稿本，也見於袁氏《剛伐邑齋藏書志》，原先有兩册，上圖舊藏第一册，這次整理發現了第二册（見〇七七）。吳清鵬《笏庵詩稿》稿本，葉景葵舊藏殘本一册，存三、四兩卷，《卷盦書跋》著録，這次整理又發現一册，爲卷五至六（見〇七九），是葉氏當年没有見過的。潘曾瑩《墨緣小録》稿本原有二册，上圖舊藏第一册，這次整理發現了第二册（見〇八〇）。汪曰楨《二十四史月日攷》稿本，上圖舊藏殘本二十六册，這次整理陸續發現五册（見〇八三），計有《舊五代史月日攷》四卷、《宋史月日攷》五卷、《遼史月日攷》五卷、《金史月日攷》六卷，二者相配，可將《舊五代史》、《遼史》、《金史月日攷》三種配成完書，《宋史月日攷》得以補入五卷。清抄本嚴衍《資治通鑑續編》一百五十七卷，上圖舊藏卷三至一百五十七，計三十一册，這次整理又發現缺失的一册（見一〇〇），爲卷首、目録及卷一至二。李祖年手校《雅雨堂叢書》本《摭言》十五卷，上圖舊藏殘本一册，存卷十一至十五，有己未年（1919）李氏跋，這次整理又發現三册（見一一六），爲卷一至十，將此書配成完帙。延津劍合，歷來是讓人津津樂道的藏書佳話。本次展覽，我們會將這些分而復合的古籍共同展示出來，供大家比較參觀。

　　以上是對本次展覽及圖録編纂的一些粗略介紹，希望讀者在欣賞之餘，也可以感受到書籍的背後，感受到整理者長期的、寂寞的、艱辛的付出。值得高興的是，本次的展覽圖録有不少篇幅是由年輕的從業人員撰寫，從成稿來看，他們已具備相當高的素養。相信他們能由此起步，"細檢新籤排甲乙，不隨世味共酸鹹"，在專業領域不斷取得進益。

郭立暄

2017 年 5 月

① 比如上海博物館藏的宋本《謝幼槃文集》（見〇〇三）、《廬陵歐陽先生文集》（見〇〇四）、《杜工部草堂詩箋》（見〇〇九），華東師範大學藏的宋刻本《諸儒校正西漢詳節》（見〇〇八），中國科學院上海生命科學信息中心圖書館藏的元刻本《新刊黃帝内經靈樞》（見〇二一）等。

② 詳拙著《上海圖書館一、二級藏品中的稿抄校本》，收入《2014 年中文古籍整理與版本目録學國際學術研討會論文集》，廣西師範大學出版社，2015 年 10 月，頁 670-683。

③ ［日］長澤規矩也、尾崎康校，《北宋版通典》，上海人民出版社，2007 年版，《別卷》。

④ 張元濟《涵芬樓燼餘書録》卷二，上海商務印書館，1951 年。

⑤ 吳哲夫《元興文署〈資治通鑑〉版本問題疑辨》，《故宮學術季刊》第二十卷第二期，頁 25-36。

⑥ ［日］尾崎康《復旦大學圖書館藏宋元版解題》，《斯道文庫論集》第三十四輯，頁 12。

○○一　通典二百卷

唐杜佑撰　宋刻修補印本

　　此爲南宋初期刊本，從北宋本翻出。宋紙宋印。版心下有刻工名。原版葉有徐真、余仲、陳培、朱祥等，爲南宋初期刻工。補版葉大致可分二期：第一期，蔡通等，爲南宋前期補版刻工；第二期，王宝、王成、王壽、李倍、李成、夏义、張明、王良佐、曹榮、楊顯、顧永、陳壽、何澤、吳益、孫日新、詹世榮、周明、陳明、陳用等，爲南宋中期補版刻工。今存七卷，又五卷之零葉：卷四十二第五至九葉，卷八十二第五至七葉，卷八十三第一至四葉、第七葉，卷八十四至八十五、卷一百三十六至一百四十、卷一百七十六第五至八葉，卷一百七十七第一至三葉，中有錯裝。前有甲子（1924）十月鄧邦述手跋，略述殘存卷次，而不及卷四十二、八十二，蓋未及細檢。《中國古籍善本書目》著録此本，存卷亦有缺誤。又，此刻中國大陸另藏有殘帙五部，審覈原書，其中二部爲南宋前期修補印本，三部爲南宋前期、中期、元遞修印本，居於中間環節之南宋中期修補印本則僅此一帙，應予關注。

　　鈐有“杭州王氏九峰舊廬藏書之章”、“群碧樓”等印。今藏上海圖書館。（郭立暄）

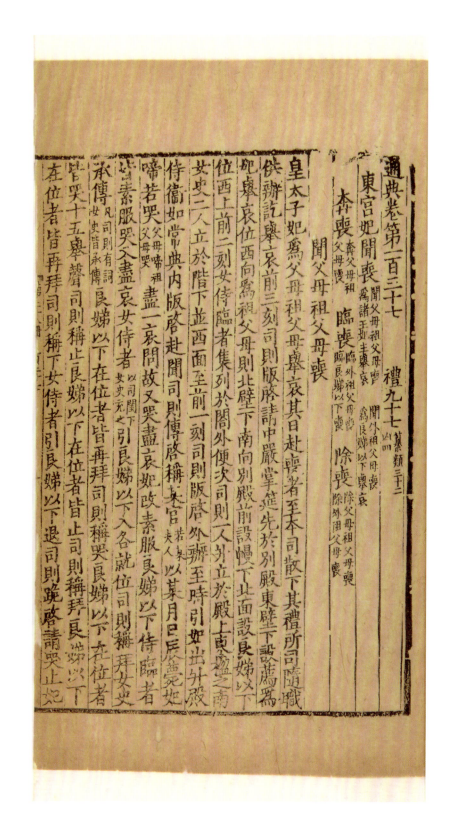

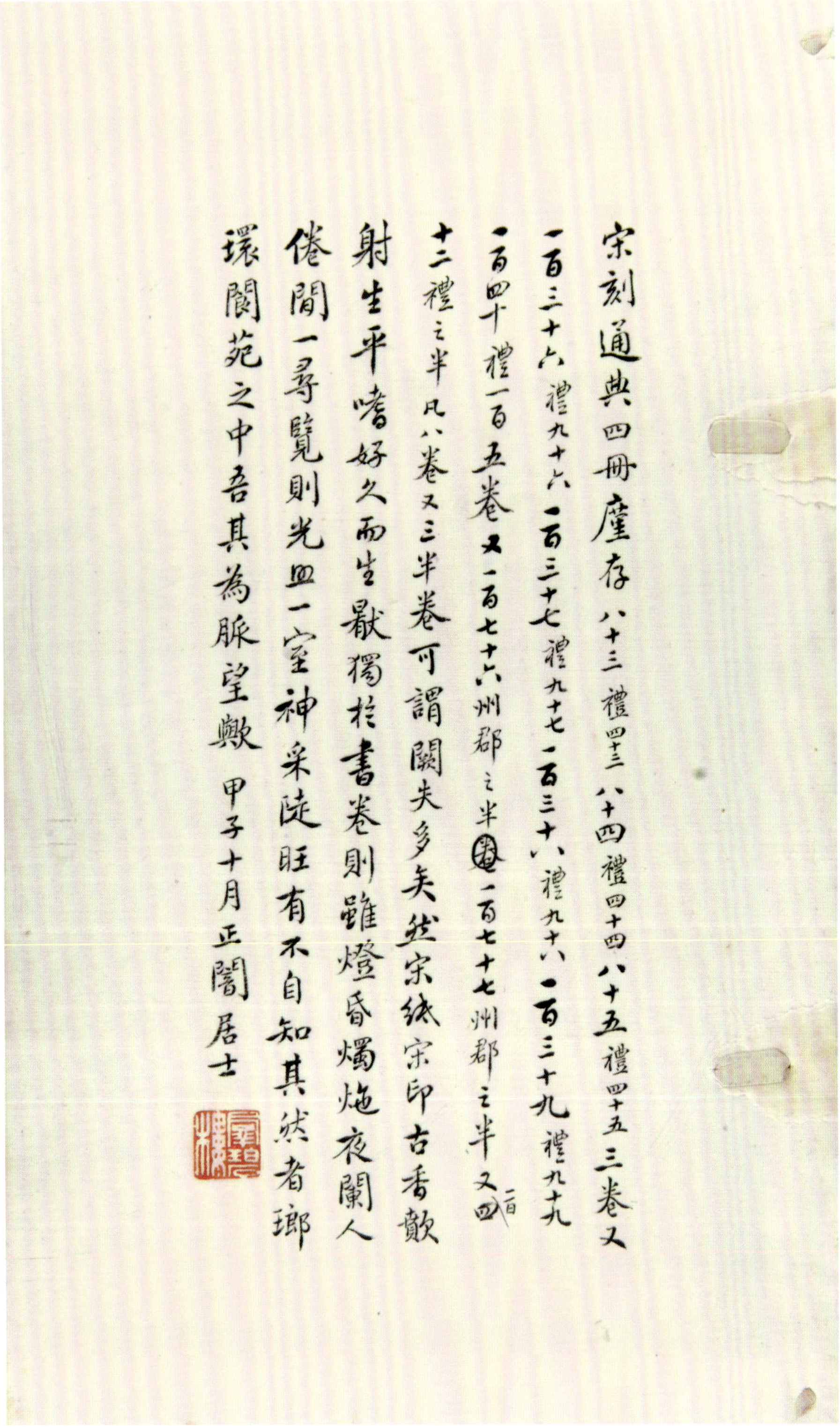

宋刻通典四冊塵存八十三禮四三八十四禮四十四八十五禮四十五三卷又

一百三十六禮九十六一百三十七禮九十六一百三十八禮九十六一百三十九禮九十九

一百四十禮一百五卷又一百七十六州郡三半□一百七十七州郡三半又四

十二禮三半凡八卷又三半卷可謂闕失多矣然宋紙宋印古香歟

射生平嗜好久而生獸獨於書卷則雖燈昏燭炧夜闌人

倦間一尋覽則光皿一室神采藍旺有不自知其然者瑯

環閣苑之中吾其為脈望歟　甲子十月正闇居士

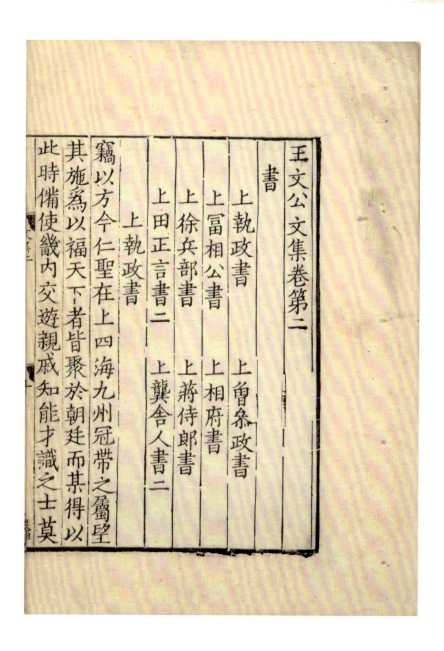

○○二　王文公文集一百卷目録二卷

宋王安石撰　宋紹興龍舒郡齋刻公文紙印本

　　王安石文集宋本現存兩種，此爲龍舒郡
齋刻本，刻在紹興二十一年（1151）兩浙西路
轉運司本之前。用宋代公文紙印，紙背爲宋人
書簡及公牘。現存七十四卷：卷一至三、八至
十六、二十一至三十六、四十八至六十、七十
至一百、目録二卷。

　　鈐有“寶應劉氏食舊德齋藏書記”、“蔣
祖詒讀書記”、“南通吳氏收藏書畫印”、“思
學齋”等印。今藏上海博物館。（柳向春）

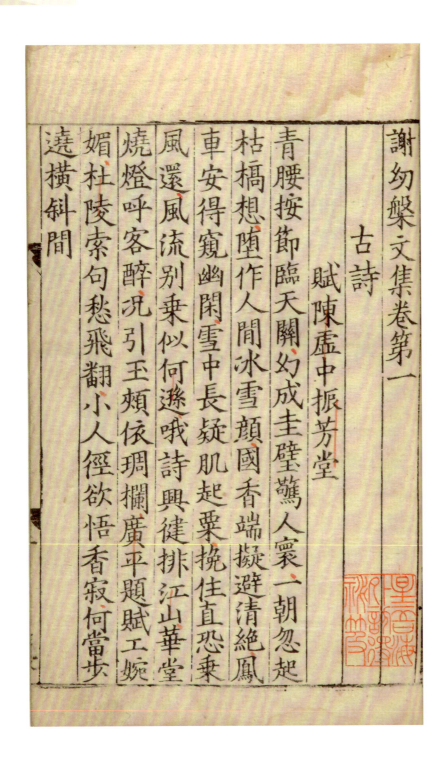

謝幼槃文集卷第一

古詩

賦陳盧中振芳堂

青腰按節臨天關幻成圭璧驚人寰一朝忽起
枯橋想墮作人間冰雪顏國香端擬避清絶鳳
車安得窺幽閉雪中長疑肌起粟挽住直恐乘
風還風流別乘似何遜哦詩興健排江山華堂
燒燈呼客醉況引玉頻依珝攔廣平題賦工婉
媚杜陵索句愁飛翻小人徑欲悟香寂何當步
遠橫斜間

○○三　謝幼槃文集十卷

宋謝邁撰　宋紹興二十二年撫州州學刻本

　　此本前有壬申（紹興二十二年，1152）
冬十一月辛卯朔建康苗昌言識語，鐫刻精
良，紙墨朗潤。清末楊守敬購自東瀛，爲
孤帙僅存。末有光緒甲申（十年，1884）
十一月楊氏手跋。
　　鈐有"星吾海外訪得秘笈"、"楊守敬印"
等印。今藏上海博物館。（柳向春）

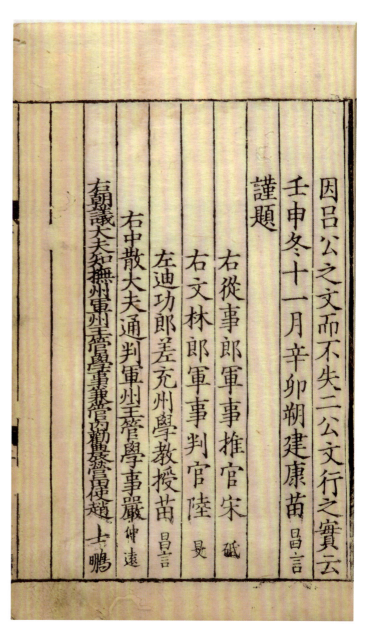

因呂公之文而不失二公文行之實云

壬申冬十一月辛卯朔建康苗昌言

謹題

右從事郎軍事推官宋砥

右文林郎軍事判官陸旻

左迪功郎差充州學教授苗昌言

右中散大夫通判軍州主管學事嚴仲遠

右朝議大夫知撫州軍州主管學事兼管內勸農營田使趙士鵬

連篇累牘轉瞬他為煙雲讀

此集乃知古人萬寶而必傳也愈遠

光緒甲申十一月二日宜都楊守敬記

托邾城通志局寫次

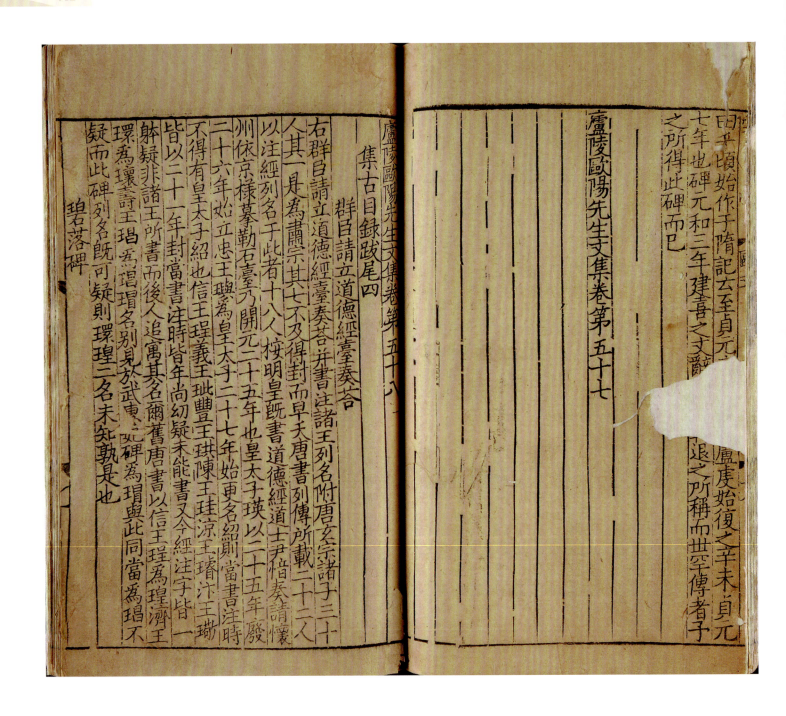

○○四 廬陵歐陽先生文集六十四卷

宋歐陽修撰 宋刻本

　　此本宋諱避至"桓"字，構、慎、敦等字不缺筆，爲南宋初期建刻。流傳頗罕，中國大陸僅有此帙。
今存二卷，爲卷五十七至五十八（《集古目録跋尾》三至四）。有宣統甲寅（1914）九月戊寅朔
曹元忠跋，辛未（1931）十月鄒在衡跋。
　　鈐有"蓉閣翰墨"、"元忠私印"、"君直"等印。今藏上海博物館。（魏小虎）

余曩年獲交靈間邵伯袁敏以次七先世二莖中名蔚林楮聖
晤古字內藏書萬卷此丹買書雜弊編幽簡遇有舊刻
不惜購求書謂世人收藏古名人字畫匯內士夫字多則百年
閒為之毋不歟於作人之詩訣目為大事鷹雜吳頭此舊日
書槧刻縱有精唐藏且為前人所遺萬無僞偽失生之言如此
余乃徧蟹別友定畫子罕鴬別友書刻不此四
廢書以為古人精神血脉之所寄鳥將心話供不全狀之不甚
愛惜親友儻蒙臨寒半年如讀書若世待購書
收售市諸中殊書匯豈縱藏均叮得益保雲如余卷之
於經史子集頗有听得亦既之書日如心讀書不媿陸斂
柿經史子集題有所得亦既之書日如此讀書不媿陸斂

今春三月四朝範氏天一閣書守藏不慎為人肷售還包
上海迭次求僅同年張不銘鈞衡得其宗刻殘本居士集余
從江陰師瓶風堂見之卽阮刻書目廬陵歐陽先生文集六
十四卷是此於知郡齋讀書附志云廬陵歐陽先生集六
十一卷一迤四之誤改求得此以為海內孤本無從再遇豈知未
及半年又見吾友封衡甫文權昕藏之本是本為廬陵歐陽
先生文集第五十七八兩卷每半葉十四行二十六字版心上卷
書袤字下卷書衣字潤以魚尾書歐文卷毅渡潤以魚尾再
書葉校書條集古月錄跋尾於玄眺影瑯驚弘彫瑯恒貞衡
柿字皆從改避而於樜慎敦字並不缺筆肷南渡初年昕刊

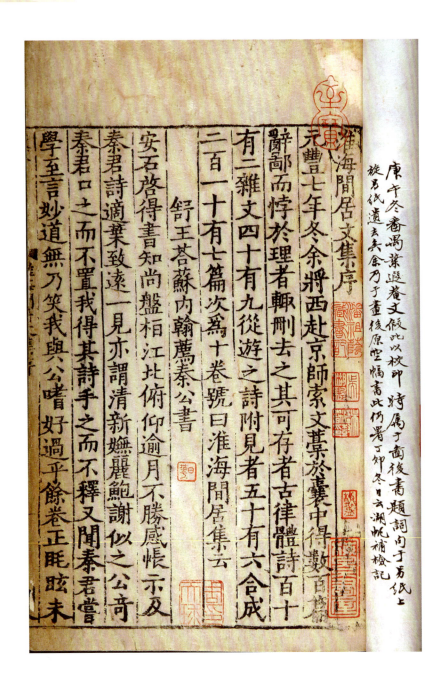

○○五 淮海居士集四十卷後集六卷長短句三卷

宋秦觀撰　宋刻本

此本存《長短句》三卷：目錄二葉、《淮海閒居文集序》等四葉、《長短句》上卷七葉、中卷第二、四兩葉爲宋刻，卷中、下配朱之赤抄本。有清黃丕烈、蔣因培、沈樹鏞跋，朱孝臧、吳梅、鄧邦述、吳湖帆跋，冒廣生題詩，陳定山、吳湖帆題詞，孫雲鴻、潘承厚、潘承弼、葉恭綽、蔣汝藻、汪東、龍榆生、顧廷龍、呂貞白題款。

鈐有"休寧朱之赤珍藏圖書"、"臥菴老人"、"虞山張蓉鏡鑒藏"、"因培"、"潘祖蔭藏書記"、"沈樹鏞鑒藏印"、"群碧校讀"、"彊邨"、"旭初"、"吳湖颿"、"梅景書屋"等印。今藏上海博物館。（魏小虎）

長海勹目録

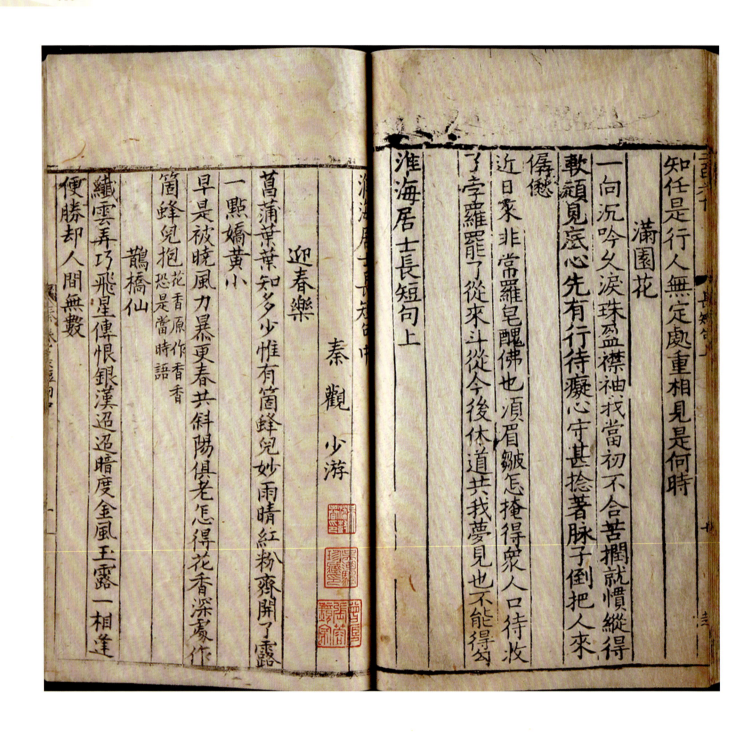

淮海居士長短句上

秦觀 少游

迎春樂

菖蒲葉葉知多少惟有簡蜂兒妙雨晴紅粉齊開了露
一點嬌黃小
早是被曉風力暴更春共斜陽俱老怎得花香深處作
簡蜂兒抱 花香原作香香恐是當時語
鵲橋仙
纖雲弄巧飛星傳恨銀漢迢迢暗度金風玉露一相逢
便勝却人間無數

潇園花
一向沈吟久淚珠盈襟袖我當初不合苦攔就慣縱得
軟頑見底心先有行待癡心守甚捻著脉子倒把人來
僝僽
近日來非常羅皁醜佛也頻眉皺怎掩得衆人口待收
了字羅罷了從來斗從今後休道共我夢見也不能得夠
知任是行人無定處重相見是何時

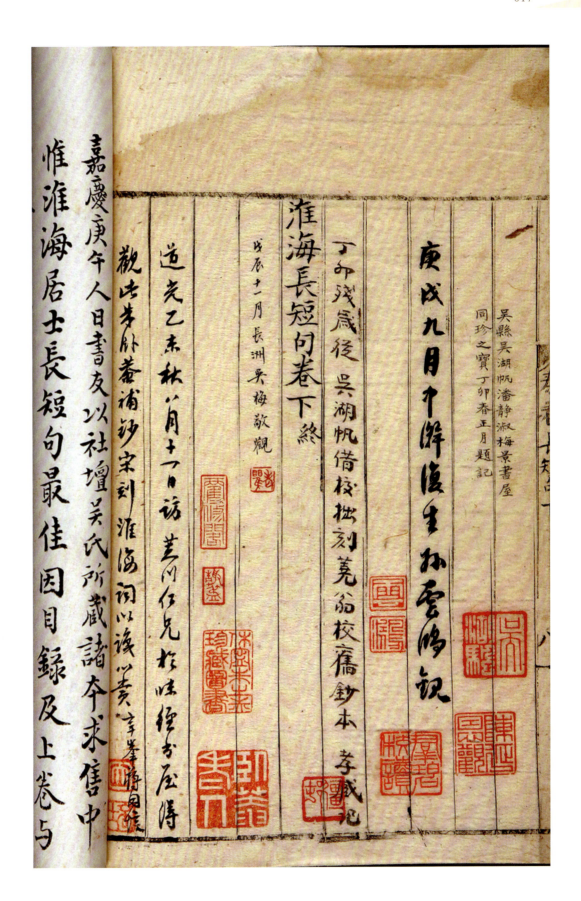

吳縣吳湖帆潘靜淑梅景書屋
同珍之寶丁卯春正月題記

庚戌九月十游後半孫雲塢觀

淮海長短句卷下終

丁卯殘臈後吳湖帆借校擬刻荒翁校舊鈔本李戴記

戊辰十一月長洲吳梅敬觀

道光乙未秋前十一日訪荒川仁兄於咮經草屋得
觀其外舅蕅補鈔宋刻淮海詞以後此黃孳峯將因緣

嘉慶庚午人日書友以社壇吳氏所藏諸本求售中
惟淮海居士長短句最佳因目錄及上卷与

辛未七月獲觀梅影書屋祕笈 吳江東記

丁丑季冬萬載龍沐勛敬觀

長相思

偶檢梅景書屋藏宋紫淮海詞其長相思歇拍章于邢鴛
鴦夫老不應同是悲秋載故宮本增不下五字一破令紫改不為否之誤
誠淮海功臣也湖帆萬悼之欲予為詞以烈此麦而秦體亡仍

正拍

蓊裹慵書茶煙閒雨秋隨病住西樓故人生處淮海商量也同嘗話歸
州陳元龍湖海之士 令皆作潮海之士　眼底心頭甚秦雲抹謝草春衾萬事儂東流付寒
鶼點二盧舟　正月色闌亭栅兼金屋載量多少閒慈瞻餘硯滴便西風吹淚藤
洲教夢應羞飛絮怕江南路桐蔭綠華麥無佳所誰先楚客知秋

己卯十月以大中祥符硯冬心墨蝯野居士題

十年前陳定山永觀此書為題長相思當時余所定山日以論詞為進不料十年來
依然滿月千戈並論詞之與亦索然為紫米之慈笑此書前歲巳與宋刻後卹詞分付
西媚女前日吾婿吳紀孫偕珊女來滬省視攜此冊寄孚敬舍適如皋冒文鶴亭未出
觀弟一詩手前余偕寒鐙重展因次滿庭芳韻補書于冊末題
彈月箜篌傳觴桃李艷說傾倒蘇門寶雲雙鳳佳句睹芳尊曾共西園夜
姝嬌襲擗花霧繽紛人如畫紅橋十里淮海有春邨　凝魂才嫵麗微雲學
士三巒庭分辛摩玉遺珠歷紀珍存好李石林細枝兮明發乾道餘痕選
同唱劉郎別調相興伴晨昏　辛卯冬至顧廷龍護觀
據葉遐文校印宋本淮海長短句版本系統表從全集朱諱缺筆推定此為乾道刻本
後入明嘉靖海內祇存二本一即此本一為故宮所藏之無錫秦氏本也庚寅十二月吳湖帆記

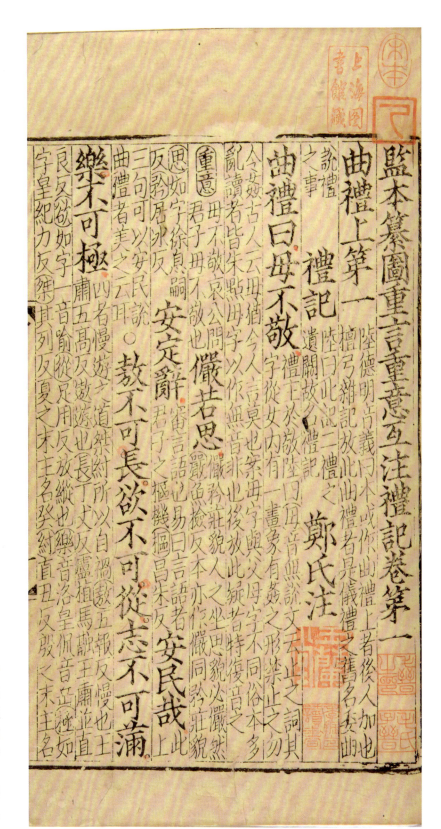

○○六　監本纂圖重言重意互注禮記二十卷

漢鄭玄注　唐陸德明音義　宋刻本

　　此本遇敬、玄、殷等字不避，遇匡、恒、貞等字缺筆，南宋孝宗諱"慎"字、光宗諱"敦"字時避時不避，與北京大學圖書館藏建安劉氏天香書院刻《監本纂圖重言重意互注論語》版式行款相同，字體、刀法、墨色如出一轍，當爲南宋中期光宗、寧宗之際書坊刊刻。有楊守敬跋，魏碱題記。

　　鈐有"玉蘭堂"、"毛晉之印"、"毛氏子晉"、"宋本"、"乙"、"季振宜讀書"、"藏園"、"增湘"、"雙鑑樓收藏宋本"、"杭州王氏九峰舊廬藏書之章"等印。今藏上海圖書有限公司。（顏逸凡）

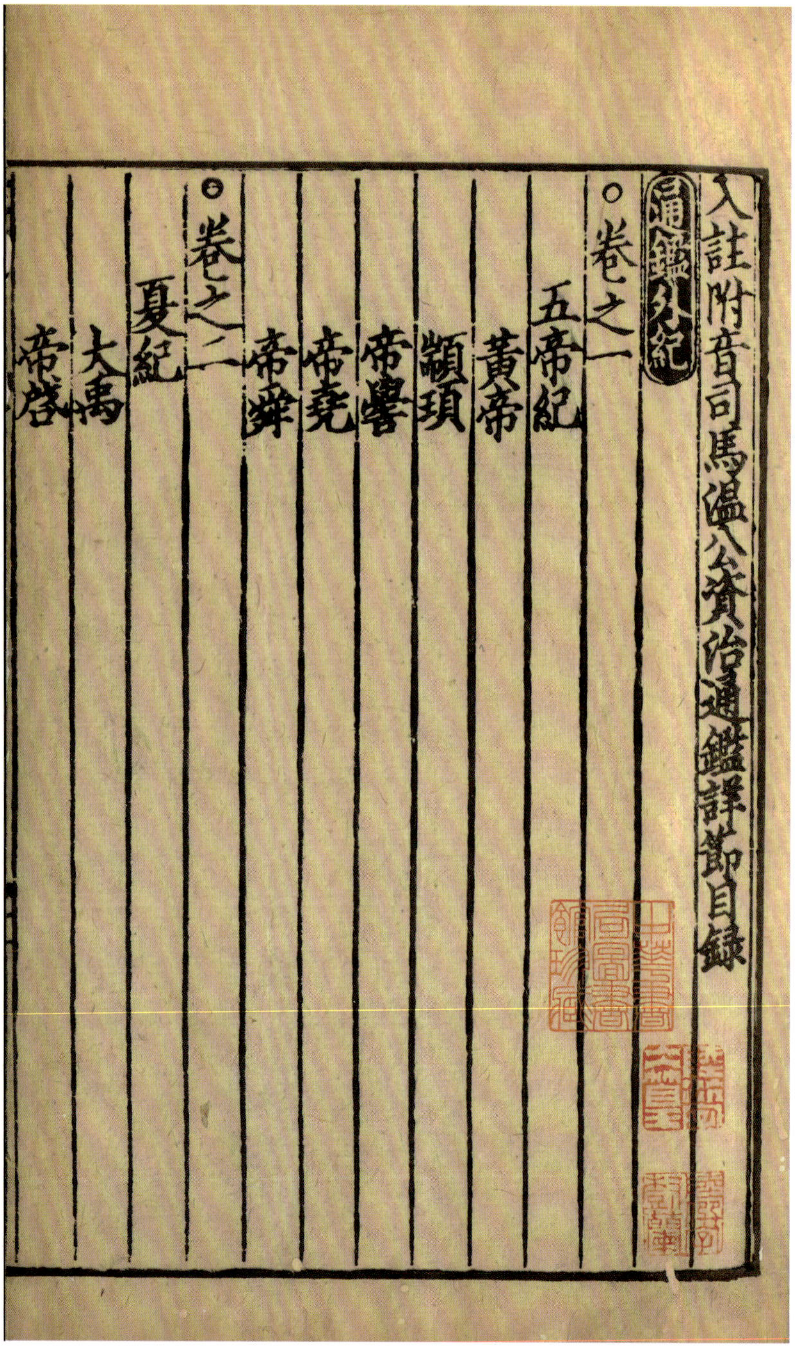

○○七　**入注附音司馬溫公資治通鑑一百卷**

宋司馬光撰

外紀四卷

宋劉恕撰

詳節目録一卷綱目一卷圖一卷

宋刻本

此本無序跋，宋諱缺筆至“敦”字，避光宗諱，字體峭厲，知爲南宋建刻。今存《詳節目録》一卷《綱目》一卷《圖》一卷，即本書之目録及大事綱要部分。末有隆慶元年（1567）汝南袁氏清涼堂識語一條，舊題袁褧作。又有陸沆跋云：“大清道光四年（1824）甲申十月，吳門陸沆得於百宋一廛黃蕘夫處，重裝一次即誌。”

鈐有“袁氏尚之”、“姑蘇吳岫家藏”、“健菴”、“陸沆字冰篁”、“陸沆之印”、“靖伯”、“陸僎字樹蘭”、“曾在陸樹蘭處”等印。今藏上海辭書出版社圖書館。

涵芬樓舊藏之宋本《入注附音司馬溫公資治通鑑》一百卷，存八十一卷，今歸中國國家圖書館。與此本字體、版式風格一致，出自同一版本，或即本書之正文部分。（陳韻）

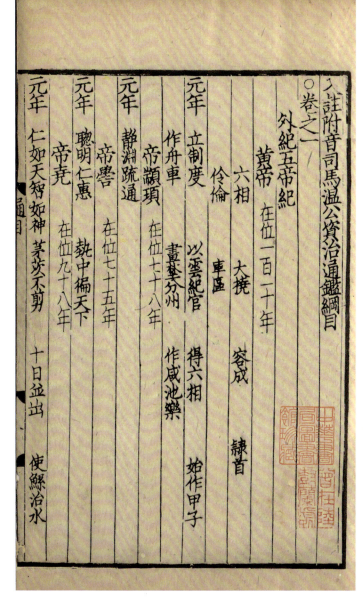

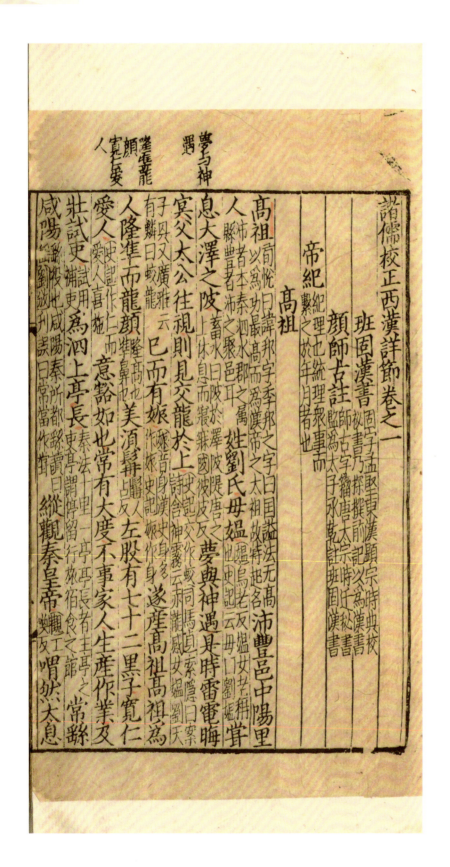

○○八　諸儒校正西漢詳節三十卷

宋呂祖謙輯　宋刻本

此本字體爲南宋建刻風格，存卷一至二十三、二十六至三十，計二十八卷。彭元瑞《天禄琳瑯書目後編》卷四著録《諸儒校正兩漢詳節》，藏書印記與此同，知此即清内府天禄琳瑯所藏本。有羅振常手跋。

鈐有“五福五代堂寶”、“八徵耄念之寶”、“太上皇帝之寶”、“天禄繼鑑”、“乾隆御覽之寶”、“平陽藏書”、“敬翼堂印”、“銕雲所藏”等印。今藏華東師範大學圖書館。（李善強）

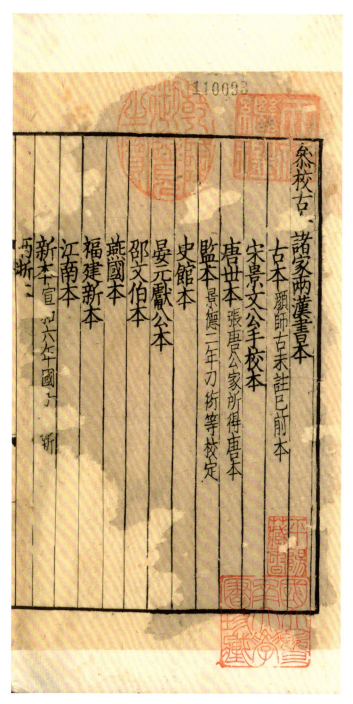

參校古、諸家兩漢書本
古本顏師古未註已前本
宋景文公手校本
唐世本張唐公家所得唐本
監本景德二年刀衍等校定
史館本
晏元獻公本
邵文伯本
燕國本
福建新本
江南本
新本宣興六午國方
馬斫二

諸儒校正兩漢詳節標題与前十七史金本不同
所言圖系而前有參校古今諸家兩漢書令
之目凡廿四家其正文內字句而亦有參差刻版尺
寸行字迴殊較全本履手紙墨皆工原各成書
妙兩美耳

西漢卷首　卷三　卷七　卷九　卷十三
白文　卷十五　卷六　卷三十　卷三十四　卷三十七
西漢卷三　卷七　卷九　卷十二　卷五
朱文　卷十六
卷十八　卷三十　卷三十四　卷三十七

平陽藏書　敬巽堂印

右見天祿琳瑯書目續編宋版史部此本即
所著錄之原書也其各卷藏印核之均同

又增內府收藏六璽惟兩名家漢書目錄
資十五家非十四家平陽藏書印乃朱文
犯白文此繕目者偶誤耳庚子之亂自內
庭陷出為潤州劉氏抱殘守缺經兩帰但
祇西漢所謂東漢詳節不知又帰何處東
菜七史皆有詳節合刻今所殊不葺此為
單刻耶所參校諸本大半為今所不見刻
印本傳世宋李壽中當推第一罕有丈
此誠至寶也時庚申孟冬月十有丈
謹觀年於于海上之蟬隱廬
羅振常

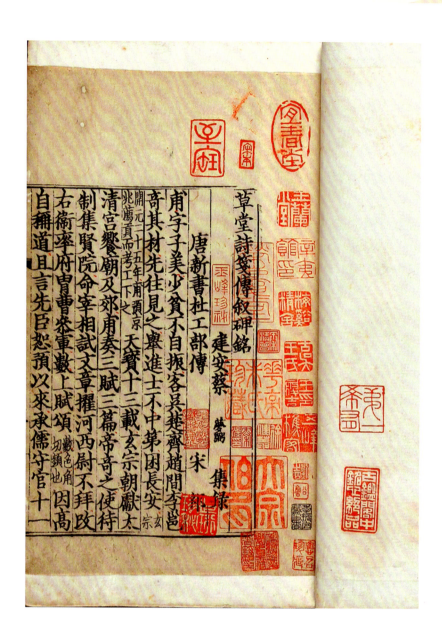

○○九　杜工部草堂詩箋五十卷

宋蔡夢弼撰

年譜二卷

宋趙子櫟、魯訔撰

傳敘碑銘一卷詩話二卷

宋蔡夢弼輯　宋刻本

　　此本宋諱避至"廓"字，或是嘉泰元年成書後建陽書肆第一刻本（説見《中國版刻圖録》）。今存五卷：傳敘碑銘一卷、詩話二卷、年譜二卷。

　　鈐有"玉蘭堂"、"辛夷館印"、"古吳王氏"、"王履吉印"、"華亭朱氏珍藏"、"大宗伯印"、"季振宜字詵分號滄葦"、"季振宜藏書"、"徐健菴"、"世珩珍秘"、"聖廎祕笈識者寶之"、"劉之泗"、"公魯"、"梁谿秦淦"、"秦清曾藏書印"、"譚錫慶學看宋版書籍印"等印。今藏上海博物館。（魏小虎）

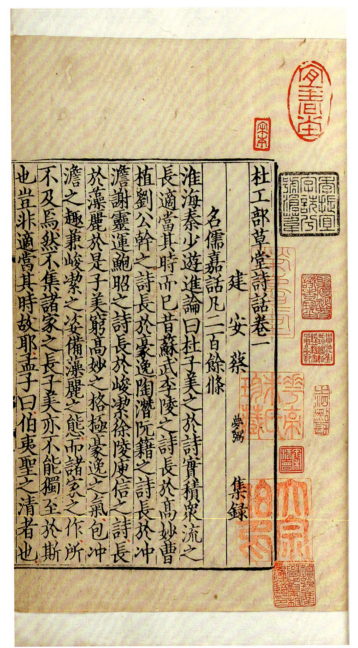

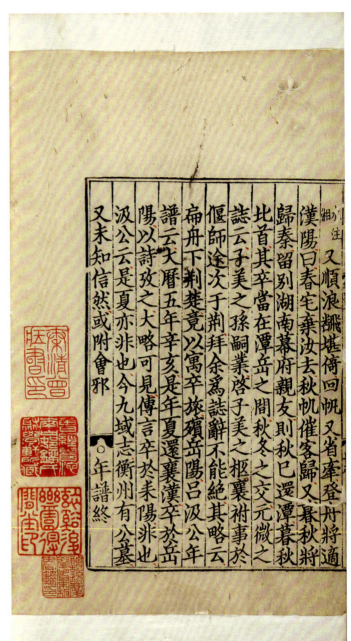

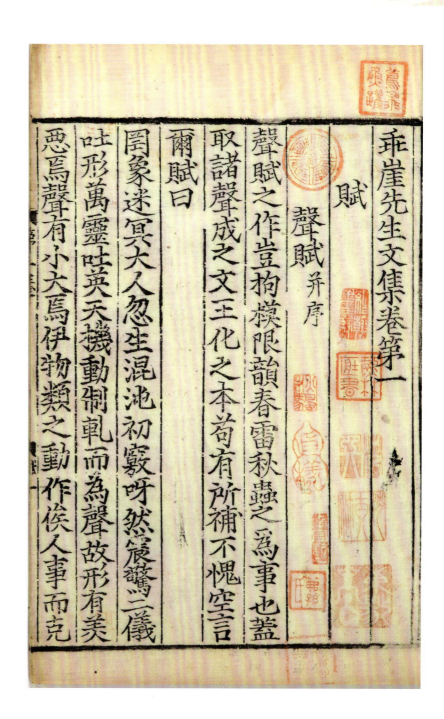

○一○　**乖崖先生文集十二卷**

宋張詠撰

附録一卷

宋嘉定間郭森卿鄂州崇陽縣刻本

陳振孫《直齋書録解題》著録《乖崖集》云：“近時郭森卿宰崇陽時刻。此集舊本十卷，今增廣，並《語録》爲十二卷。”此本或即陳直齋著録者，爲本書現存最早刊本。另有咸淳五年（1269）尹賡刻本，蓋源出此本。

鈐有“沈士林”、“顧汝修印”、“蕉林藏書”、“潘祖蔭藏書記”等印。今藏上海博物館。（柳向春）

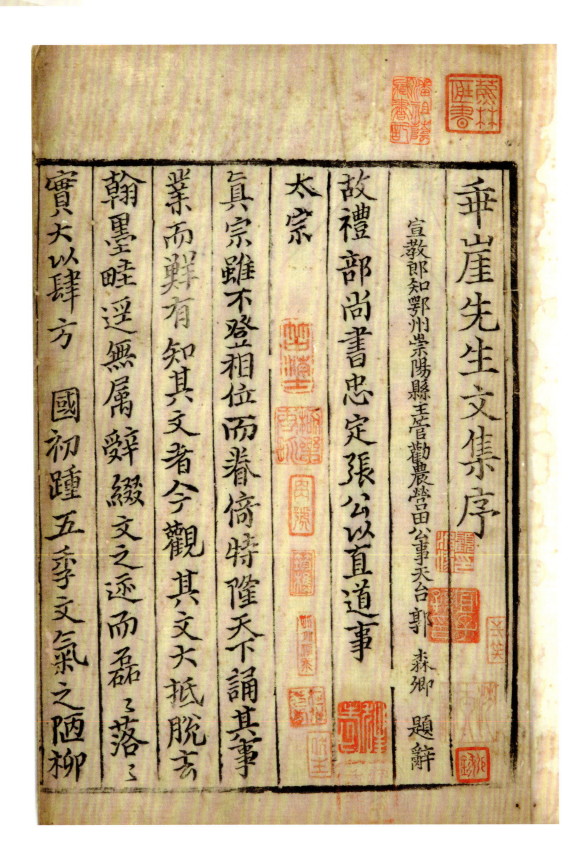

垂崖先生文集序

宣教郎知鄂州崇陽縣主管勸農營田公事天台郭　森卿　題辭

故禮部尚書忠定張公以直道事

太宗

真宗雖不登相位而眷倚特隆天下誦其事

業而鮮有知其文者今觀其文大抵脱去

翰墨畦逕無屬辭綴文之迤而磊磊落落

實大以肆方　國初蹈五季文氣之陋柳

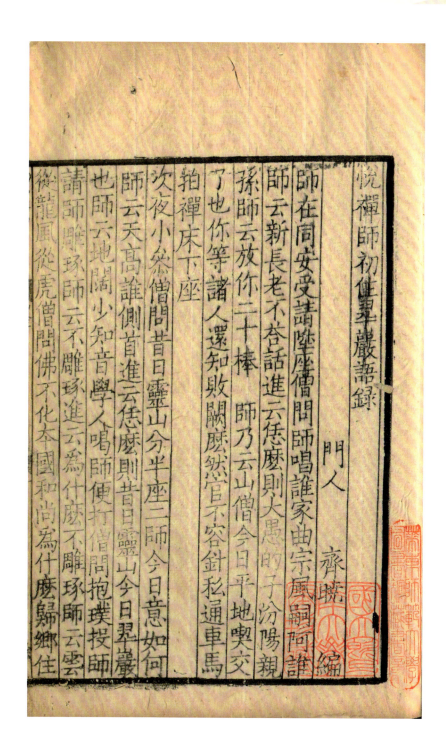

○一一　悦禪師初住翠巖語録一卷
　　　次住法輪語録一卷

宋釋齊曉輯　宋刻本

　　雲峰禪師名文悦，北宋禪宗大德，南昌人，姓徐氏。此本前有楊傑序，後有黃庭堅跋，字體爲南宋浙刻風格。内容除語録之外，又有偈頌若干首。

　　鈐有"季振宜藏書"、"韓氏藏書"、"國楨私印"等印。今藏華東師範大學圖書館。（周保明）

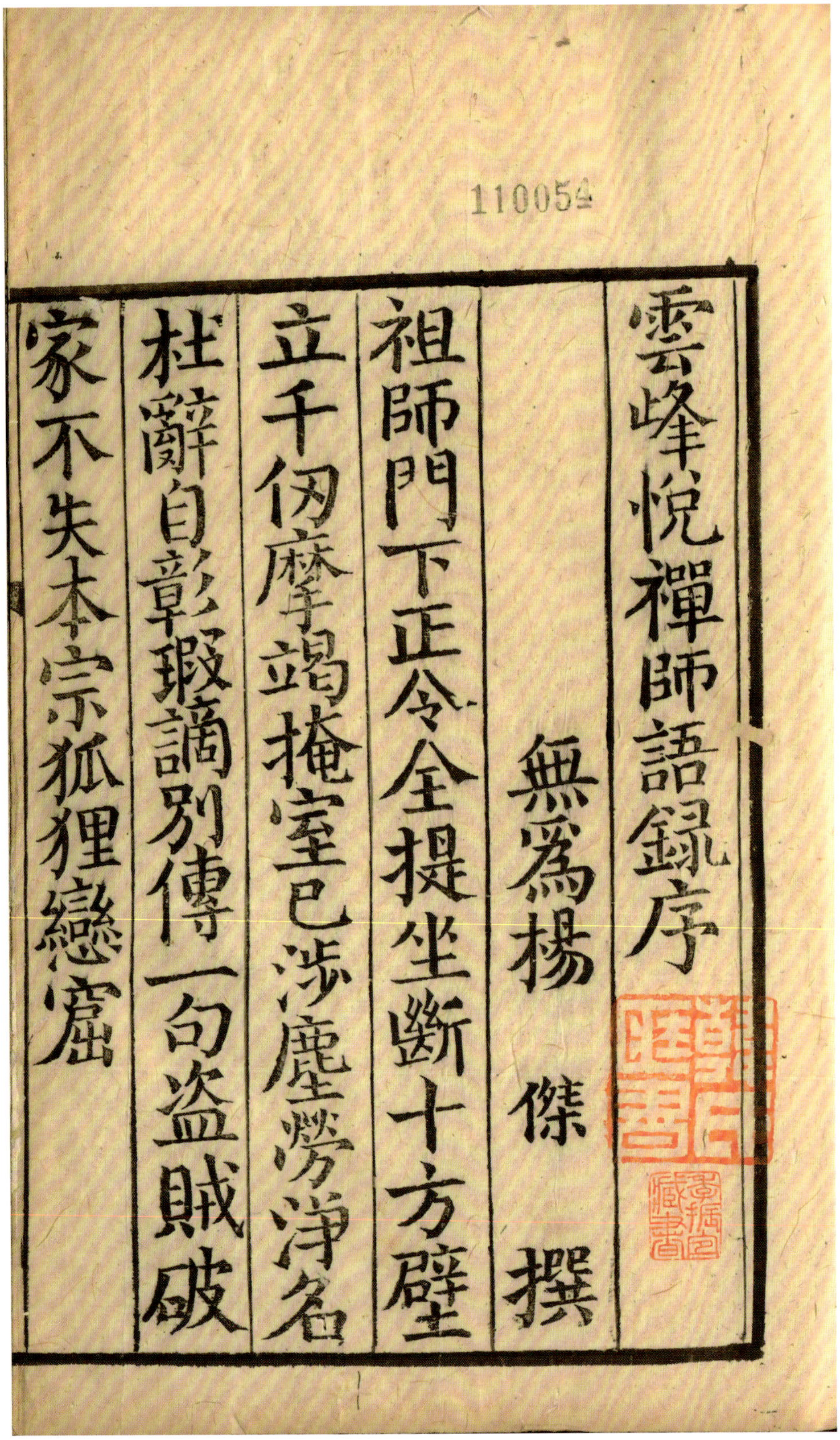

110054

雲峰悅禪師語録序

無爲楊　傑　撰

祖師門下正令全提坐斷十方壁

立千仞麾竭掩室巳涉塵勞淨名

杜辭自彰瑕謫別傳一句盜賊破

家不失本宗狐狸戀窟

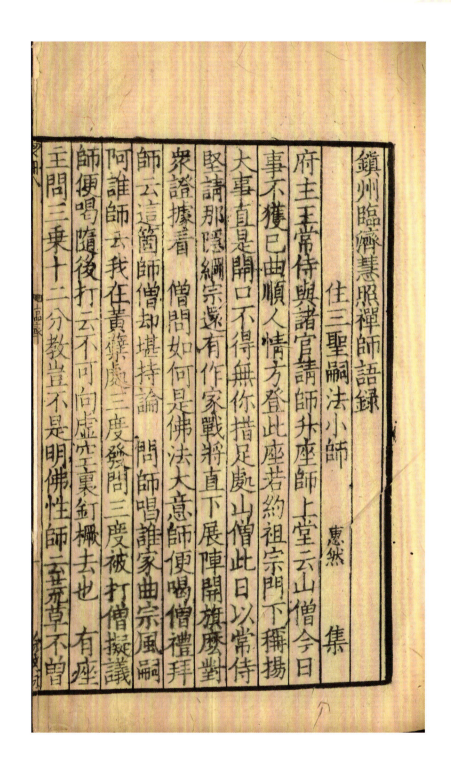

○一二　鎮州臨濟慧照禪師語録一卷

唐釋惠然輯　宋刻本

　　臨濟慧照禪師名義玄，唐代禪宗大德，曹州南華人，姓邢氏。此本字體爲南宋浙刻風格，卷末刻有"住大名府興化嗣法小師　存獎　校勘"一行，存獎爲義玄門人。內容包括《語録》、《勘辨》、《行録》（附義玄小傳）。

　　鈐有"滄葦"、"季振宜藏書"、"季振宜印"、"御史之章"、"韓氏藏書"、"國楨私印"等印。今藏華東師範大學圖書館。（周保明）

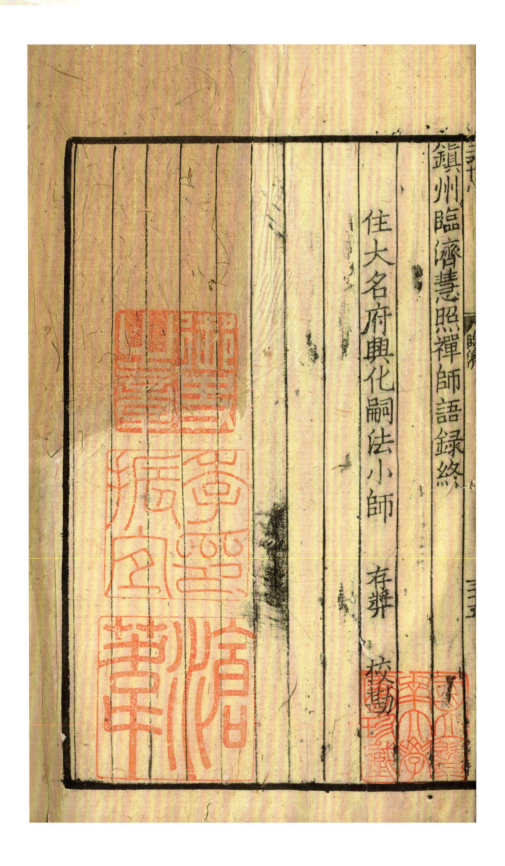

鎮州臨濟慧照禪師語録終

住大名府興化嗣法小師　存奬　校勘

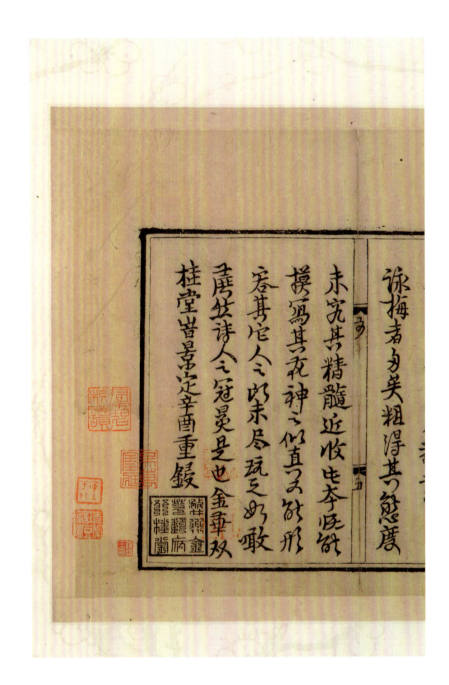

○一三　梅花喜神譜二卷

宋宋伯仁輯　宋景定二年刻本

　　此本前有景定辛酉（二年，1261）重鋟序，序後有"婺州金華趙府雙桂堂"方形牌記。有清黃丕烈跋並題詩，清錢大昕、孫星衍、洪亮吉、包世臣、戴光曾、齊學裘、潘曾瑩跋，清吳讓之、張敦仁、吳錫麒、鈕樹玉、戴延介、李堯棟、周鑾詒、馮譽驥題款，吳郁生、冒廣生、鄧邦述、吳湖帆跋，王季烈題詩，朱孝臧、馮开、鄧邦述、吳梅、夏敬觀題詞。

　　鈐有"京兆劉氏世家"、"文徵明印"、"衛泳之印"、"黃丕烈印"、"百宋一廛"、"汪士鐘印"、"三十五峰園主人"、"尺月樓"、"漢卿寓目"、"吳湖颿"、"梅景書屋"等印。今藏上海博物館。（柳向春）

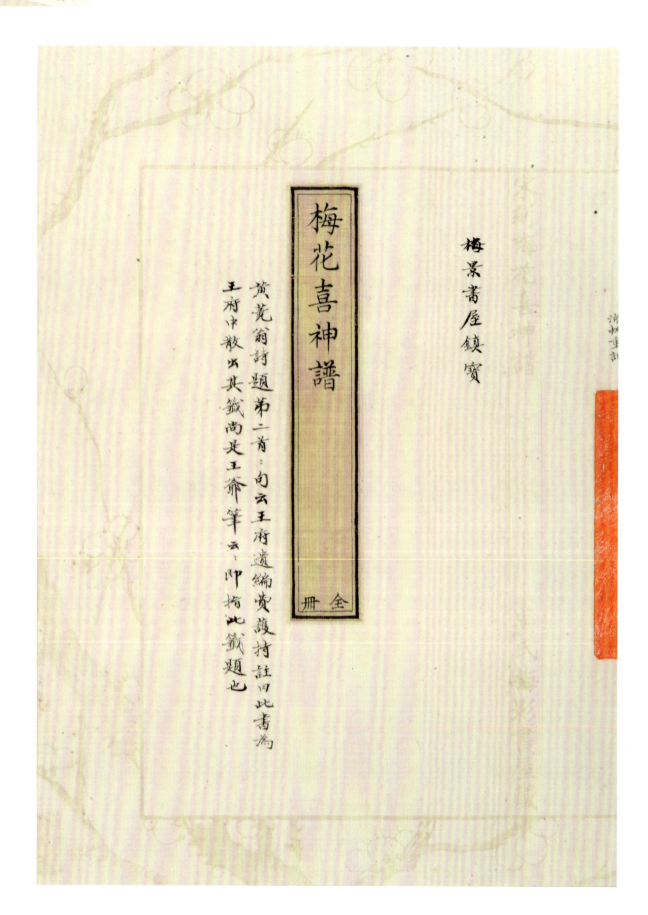

梅花喜神譜

全冊

梅景書屋鎮寶

黄莞翁詩題第二首：句云王府遺編賫護持註同此書爲王府中散出其籖尚是王齋筆云：即指此籖題也

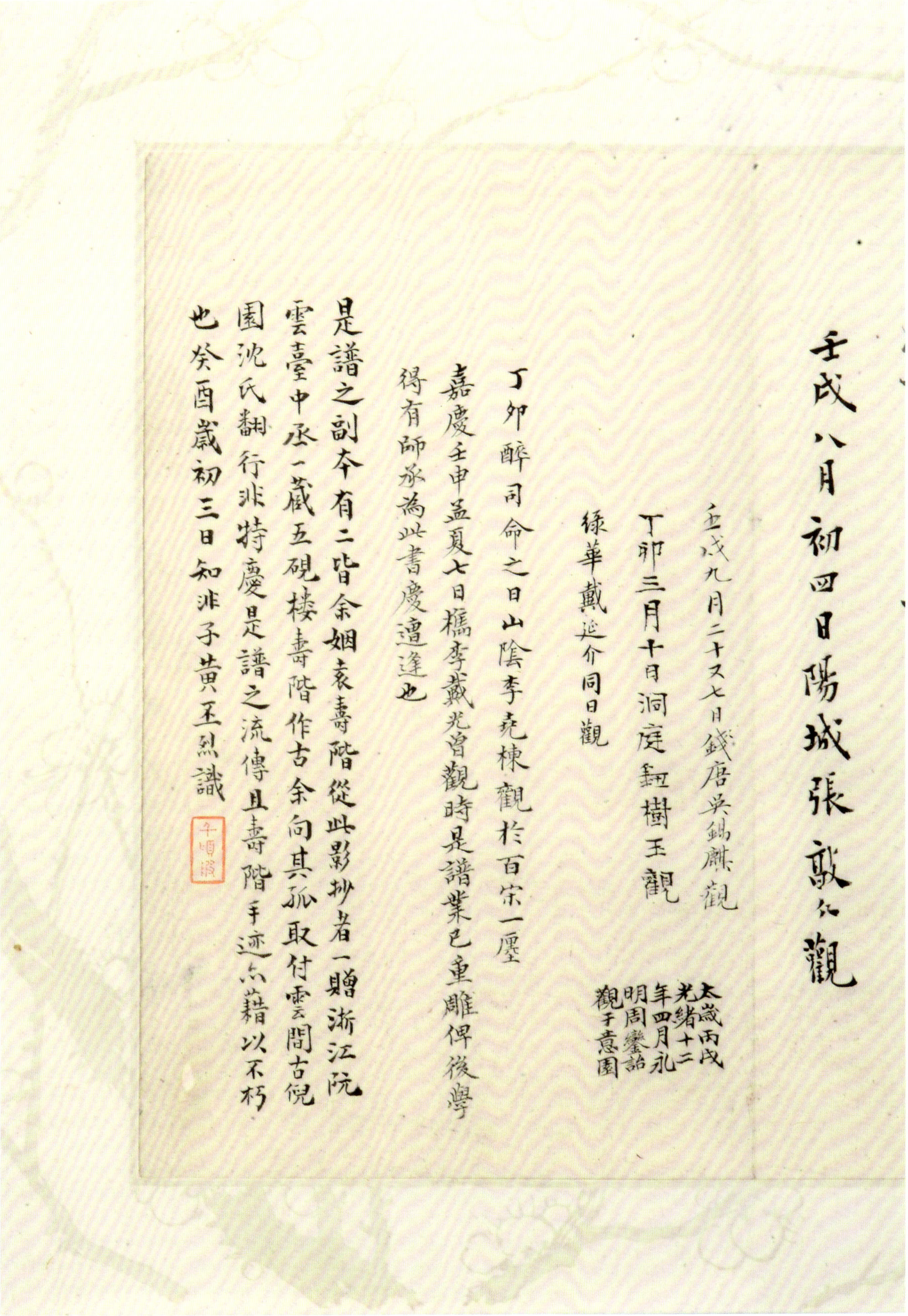

壬戌八月初四日陽城張敬公觀

壬戌九月二十九日錢唐吳錫麟觀

丁卯三月十月洞庭鈕樹玉觀

太歲丙戌
光緒十二
年四月汭
明周鑒詒
觀于意園

綠華戴延介同日觀

丁卯醉司命之日山陰李堯棟觀於百宋一廛

嘉慶壬申盂夏七日檇李戴光曾觀時是譜業巳重雕俾後學

得有師承為此書慶遭逢也

是譜之副本有二皆余姻袁壽階從此影抄者一贈浙江阮

雲臺中丞一藏五硯樓壽階作古余向其孤取付雲間古倪

園沈氏翻行非特慶是譜之流傳且壽階手迹藉以不朽

也癸酉歲初三日知非子黃丕烈識

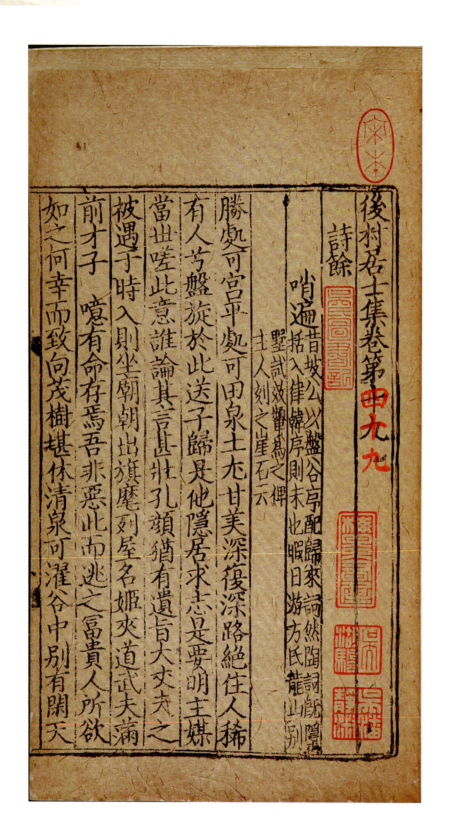

〇一四　後村居士集五十卷目録二卷

宋劉克莊撰　宋刻本

　　此林秀發編次本，爲南宋末年建刻。
今存二卷：卷十九、二十（詩餘）。有蔣祖詒、
葉恭綽、潘承弼跋，吳湖帆題畫並跋，張
元濟題詩，龍榆生、呂貞白、向迪琮題款。
　　鈐有“烏程蔣祖詒藏”、“轂孫”、“密
均廔”、“葉恭綽”、“詞客有靈應識我”、
“吳湖颿”、“梅景書屋”、“吳潘靜淑”
等印。今藏上海博物館。（魏小虎）

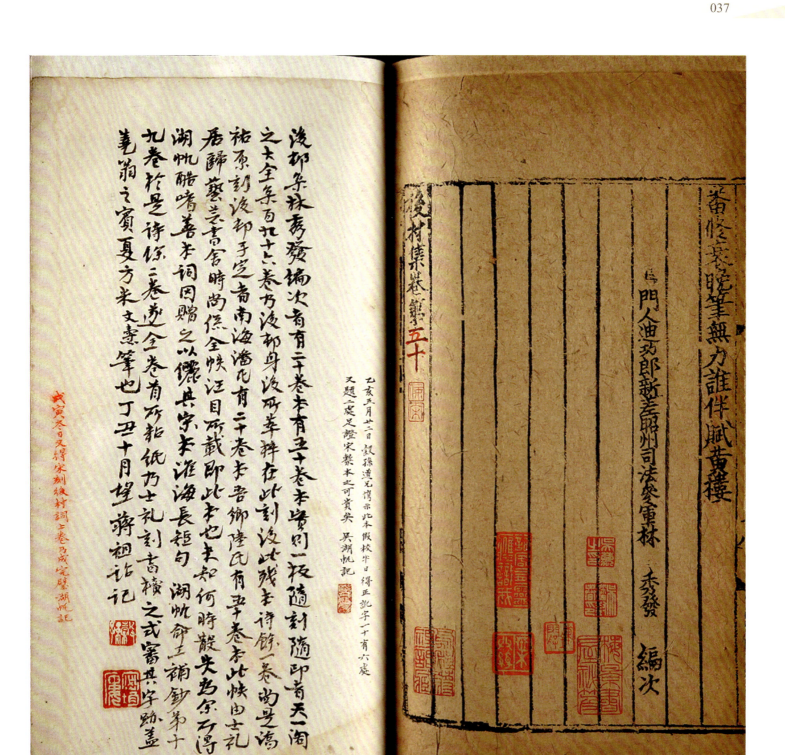

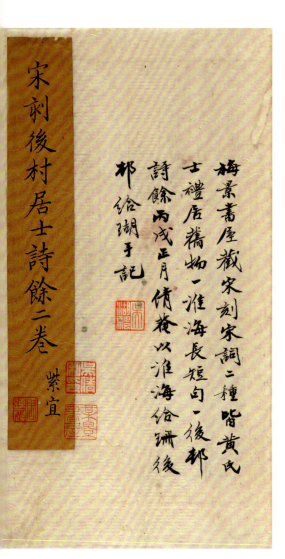

宋刻後村居士詩餘二卷

紫宜

梅景書屋藏宋刻宋詞二種皆黃氏
士禮居舊物一淮海長短句一後邨
詩餘兩戊正月倩葊以淮海給珊後
邨給瑚手記

此冊宋槧殘本彊村翁刊行後村長短句内時有
見此雜非全望此字句多脫佚他本且傳世宋刊亦第二本
固極可珍此後村平生志行惓懷廣頫樣軒詞不相類
集中游蒲澗和菊坡韻再于士次飛感深失菊坡詞
世名多見亦承其原作于左可稱笙磬同音也
雀與之水調歌頭 帥蜀作
萬里雲間戍立馬劍門關亂山極目無際直此是
長安人善百年逢炭鬼笑三邊鋒鏑天道久

此宋刊後村詞殘本彊村翁刊行後村長短句内
...

宋槧原書第
十九卷前半
為友人劉定之
甲編士禮居藏又書集部第四函大為黃菴圖所藏之後村全集五
兩得因抄寄予
偽本合裝成此
十卷本也又據藏印有汪士鐘印閻源真賞二印則為黃氏歸汪
氏無疑矣 歸汪氏藝芸書舍
余重收歸
湖帆大記

卷余乃倩人影摹第十九一卷補足影刻本陶湘氏題所撰提要云宋
師圖書館度内閣舊庫書有宋刻後村居士集五十卷詩餘二卷具
存涤陽張君九鹿後見一宋刻全本每半葉十行二十一字四手摹
以存此有讀後村詞者可以參觀五校矣云此冊卷數為十九二十兩卷
其非五十卷本知且宋本後二十上有朱校五十更可証矣湖帆記

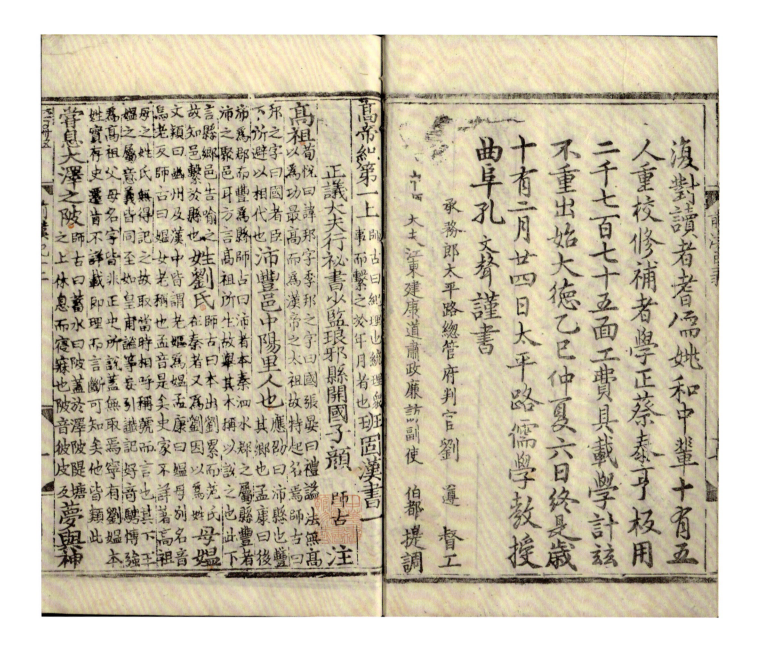

○一五 漢書一百卷

漢班固撰　唐顏師古注　元大德九年太平路儒學刻明成化修補本

　　此本前有大德乙巳太平路儒學教授孔文聲序，刻在大德九年（1305），有明成化中南京國子監補版，無正德補版葉。卷二十四《食貨志》第四上至卷二十七《五行志》第七中之下以明嘉靖南京國子監刻本配補，卷二十八《地理志》缺失。《中國古籍善本書目》著録此本，誤作"明成化正德遞修本"，應予糾正。前有光緒辛巳（七年，1881）十月趙烈文手書題識云："蘇州圓紗觀前世經堂書坊買歸，三十，天放樓記"。又有趙氏之孫彦純識語及藏書印記，知爲陽湖趙氏三世讀本。

　　鈐有"趙氏伯辛"、"彦純私印"、"彦純讀過"、"陽湖趙彦純字穆士一字伯辛收藏金石文翰之印"等印。今藏上海辭書出版社圖書館。（陳韻）

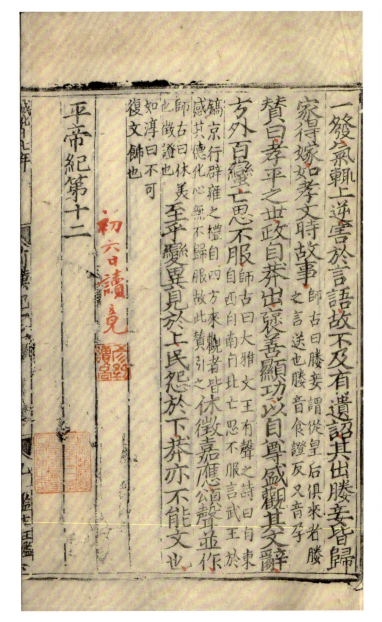

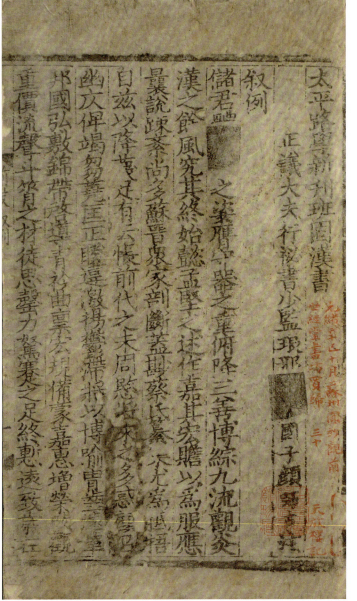

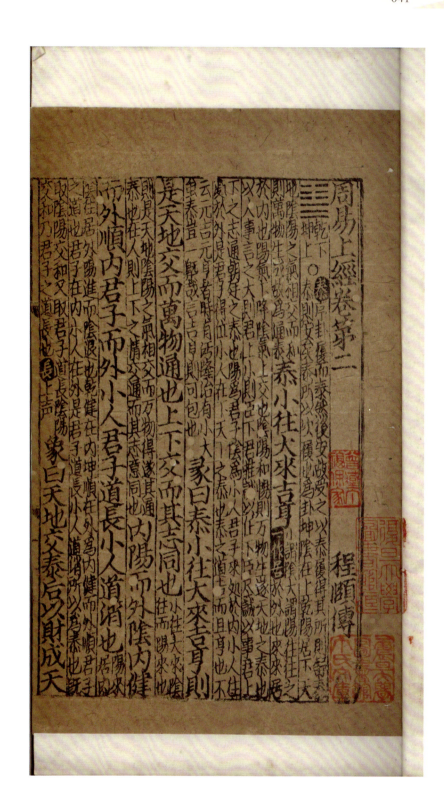

○一六　晦庵先生校正伊川易傳八卷

宋程頤傳　宋朱熹校正　元刻本

　　是書有宋刊本，傅增湘《藏園訂補郘亭知見傳本書目》卷一著録。此元刻本，宋諱慎、玄、貞、恒、桓等字悉缺末筆，蓋元時書坊據南宋刊本覆刻者。

　　鈐有"曾藏丁福保家"、"震旦大學圖書館丁氏文庫"等印。今藏復旦大學圖書館。（眭駿）

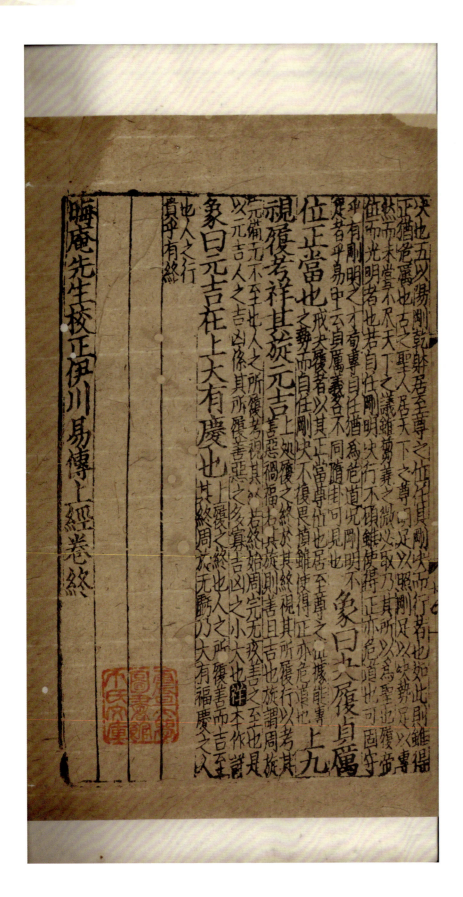

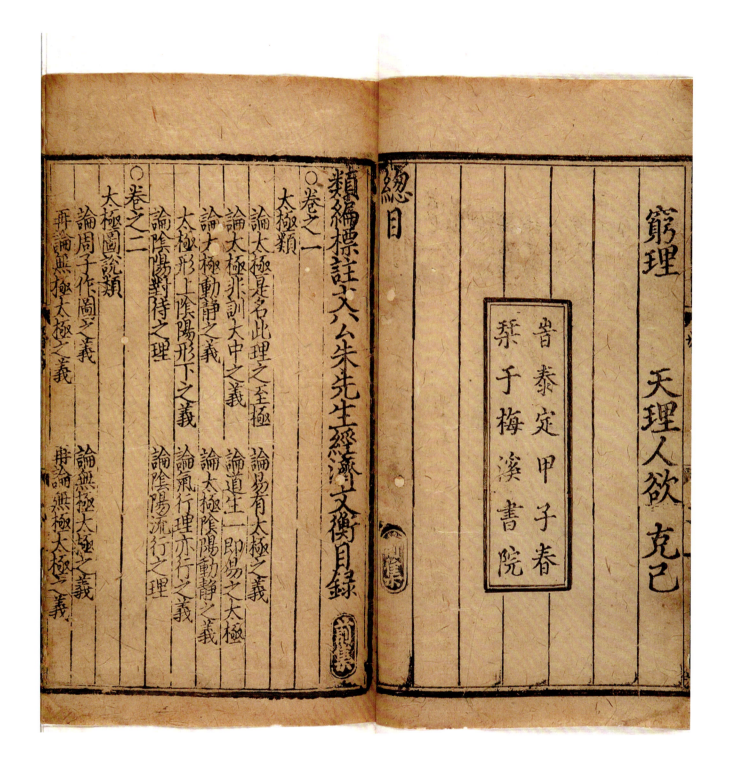

○一七　類編標注文公先生經濟文衡前集二十五卷後集二十五卷續集二十二卷

宋滕珙輯　元泰定元年梅溪書院刻本

此本今存《前集》二十五卷，總目末有"峕泰定甲子（元年，1324）春棨於梅溪書院"二行刊記，傳世印本罕見。今藏上海博物館。（魏小虎）

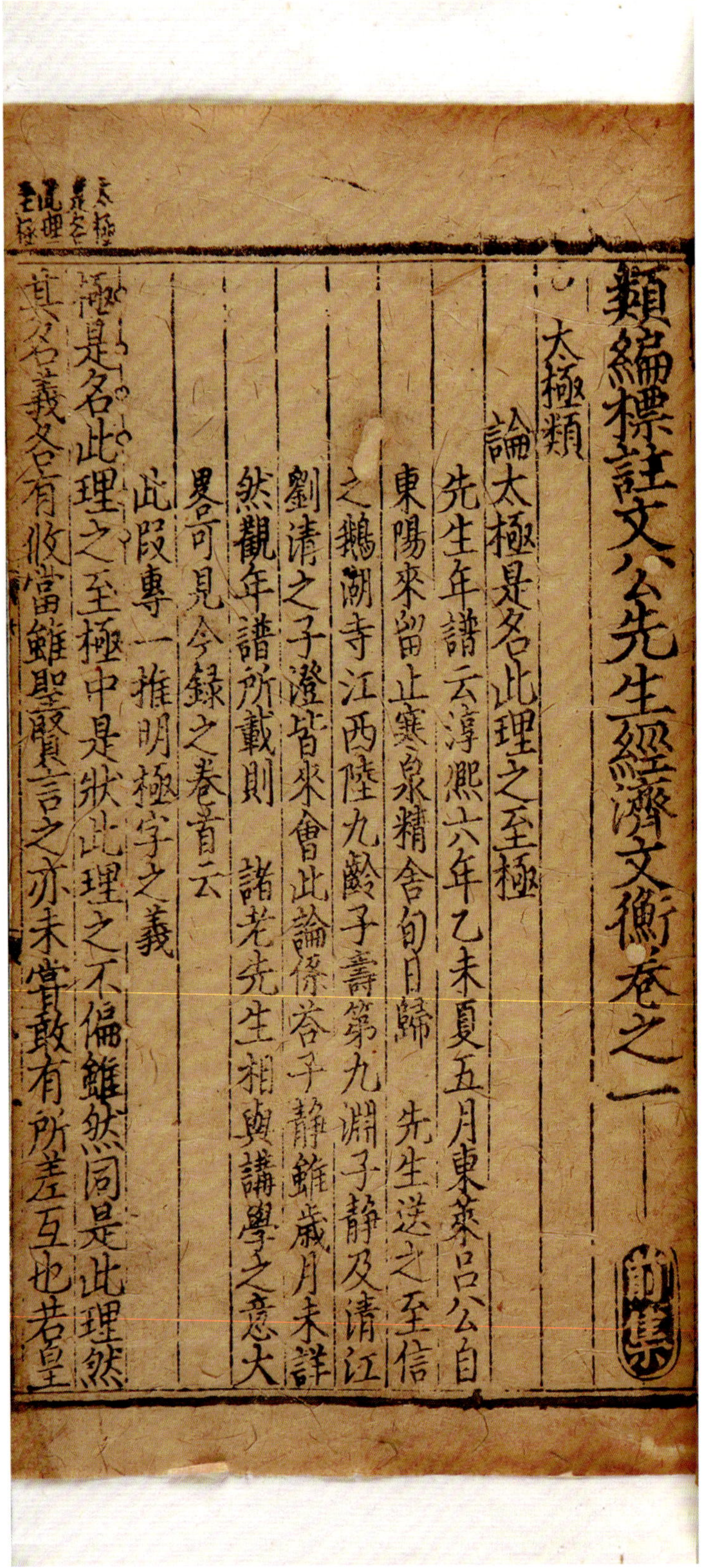

類編標註文公先生經濟文衡卷之一

太極類

論太極是名此理之至極

先生年譜云淳熙六年乙未夏五月東萊呂公自

東陽來留止寒泉精舍旬日歸　先生送之至信

之鵝湖寺江西陸九齡子壽第九淵子静及清江

劉清之子澄皆來會此論係答子静雖歲月未詳

然觀年譜所載則　諸老先生相與講學之意大

略可見今録之卷首云

此段專一推明極字之義

極是名此理之至極中是狀此理之不偏雖然同是此理然

其分別義名有收當雖聖賢言之亦未嘗敢有所差互也若皇

前集

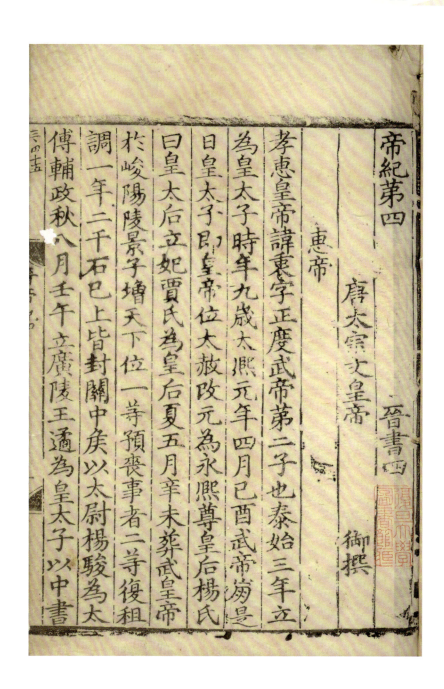

○一八　晉書一百三十卷

唐房玄齡等撰　元刻明天順公文紙印本

此本原版有刻工李文友、劉子承、歐志海等，知為浙中刻，常見者有明正德、嘉靖遞修印本。此早印本，刷印在天順中，所用印紙有“天順二、三、四年”及“應天府江浦縣”、“直隸常州府宜興縣”等字樣，頗罕見。存六十五卷（四至六、二十五至四十三、四十九至五十七、六十二至八十、一百六至一百十一、一百十三至一百十五、一百十七至一百二十二）。

今藏復旦大學圖書館。（眭駿）

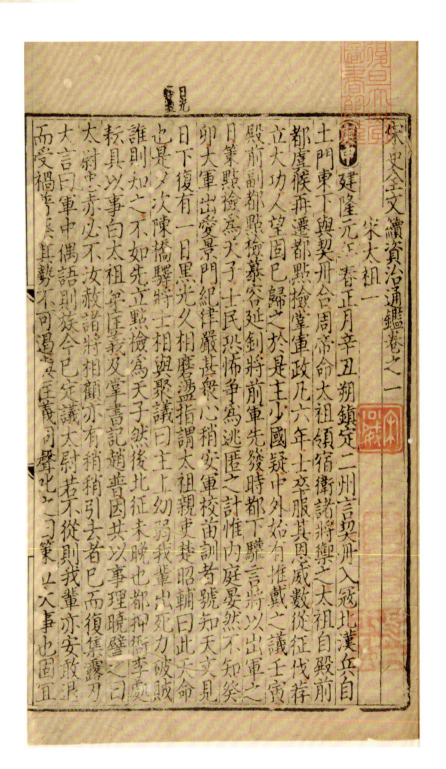

○一九　宋史全文續資治通鑑三十六卷
　　　　增入名儒講義續資治通鑑
　　　　宋季朝事實二卷

元刻本

　　此本字體爲元代建刻風格，前有牌記
云：《宋史通鑑》一書，見刊行者節略太甚，
讀者不無遺恨焉。本堂今得善本，乃名公
所編者，前宋已盛行於世，今再繡諸梓，
與天下士大夫共之，誠爲有用之書。回視
它本，大有逕庭，具眼者必蒙賞音。幸鑑。”
清代以來各家收藏著録之“元刻本”，多
爲明天順游明翻本。此真元本，存世頗罕，
雖稍有殘缺，較別本更爲完整。

　　鈐有“宋公威”等印。今藏復旦大學
圖書館。（眭駿）

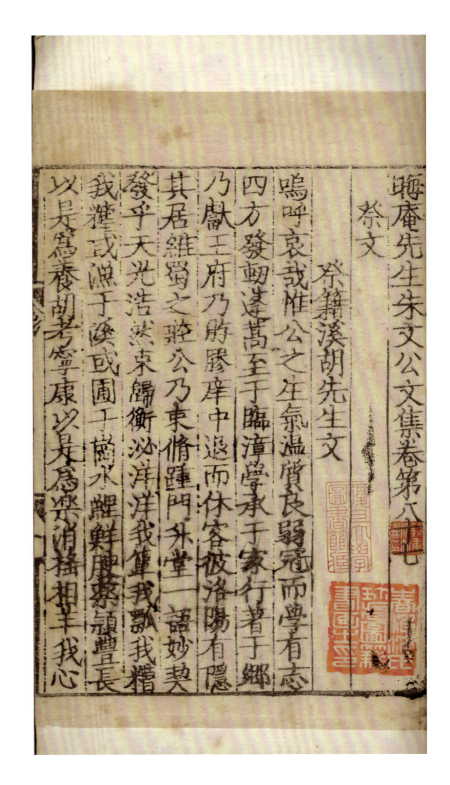

○二○　晦庵先生朱文公文集一百卷
　　　續集十一卷別集十卷

宋朱熹撰　元刻明修本

　　此本僅存一卷（《文集》卷八十七），
共三十四葉。第二至三、五至七、十七至
十八、二十六至二十九、三十二至三十四葉，
合計十四葉，審爲元刻原版，版式爲白口，
雙魚尾，左右雙邊；餘者爲明前期補版，
版式爲黑口，雙魚尾，左右雙邊。卷末有
沈曾植題識云“宋刻十五頁，元補十九頁”。
按：沈氏所稱之“宋刻”，實爲元槧；所
稱之“元補”，實爲明前期補版。今藏復
旦大學圖書館。（郭立暄）

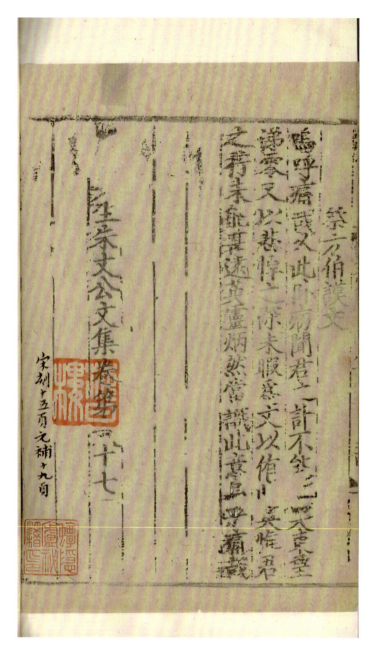

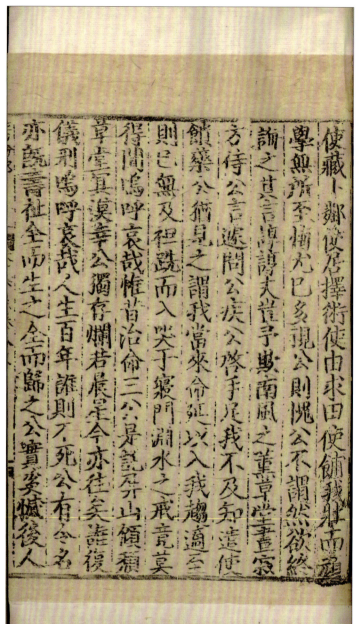

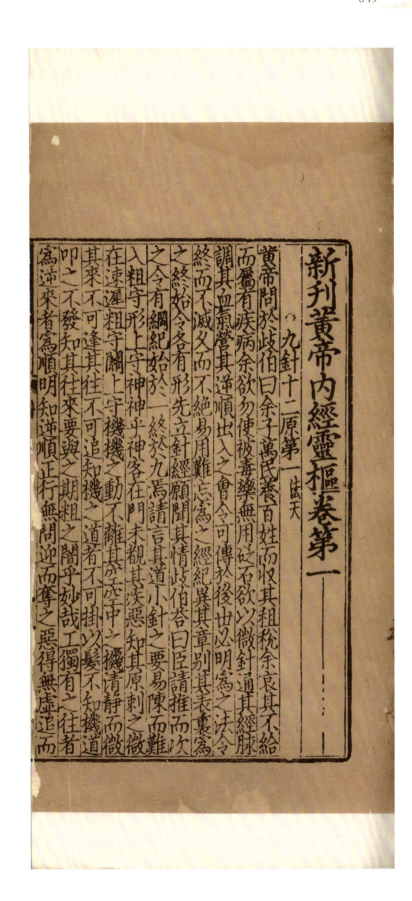

〇二一　新刊黃帝內經靈樞十二卷

宋史崧音釋　元後至元五年胡氏古林書堂
刻本

　　是書先有宋紹興二十五年（1155）史
崧校正二十四卷本，此元代胡氏重刊本，
已併爲十二卷。古林書堂爲元代書坊，後
至元五年（1339）又刻《新刊補註釋文黃
帝內經素問》十二卷，與此本字體風格一致。
　　鈐有"柏臺霜月"、"淮南蔣氏宗誼"
等印。今藏中國科學院上海生命科學圖書
館。（李莎）

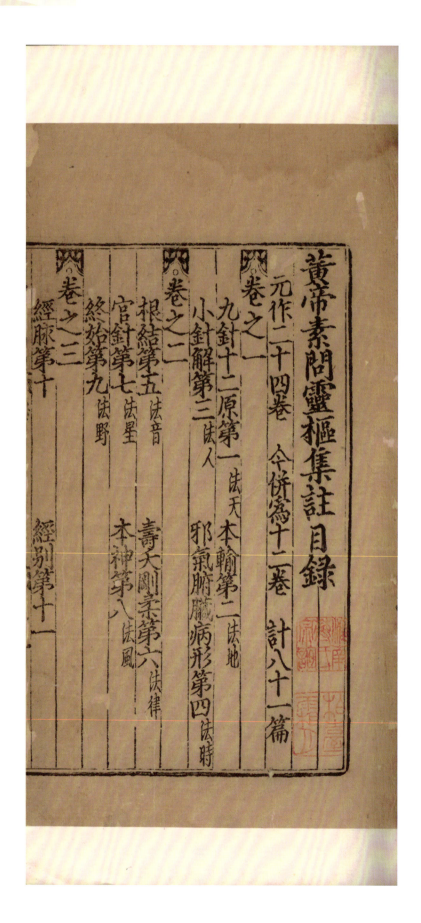

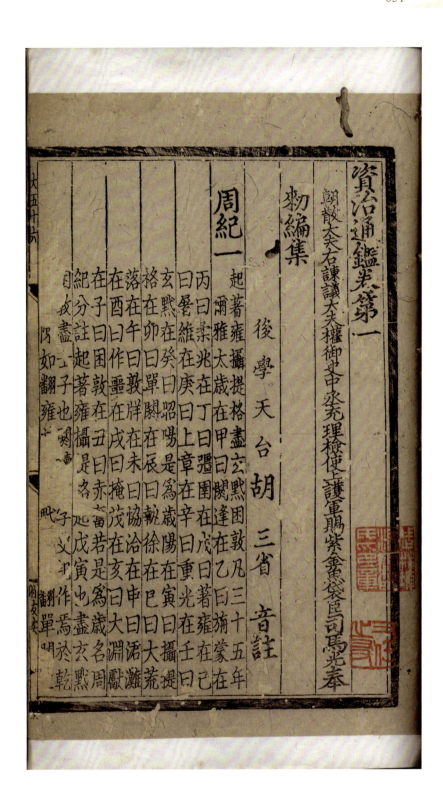

○二二　資治通鑑二百九十四卷

宋司馬光撰　元胡三省音註　元刻本

　　此本字體爲元代建刻風格，版心下鐫刻工名氏，可辨者如李光奕、付友實、肖子光、周弟、劉百如、吳華甫、姚君實等。前有王磐興文署新刊資治通鑑序，原有《通鑑釋文辨誤》十二卷，今已缺失。有清乾隆丙戌（1766）錢塘吳城手書題記云："此書初藏楊氏繼京，繼藏項氏霜田，及歸先子插架，散失已十之三。余購求累年，始獲補全，續得者版樣雖同，而紙印較後。"

　　鈐有"虞山錢曾遵王藏書"、"吳城"、"何元錫印"、"錢唐何氏夢華館嘉慶甲子後所得書"、"寶田堂書話記"、"關中于氏"、"右任之友"、"吳興劉氏嘉業堂藏書記"等印。今藏復旦大學圖書館。（眭駿）

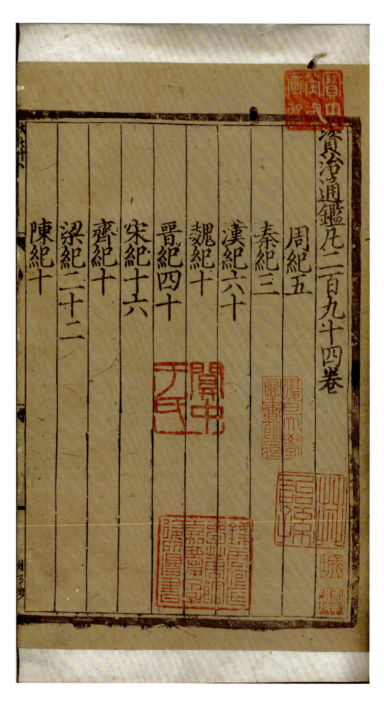

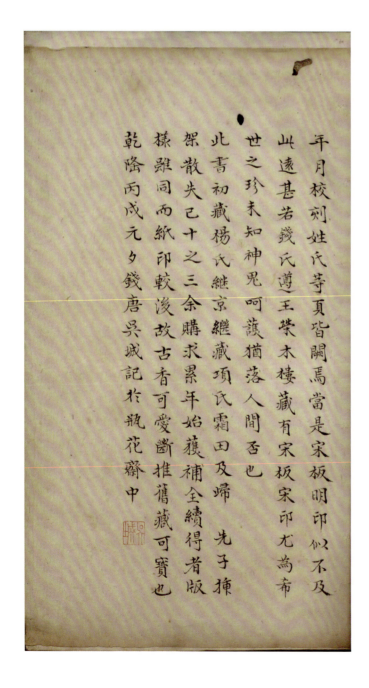

年月校刻姓氏寺頁皆闕焉當是宋板明印似不及

山遠甚若錢氏導〉王棨木樓藏有宋板宋印尤為希

世之珍未知神兕呵護猶落人間否也

此書初藏楊氏繼京繼藏項氏霜田及歸先子摧

架散失已十之三余購求累年始獲補全續得者版

樣雖同而紙印較後故古香可愛斷推舊藏可寶也

乾隆丙戌元夕錢唐吳城記於瓶花齋中

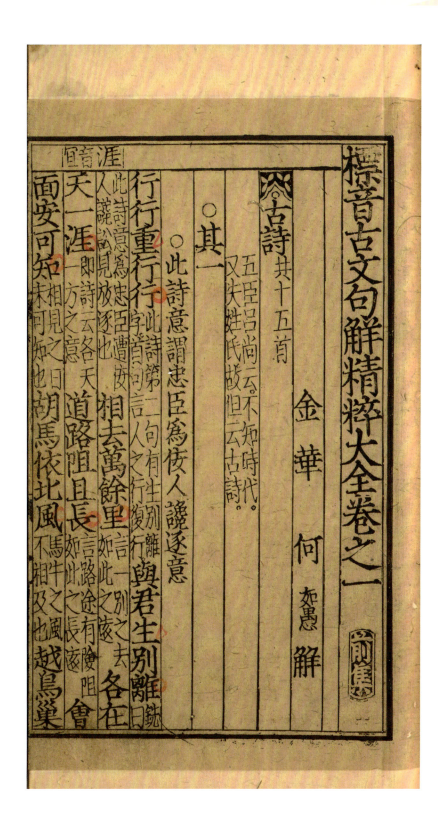

**〇二三　標音古文句解精粹大全前集四卷
後集四卷**

元何如愚輯　元刻本

　　此本目録列《前集》四卷《後集》四卷，
前有無名氏撰《題古文精粹》，云爲建陽
詹氏鋟梓。鈐有"秀埜草堂顧氏藏書印"、"顧
嗣立印"、"俠君"、"曾經東山柳蓉邨
過眼印"等印。今藏華東師範大學圖書館。

　　臺灣"中央圖書館"藏有明代坊刻《標
音句解精粹古文大全》殘本，存《後集》卷一、
卷二。高麗大學中國學研究所藏有朝鮮刻
本《標音古文句解精粹大全》，存《前集》
卷三、卷四。三本互補，可得全書四分之三。
（回達強）

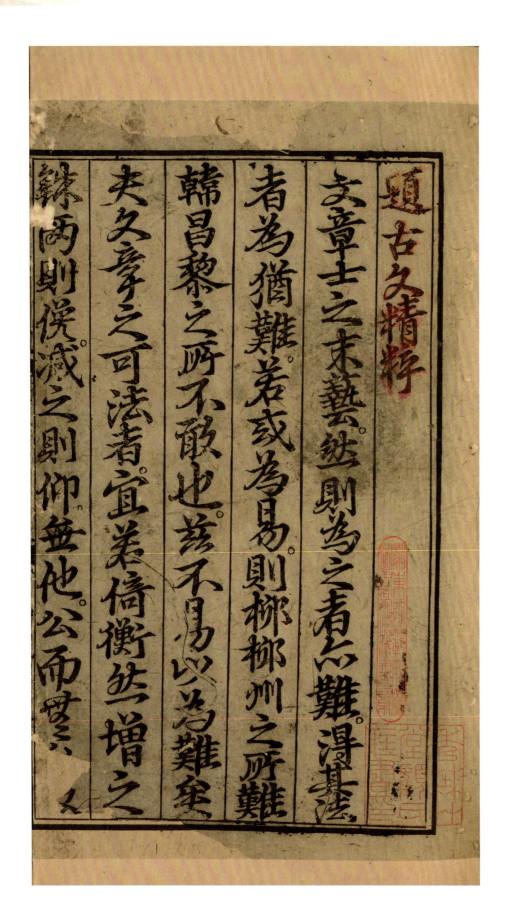

題古文精粹

文章士之末藝也則為之者亦難得其法

者為猶難若或為易則柳柳州之所難

韓昌黎之所不敢也兹不易以為難矣

夫文章之可法者宜姜倚衡然一增之

錄兩則俟減之則仰無他公而母矣

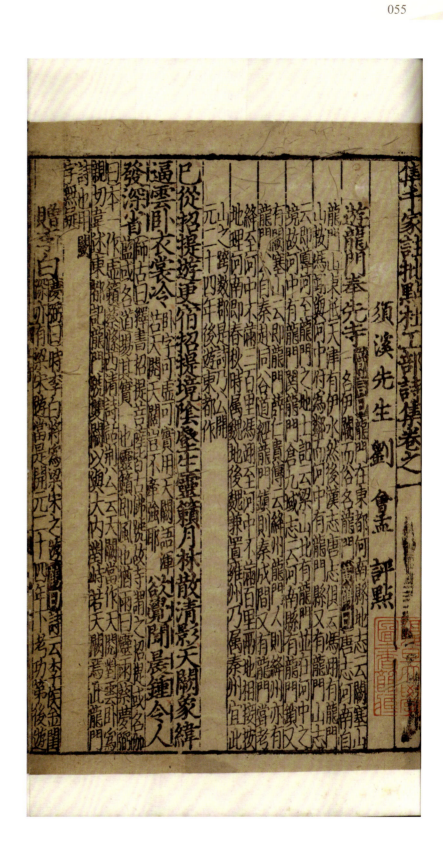

○二四　集千家注批點杜工部詩集二十卷
　　　文集二卷

唐杜甫撰　宋黃鶴補注　宋劉辰翁評點

年譜一卷附錄一卷

明洪武元年會文堂刻本

　　此本目錄末原有"雲衢會文堂戊申孟
冬刊"木記，戊申爲明洪武元年（1368），
是帙已被割去。中有佚名朱筆圈點。

　　今藏復旦大學圖書館。（眭駿）

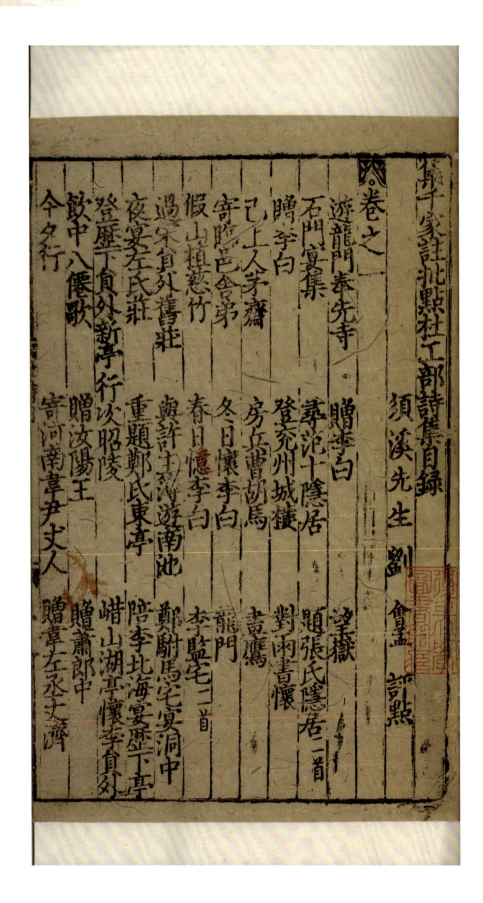

集千家註批點杜工部詩集目録

須溪先生劉會孟評點

○卷之一

遊龍門奉先寺　贈李白　望嶽

石門宴集　尋范十隱居　題張氏隱居二首

贈李白　登兗州城樓　對雨書懷

己上人茅齋　房兵曹胡馬　畫鷹

寄臨邑舍弟　冬日懷李白　龍門

假山祖慈竹　春日憶李白　李監宅二首

過宋員外舊莊　與許主簿遊南池　鄭駙馬宅宴洞中

夜宴左氏莊　重題鄭氏東亭　陪李北海宴歷下亭

登歷下貞外新亭行次昭陵　贈汶陽王　嶀山湖亭懷李貞又

飲中八僊歌　贈蕭郎中　寄河南韋尹丈人

今夕行　贈韋左丞丈濟

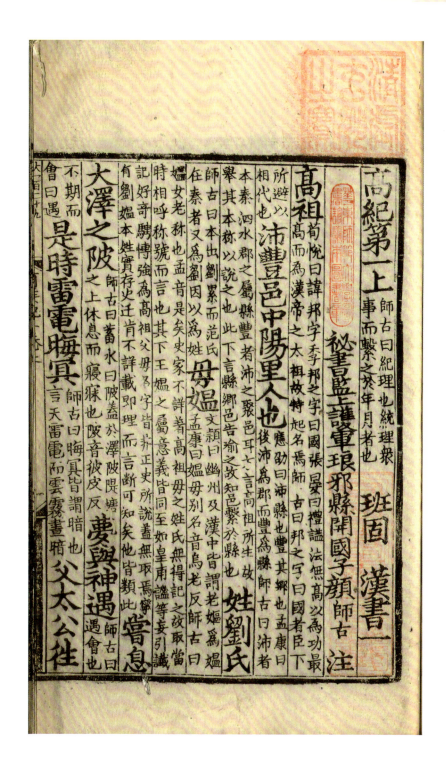

○二五 漢書一百卷

漢班固撰　唐顏師古注　明正統八年至十
年刻本

　　此本係從宋刻本翻出，或謂出自北宋
淳化本，未確。款式較舊，印本流傳不多。
莫友芝《宋元舊本書經眼録》稱有"售者
以爲北宋本"。是帙亦經坊賈作僞，將板
心原有刊刻年割去，或抹爲黑口，或補寫"乾
道三年（1167）刊"字樣。

　　鈐有"思政軒收藏"、"清虛玄妙之寶"、
"沈壽榕字子恭號意文"等印。今藏華東
師範大學圖書館。（鄭曉霞）

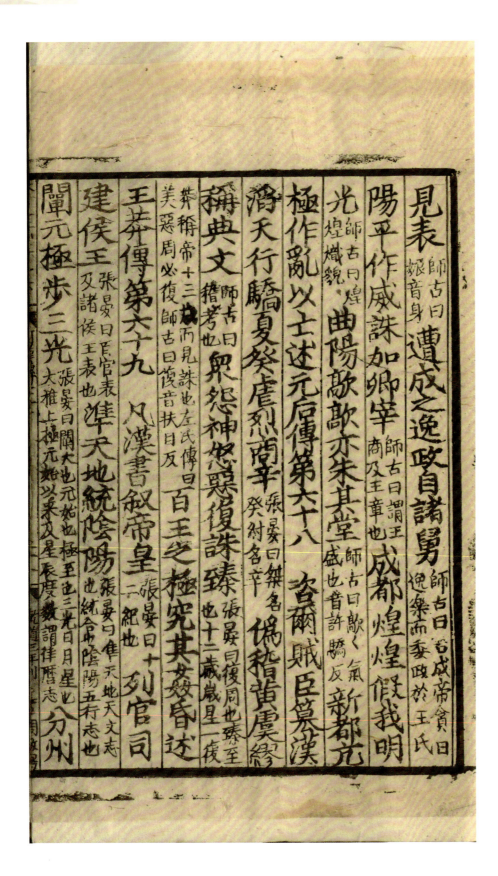

見表　師古曰妘音身　遭成之逸政自諸舅　師古曰晉成帝貪兮曰逸樂而委政於王氏

陽平作威誅加卿宰　師古曰謂王商及王章也　成都煌煌我明　師古曰煌煌燉我明

光煌燉貌　師古曰煌　曲陽歊歊亦朱其堂　師古曰歊歊氣　盛也普許驕反　新都亢兮

極作亂以士述元后傳第六十八　咨爾賊臣竈分漢

滔天行驕夏癸虐烈商辛　張晏曰桀名　偽稽黃虞繆　張晏曰雋對名辛

稱典文　師古曰稽考也　眾怨神怒惡復誅臻　張晏曰復同也臻至也十二歲歲星一後

龔稱帝十三而見誅也左氏傳曰復師古曰復音扶日反　美惡周必復師古曰復音扶日反　百王之極究其妾婬昏斁　張晏曰十列官司

王莽傳第六十九　凡漢書叙帝皇　張晏曰二紀也

建侯王　張晏曰旨官表　又諸侯王表也　準天地統陰陽　張晏曰隼天地天文志此統命陰陽也　也統命陰陽五行志也

閩元極步三光　張晏曰閩大也元始也極至色三光日月星也　太推上極元始以采及星辰度數謂律曆志　分州

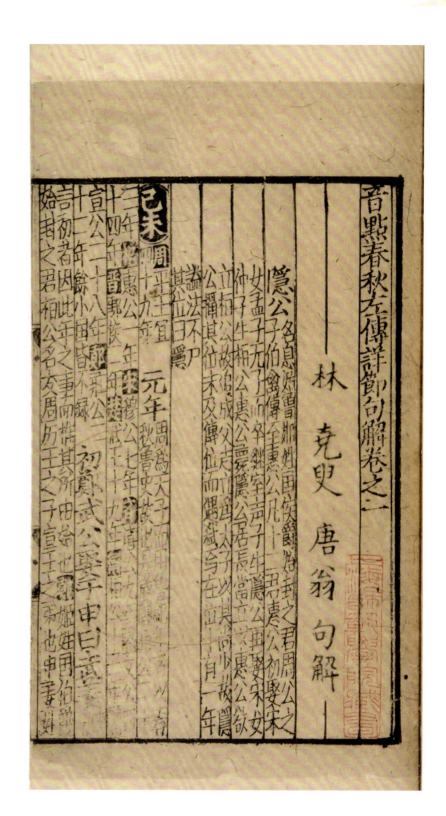

○二六　音點春秋左傳詳節句解三十五卷

宋朱申撰　明前期刻本

　　此本無刊記，觀其字體，當刻在明前期，爲本書現存最早刊本。卷端原題"魯齋朱申周翰注釋"，經前人割補改寫爲"林堯叟唐翁句解"。今存卷一至二十六，卷二十七至三十五配以明嘉靖刻本。《中國古籍善本書目》著録此本，誤作"卷二十九至三十五配明嘉靖刻本"，應予糾正。

　　鈐有"燕翼堂"等印。今藏上海師範大學圖書館。（趙龍）

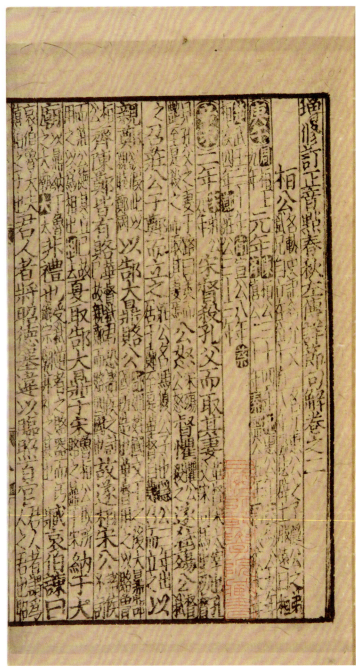

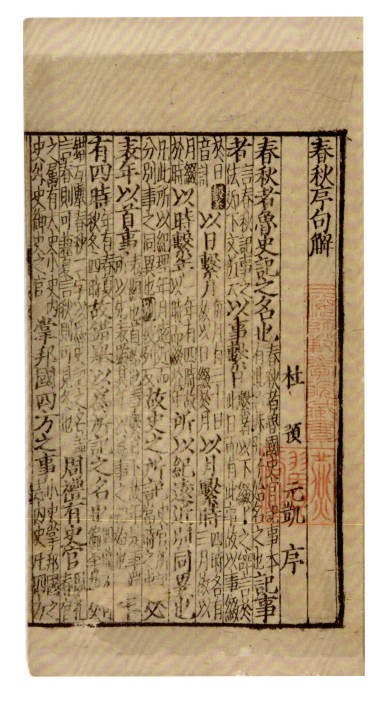

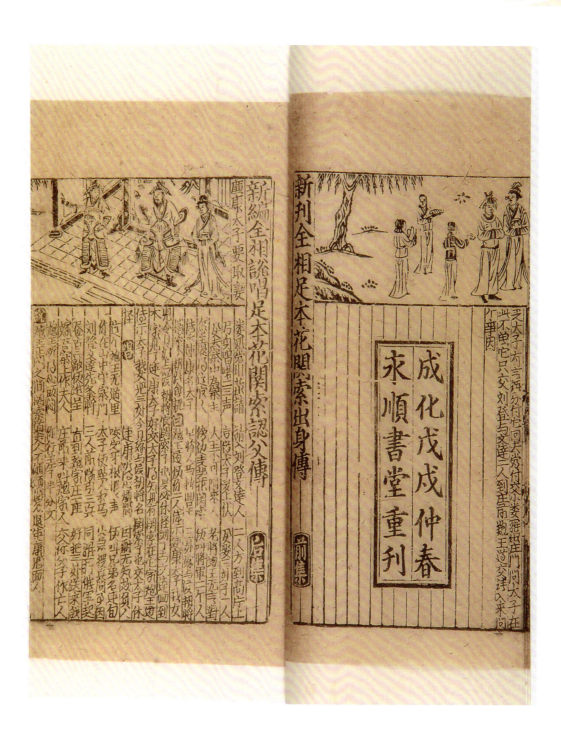

○二七　明成化説唱詞話叢刊十六種附白兔記傳奇一種

明成化間永順書堂刻本

　　此本《花關索出身傳》卷末有"成化戊戌仲春永順書堂重刊"牌記，《石郎駙馬傳》卷末有"成化七年仲夏永順書堂新刊"牌記，《包龍圖公案斷歪烏盆傳》卷末有"成化壬辰歲季秋書林永順堂刊行"牌記，《開宗義富貴孝義傳》卷末有"成化丁酉永順堂書坊印行"牌記。1967年上海市嘉定縣城東公社澄橋大隊宣家生產隊明墓出土，爲曾任西安府同知宣昶之妻墓室中隨葬品。原書末册已板結成塊，經裱畫技師楊文婷化費近一年之力修復完好。今藏上海博物館。（柳向春）

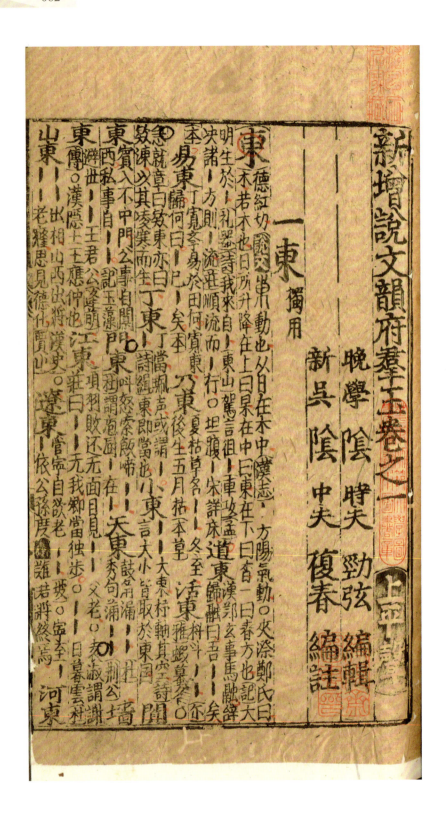

○二八　新增説文韻府群玉二十卷

元陰時夫輯　　元陰中夫注　　明弘治六年劉
氏日新書堂刻本

　　此本出自元至正十六年（1356）劉氏
日新堂刻本，又局部增入《説文》。前有
至大庚戌（三年，1310）江邨姚雲序，吳興
趙孟頫題字，大德丁未（十一年，1307）
陰竹埜序，延祐元年（1314）陰復春自序，
陰勁弦自序。凡例後有刻書識語。卷一末
有"弘治癸丑（六年，1493）孟冬日新堂重刊"
木記，卷二十末有納福童子捧"弘治癸丑
劉氏重刊"木記。

　　鈐有"屐硯齋圖書印"、"會稽包氏
宜仲家藏"等印。今藏華東師範大學圖書館。
（鄭曉霞）

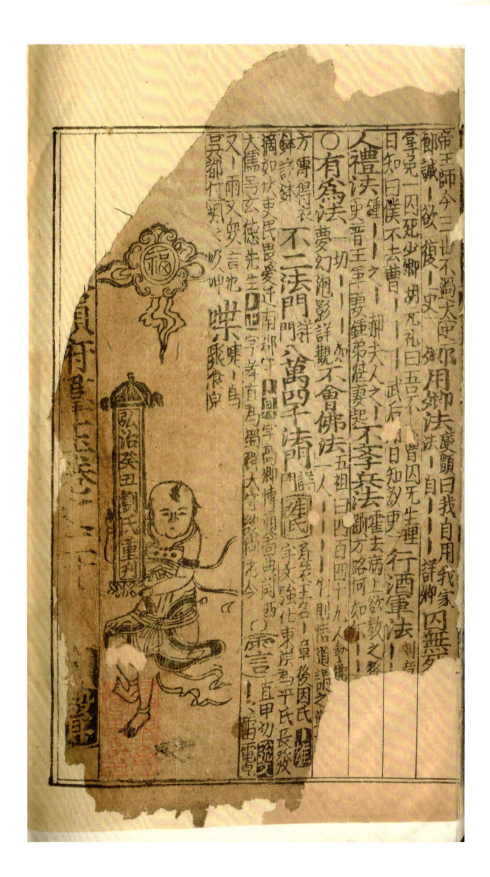

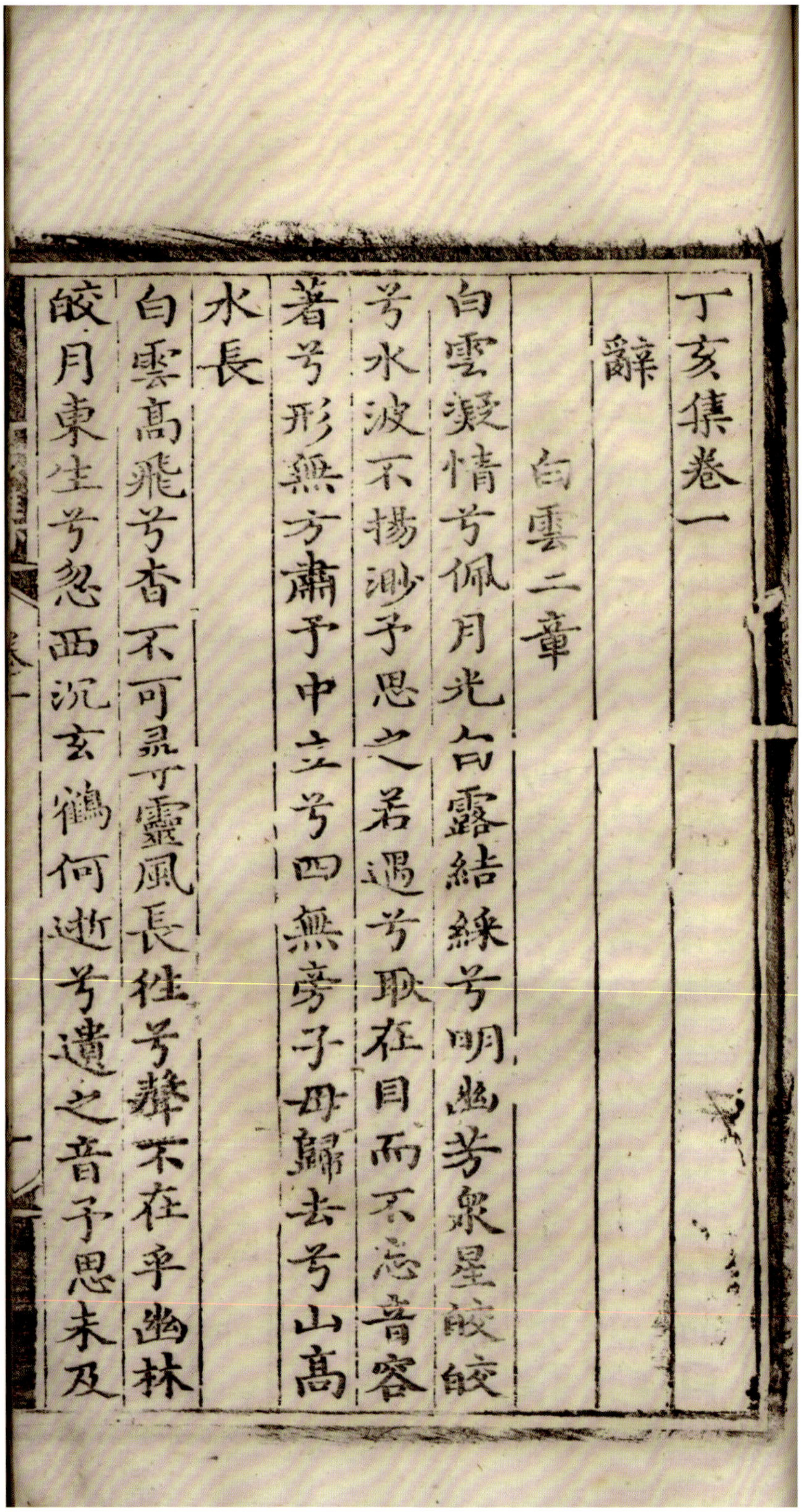
丁亥集卷一
辭
白雲二章
白雲凝情兮佩月光白露結絲兮明幽兮衆星皎皎
兮水波不揚渺予思之若遇兮耿在目而不忘音容
著兮形無方肅予中立兮四無旁子毋歸去兮山高
水長
白雲高飛兮杳不可昜亍靈風長往兮聲不在乎幽林
皎月東生兮忽西沉玄鶴何逝兮遺之音予思未及

〇二九　**靜修先生丁亥集六卷遺文六卷遺詩六卷拾遺七卷續集三卷**

元劉因撰

附録二卷

明弘治十八年崔暠刻本

是集有元至順元年（1330）宗文堂刻二十二卷本，又有明成化十五年（1479）蜀藩刻三十卷本。此本前有成化己亥（十五年）蜀府序，後有弘治辛酉（十四年，1501）周旋序，弘治乙丑（1505）崔暠跋，蓋據成化本重雕。

鈐有“翼盦”、“翼盦欣賞”等印。今藏復旦大學圖書館。（眭駿）

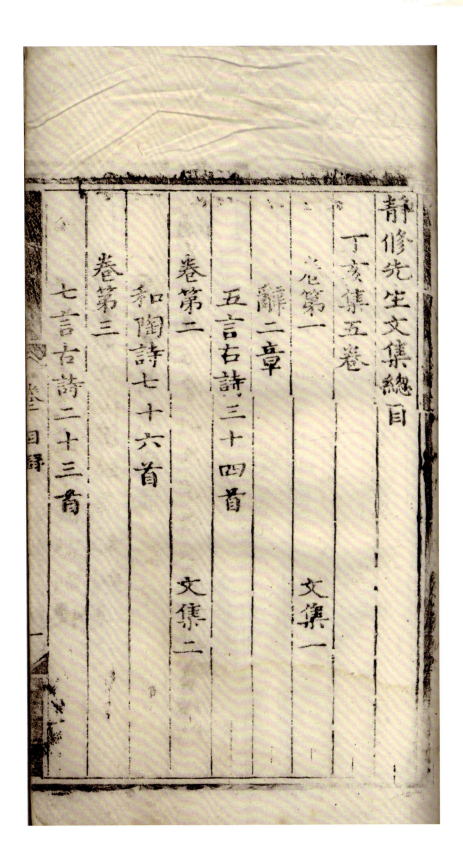

靜修先生文集總目

丁亥集五卷

卷第一

辭二章

五言古詩三十四首　　文集一

卷第二

和陶詩七十六首

卷第三

七言古詩二十三首

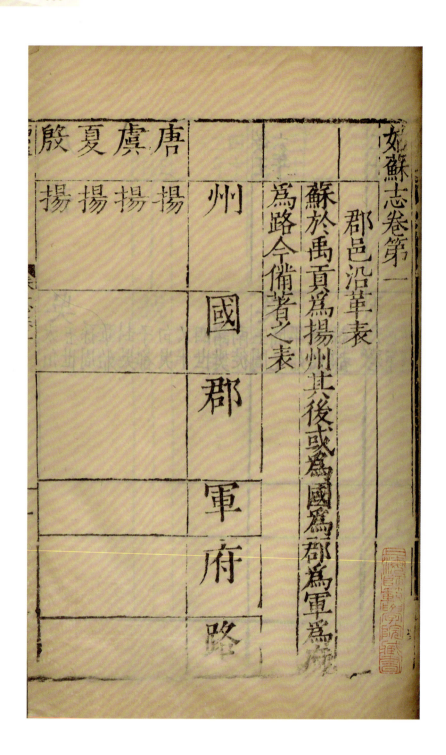

○三○　[正德] 姑蘇志六十卷

明林世遠、王鏊等纂修　明正德刻嘉靖增
修本

　　蘇州自明洪武間盧熊纂《蘇州府志》
五十卷，此後百餘年間，纂輯久闕。弘治中，
吳寬嘗與張習、都穆修志而未竟，僅存遺
稿。林世遠爲蘇州守，以其事屬王鏊，鏊
乃與郡人杜啟、祝允明、蔡羽、文璧等共
相討論。發凡舉例，咸取於寬，芟繁訂僞，
多所更益，凡八月而書成。正德元年（1506）
刊版。此本卷三《古今守令表》已增補至
嘉靖二十一年（1542），知爲嘉靖增修本。
　　鈐有“當歸艸堂”、“八千卷樓”、“四
庫著録”、“幔亭埜史”等印。今藏上海
師範大學圖書館。（趙龍）

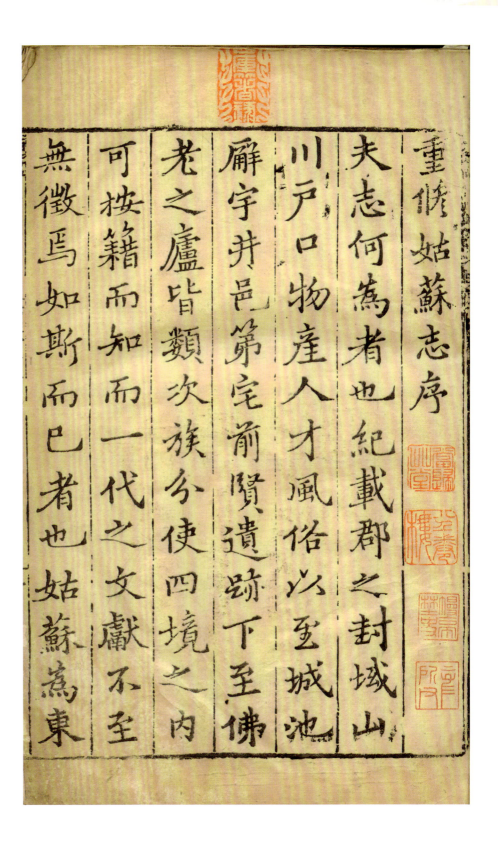

重修姑蘇志序

夫志何為者也紀載郡之封域山
川戶口物產人才風俗以至城池
廨宇井邑第宅前賢遺跡下至佛
老之廬皆類次族分使四境之內
可按籍而知而一代之文獻不至
無徵焉如斯而已者也姑蘇為東

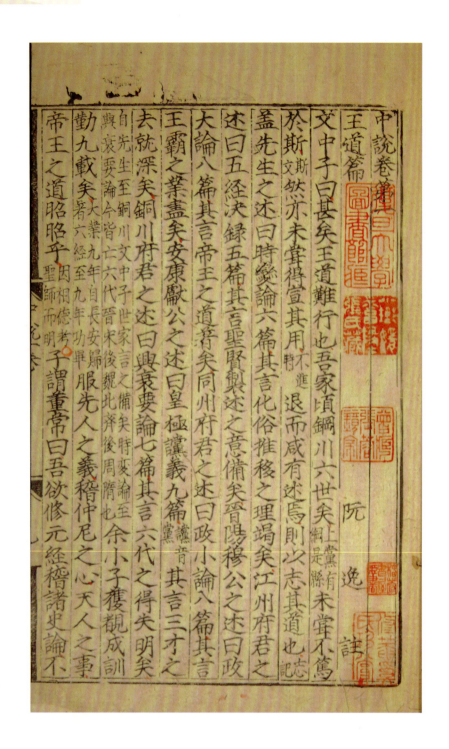

○三一　中説十卷

題隋王通撰　宋阮逸註　明刻本

此本字體爲明前中期建刻風格，文字誤刻較多。末有喬松年題識，道光十六年（1836）蔣寶齡題記。

鈐有"修菴奚氏珍賞"、"小娜嬛福地張氏藏"、"味經書屋"、"曾藏張蓉鏡家"、"張芙川鑒藏"、"喬崔儕藏書記"、"涂水喬氏崔儕藏書印"、"象谷愚公"、"椿萱書屋藏書"、"師氏珍藏"、"師氏守玉守章昆仲印"等印。今藏復旦大學圖書館。（樂怡）

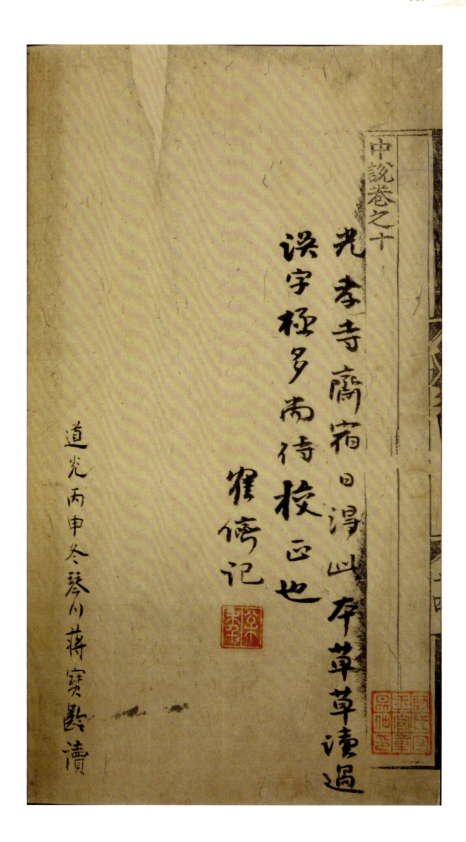

中說卷之十

光孝寺齋宿日得此本草草讀過誤字極多容俟校正也　瞿傭記

道光丙申冬琴川蔣寶齡讀

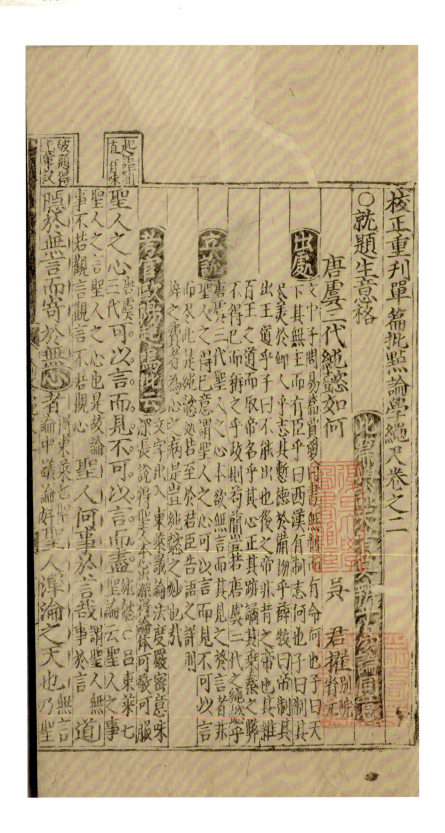

○三二　校正重刊單篇批點論學繩尺十卷
諸先輩論行文法一卷

宋林子長箋解　宋魏天應編選　明刻本

　　此本前有明何喬新序，缺首頁及末葉；
又有明成化五年（1469）游明序，失去末半
葉。目録卷端題“京學學論筆峯林子長箋解，
鄉貢進士梅墅魏天應編選”；《行文要法
目録》題“校正重刊單篇批點論學繩尺”，
與明成化五年游明刻本不同，似爲重刻，
流傳較少。

　　鈐有“四明盧氏抱經樓藏書印”等印。
今藏復旦大學圖書館。（樂怡）

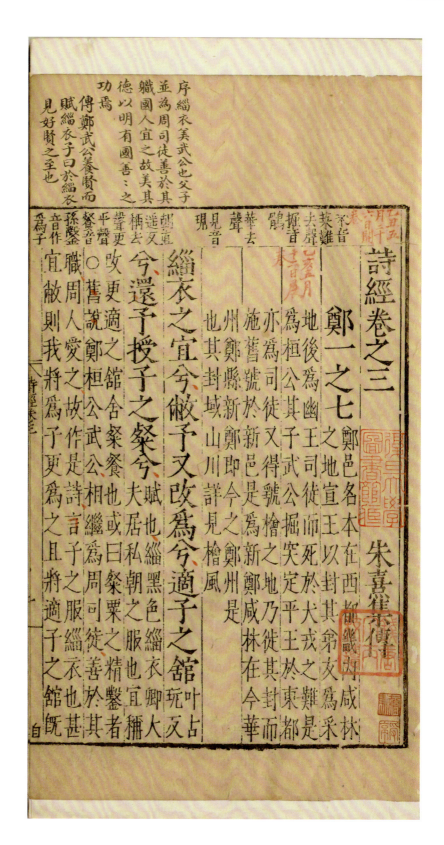

○三三　詩經八卷

宋朱熹集傳　明嘉靖刻本

此本有清丁丙朱筆圈點，天頭處有丁氏墨筆校注，書前有許承堯墨筆題識。

鈐有"爭亭"、"福謙"、"錢塘丁丙校讀"、"許疑盦"等印。今藏復旦大學圖書館。（樂怡）

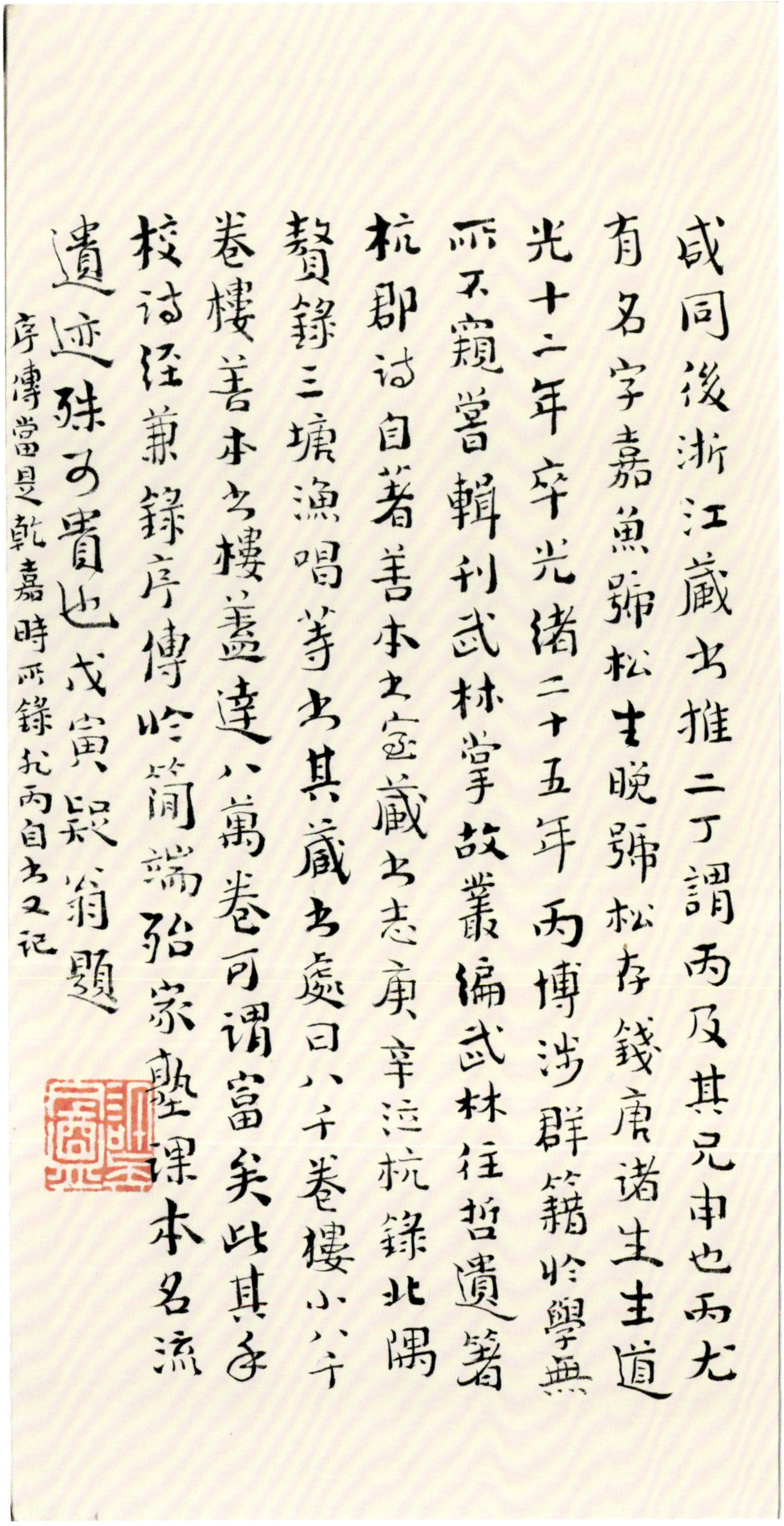

咸同後浙江藏書推二丁謂丙及其兄申也丙尤

有名字嘉魚弸松士晚弸松亦字唐諸生主道

光十二年卒光緒二十五年丙博涉群籍於學無

所不窺嘗輯刊武林掌故業編武林往哲遺箸

杭郡诗自著善本書室藏書志庚辛泊杭錄北隅

贅錄三塘漁唱等書其藏書處曰八千卷樓小八千

卷樓善本書樓蓋達八萬卷可謂富矣此其子

校诗徑兼錄序傳吟箇端弘家塾課本名流

遺迹殊可貴也戊寅吳翁題

序傳當是乾嘉時所錄扎丙自書又記

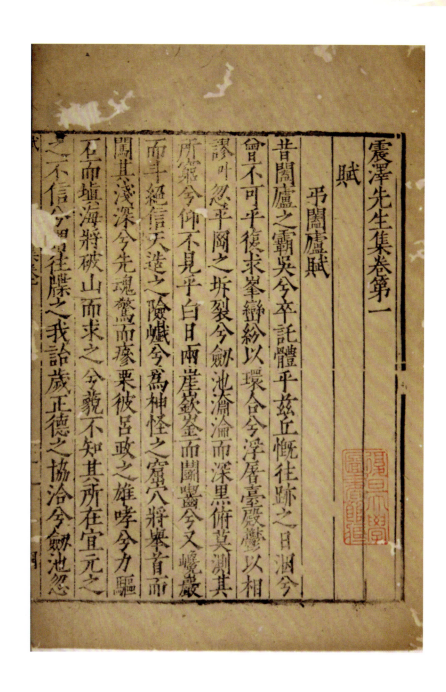

○三四　震澤先生集三十六卷

明王鏊撰　明嘉靖刻本

此本有明嘉靖十五年（1536）霍韜序，
稱"先生早學於蘇，晚學於韓，折衷於程朱"，
於王鏊爲文精到之處，已言其大概。前有
周星詒朱筆題記云："《四庫全書簡明目
録》載《震澤集》三十卷。此本較多六卷，
豈《全書》所收別有一本邪？記少時在蘇
州李氏書肆見一本，字作軟體，刻印精好，
惜未購得，不知與此有異同否？"

鈐有"吳興劉氏嘉業堂藏書記"等印。
今藏復旦大學圖書館。（樂怡）

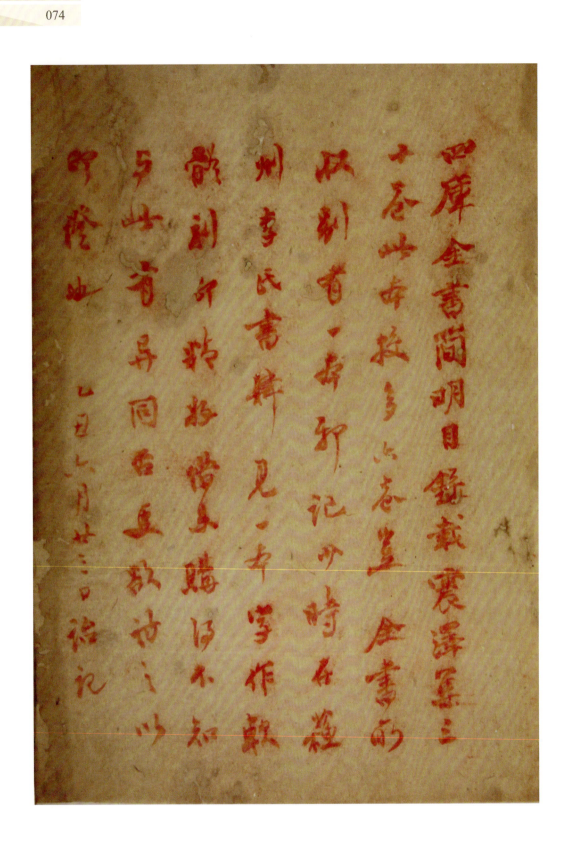

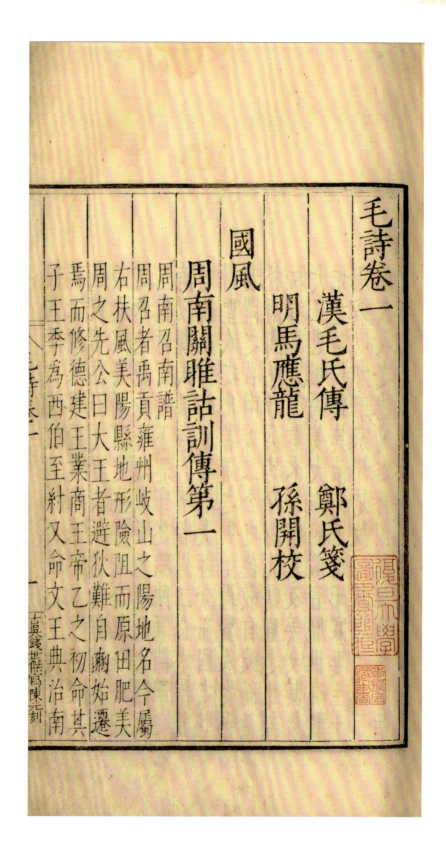

○三五　毛詩傳箋七卷

明嘉靖刻本

　　此本卷端題"馬應龍、孫開校"，版心下鑴"古吳錢世傑寫，陳元刻"，版心下有刻工名氏。前有高燮手書題識云："此嘉靖刻本也。《郎園讀書記》著録，以爲出宋本，極推重之。傅氏《雙鑑樓善本書目》亦著録。"

　　鈐有"季振宜藏書"、"滄葦"、"季振宜印"、"王氏二十八宿研齋祕笈之印"、"高氏吹萬樓所得善本書"等印。今藏復旦大學圖書館。（樂怡）

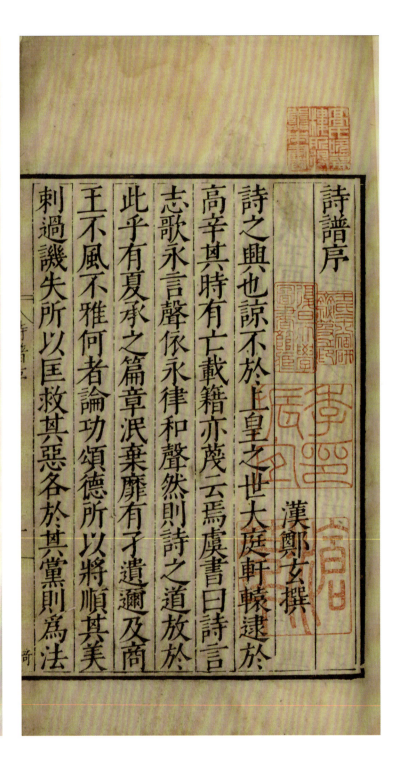

此嘉靖刻本也郎園讀老記署録以為此宋

本雅宜巻之得氏隆鑑鑑猶美本書目此書

觀有李振宜渡筆二藏印又李振宜藏于

小郎一方及王氏二十八宿研齋秘笈長方印一

詩譜序

漢鄭玄撰

詩之興也諒不於上皇之世大庭軒轅逮於

高辛其時有亡載籍亦茂云焉虞書曰詩言

志歌永言聲依永律和聲然則詩之道放於

此乎有夏承之篇章泯棄靡有孑遺邇及商

王不風不雅何者論功頌德所以將順其美

刺過譏失所以匡救其惡各於其黨則為法

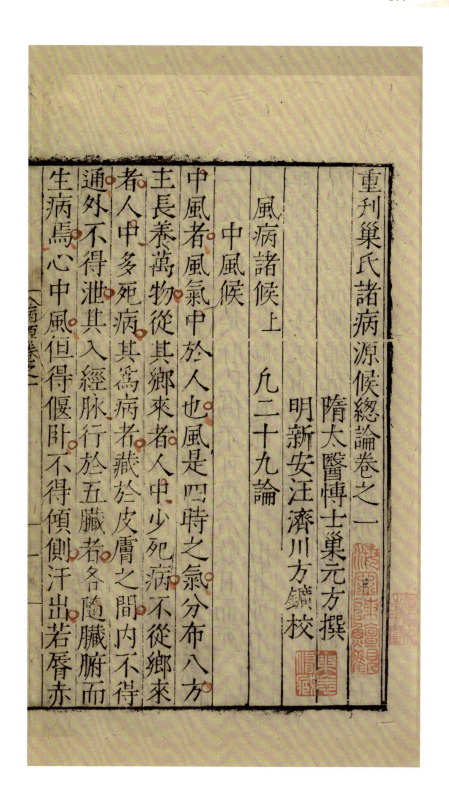

○三六 重刊巢氏諸病源候總論五十卷

隋巢元方撰 明汪濟川刻本

　　此本卷端題"明新安汪濟川方鑛校"。汪濟川嘉靖二十四年（1545）又刻成無己《注解傷寒論》，知此爲嘉靖刻。印本流傳不多。

　　鈐有"得此書費辛苦後之人其鑒我"、"仲魚圖像"、"海寧陳鱣觀"等印。今藏上海中醫藥大學圖書館。（王楓）

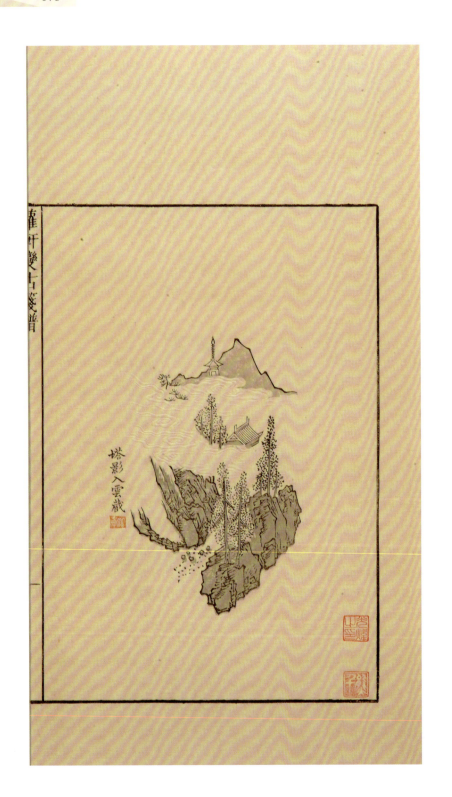

○三七　蘿軒變古箋譜二卷

明吳發祥輯　明天啟刻彩色套印本

　　此本前有天啟丙寅（六年，1626）顏繼祖撰"箋譜小引"，於吳發祥四十八歲時刊成。將傳統之拱花、餖版技法熔於一爐，爲中國版畫史具有里程碑意義之作。清海鹽張宗松舊藏，《清綺齋書目》卷二著録。

　　鈐有"張光煒印"、"熊千"等印。今藏上海博物館。（柳向春）

天啟丙寅嘉平月丹霞友
弟顗繼祖撰并書

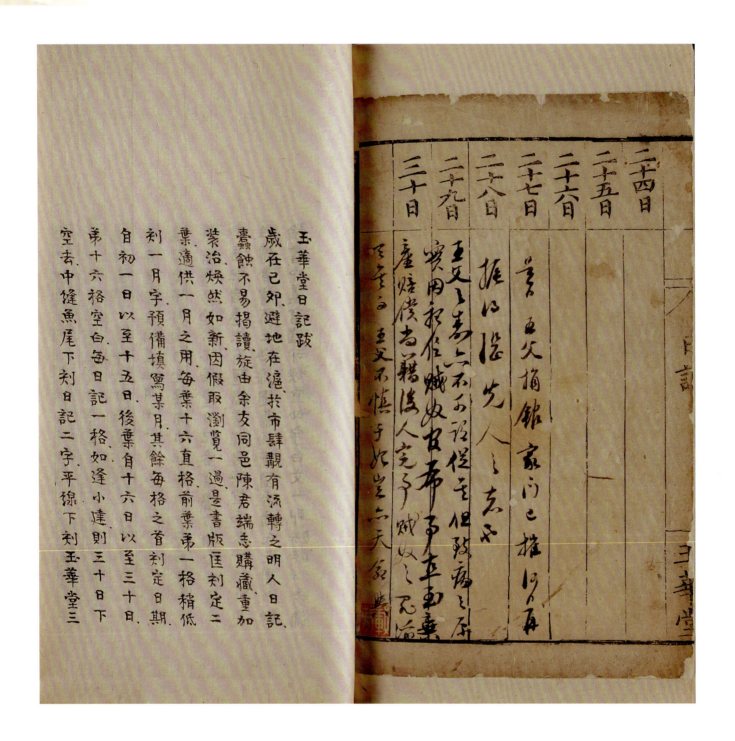

○三八 玉華堂日記不分卷

明潘允端撰 稿本

潘允端（1526–1601），字仲履，号充庵，上海人。嘉靖四十一年（1562）進士。歷官山東布政司參政、按察使，官至四川布政使。萬曆五年（1577）解職回鄉，於宅西建豫園以娱親終老。

此爲作者萬曆十四年（1586）至二十九年（1601）日記稿，約計三十萬言。其中多載上海地區戲曲情況，史料價值極高。末有民國二十九年（1940）三月十日姚光手跋。今藏上海博物館。（柳向春）

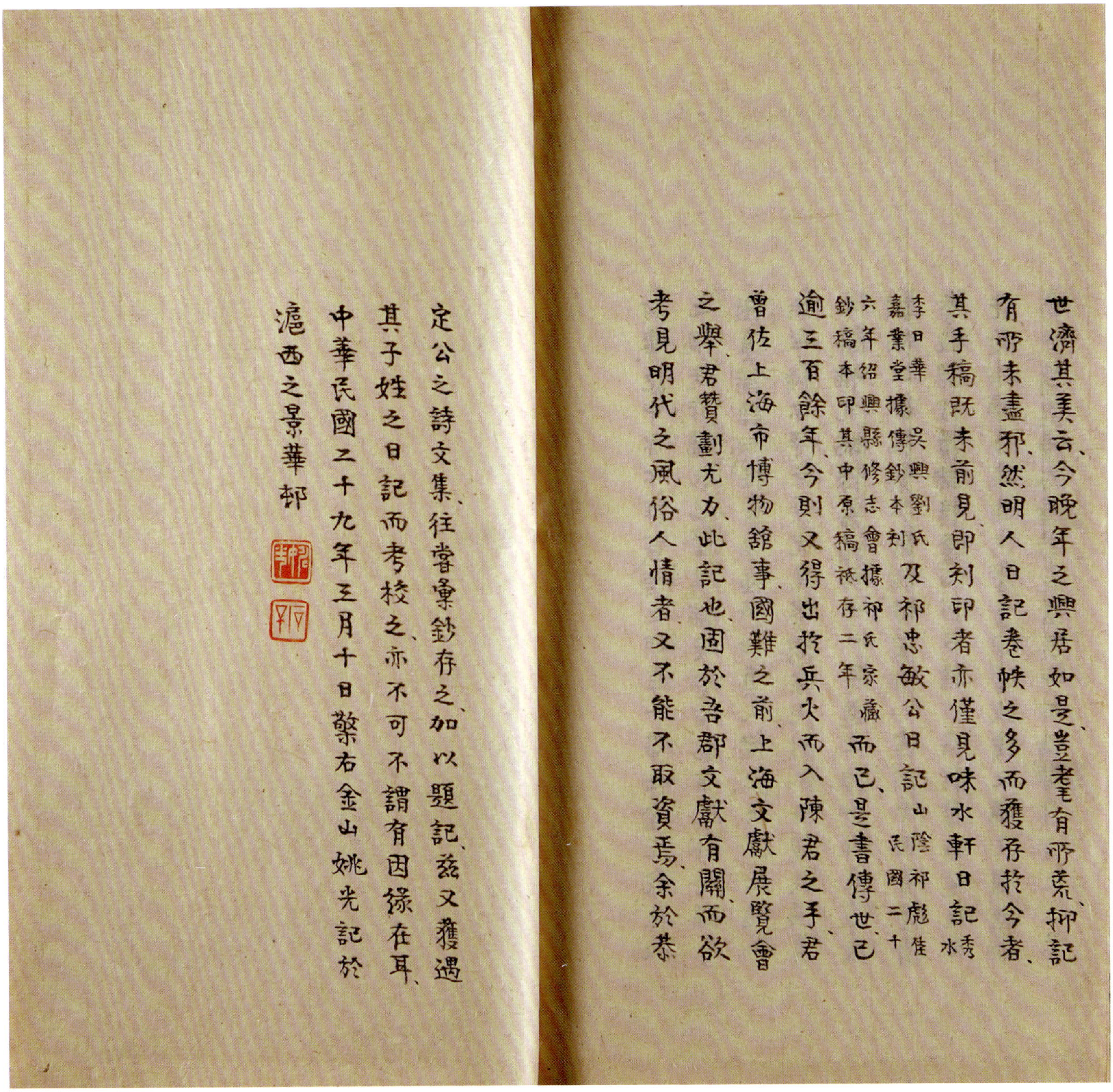

世濟其美云今晚居年之興居如是豈老筆有所荒押記
有所未盡邪然明人日記卷帙之多而獲存於今者
其手稿既未前見即刻印者亦僅見味水軒日記秀水
李日華吳興劉氏及祁忠敏公日記山陰祁彪佳
嘉業堂據傳鈔本刻祁氏家藏日記民國二十
六年紹興縣修志會據祁氏家藏而已是書傳世已
鈔稿本印其中原稿祇存二年
逾三百餘年今則又得出於兵火而入陳君之手君
曾佐上海市博物舘事國難之前上海文獻展覽會
之舉君贊劃尤力此記也固於吾郡文獻有關而欲
考見明代之風俗人情者又不能不取資焉余於恭

定公之詩文集往嘗彙鈔存之加以題記茲又獲遇
其子姓之日記而考校之亦不可不謂有因緣在耳
中華民國二十九年三月十日藥右金山姚光記於
滬西之景華邨

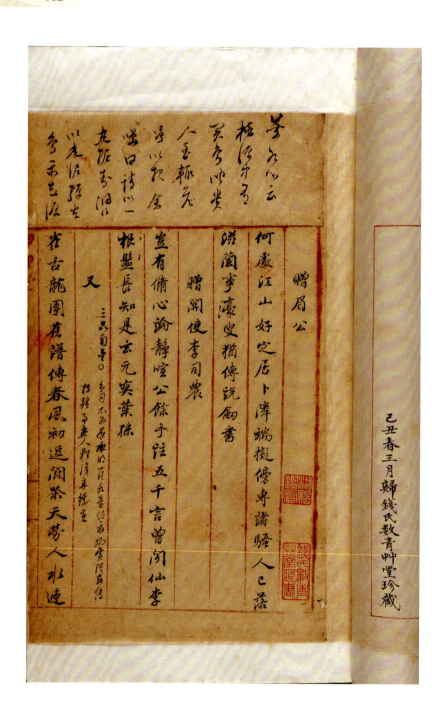

○三九　四印堂詩稿一卷

明董其昌撰　稿本

董其昌（1555-1637），字玄宰，號思白、香光居士，華亭人。萬曆十七年（1589）進士。授編修，官至南京禮部尚書。工書法，又擅山水畫，執藝壇牛耳數十年。卒諡文敏。有《畫禪室隨筆》、《容臺文集》等。

此爲作者自書詩稿，用紙版心上方鐫"四印堂"三字。内容起明天啟元年（1621），至崇禎九年（1636）止，多已收入《容臺集》刻本，文字間有異同。書眉有作者手識，多談藝語。封面有吳湖帆題簽"董思白四印堂詩稿真迹一册"。

鈐有"華亭玄宰"、"董氏玄宰"、"湖颿鑑賞"、"錢氏數青草堂藏書"、"海昌錢鏡塘藏"等印。今藏上海博物館。（魏小虎）

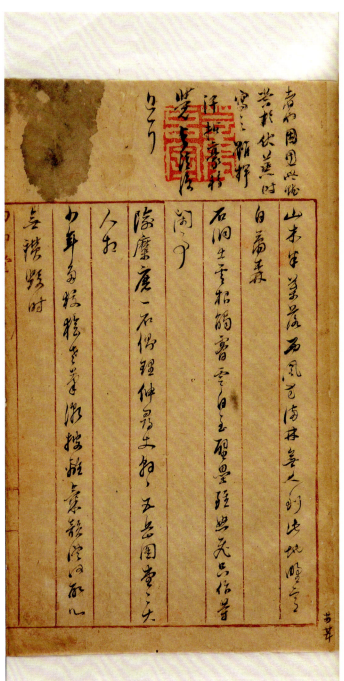

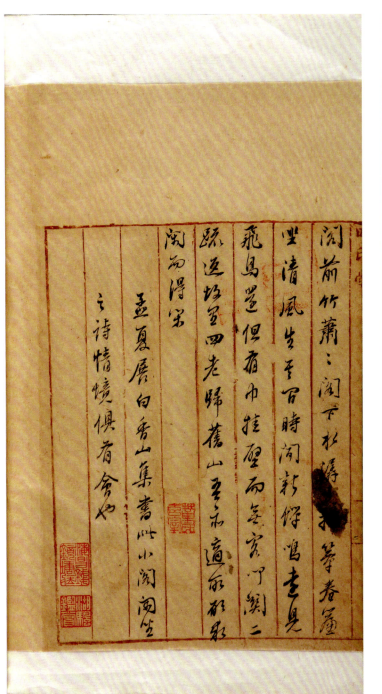

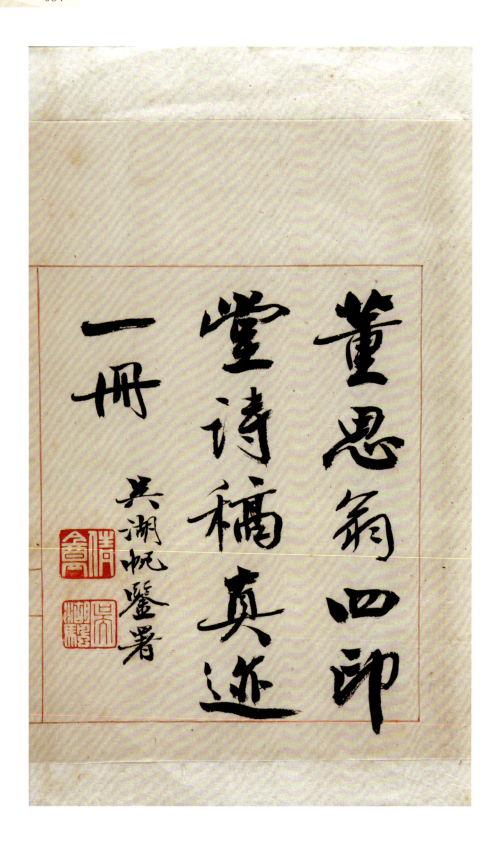

董思翁四印
堂詩稿真迹
一冊　吳湖帆鑒署

○四○　**周易觀象補義略不分卷**

清諸錦撰　清范成編　稿本

　　諸錦（1686-1769），字襄七，號草廬，秀水人。雍正二年（1724）進士。乾隆元年（1736）召試博學鴻詞，授翰林院檢討，官至右春坊右贊善。著有《毛詩説》、《饗禮補亡》、《儀禮義疏稿》、《絳跗閣文集》等。

　　此稿末題"子壻范成編次"，末有嘉慶二十五年（1820）同邑戴光曾手跋，略云："予見之吳門舊藏書家，係先生集諸家之説，加以按語。自《易》本至傳異，皆手書編定，彙爲全書。内惟上經至下經《姤卦》，則他手鈔録而先生校之，真世間未有之本。主人視之不甚重，因購得之。以示蕘圃黃君，蕘圃嘆羨，以爲禾中先輩之書應歸於禾。此天假之緣，非吳人之無眼力也。"據戴氏題識，稿本原裝四册。後歸海寧查氏，民國八年（1919）傅增湘寓目時，已分裝成十六册。《藏園訂補邵亭知見傳本書目》卷一著録。

　　鈐有"嘉興戴光曾鑒藏經籍書畫印"、"曾藏查堯裁家"、"臣紹箋印"、"查燕緒收藏經籍印"等印。今藏復旦大學圖書館。（眭駿）

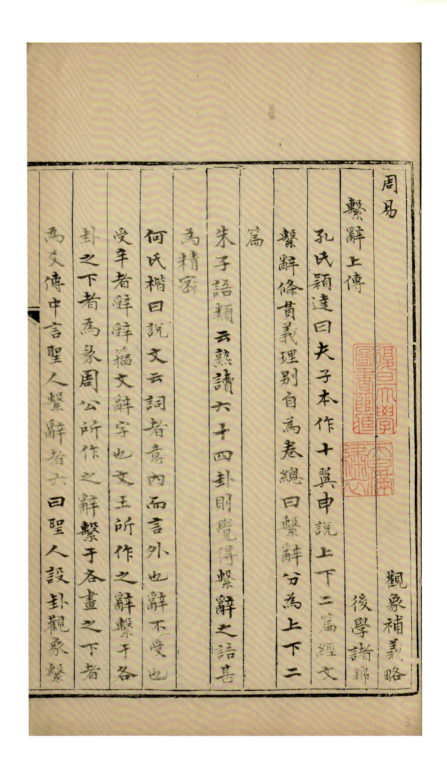

李氏光地曰釋所謂天地之化也天地之化一畫

一夜以成萬物而已然方其晝而顯也乃即其在

中之仁方其夜而藏也乃即其在外之用以是鼓

萬物之出入皆具自然之妙而圖无所容心焉此

其德業所以為盛大之至也蓋惟其所藏者用乃

錦按鼓萬物而不與聖人同憂自生自成天地

无心之感所謂咸也聖人與萬物同憂生之成

之感人心而天下和平所謂聖人之感也程子

曰天地无心而成化聖人有心而无為

氏有之言大學首章之言宜程

錦按解見上文安溪以此二句連上為一節

三　理存馬　遂期宇維箴　明晉江人　　　　　　　　　　子婿范戌編順

父執諸草廬先生品德蕙重經術湛深允為儒林

冠晃嘉慶二十四年彙題

俞允崇祀鄉贒後生小子雖未及親炙光儀然每侍　先

府君傳述緒論真第一流人也先生著述甚富惜少

傳人盡皆散失數年前曾見遺照清露點朝衣圖

題者皆一時名宿令不知歸於何所生平所著毛詩

說饗禮補亡夏小正註絳趺閣集皆刋刻行世又

手輯

國朝風雅浙中諸家之詩凡十餘冊其他說經之書甚

夥或未經編定遂少流傳此周易觀象補義四冊

予見之吳門舊藏書家係先生集諸家之說加以

按語自易本至傳異皆手書編定彙為全書內惟

上經至下經姤卦則他手鈔錄而先生校之真蹟間

未有之本主人視之不甚重因購得之以示莞圃黃

君莞圃歎羨以為未中先輩之書應歸於未此天

假之緣非吳人之無眼力也因并記之

嘉慶二十五年四月十日同里後學戴光曾謹識

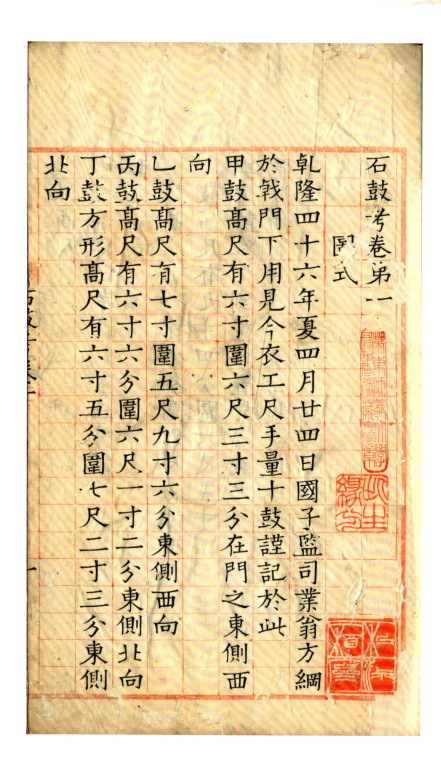

○四一　**石鼓考六卷附一卷**

清翁方綱撰　稿本

　　翁方綱（1733-1818），字正三，號覃溪，
晚號蘇齋，直隸大興人。乾隆十七年（1752）
進士，累擢內閣學士，左遷鴻臚寺卿。先
後典江西、湖北、順天鄉試，督廣東、江西、
山東學政。工書法，曉經術，精鑑別，通金石、
譜錄、詞章之學，著有《復初齋詩文集》等。

　　此稿考辨考釋石鼓文字，見解多出別
裁。書成數易其稿，體例與朱彝尊《石鼓考》
等不同。卷一摹寫文字，卷二至六詳加考
訂，附文《石鼓時代辨》等六篇。有翁氏朱、
墨筆校改多處。

　　鈐有“此生緣分”等印。今藏華東師
範大學圖書館。（周保明）

右弟五豆舊拓本多出三字二行
一某又零畫不成字者八一一字二行
弟一字此諸字弟二字以諸本所録者計之
四字此諸字以諸本所録者計之六字皆可合行
為舊拓本之弟四圈為原石弟五
弟四三字二行弟
九行弟

石壹考卷二

六行又半字治
是

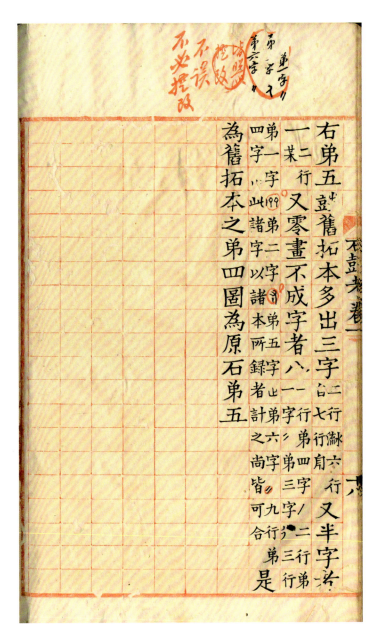

左邊下垂之畫
之筆其上半字簽非天之甲秀堂本作英亦非楊本此亦作遜来自東四字杜撰
本作英字恐未然楊本乃作遜来自東四字杜撰非
誤也
是又古文苑需雨上有薄二字潘云墨本舊有薄
二字方綱按天字上凡三格薄二字必是重文出
一格之空外尚有二格則此章首之弟一句其或是
五字句平不則下句需雨口需四字不得為句矣今
姑闕之以俟舊拓善本需章云靈毛詩注靈善也鄭
云亦作零雨口此字闕楊作奔杜撰非其是金薤琳琅
作雾今以舊拓本審視闕上一字其左脚之尾微露
ノ勢奔雾皆非爍説文水行也从小流突忽也力

○四二　字學九辨□□卷

清吳翌鳳撰　稿本

　　吳翌鳳（1742—1819），字伊仲，號枚庵，別號古歡堂主人，吳縣人。諸生。酷嗜異書，無力購致，手自鈔錄幾及千卷。中歲應湖南巡撫姜晟之聘，繼主瀏陽南臺書院。於學無所不窺，尤長於詩。著有《與稽齋叢稿》、《吳梅村詩集箋注》等。

　　此稿審爲作者手書，存《辨通》二卷、《辨異》二卷。鈐有“江陰金武祥印”等印。今藏華東師範大學圖書館。（李善强）

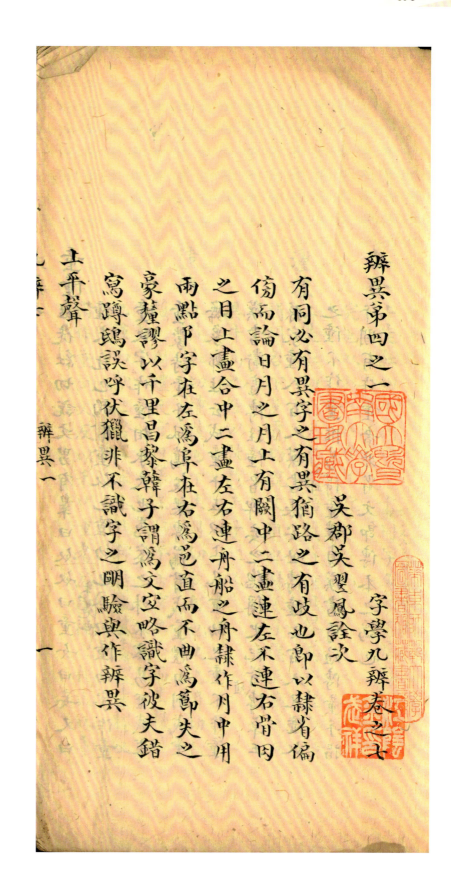

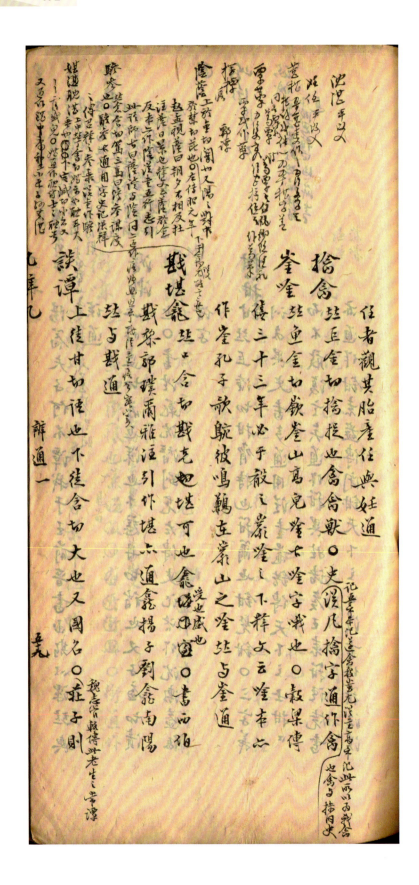

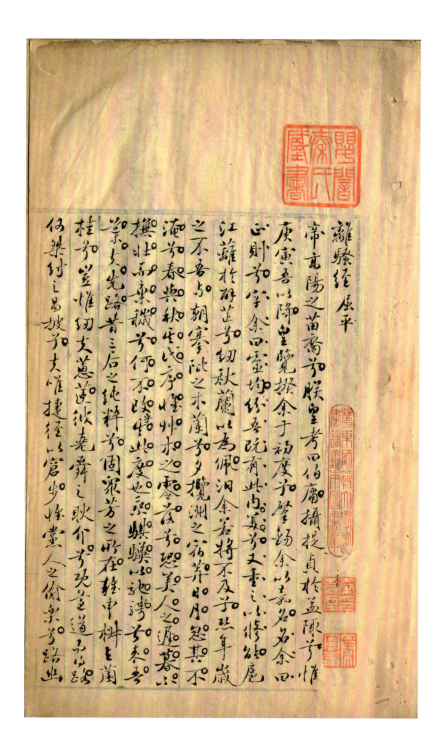

○四三　騷賦雜文不分卷

清丁履恒輯　稿本

　　丁履恒（1770-1832），字若士，一字
道久，號東心，武進人。嘉慶六年（1801）
拔貢，十三年召試二等，歷官贛榆教諭、
肥城知縣。學兼漢宋，詩文負盛名。著有《春
秋公羊例》、《思賢閣集》等。

　　此稿遴選戰國至南北朝間之大賦、小
賦、書信、讚頌等騷賦雜文四十餘篇，以
時代先後爲序編排。書眉有考釋。前有辛
未（1931）冬秦更年手跋，云爲陽湖丁道
久履恒手寫本，屠靜山寄所舊藏。

　　鈐有“秦更年印”、“秦曼青”、“嬰
闇秦氏藏書”、“屠氏靜山珍藏”等印。
今藏華東師範大學圖書館。（回達強）

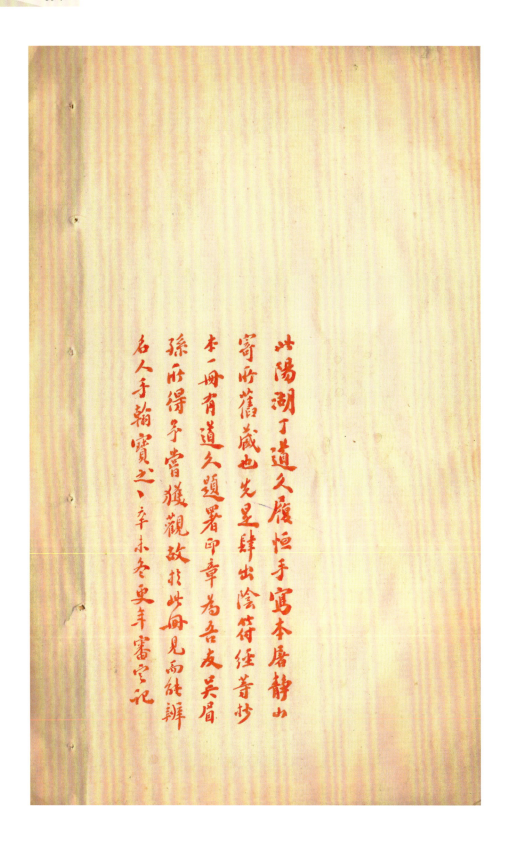

此陽湖丁道久履恒手寫本屠靜山
寄所舊藏也先是肆出陰符經等抄
本一冊有道久題署印章為吾友吳眉
孫所得予嘗獲觀故於此冊見而能辨
名人手翰寶之﹨辛未冬更年審定記

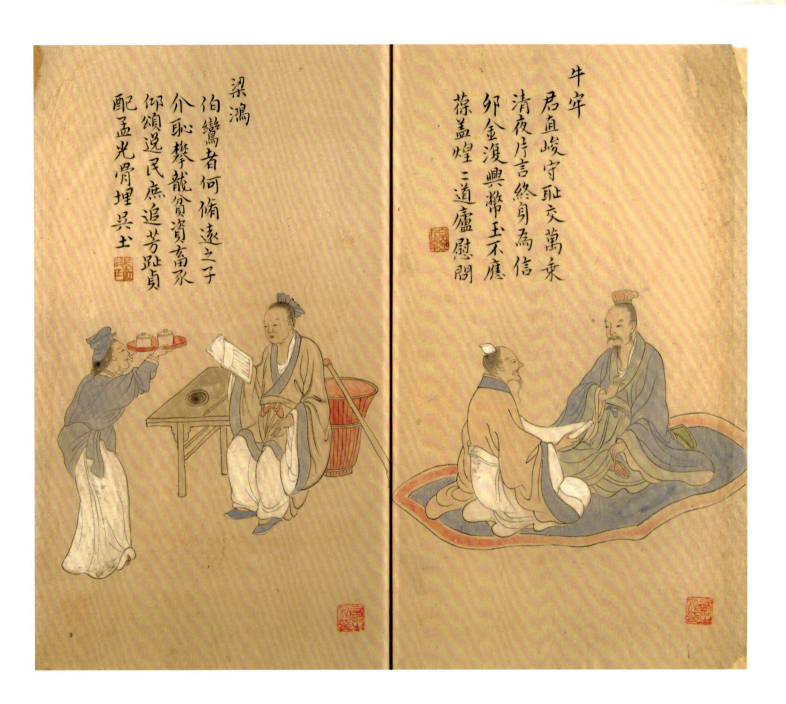

牛牢

君直峻守耻交萬乘

清夜片言終身爲信

邜金復興幣玉不應

葆蓋煌二道盧慰問

梁鴻

伯鸞者何脩遠之子

介耻攀龍貧資畜豕

仰頌逸民庶追芳趾貞

配孟光骨埋吳土

○四四　先賢譜圖不分卷

清改琦編繪　稿本

　　改琦（1773-1828），字伯韞，號香白，又號七薌，別號玉壺外史。其先本西域人，世以武職顯。後家江南，居華亭。工詩詞，善畫仕女，山水花草蘭竹小品亦運思別巧。有《玉壺山人詞稿》、《泖東夏課》等。

　　此稿承徐璋畫法，精繪歷代先賢九十人，凡四十二幀，各爲題記，成於嘉慶十年（1805）。前有西湖嘯月生跋，莫繩孫手録識語一紙，後有祁寯藻、莫友芝手跋。

　　鈐有"改琦"、"伯韞"、"莫氏子偲"、"邠亭眲叟"等印。今藏上海師範大學圖書館。（趙龍）

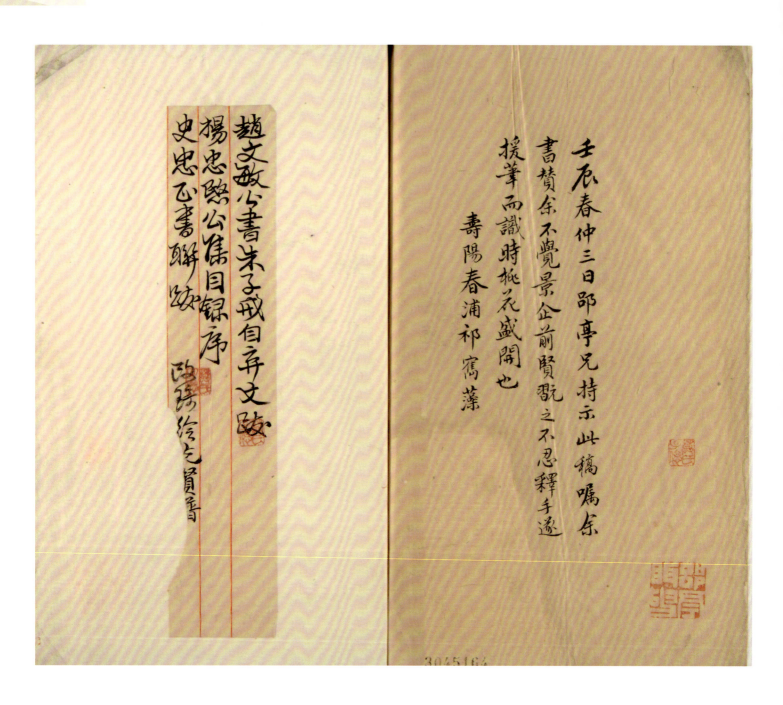

壬辰春仲三日邵亭兄持示此稿囑余

書贊余不覺景企前賢觀之不忍釋手遂

援筆而識時桃花盛開也

壽陽春浦祁寯藻

趙文敏公書朱子戊申亭文跋

揚忠愍公集目録序

史忠正書聯跋

張端絟之賢甫

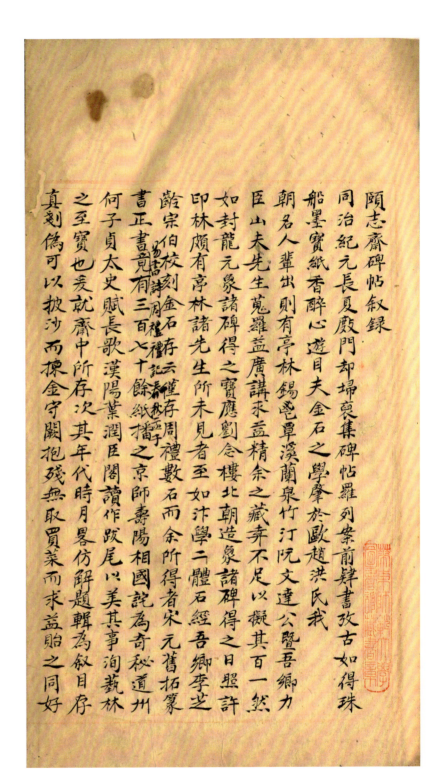

○四五　頤志齋碑帖敍錄一卷

清丁晏撰 稿本

　　丁晏（1794-1875），字儉卿，一字柘堂，
山陽人。道光元年（1821）舉人。早歲治經，
篤好鄭學，於《詩箋》、《禮注》研討尤深。
手校書籍極多。官至内閣中書，晚年主講
於麗正書院。撰述多刻入《頤志齋叢書》。

　　此稿用"頤志齋"版格紙寫，係作者
爲所藏碑帖撰寫之解題、敍目，計宋元舊
拓三百七十餘紙，以年代爲次。前有自序
一篇，已收入《頤志齋文集》。今藏華東
師範大學圖書館。（周保明）

璋橅豫州文亦有此三字漢人公移之式也後有正大六年榮

陽李縣令跋分書摔弱不足觀

漢巴郡太守樊敏碑分書有額　建安七年

碑稱除永昌長史遷宕渠令號曰吏師分書古樸有骨法

魏膠東令王君殘碑分書

此玉航所藏分書剥蝕太甚可辨者無幾

漢萊子侯買地券分書　始建國天鳳四年

此玉航所藏後跋嘉慶丁丑顏逢甲得於臥虎山碑尚完好分

書古勁三十餘字俱存西京法物重可寶也

○四六　俞曲園手稿四種

清俞樾撰　稿本

　　俞樾（1821-1907），字蔭甫，號曲園，德清人。道光三十年（1850）進士。保和殿覆試時因詩中有"花落春仍在"一句，爲閱卷官激賞，置第一。散館授翰林院編修。咸豐五年（1855）八月簡放河南學政，七年秋遭劾罷歸。寄寓蘇州，以著述爲事。先後主蘇州紫陽書院、杭州詁經精舍講席三十餘年。所著書刻入《春在堂全書》。

　　此稿包括《群經平議》卷二十至二十二、《春在堂尺牘》一卷、《金鵝山人尺牘》一卷、《楹聯録存》卷上，共四種。開本大小各異，裝幀不一。《群經平議》卷端寫有"俞氏篋書第一"字樣，《金鵝山人尺牘》卷端題"外書二"，《楹聯録存》卷端題"外書五"，與《春在堂全書》刻本之分類方式相同。中有作者手書，對版刻寫樣之紙張、格式作出指示，《春在堂全書》刻本均已照改。

　　鈐有"俞樾之印"、"蔭父"、"讀三代兩漢書室"、"潘氏寶鐙齋珍藏之印"等印，《楹聯録存》前有吳湖帆手題"俞曲園太史手録楹聯藁本"，鈐"吳湖颿"印。今藏華東師範大學圖書館。（韓進）

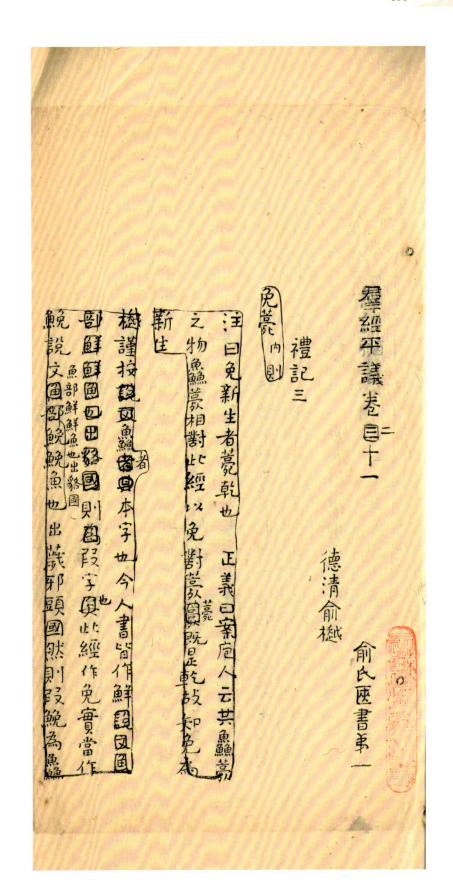

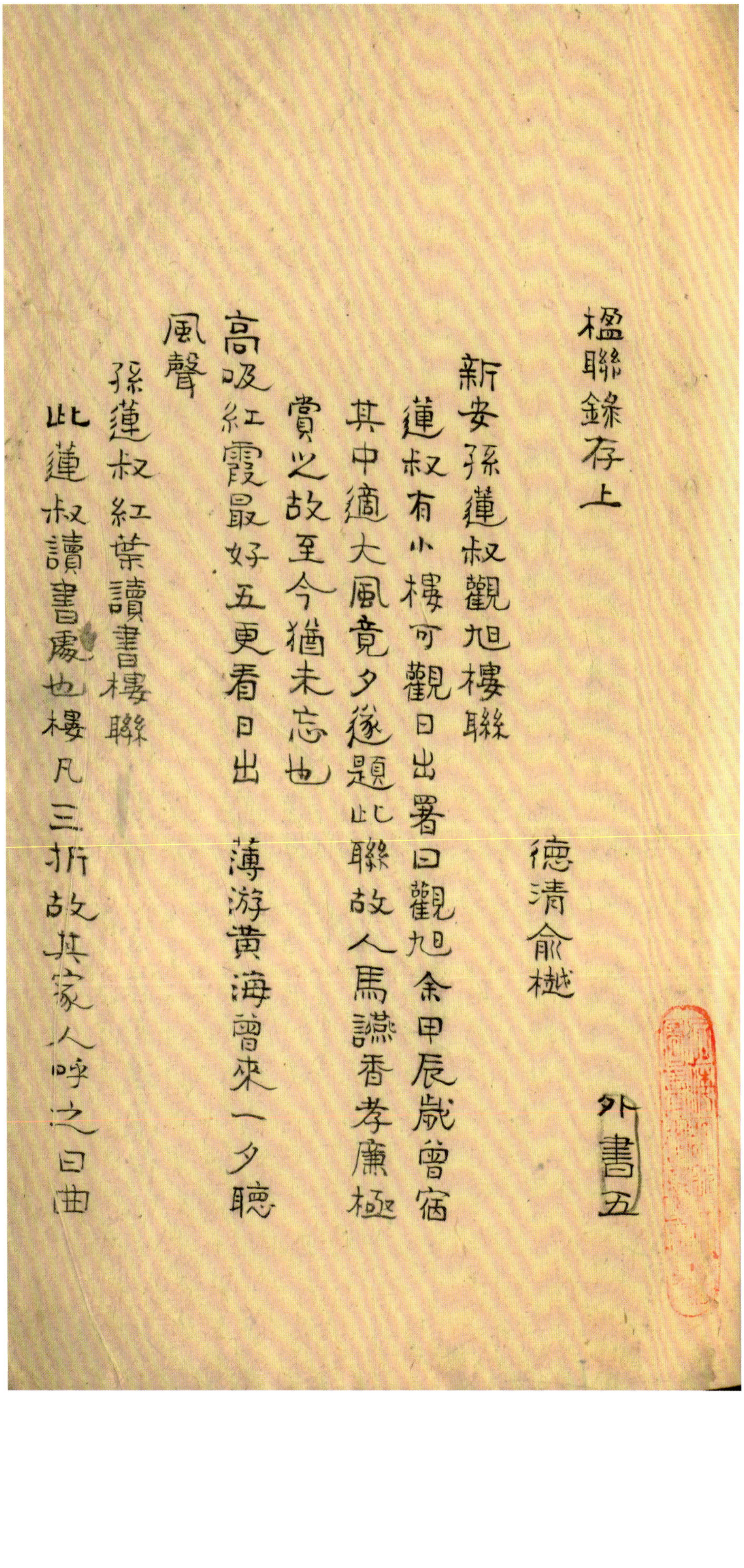

楹聯録存上　　　　　　　　　　　　德清俞樾

新安孫蓮叔觀旭樓聯

蓮叔有小樓可觀日出署曰觀旭　余甲辰歲曾宿
其中適大風竟夕後題此聯　故人馬讖香孝廉極
賞之故至今猶未忘也

高吸紅霞最好五更看日出　薄游黃海曾來一夕聽
風聲

孫蓮叔紅葉讀書樓聯

此蓮叔讀書處也樓凡三折故其家人呼之曰曲

外書五

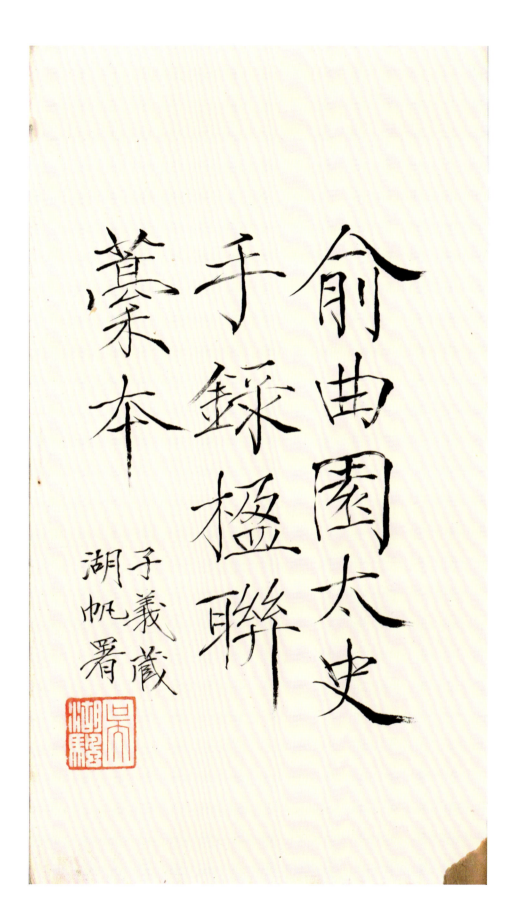

俞曲園太史
手錄楹聯
藁本

子羲藏

湖帆署

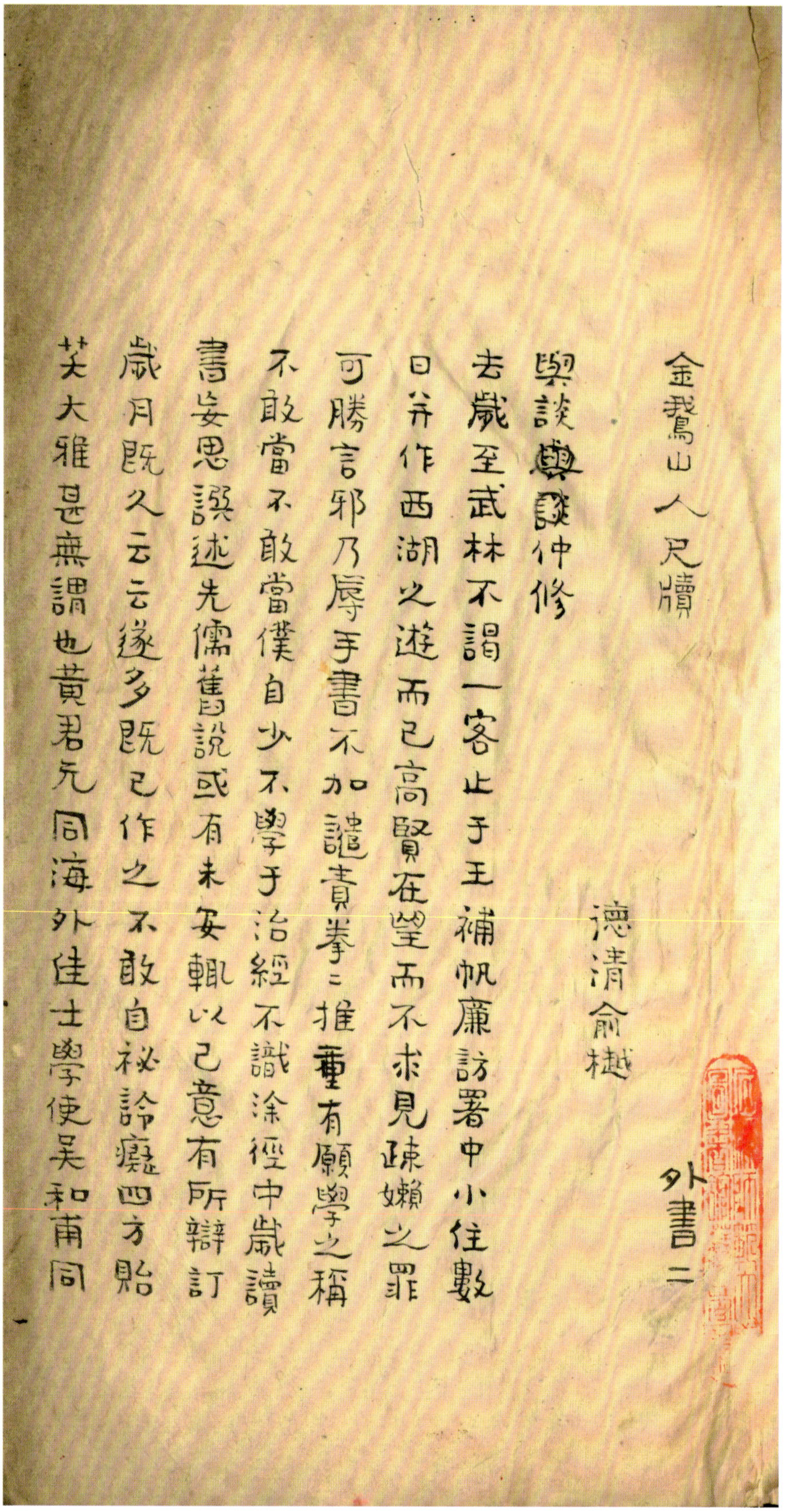

金鰲山人尺牘　　　德清俞樾　　外書二

與談與談仲修

去歲至武林不謂一客止于王補帆廉訪署中小住數

日并作西湖之遊而已高賢在望而不求見疎嬾之罪

可勝言邪乃辱手書不加誚責拳拳推重有願學之稱

不敢當不敢當僕自少不學于治經不識途徑中歲讀

書妄思誤述先儒舊說或有未安輒以己意有所辯訂

歲月既久云遂多既已作之不敢自祕詒譏癡四方貽

芙大雅是無謂也黃君元同海外佳士學使吳和甫同

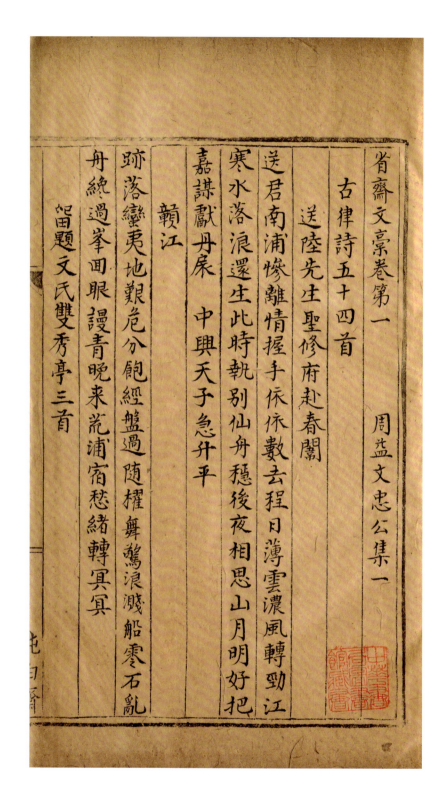

○四七　周益文忠公集二百卷

宋周必大撰

附録五卷

明純白齋抄本

　　此本白口，四周雙邊，黑單魚尾，版心下方鐫有"純白齋"三字。

　　是書宋刻今僅存殘帙數種，明代以來藏家著録者多爲抄本。此明萬曆間抄本，小題在上，大題在下，猶可據見宋刻面貌。現存各家抄本中，推此爲最早。唐鶴徵（1538-1619）純白齋於萬曆間曾刻其自著之《周易象義》、《憲世編》，版心下鐫有"純白齋"三字。疑此即唐氏家抄本。鶴徵字凝庵，武進人。順之子。隆慶五年（1571）進士。官太常卿。

　　鈐有"宋犖之印"等印。今藏上海辭書出版社圖書館。（陳韻）

周益文忠公文集總目

省齋文藁四十卷

卷第一　古律詩五十四首　　　文集一

卷第二　古律詩六十一首　　　文集二

卷第三　古律詩四十六首　　　文集三

卷第四　古律詩八十五首　　　文集四

卷第五　古律詩五十六首　　　文集五

卷第六　古律詩五十四首　　　文集六

卷第七　古律詩五十二首　　　文集七

卷第八　古律詩五十五首　　　文集八

○四八　　沈下賢文集十二卷

唐沈亞之撰　明謝氏小草齋抄本

此本黑格，白口，左右雙邊，版心上方鐫有"小草齋鈔本"五字。曾經丁丙《善本書室藏書志》、王欣夫先生《蛾術軒篋存善本書錄》著錄。據欣夫先生考證，此本乃明謝肇淛小草齋據同時福建徐𤊺所藏鈔本過錄，徐氏之底本爲明萬曆間焦竑自内閣鈔出者。宋本湮滅，鈔本流傳較少。

謝肇淛（1567-1624），字在杭，長樂人。萬曆二十年（1592）進士，官至廣西左布政史。藏書以集部稱富。博學能詩文，著有《小草齋詩文》、《吳興枝乘》、《滇略》、《百粤風土記》、《支提山志》、《長溪瑣語》、《五雜俎》、《文海披沙》等。

鈐有"謝在杭家藏書"、"曾爲大梁周氏所藏"、"周亮工印"、"夢廬借觀"、"武陵趙氏培蔭堂同治甲子後所得書"、"嘉惠堂丁氏藏書之記"、"四庫著錄"、"大隆"、"欣夫"等印。丁丙《善本書室藏書志》著錄。今藏復旦大學圖書館。（樂怡）

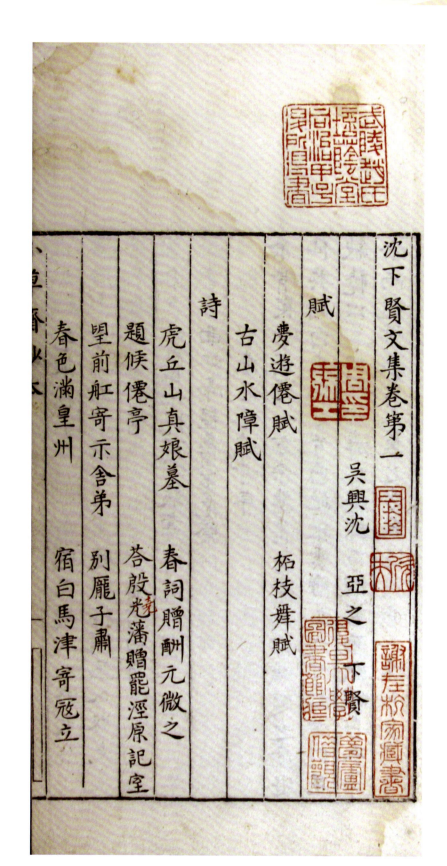

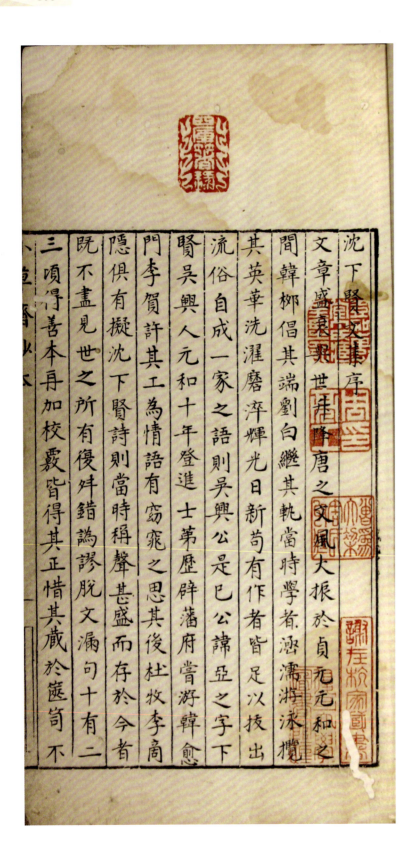

沈下賢文集序

文章盛衰與世汙隆唐之文風大振於貞元元和之

間韓柳倡其端劉白繼其軌當時學者淪濡游泳攬

其英華洗濯磨淬輝光日新苟有作者皆足以拔出

流俗自成一家之語則吳興公是巳公諱亞之字下

賢吳興人元和十年登進士第歷辟藩府嘗游韓愈

門李賀許其工為情語有窈窕之思其後杜牧李商

隱俱有擬沈下賢詩則當時稱聲甚盛而存於今者

既不盡見世之所有傷牟錯誤謬脱文漏句十有二

三頃得善本再加校讐皆得其正惜其藏於篋笥不

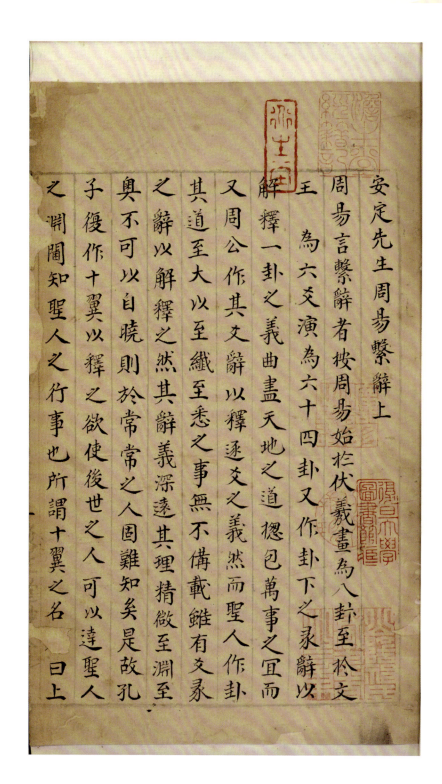

○四九　安定先生周易繫辭二卷

宋胡瑗撰　明祁氏淡生堂抄本

　　按：《宋史‧藝文志》載胡瑗《易解》十卷、《周易口義》十卷。朱彝尊《經義考》引李振裕之説云："瑗講授之餘，欲著述而未逮，其門人倪天隱述之。以非其師手著，故名曰《口義》。後世或稱《口義》，或稱《易解》，實無二書也。"

　　此本版心下鐫有"淡生堂抄本"五字。取對通行之《周易口義》十二卷本，內容相當於卷十一至十二。

　　鈐有"山陰祁氏藏書之章"、"子孫世珍"、"曠翁手識"、"澹生堂經籍志"、"道生堂"、"執中鑒藏"等印。今藏復旦大學圖書館。（眭駿）

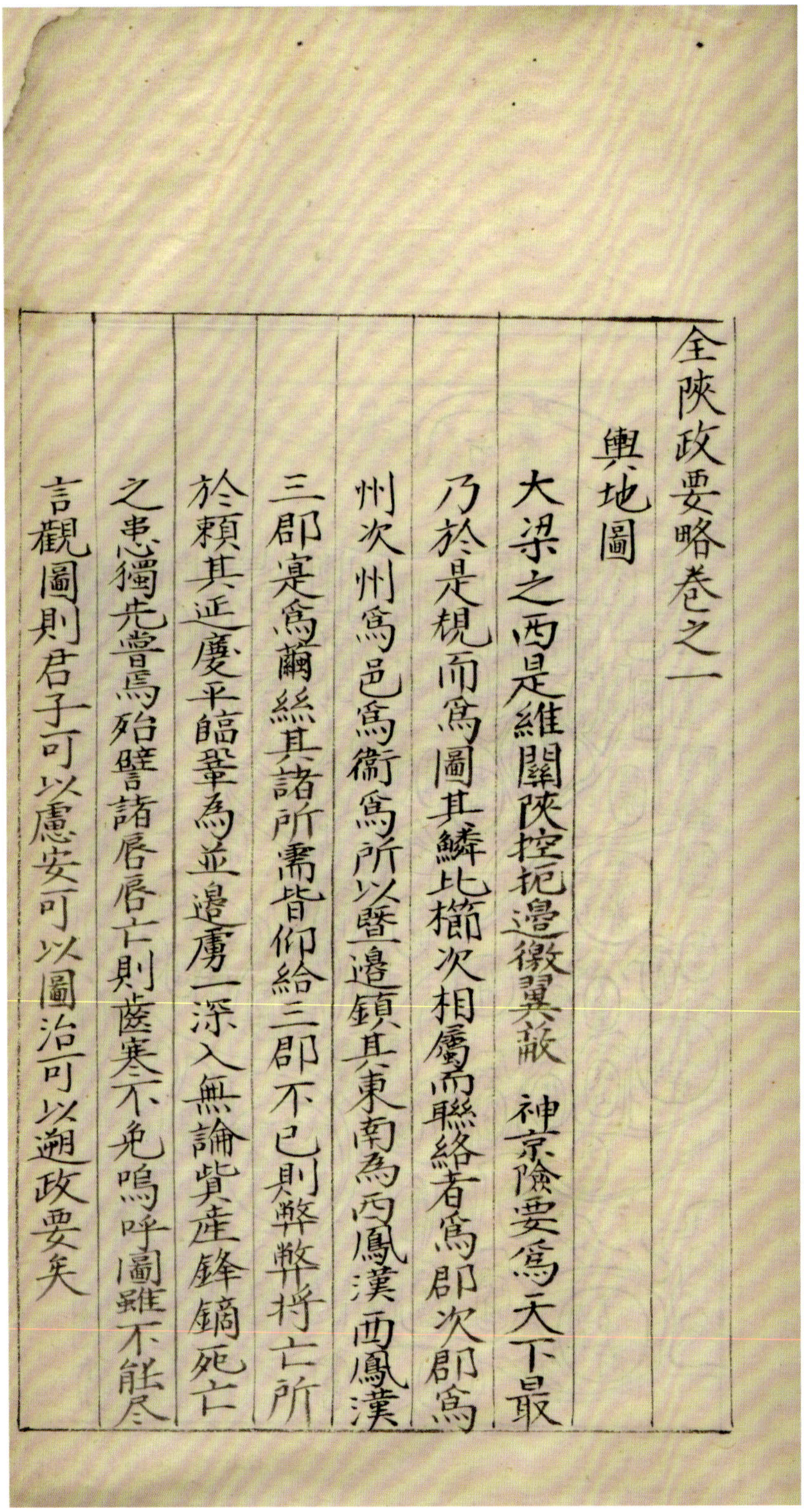
全陝政要略卷之一
輿地圖
大梁之西是維關陝控扼邊徼翼蔽　神京險要爲天下最
乃於是規而爲圖其鱗比櫛次相屬而聯絡者爲郡次郡爲
州次州爲邑爲衛爲所以暨邊鎮其東南爲西鳳漢西鳳漢
三郡寔爲繭絲其諸所需皆仰給三郡不已則弊弊將亡所
於賴其延慶平臨鞏爲並邊虜一深入無論貲産鋒鏑死亡
之患獨先嘗焉殆譬諸唇唇亡則齒寒不免嗚呼圖雖不能盡
言觀圖則君子可以慮安可以圖治可以遡政要矣

〇五〇　全陝政要略四卷

明龔輝撰　明抄本

龔輝初承巡按登州浦鋐檄，纂輯《全陝政要》，總督三邊軍務楊守禮爲之序。後以卷帙浩繁，復節爲此書，今有明嘉靖刻本存世。此明藍格抄本，無抄寫人版格印記可稽，罕見流傳。

鈐有“季振宜印”、“滄葦”、“拜經樓吳氏藏書”、“海昌吳葵里收藏記”等印。今藏上海師範大學圖書館。（趙龍）

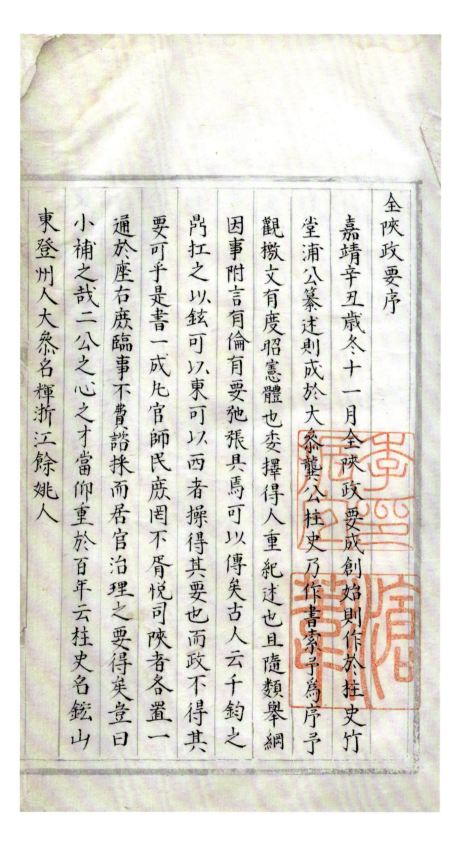

全陝政要序

嘉靖辛丑歲冬十一月全陝政要成創始則作於柱史竹

堂浦公纂述則成於大參蘢公柱史乃作書索予爲序予

觀撒文有慶昭憲體也委擇得人重紀述也且隨類舉綱

因事附言有倫有要弛張具焉可以傳矣古人云千鈞之

弩扛之以銖可以東可以西者操得其要也而政不得其

要可乎是書一成凡官師民庶罔不脣悅司陝者各置一

通於座右庶臨事不費諮採而居官治理之要得矣登曰

小補之哉二公之心之才當仰重於百年云柱史名鉉山

東登州人大參名輝浙江餘姚人

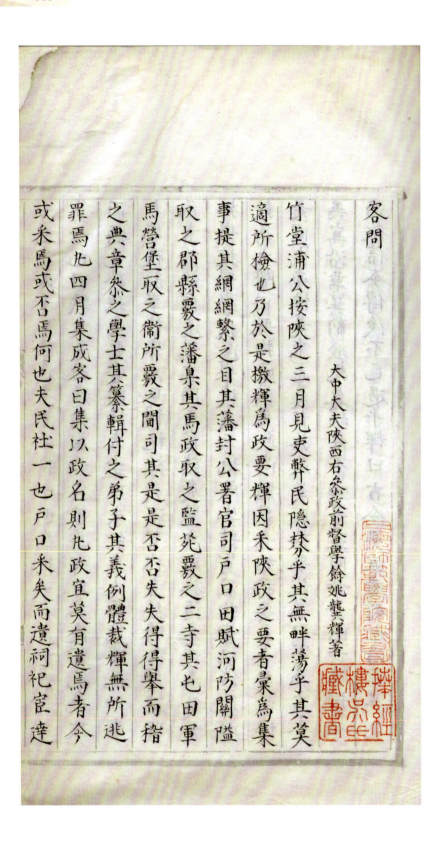

客問

大中大夫陝西右叅政前督學餘姚龔輝著

竹堂浦公按陝之三月見吏弊民隱勢乎其無畔蕩乎其莫
適所檢也乃於是撦輝為政要輝因禾陝政之要者彙為集
事提其網網繁之目其藩封公署官司戶口田賦河防關隘
取之郡縣靆之藩臬其馬政取之監苑靆之二寺其屯田軍
馬營堡取之衛所靆之間司其是是否失得舉而稽
之典章叅之學士其篡輯付之弟子其義例體裁輝無所逃
罪焉九四月集成客曰集以政名則凡政宜莫有遺焉者今
或采焉或否焉何也夫民社一也戶口采矣而遺祠祀宜達

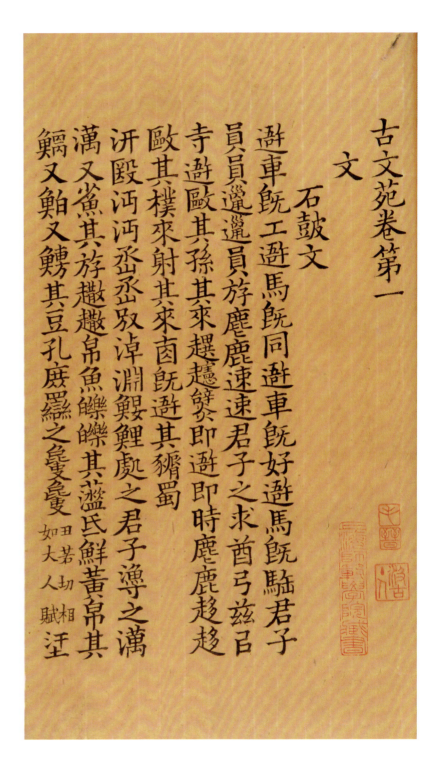

○五一　古文苑九卷

明趙氏影宋抄本

　　是書有宋刻九卷無注本，舊藏趙宦光
家，相傳其子趙均曾鉤摹一本。此本行款、
字體與宋刻九卷本同，有趙均名印，覆寫
精妙，經趙氏以朱筆校正，卷末有趙氏手
書宋諱半葉。卷末有康熙丙申（五十五年，
1716）何焯題識二行，前有張元濟手跋一通。

　　趙均（1591-1640），字靈均，宦光子，
吳縣人。能詩善畫，喜搜金石。

　　鈐有"趙靈均"、"趙均私印"、"毛晉"、
"汲古主人"、"汲古閣"、"汪士鐘印"、
"閬原甫"、"元濟"、"戊戌黨錮子遺"
等印。今藏上海師範大學圖書館。（趙龍）

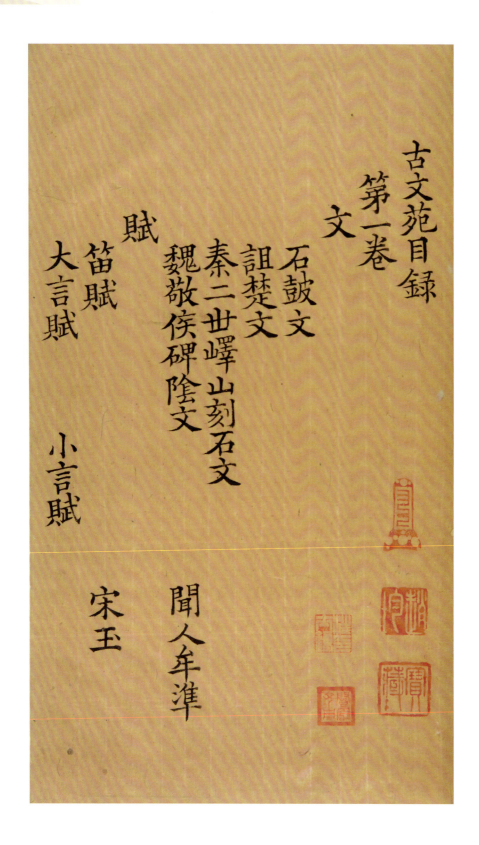

古文苑目録

第一卷

文

　石鼓文

　詛楚文

　秦二世嶧山刻石文

　魏敬侯碑陰文　　　　聞人牟準

賦

　笛賦

　大言賦

　小言賦　　　宋玉

宋版諱字經各本互有不同然總不出此二十

餘此錄以□畫獨古文苑及林和靖集諱玄

又有樹字□　□字□□□□唐文粹六諱

樹字

慎

真

徵　　關　　驚

貞　宇購歎瓚歊

匡胤恒禎曙桓構惇立鏡殷弘朗晶讓殼樹眺
　　　　　　　　　　　　　　　堅宛

此書趙靈均以油素

鈎寫宋本毛大可齋本

兩縣後人孫橒之康熙丙申秋日輝記

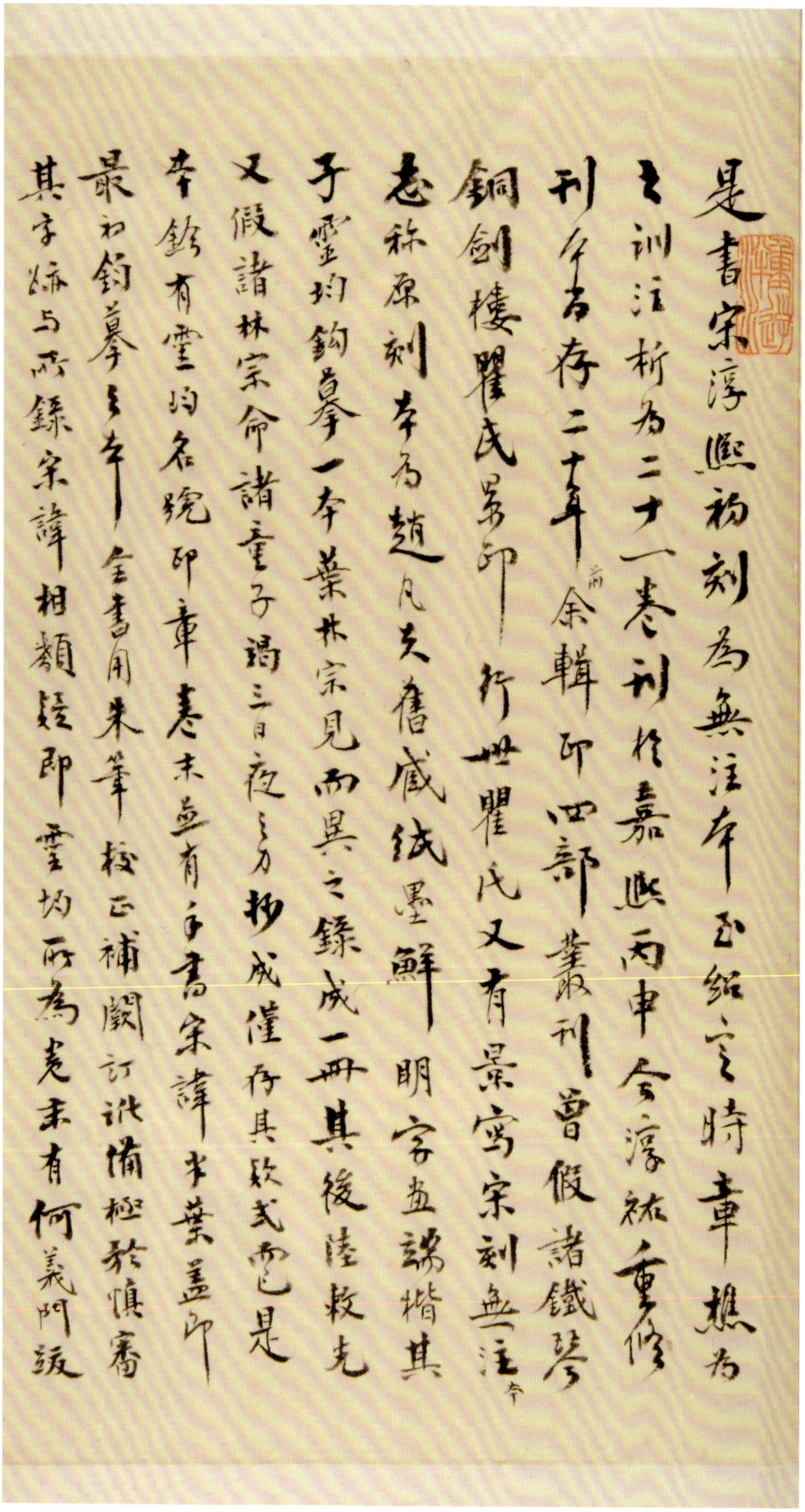

是書宋淳熙初刻為無注本至紹熙時章樵為
之訓注析為二十一卷刊於嘉興丙申余輯印四部叢刊曾假諸鐵琴
刊本存二十卷余輯印四部叢刊曾假諸鐵琴
銅劍樓瞿氏景印行世瞿氏又有景寫宋刻無注
志稱原刻本為趙凡夫舊藏紙墨鮮明字並端楷其
于靈均鈎摹一本葉米宗見而具之錄成一冊其後陸敕先
又假諸林宗命諸童子謁三日夜乃抄成僅存其戤戟亀是
奉鈐有靈均名號印章卷末蓋有宋諱半葉蓋印
最初鈎摹多本全書用朱筆校正補闕訂訛備極於慎審
其字蹟与兩錄宋諱相類鈐即雲均所為卷末有何義門跋

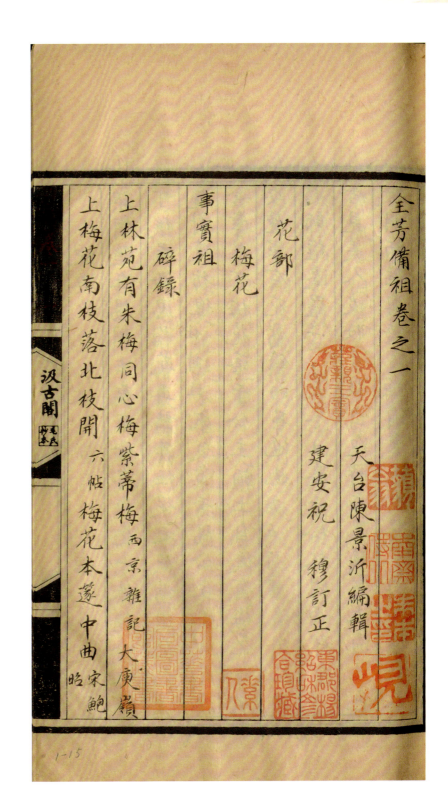

〇五二　全芳備祖前集二十七卷
後集三十一卷

宋陳景沂輯　清初毛氏汲古閣抄本

　　是書初刻於南宋理宗時，刻本罕覯，各家收藏均以抄本著録。此本黑口，版心中部鐫"汲古閣"三字，三字下鐫"毛氏抄本"小印，款式少見。前人據以定爲毛氏汲古閣抄本。《中國古籍善本書目》所載大陸藏各家抄本，以此本列在最前。

　　鈐有"莊親王寶"、"朱本之印"、"素人"、"藐翁"、"峴"、"孫詒經印"、"南齋侍从"、"東郡楊紹和彦合收藏"、"陶垒鑑賞"等印。今藏上海辭書出版社圖書館。（陳韻）

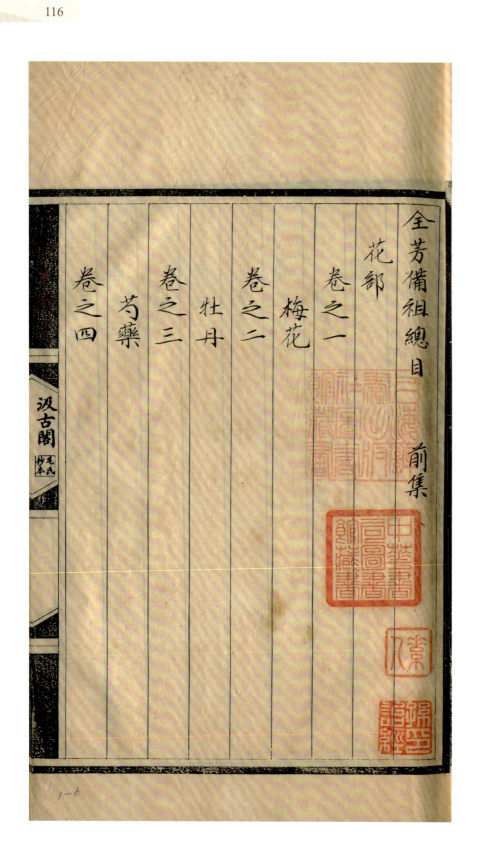

全芳備祖總目　前集

花部

卷之一

　梅花

卷之二

　牡丹

卷之三

　芍藥

卷之四

汲古閣

一老菴文鈔

東海一老徐柯貫時甫著

序

曾止山三度嶺南詩序

元次山開寶盛時撰篋中集獨取吳興沈千運謂其
挺出于淥俗之中崛起于已溺之後凡所為文皆與
時異其孟雲卿王季友六人特以其類于沈而附之
則是篋中集專為沈作也乃讀其詩人不三四首寥
寥短章無有過十餘韻者古人自信之篤往往如此
詩至今日為極盛幾于家李白而戶杜甫矣而予獨

一

○五三　一老庵文鈔不分卷

明徐柯撰　清抄本

　　是集向無刻本，流傳甚罕。嘉慶十六
年（1811）七月，陳鱣從陸東蘿借鈔一本，
於此原本手書一跋而還之。有辛巳（1941）
孟秋王欣夫識語一行，王氏《蛾術軒篋存
善本書録》庚辛稿卷四著録。

　　鈐有仲魚圖像、“得此書費辛苦後之
人其監我”、“海寧陳鱣觀”、“仲魚”、
“吳興劉氏嘉業堂藏書記”、“王大隆”、
“大隆審定”等印。今藏復旦大學圖書館。
（眭駿）

徐貫時先生一老庵文鈔見于乾隆蘇州府志孝慈
堂書目亦載之然流傳甚罕陸君東蘿偶從常賣家
得之以余雷心吳中往哲遺文欣然相示余展閱之
知為吾浙吳茂秦所錄計文五十二篇雖不及難兄
昭法先生居易堂集之元氣淋漓而屬辭條暢雅絜
亦不愧名家相聞當時有昭法不入城貫時不出城
之語似隱指其參商向疑居易堂集中勘有涉其弟
者今觀一老庵文亦鮮及其兄跋家字庫小讀二篇
雖無聞、其實謂究非同氣所空又有與湯易亭

書易字、乃貫文時為之諱易亭名无咎字震伯
吳中三高士之一昭法先生遺囑云身後六事無論
細俱要仰重楊先生經理又云先生平知之深而
信之篤謂在我可託孤寄命者一為易亭乃為之弟
者與之爭辯不休則庭內未免有遺憾矣然而貫時
先去遊世牆東終身窮約無忝文靖家風讀其文可
以哀其志耳余借錄一本以原書歸東蘿而作此跋
嘉慶十六年七月晦日海寧陳鱣記

○五四　千頃堂書目三十二卷

清黃虞稷撰　清鮑氏知不足齋抄本

　　此本黑格，白口，左右雙邊，版心下方鐫有"知不足齋正本"字樣。存十六卷（卷十七至三十二）。經前人手錄清盧文弨、吳騫校，有戊子（光緒十四年，1888）正月潘志萬跋云："此書大夫向友人借得，欲過校於所藏之本者。乃兵燹之中常隨行篋，一旦遇盜，各失其半，不勝悁惜。今為檢理，集部目尚完，大可考證有明一代著述。"

　　鮑廷博 (1728－1814)，字以文，號淥飲，歙縣人。諸生。流寓桐鄉之鄔鎮。家富藏書，尤喜收羅散佚。乾隆三十八年（1773）詔開《四庫》館，命其子士恭進呈善本六百餘種，為天下獻書之冠。嘉慶十八年（1813），續以所刻書進，欽賜舉人，並有"好古積學老而不倦"之褒。校刻《知不足齋叢書》，世稱善本。

　　鈐有"士禮居藏"、"愚齋圖書館藏書"等印。今藏華東師範大學圖書館。（回達強）

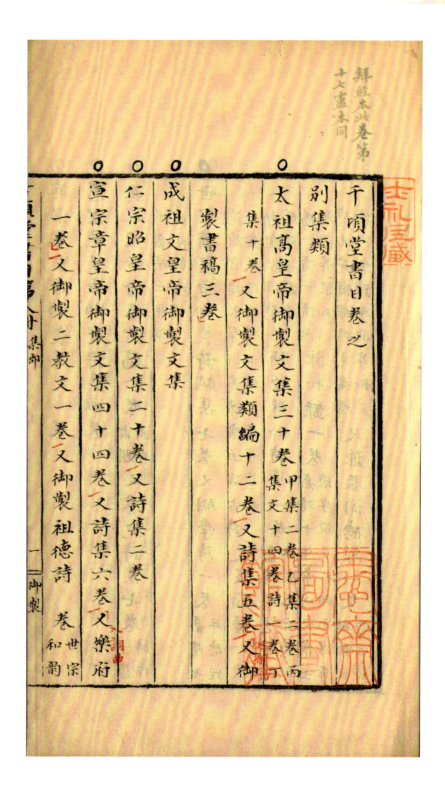

得樹堂書目第八冊

棗陽榮蕭王祐穩朱仲子集三卷 又方城集一卷 潘襄

富順五 王厚焜東蕲集二卷

樊山王戴岭大隠山人集十七卷 又 三 經詞一卷 昇甫 八稱 雅稱建博文

先生與 荆府

新樂王戴壼樓居稿一卷 又 由店稿一卷 號誠軒有博

書院 獎諭 衡藩 中賜勅

商河王戴塔松巷集 工玉箾大小篆 ○朱翊鈇天倪閣集一卷

咸皋孟橫詩卅三卷 雲仙集十四卷

潘 朱載堉泊如軒臯六卷 又夢古齋稿略三卷 文泉野小集畫卷

朱韻潮大業堂詩稿五卷 朱拱樋既白詩稿七卷

朱安潊習靜樓集集三卷 朱程梢崖海牧沙集一卷

以上宗藩

恵此下按周藩奉國 將軍安侃等今必 本載中官之衛大諽 六俱四

知不足齋正本

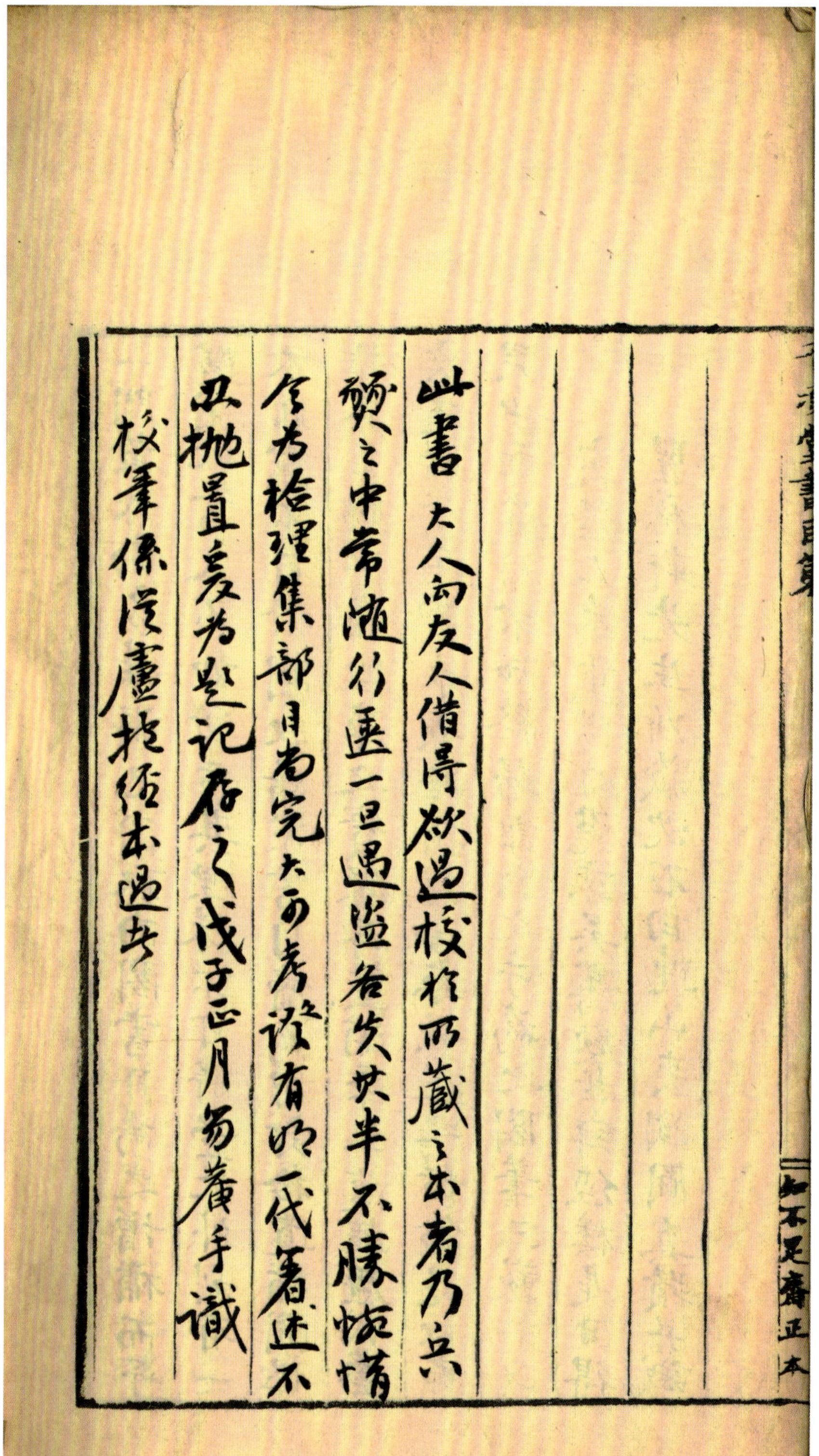

此書大人向友人借得欲過校惜所藏之本者乃兵

燹之中常隨行遞一旦遇監告失夾半不勝悵惋

今方搭理集部目書完大而考證有明一代著述不

丑抛置夾為登記存之戊子正月匇匇庵手識

校筆係陵盧抱經本過去

知不足齋正本

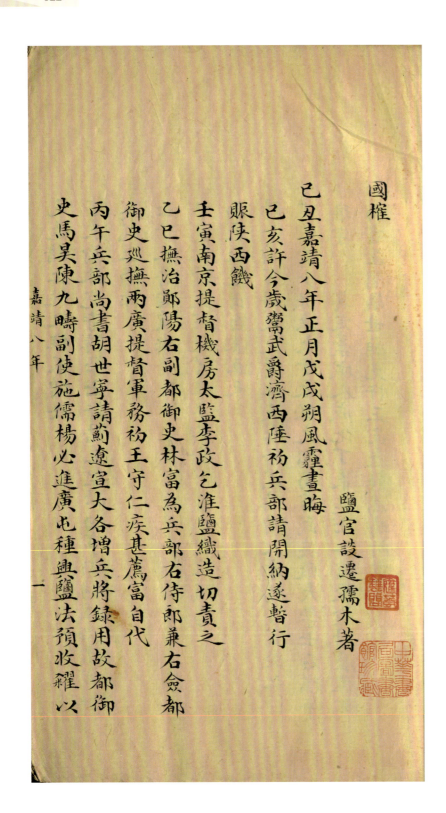

○五五　**國榷不分卷**

明談遷撰　清胡爾榮抄本

　　此書未經刊刻，一向以抄本傳世。嘉慶中，胡爾榮以重資購得談氏手稿，手抄嘉靖至萬曆三朝。此即胡氏抄本，今存明嘉靖八年至二十二年、二十八年至三十一年、萬曆三十六年至四十八年部分。前有談氏自序及目録，審爲管庭芬手書。序文後有咸豐十一年（1861）辛酉七月管庭芬手跋，行間有管氏批校。

　　胡爾榮，字豫波，號蕉窗，海寧人。監生。工文辭，所藏書畫甚富。著有《華鄂堂藏書目》、《經義考校勘記》、《破鐵網》、《蕉窗賸稿》等。

　　鈐有“管庭芬印”、“芷湘”、“庭芬”、“子佩”、“芷湘校本”、“庭芬經眼”、“渟谿老屋”、“渟谿釣魚師”、“荒江老屋舊書生”等印。今藏上海辭書出版社圖書館。

（陳韻）

六冊

萬曆四十二年甲寅至四十八年庚申上月八月即改

吾鄉談孺木先生以畢生之詣力撰國權一書初稿成

於天啟六年後客膠州高相國宏圖邸第嘗假其明十

三朝實錄并佐以各家文集及外紀稗史郎中上舍爾

卷尚未刊行同里友人胡蕉窗上舍

甚富嘉慶初以重資購其手稿珍弆不以示人曾約同

志分鈔副本然皆不果蕉窗沒未久後嗣不克自守所

藏皆散入雲煙國權旋為吾邑楊芸士明經文藤所得

攜藏吳郡孔副使巷之別墅去夏姑蘇失守城中疊遭

冦火此書恐作劫灰先生畢世之苦心不堪復問矣而

蕉窗手鈔嘉靖至萬曆三朝惜又佚其大半數年前上

兒世澄於胡氏慶書中撿得六冊呈予以存故人手迹

然施鍔周淙之臨安志雖寥寥殘卷藏書家皆珍鈔

傳而日本人所刊佚存藂書半皆中原古籍之闕藺幸

尚留海外得以流通此書雖屬不完要當視為秦漢古

刻之殘文倍當寶惜使世之讀明史者於嘉靖萬曆之

事迹尚可參觀其一二異同此至先生於乙酉丙戌後

復撰成崇禎宏光兩朝則吾邑尚有鈔傳之本當於亂

燼訪求之入秋寇氛日惡余避居鄉曲遺悶讀此并為

襄治兼記其始末於此時咸豐十一年辛酉上月下澣

邑後學管庭芬謹識

時年六十有五

日次

○五六　說文分類權失六卷

清錢大昭撰　清待刻寫樣本

　　錢大昭（1744—1813），字晦之，嘉定人。大昕之弟。嘗校録《四庫全書》，人間未見之秘，皆得縱觀，由是學問益浩博。又善於抉擇，其説經及小學之書，能直入漢儒閫奧。於正史尤精兩漢。嘉慶元年（1796）舉孝廉方正。著有《廣雅疏義》、《爾雅釋文補》、《兩漢書辨疑》、《後漢書補表》、《三國志辨疑》等。

　　是書將字之有乖謬誤解者分爲三十四類，每類之下列舉數十條，旁徵博引，予以糾正，未見有刊本流傳。此寫樣本，前有清乾隆五十五年（1790）錢氏自序，書眉行間經通人手校，改定文字。今藏華東師範大學圖書館。（李善强）

而先明訓詁小學必資於經學故許祭酒專精六書而

并研經義許君撰五經異義十卷　學者以此爲指歸則通儒無難

於幾及矣乾隆五十有五年十月可廬居士錢大昭晬

之甫序於得自怡齋

說文分類権失目録

卷一

　穿鑿之失

　轉寫之失

卷二

　委巷之失

　隸變之失

卷三

　隱謎之失

　造字之失

　借用之失

說文分類権失目録

○五七　詩譜補亡後訂一卷拾遺一卷

清吳騫撰　清乾隆五十年海寧吳氏拜經樓
刻本　清吳騫批校並跋

　　此原刻初印本，中有吳騫朱筆批校並
跋。曾爲獨山莫氏、金山高氏遞藏。
　　吳騫（1733-1813），字槎客，一字葵
里，號愚谷，又號兔床，海寧人。貢生。
與陳鱣同講訓詁之學，兼好金石。嗜典籍，
遇善本傾囊購之，所得不下五萬卷，築拜
經樓貯之。每得一書，必細勘精校。自題
其居曰“千元十駕”，謂千部元版，遂敵
黃丕烈之“百宋一廛”。有《拜經樓書目》等。
　　鈐有“吳騫之印”、“拜經樓”、“莫
友芝”、“邵亭長”、“莫繩孫”、“莫彝孫”、
“高燮”、“袖海堂印”、“葩廬劫餘長物”、
“高氏吹萬樓所得善本書”等印。今藏復
旦大學圖書館。（睦駿）

詩譜補亡後序

歐陽子曰昔者聖人已歿六經之道幾熄於戰國而焚於

秦自漢以來收拾亡逸發明遺義而正其譌謬得以粗備

傳於今者豈止一人之力哉後之學者因述前世之所傳

而較其得失或有之矣若使徒抱焚餘殘脫之經倀倀於

去聖人千百年後不見先儒中間之說而欲特立一家之

學者果有能哉吾未之信也先儒之論苟非詳其終始而

牴牾質諸聖人而悖理害經之甚有不得已而改易者何

以徒爲異論以相訾也毛鄭於詩其學亦已博矣予嘗依

其箋傳考之於經而證以序譜惜其不合者頗多蓋詩述

詩譜補亡後序丁　　　　圭　　拜經樓定本

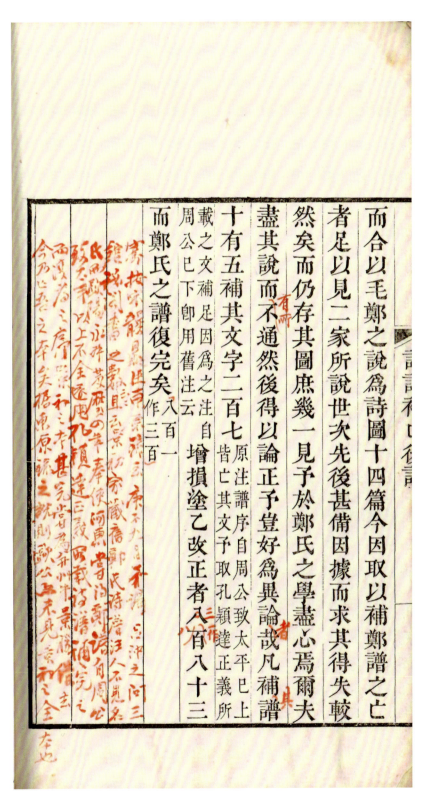

而合以毛鄭之說爲詩圖十四篇今因取以補鄭譜之亡
者足以見二家所說世次先後甚備因據而求其得失較
然矣而仍存其圖庶幾一見予於鄭氏之學盡心焉爾夫
盡其說而不通然後得以論正予豈好爲異論哉凡補譜
十有五補其文字二百七　原注譜序自周公致太平巳上皆亡其文予取孔穎達正義所
周公已下卽用舊注云　增損塗乙改正者八百八十三
而鄭氏之譜復完矣　作八百一三百

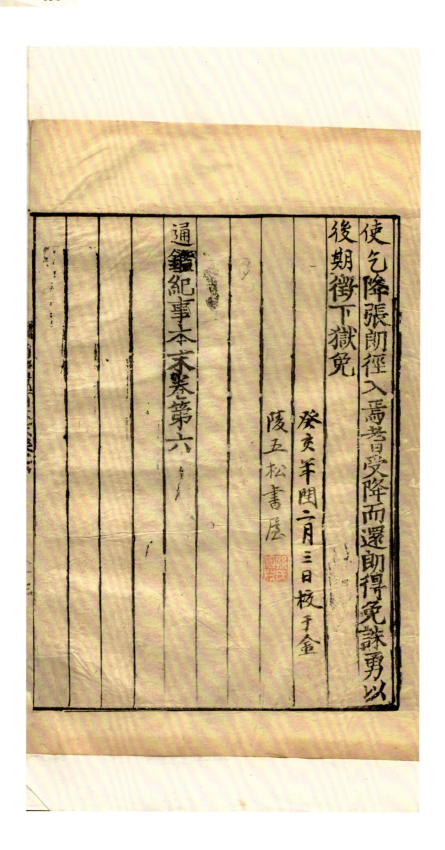

○五八　通鑑紀事本末四十二卷

宋袁樞撰　宋寶祐五年趙與籌刻　元明遞
修本　清孫星衍批

是書宋刻有二種：一爲嚴州小字本，
一爲湖州大字本。此寶祐五年（1257）刻
湖州大字本，書版原藏趙與籌家，元延祐
六年（1319）付嘉禾學宮印行。入明後版歸
南京國子監。流傳之本以補版多少定優劣。
此書已有正德、嘉靖補版，原爲孫星衍家藏，
卷中有孫氏手批及校書識語。前有繆荃孫、
葉德輝、楊守敬手跋。

孫星衍（1753—1818），字淵如，又字
伯淵，陽湖人。乾隆五十二年（1787）進士，
官至山東糧道。深究經史文字音訓，旁及
諸子百家，皆心通其義。嘗應阮元之聘，
主講詁經精舍。精研金石碑版，工篆隸。
又善校勘，輯刻《平津館》、《岱南閣》
二叢書，世稱善本。性好聚書，聞人家藏
有善本，借鈔無虛日。著有《尚書今古文
注疏》、《周易集解》、《寰宇訪碑録》、《平
津館金石粹編》、《孫氏祠堂書目》、《平
津館鑒藏書籍記》、《廉石居藏書記》等。

鈐有“錢謙益印”、“孫氏伯淵”、“星
衍私印”、“臣星衍印”、“東魯觀察使者”、
“楊守敬印”、“鄰蘇老人”、“荃孫”、
“德輝”等印。今藏上海辭書出版社圖書館。
（王有朋）

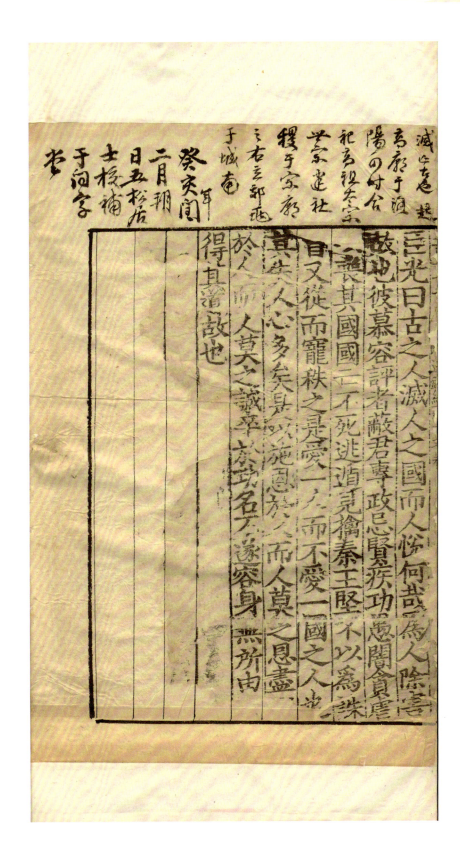

臣光曰古之人滅人之國而人悅何哉為人除害
故也彼慕容評者蔽君專政忌賢疾功思闔貪虐
二襄其國國二千死逃遁克擒秦王堅不以為誅
且又從而寵秩之是愛二人而不愛一國之人當
二姓人心多矣異哉施恩於人而人莫之思盡
黃其人而人莫之誠萃斂貨名天遂容身無所由
於人而人莫之誠萃斂貨名天遂容身無所由
得其譜故也

減午起趙
高辭于涅
陽の対谷
祀言祖先宗
榮家建社
稷于家郊
于城庵
三右三郊西
癸亥間　年
二月朔
日五於右
士校補
于向字
者

明代補刊印本其紙質薄而粗此
本依質粗而有筋與元刊元印
本鄭氏通志依質考之亦此
印本益非出於兩監
元為可貴也寄語不潛者廿餘葉
藏之勿輕以與人也癸丑七月望後
鄭菴老人花不上海寓齋時年
七十有五

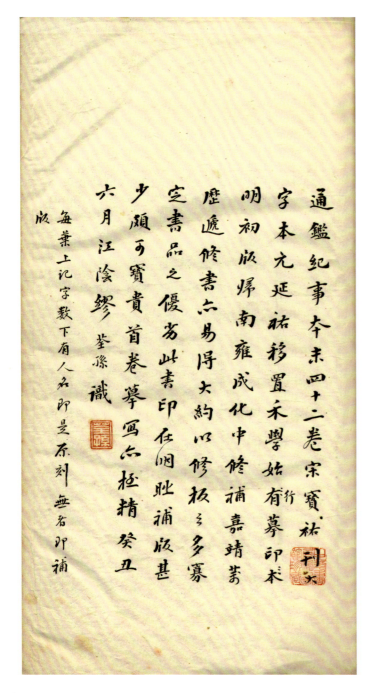

通鑑紀事本末四十二卷宋寶祐刊大
字本元延祐移置禾學始有摹印本
明初版歸南雍成化中修補嘉靖萬
歷遞修書六易得大約以修板多寡
定書品之優劣此書印任明耻補版甚
少顧可寶貴首卷摹寫六极精癸丑
六月江陰繆荃孫識
每葉上記字數下有人名即是原刻無名即補
版

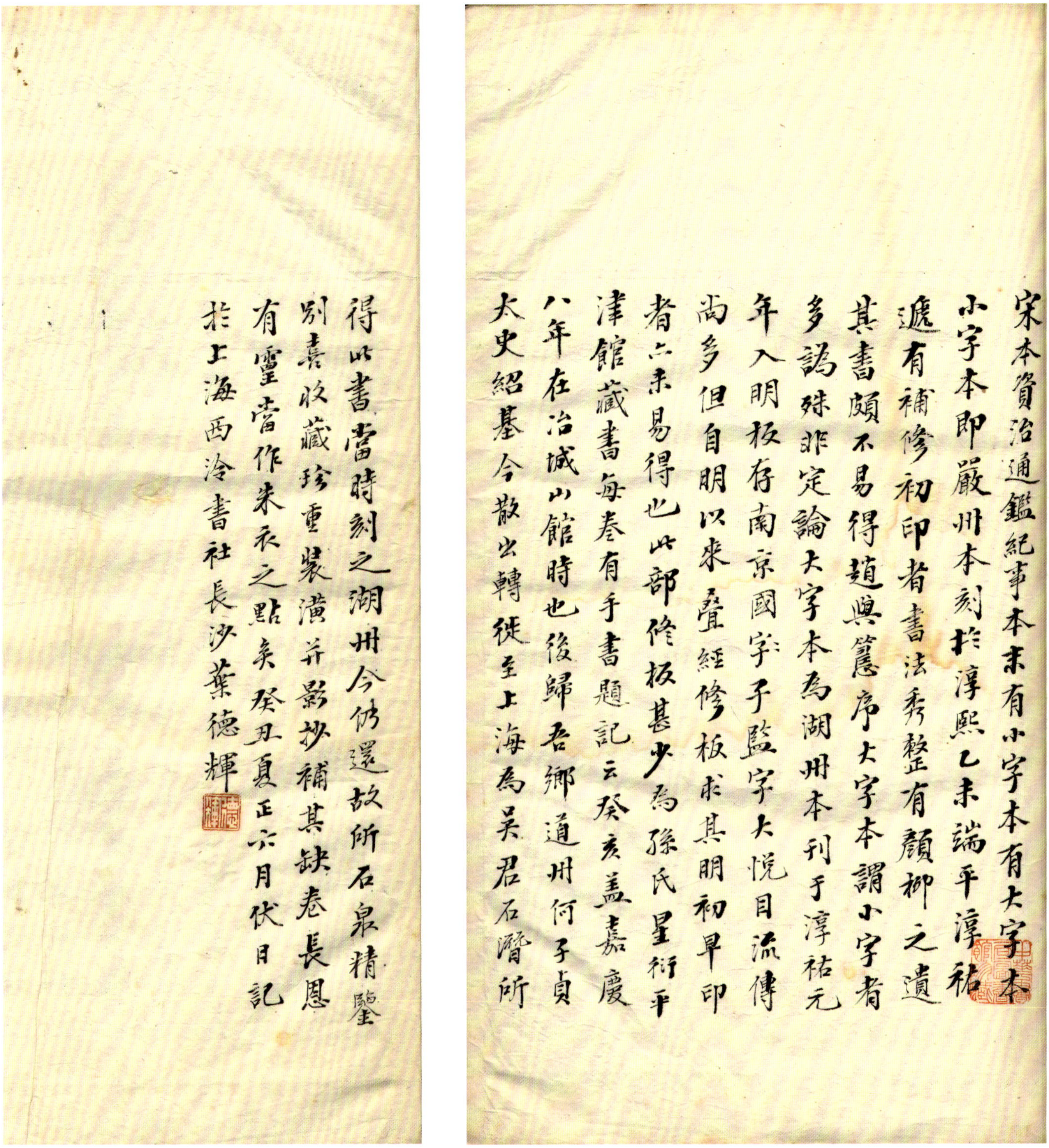

宋本資治通鑑紀事本末有小字本有大字本
小字本即嚴州本刻於淳熙乙未端平淳祐
遞有補修初印者書法秀整有顏柳之遺
其書頗不易得趙興龎序大字本謂小字者
多謬殊非定論大字本為湖州本刊于淳祐元
年入明板存南京國子監字大悅目流傳
尚多但自明以來屢經修板求其明初早印
者六未易得也此部修板甚少為孫氏星衍平
津館藏書每卷有手書題記云癸亥蓋嘉慶
八年在冶城山館時也後歸吾鄉道州何子貞
太史紹基今散出轉徙至上海為吳君石潛所

得以書當時刻之湖州今仿還故所石泉精鑒
別嘉收藏珍重裝潢并影抄補其缺卷長恩
有靈當作朱衣之點矣癸丑夏正六月伏日記
於上海西泠書社長沙葉德輝

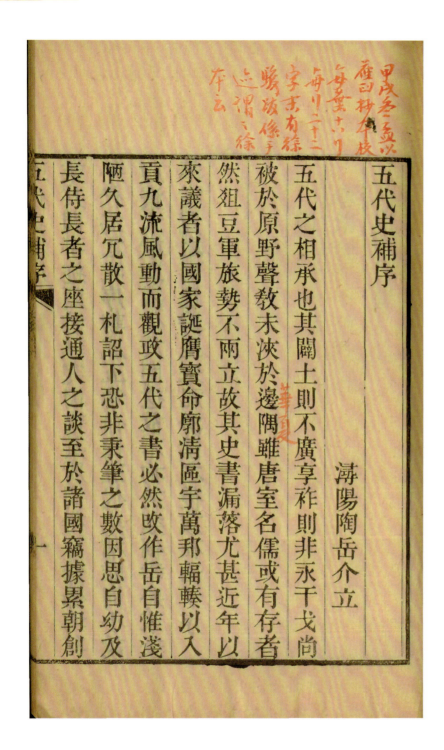

○五九　**紫藤書屋叢刻四種**

清乾隆五十九年秀水陳氏紫藤書屋刻本
清黃丕烈校並跋

　　此本中《五代史補》一種，有黃丕烈
據明常熟趙琦美抄本手校並跋；《五代春秋》
一種，有黃丕烈據崑山徐氏傳是樓鈔本手
校並跋；《五國故事》一種，有黃丕烈手校。

　　黃丕烈（1763-1825），字紹武，一字
蕘圃，晚號蕘翁，長洲人。少歲讀書，務
爲精博，發爲文章，必以《六經》爲根柢。
乾隆五十三年（1788）舉人。嘉慶六年（1801）
會試不第，大挑一等，得知縣，不就，乃
納資改主事，旋告歸。平生喜聚書，嘗得
宋本書百餘種，貯諸一室，顏曰“百宋一廛”。
每獲一書，必手自校讎，跋其原委。所刻《士
禮居黃氏叢書》，聲重藝林。

　　鈐有“烏程沈氏補讀書齋藏書”、“吳
興劉氏嘉業堂藏書記”、“秀水王大隆印”、
“欣夫”等印。王欣夫《蛾術軒篋存善本書録》
著録。今藏復旦大學圖書館。（眭駿）

五國故事卷上　吳唐蜀

（宋）無名氏　輯

偽吳楊氏

先主行密唐淮南節度使中書令終吳王渭僭號乃
追冊爲武皇帝廟號太祖渥不僭號渭稱吳乃追謚
爲景皇帝渭僭稱大吳祖謚曰宣皇帝溥僞號爲讓
皇帝乃李氏傳位之後冊爲高上思元崇古讓皇帝
非在吳也

偽唐李氏

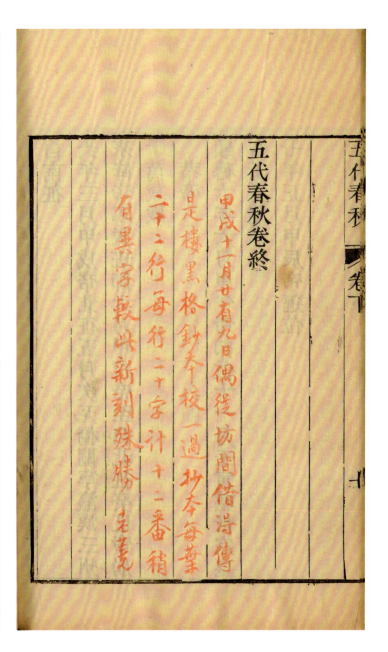

五代春秋卷終

甲戌十一月廿有九日偶從坊間借得傳
是樓黑格鈔本校一過　抄本每葉
二十二行　每行二十字　計廿二番稍
有異字　校此新刻殊勝　老瞿

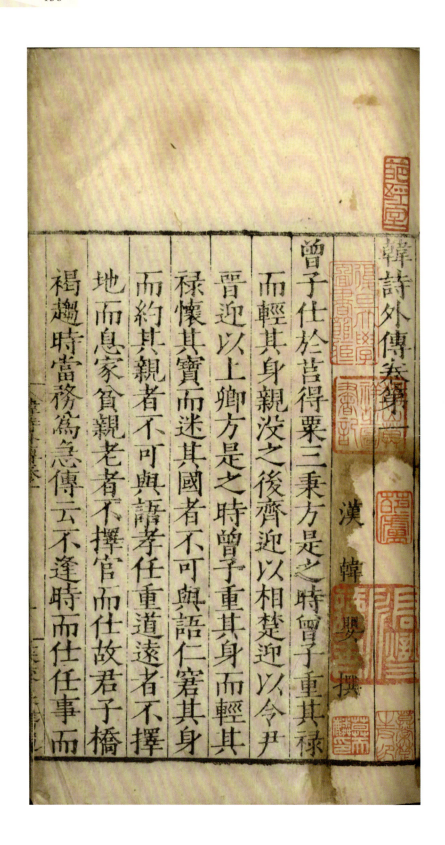

○六○　韓詩外傳十卷

漢韓嬰撰　明嘉靖十八年薛來芙蓉泉
書屋刻本　清龔橙校並跋

此本前有清同治六年（1867）龔橙跋，
民國元年（1912）莫棠題識。正文中有龔
氏朱筆校。龔橙跋云：“此本即近世程榮
《漢魏叢書》本所自出也，又得嘉靖乙未
蘇獻可本校之，知此本肊改已多。”卷首
《刻韓詩外傳序》、《韓嬰小傳》，書末《跋
韓詩外傳後》、卷二第十七至二十葉爲莫
棠、莫天麟父子補鈔。莫棠題識云：“梅
雨浹旬，陋巷蕭索，乃與麟兒共寫整齊之。
昔金孝章亂世隱居，父子寫書，怡然一室。
孝章清概，誠非所堪，而目前景象，或有
一似耶？”

龔橙（1817-1870），字公襄，以字行，
號孝拱、石虯，別號半倫，仁和人，龔自
珍長子。少以才自負，應試久不遇。治經
宗晚周西漢，兼識滿洲、蒙古、唐古特文字。
書法好作古體，別具一格。著有《詩本誼》、
《刑篇》、《名篇》等。

鈐有“獨山莫祥芝圖書記”、“莫棠
楚生之印”、“獨山莫氏銅井文房藏書印”、
“莫棠字楚生印”、“莫天麟印”、“高
燮所讀書”、“葩廬”、“葩經堂”、“高
氏吹萬樓所得善本書”、“葩翁”、“曾
藏金山高氏吹萬樓”等印。今藏復旦大學
圖書館。（樂怡）

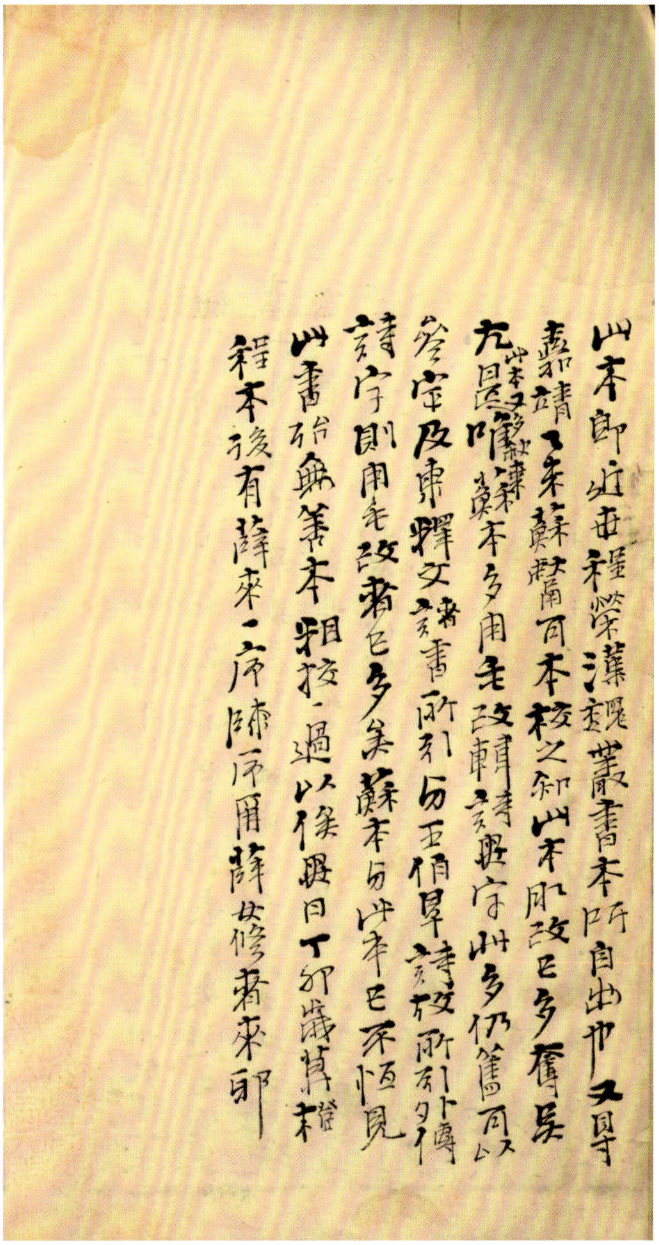

山本即止世程榮華藻麗叢書本所自出巾又寸
嘉靖乙未蘇雋甫百本校之知山本所改已多奪吳
九暨阝隆慶蘇本多用毛改輯詩誤宇此多仍舊阝人
參定及東驛文著書一所刃玉佰早寺授所刃卜傳
誤宇開用毛改者已多義蘇本每年已不恆見
此書始無筆本粗按一過以後果曰丁卯歲其證
程本後有薛來二序陳序用薛女修葊來耶

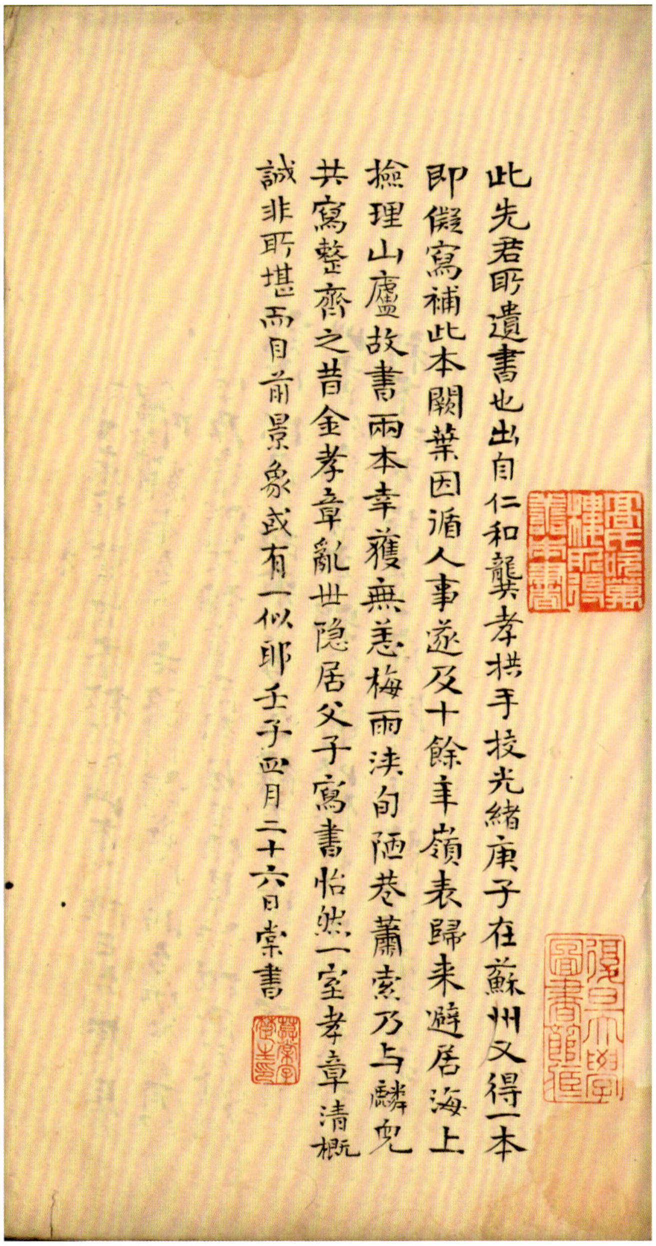

此先君耶遺書也出自仁和龔孝拱手授光緒庚子在蘇州又得一本
即倩寫補此本關葉因循人事遂及十餘年嶺表歸來避居海上
撿理山廬故書兩本幸獲無恙梅雨洪旬陋巷蕭索乃與麟兒
共寫整齊之昔金孝章亂世隱居父子寫書怡然一室孝章清概
誠非耶堪而日前景象或有一似耶壬子四月二十六日棠書

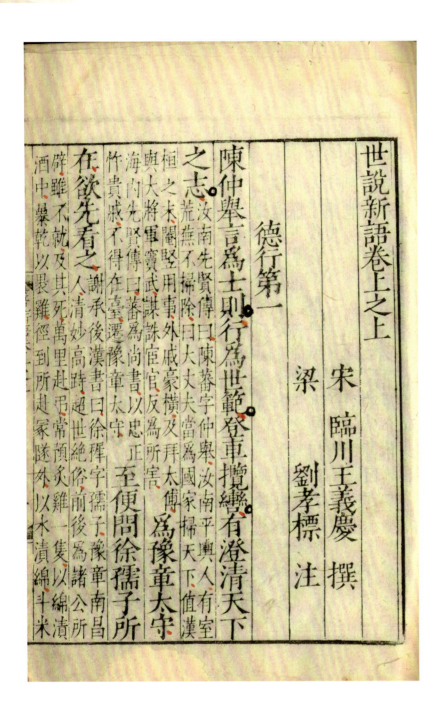

○六一　世說新語三卷

南朝宋劉義慶撰　梁劉孝標注　明嘉
靖四十五年太倉曹氏刻本　嚴復批

　　此本係從明嘉靖十四年（1535）袁褧
嘉趣堂刻本翻出。經嚴復手批，以朱筆爲主，
間有墨筆，約計五十處，内容涉及人物軼
事、人物介紹、人物評判、同名人物考訂、
地名考證、中西宗教比較等方面。

　　嚴復（1854-1921），字又陵，一字幾
道，侯官人。福建船政學堂第一屆畢業，
派赴英國海軍學校。比學成歸，李鴻章辟
教授北洋水師學堂，後任總辦。以學不見用，
殫心著述。所譯書以瑰辭達奧旨，風行海内。
曾主辦《國聞報》，協辦通藝學堂。歷任
京師大學堂譯局總辦、上海復旦公學校長、
安慶師範學堂校長、學部名辭館總纂等職。
譯有《原富》、《法意》、《群學肄言》、
《穆勒名學》等，著有《瘉懋堂詩集》、《嚴
幾道詩文鈔》等，著譯編爲《侯官嚴氏叢刻》、
《嚴譯名著叢刊》。

　　鈐有“侯官嚴復”、“幾道”等印。
今藏華東師範大學圖書館。（回達强）

刻世說新語序

吳郡袁　褧撰

嘗攷載記所述晉人話言簡約玄澹爾雅有韻世言

江左善清談今閱新語信乎其言之也臨川撰為此

書採掇綜敘明暢不繁孝標所注能收錄諸家小史

分釋其義詁訓之賞殊於高似孫緯略余家藏宋本

是放翁校刊本翁湖射棋之暇手披心寄自謂可觀

爰付梓人傳之同好因嘆晉人論司馬氏之祚亡於

清談斯言也然多過其矣平竹林之儔希慕沂樂蘭

亭之集咏歌斯風陶荊州之勤敏謝東山之恬鎮解

厚餉給之宣又不受續晉陽秋曰韓伯字康伯

潁川人好學善言理歷豫章太守領軍將軍

十四復不受如是減半遂至一疋既終不受韓後與　減五

范同載就車中裂二丈與范云人寧可使婦無幥邪

范笑而受之

王子敬病篤道家上章應首過間子敬由來有何異

同得失子敬云不覺有餘事唯憶與郗家離婚　王氏譜曰

獻之娶高平郗曇女名道茂後離婚獻之別傳曰祖

父曠淮南太守父羲之右將軍咸寧中詔尚餘姚公

主遷中書令卒

殷仲堪既為荊州值水儉食常五椀盤外無餘肴飯

粒脱落盤席間輒拾以噉之雖欲率物亦緣其性真

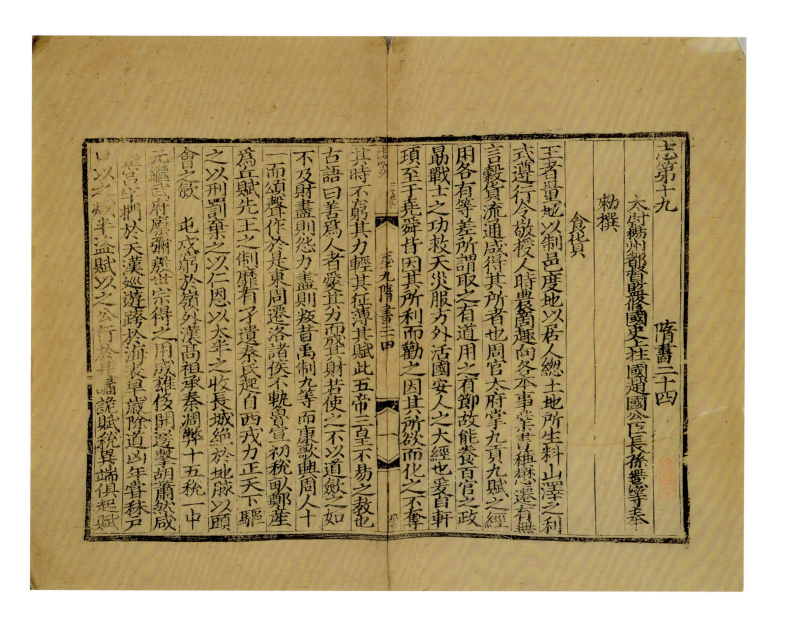

○六二　隋書八十五卷

唐魏徵等撰　元大德饒州路儒學刻本

　　此本蝴蝶裝，版心上方有"路學"、"堯學"、"饒學"、"番泮"等字，並有本頁字數；下方有刻工名。"堯"爲"饒"之省文，"堯學、路學"即饒州路學，"番泮"即鄱陽縣學，蓋某路承刊某史，又與其所屬州縣分任之。今存一卷（卷二十四）。

　　鈐有"金菊子"、"李寅"印。今藏上海圖書有限公司。（金雪）

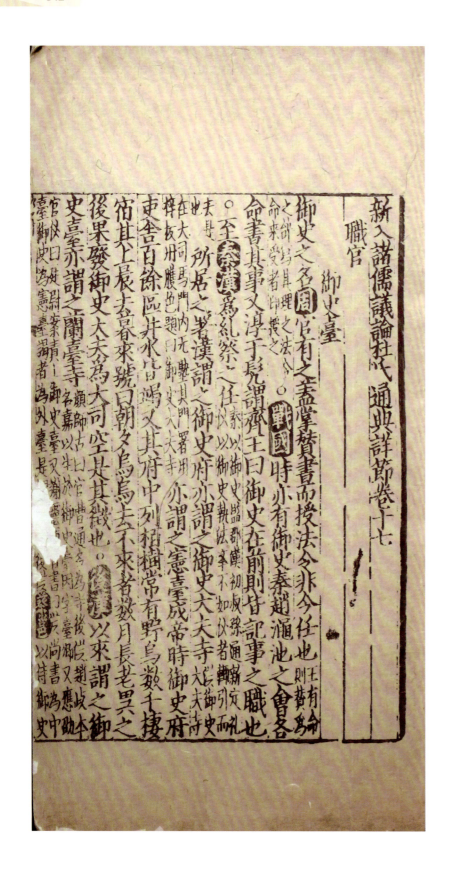

○六三　新入諸儒議論杜氏通典詳節
　　　　四十二卷

唐杜佑撰　元刻本

　　此爲南渡中人所輯科舉應用之書，有
宋刻本傳世。此元翻本，存三卷（卷十七、
二十二、二十三）。今藏上海圖書有限公司。
（嚴謹）

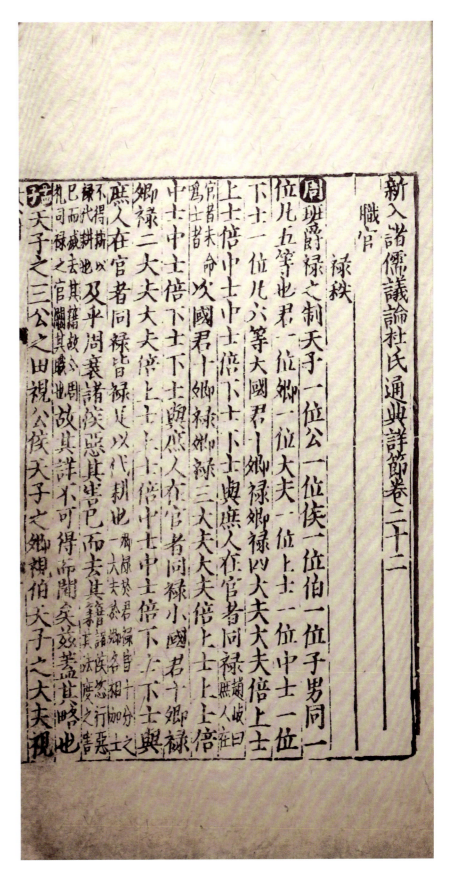

新入諸儒議論杜氏通典詳節卷二十二

職官

禄秩

周　班爵禄之制天子一位公一位侯一位伯一位子男同一位凡五等也君一位卿一位大夫一位上士一位中士一位下士一位凡六等大國君十卿禄卿禄四大夫大夫倍上士上士倍中士中士倍下士下士與庶人在官者同禄禄足以代耕也　次國君十卿禄卿禄三大夫大夫倍上士上士倍中士中士倍下士下士與庶人在官者同禄小國君十卿禄卿禄二大夫大夫倍上士上士倍中士中士倍下士下士與庶人在官者同禄皆禄足以代耕也　及平間襄諸侯惡其害己而去其籍故其詳不可得而聞矣蓋其略也

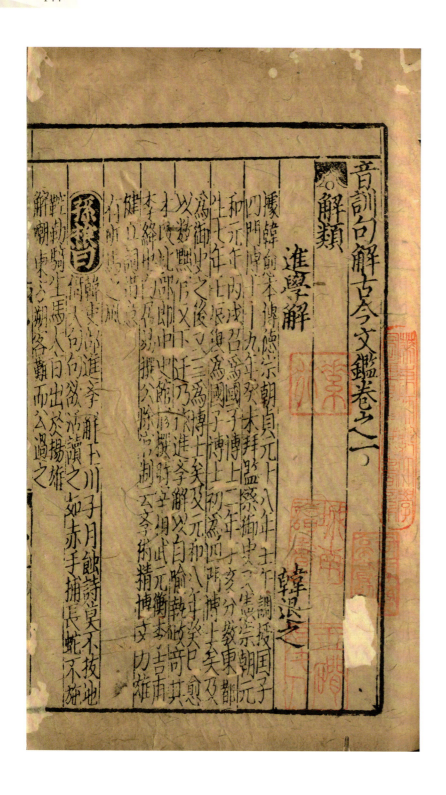

○六四　音訓句解古今文鑑續集十卷

元張肇、何如愚輯　元刻本

　　此本無刊記，字體版式爲元建陽坊刻風格，尺幅較小。卷端題張肇、何如愚輯。張肇生平無考；元刻本《標音古文句解精粹大全》卷端署“金華何如愚解”，編纂體例與此相似，疑何氏爲元建陽選家。各家書目未見著録。今爲孤帙僅存。

　　鈐有“家在五湖”、“城南讀書處”、“素行”、“玉硯後人”、“緑雲僊館珍藏”、“司馬蘭亭賞鑒”、“宋氏蘭揮藏書善本”、“筠”、“晉齋”、“雲西”、“下榻遺風”、“正法眼藏”、“江邨”、“葉珩印”、“南葉”、“轂”、“法枚”、“不著一字盡得風流”、“釋氏藏書”、“國楨私印”等印。今藏華東師範大學圖書館。（鄭曉霞）

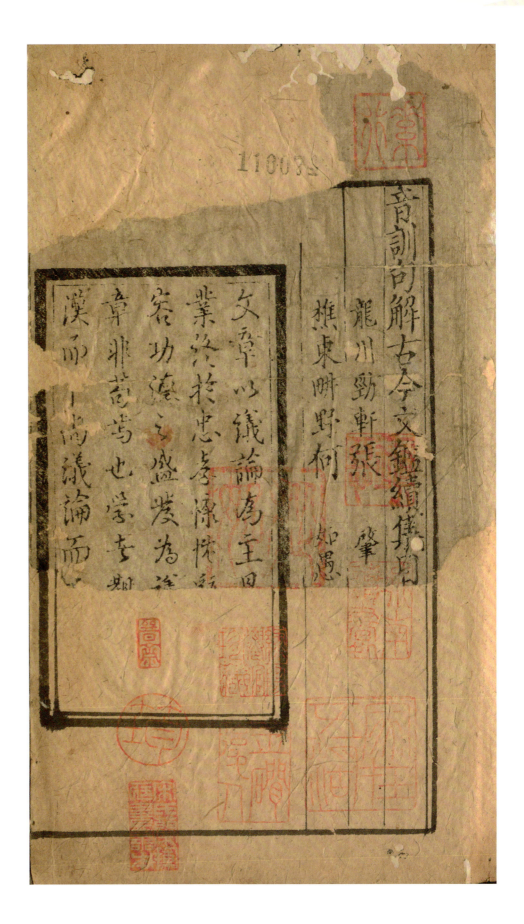

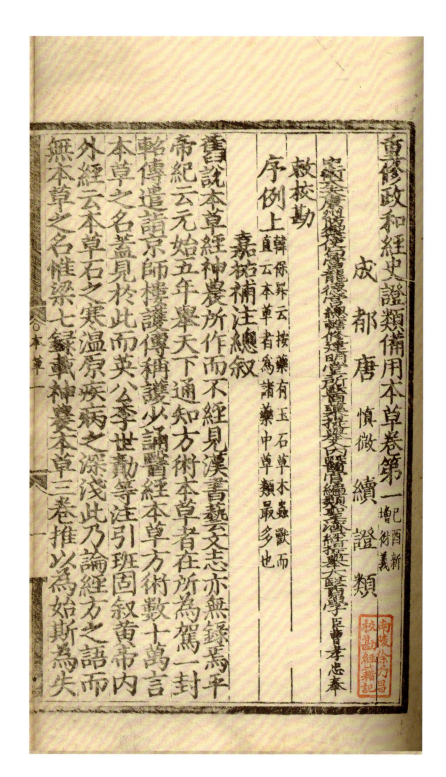

○六五　重修政和經史證類備用本草三十卷

宋唐慎微撰　宋寇宗奭衍義　明成化四年
原傑、雷復等刻本

　　此本係從蒙古定宗四年（1249）張存惠晦
明軒刻本翻出，原刻有螭首龜座碑形牌子，末
署“泰和甲子下己酉冬日”，此本如式照刻。
前有成化四年（1468）歲次戊子冬十一月既望
商輅序，印本流傳頗罕。《四部叢刊》初編影
印是書，稱所據爲金晦明軒本，實即此成化本，
商輅序已經人撤去。彼本圖版有缺失，卷十第
二葉“梓州附子”、“梓州附子花”圖失去；
文字有描潤失誤，卷三十第三十四葉第十二行
“礦石味甘平無毒”，彼本誤作“廣石”。此
本上述二處不缺不誤，似較彼本爲勝。

　　鈐有“積學齋徐乃昌藏書”、“南陵徐乃
昌校勘經籍記”、“延古堂李氏珍藏”等印。
今藏上海交通大學醫學院圖書館。（徐駿）

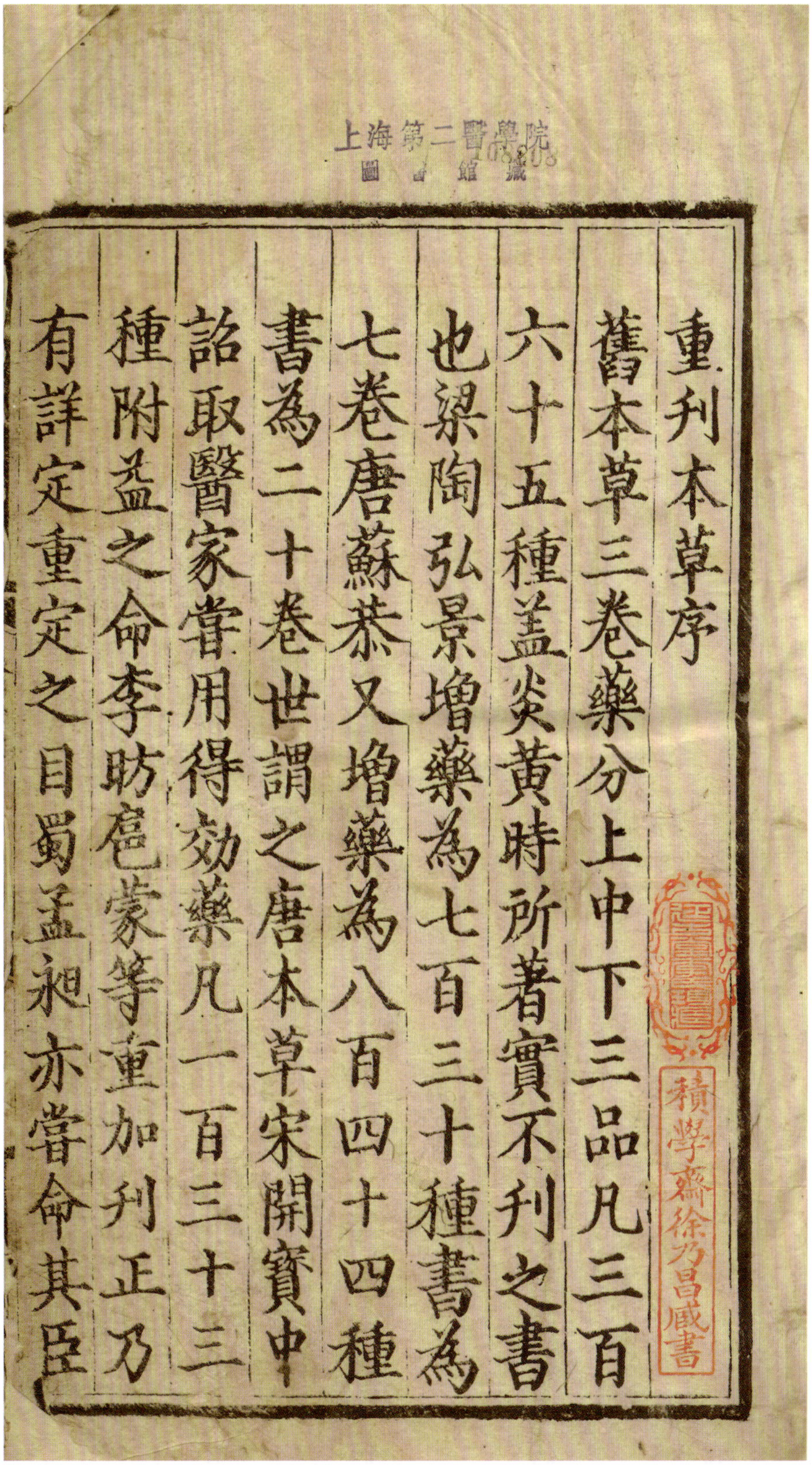

重刊本草序

舊本草三卷藥分上中下三品凡三百

六十五種蓋炎黄時所著實不刋之書

也梁陶弘景增藥爲七百三十種書爲

七卷唐蘇恭又增藥爲八百四十四種

書爲二十卷世謂之唐本草宋開寶中

詔取醫家嘗用得効藥凡一百三十三

種附益之命李昉扈蒙等重加刋正乃

有詳定重定之目蜀孟昶亦嘗命其臣

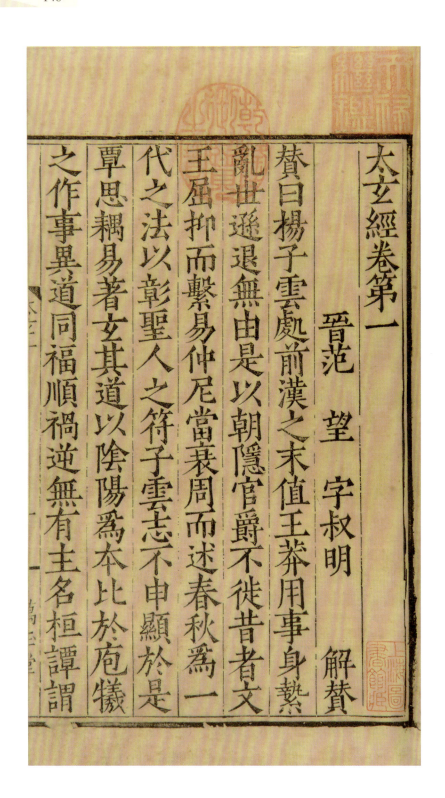

○六六 **太玄經十卷**

漢揚雄撰 晉范望解贊

說玄一卷

唐王涯撰

釋文一卷

明嘉靖孫沐萬玉堂刻本

　　此本宋諱玄、敬、貞、楨等字缺筆,《說玄》卷末有"右迪功郎充兩浙東路提舉茶鹽司幹辦公事張寔校勘"一行,出自宋本。版心下鎸有"萬玉堂"三字,《釋文》末葉有"海虞周潮書"五字。萬玉堂明嘉靖六年(1527)又刻《佩觿》,末葉亦有"周潮繕寫"四字,知此爲嘉靖翻宋本。清宮舊藏,黃綾面,題"宋板太元經"。《天禄琳琅書目後編》卷五著録,誤定爲宋本。

　　鈐有"虞山錢曾遵王藏書"、"永言"、"嗣本私印"、"陳嗣本字永言號仲默圖書印"、"潁川陳氏藏書畫章"、"乾隆御覽之寶"、"天禄琳琅"、"天禄繼鑑"、"五福五代堂寶"、"八徵耄念之寶"、"太上皇帝之寶"等印。今藏上海圖書館。(郭立暄)

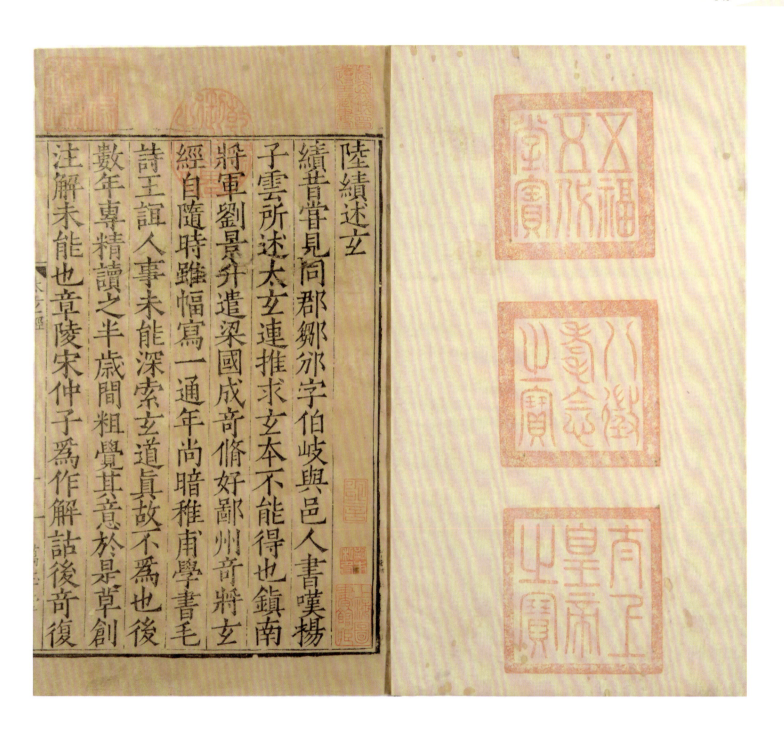

陸續述玄

續昔嘗見同郡鄰邲字伯岐與邑人書嘆楊
子雲所述太玄連推求玄本不能得也鎮南
將軍劉景升遣梁國成奇儁好鄙州奇將玄
經自隨時雖幅寫一通年尚暗稚甫學書毛
詩王誼人事未能深索玄道真故不爲也後
數年專精讀之半歲間粗覺其意於是草創
注解未能也章陵宋仲子爲作解詁後奇復

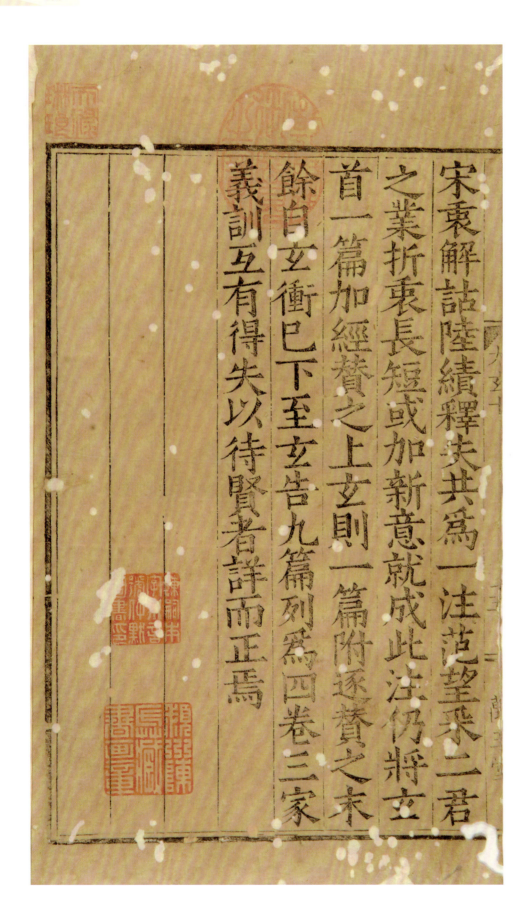

宋衷解詁陸績釋失共爲一注范望采二君
之業折衷長短或加新意就成此注仍將玄
首一篇加經贊之上玄則一篇附逐贊之末
餘自玄衝巳下至玄告九篇列爲四卷三家
義訓互有得失以待賢者詳而正焉

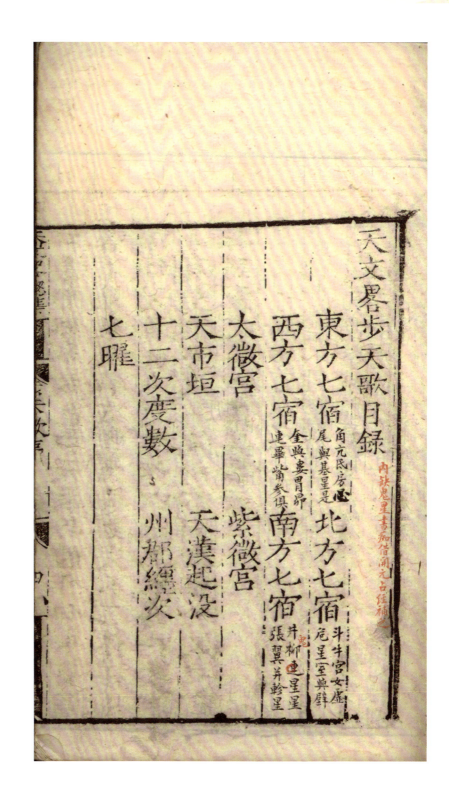

○六七　天文略步天歌二卷

明刻本

　　是書以《步天歌》爲本，"句中有圖，言下見象"，用七言歌訣分區介紹星官名稱、星數、星座位置，每歌訣後附星圖，歌訣簡潔通俗。

　　此本目録題"天文略步天歌"，版心題"天文略總集"，印本流傳較少。鈐有"硯山主人"、"曾藏當湖徐眉似家"等印。今藏中國科學院上海生命科學圖書館。（李莎）

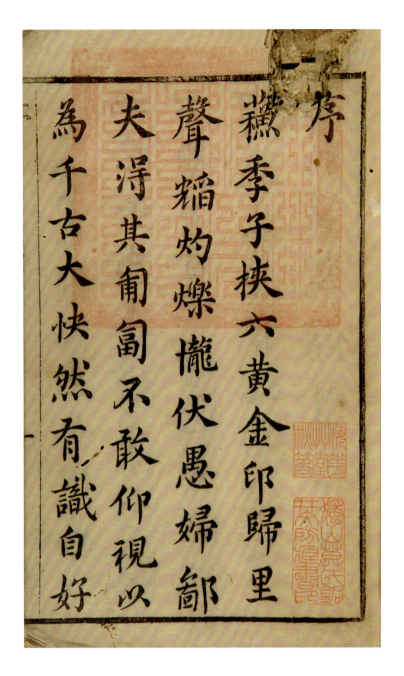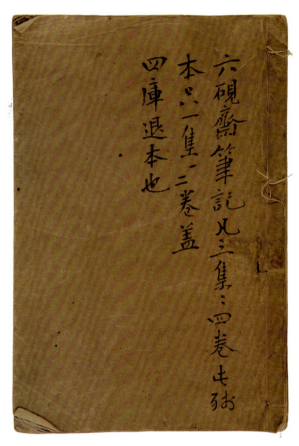

○六八　六研齋筆記四卷二筆四卷三筆四卷

明李日華撰　明末刻本 [四庫進呈本]

　　此本前有天啟丙寅（六年，1626）劉日曦序及譚貞默題辭，"題辭"首葉下方鐫有"倪應悌刻"字樣，書板曾收入《李竹嬾先生説部》中。此殘本一冊，存前集卷一至二，卷首有翰林院滿漢文大方印，爲《四庫》進呈本，與《四庫》本文字略同。前有陸褎廬手跋二則，封面另有手書題識云："六研齋筆記，凡三集，集四卷，此殘本只一集一、二卷，蓋《四庫》退本也"，審爲莫棠手筆。

　　鈐有"獨山莫氏銅井文房藏書印"、"莫棠所藏"、"梅花草堂秘笈"、"楊元吉"等印。今藏上海圖書館。（陳雷）

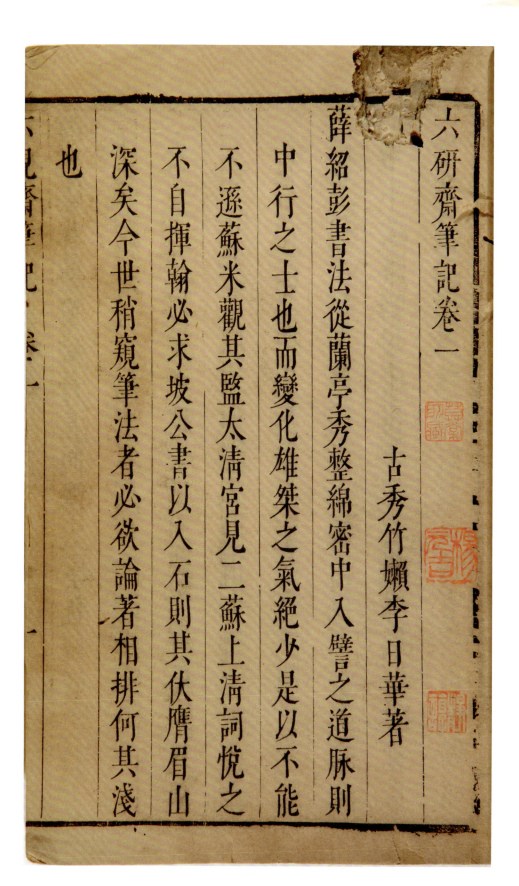

六研齋筆記卷一

古秀竹嬾李日華著

薛紹彭書法從蘭亭秀整綿密中入譬之道脉則

中行之士也而變化雄桀之氣絕少是以不能

不遜蘇米觀其監太清宮見二蘇上清詞悅之

不自揮翰必求坡公書以入石則其伏膺眉山

深矣今世稍窺筆法者必欲論著相排何其淺

也

六硯齋筆記·卷一

一

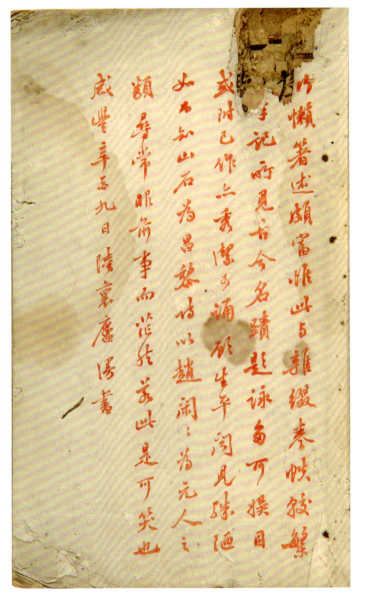
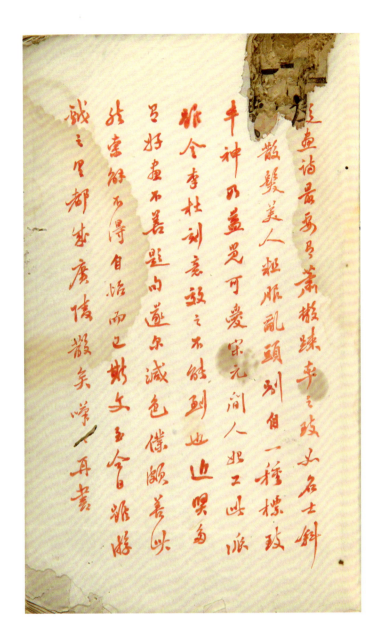

○六九　印史五卷

明何通撰　明天啟刻鈐印本

　　何通字不違，又字不韋，太倉人。原
爲王錫爵家世僕，性喜篆刻，師法皖派篆
刻代表人物蘇宣。擇取秦至元末人物，爲
之各刻私印，繫以小傳。有蘇宣、朱簡、
陳萬言、王亮、陳元素等人序。序並目錄
爲墨色印刷，正文版框並文字爲綠印，印
章爲朱泥鈐印。

　　鈐有"鄧繹涵家珍藏"、"天香吟館"
等印。今藏上海圖書有限公司。（金雪）

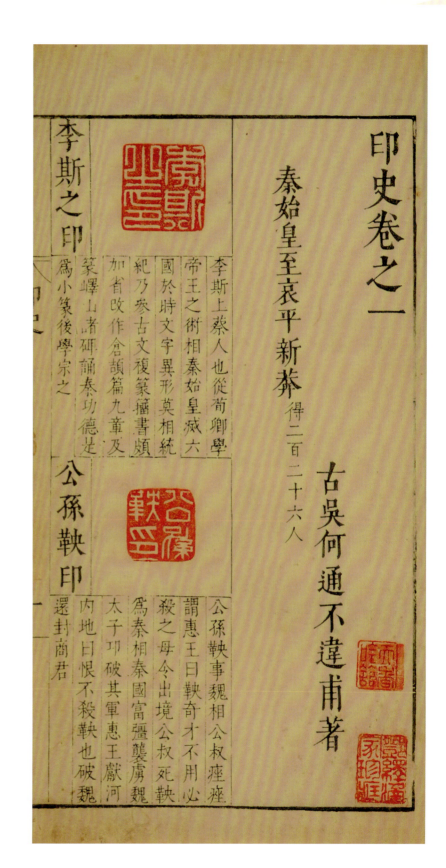

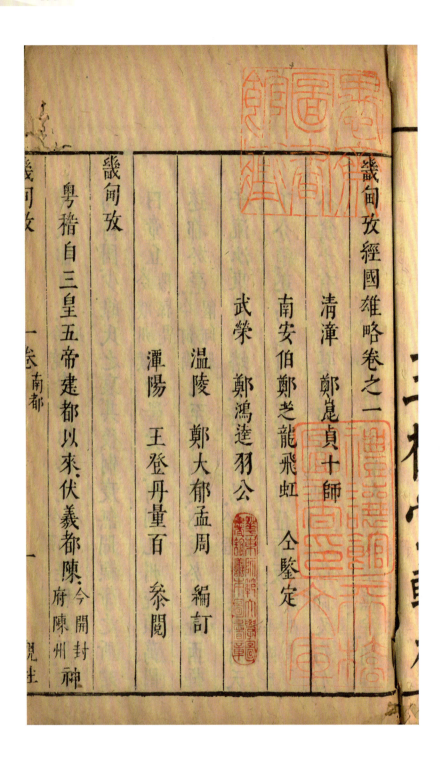

○七○ **經國雄略四十八卷**

明鄭大郁撰　明弘光元年觀社刻本

　　此本版心下鎸有"觀社"二字，題南安伯鄭芝龍等鑒定。凡分天經、畿甸、省藩、河防、海防、江防、賦徭、賦稅、屯政、邊塞、四夷、奇門、武備考十三門。前有鄭芝龍序，乙酉中夏（弘光元年，1645）張運泰序，乙酉春王三月鄭大郁自序。次紀例，末署"觀社主人鄭大郁識"。《邊塞考》六卷列入《清代禁毁書目》、《違礙書目》，印本流傳較少。是帙前序及《天經考》三卷缺失，《畿甸考》内封面題"三槐堂較梓"。前人著録，或稱三槐堂本，或稱觀社本，實爲同一版本。

　　鈐有"天橋文庫"、"禮讓館圖書印"、"愚齋圖書館藏"等印。今藏華東師範大學圖書館。（鄭曉霞）

鄭孟周編訂

畿甸攷

三槐堂較梓

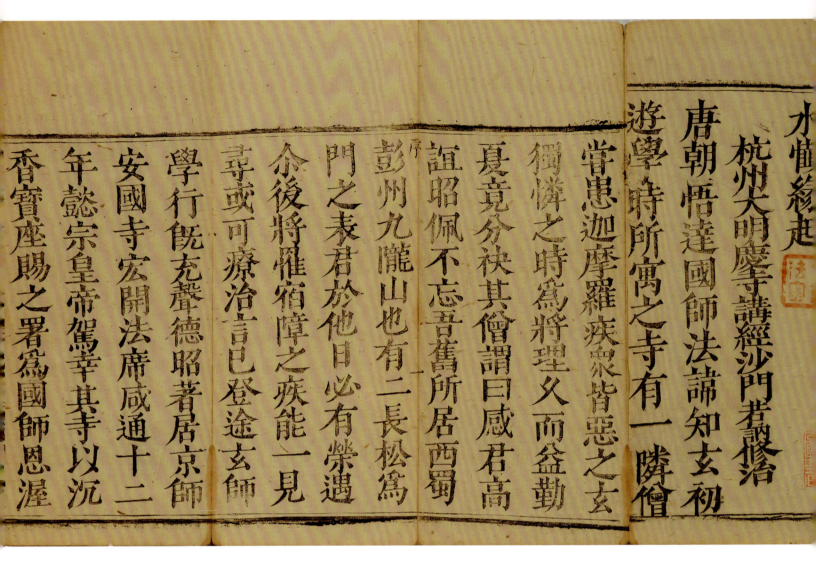

水懺緣起

杭州大明慶寺講經沙門若訥撰

唐朝悟達國師法諱知玄初

遊學時所寓之寺有一隣僧

常患迦摩羅疾眾皆惡之玄

獨憐之時為將理久而益勤

夏竟分袂其僧謂曰感君高

誼昭佩不忘吾舊所居西蜀

彭州九隴山也有二長松為

門之表君於他日必有榮遇

介後將罹宿障之疾能一見

吾寺或可療治言已登途玄師

學行旣充聲德昭著居京師

安國寺宏開法席咸通十二

年懿宗皇帝駕幸其寺以沉

香寶座賜之署為國師恩渥

○七一 慈悲水懺法三卷

唐釋知玄撰　明永曆六年刻本

　　此書依據《圓覺經修證儀》著録而成之懺法書，此本經折裝。卷末有"固原侯王尚禮率男養御發心印造三昧水懺共□部，供奉十方善信，諷誦受持，惟願皇圖鞏固，帝道遐昌，國泰民安，風調雨順，壽禄崇高，子孫繁衍，府庭清吉，人馬平安。謹意。永曆六年（1652）八月□日，督工委官高起，董督弟子吳傑"方形木記。

　　鈐有"三教法寶"、"聞笛堂圖書"等印。今藏上海圖書有限公司。（嚴謹）

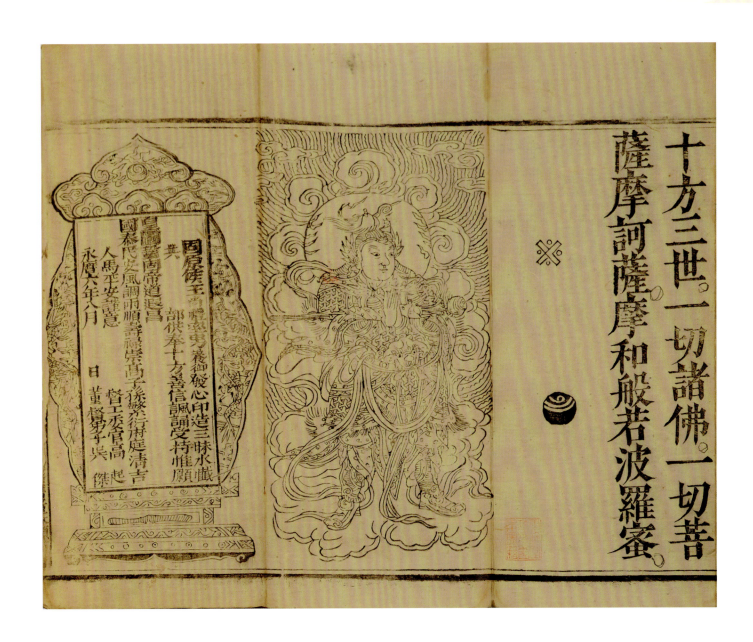

十方三世。一切諸佛。一切菩
薩摩訶薩摩和般若波羅蜜。

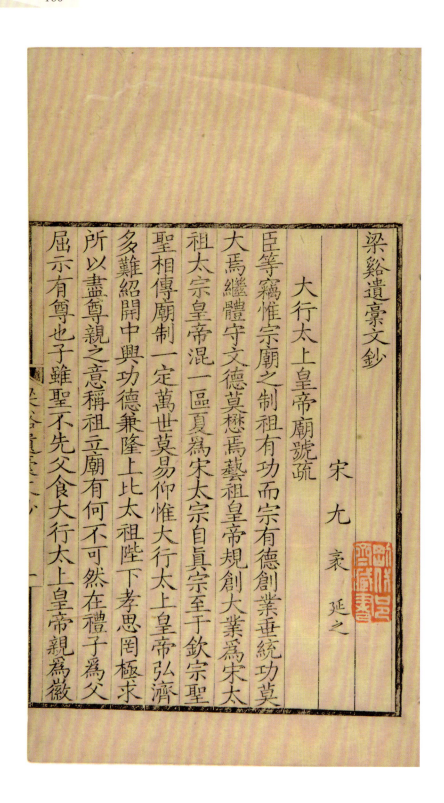

○七二　梁谿遺槀二卷

宋尤袤撰　　清朱彝尊輯　　清康熙
三十九年尤侗刻本

尤袤有《梁谿集》五十卷，見陳振孫《直
齋書録解題》；有《遂初小槀》六十卷、《內
外制》三十卷，見《宋史》本傳。厄於兵燹，
浸尋散失。清初朱彝尊搜得古今詩四十三
首，雜文二十五首，輯爲《詩鈔》一卷、《文鈔》
一卷，由尤侗刻梓行世。此帙存《文鈔》一卷，
末有康熙三十九年（1700）尤侗刻書跋。

鈐有"剛伐邑齋藏書"、"湘潭袁氏
滄州藏書"等印。今藏上海圖書館。

上圖舊藏尤刻本《詩鈔》一冊，鈐有
"勞格"、"季言"、"季言汲古"、"剛
伐邑齋藏書"、"玄冰室珍藏記"等印。
書衣形制、書根題字樣式與此同，知與此
冊原爲一家所藏。二冊相配，適成完書。
袁榮法《剛伐邑齋藏書志》著録。（林寧）

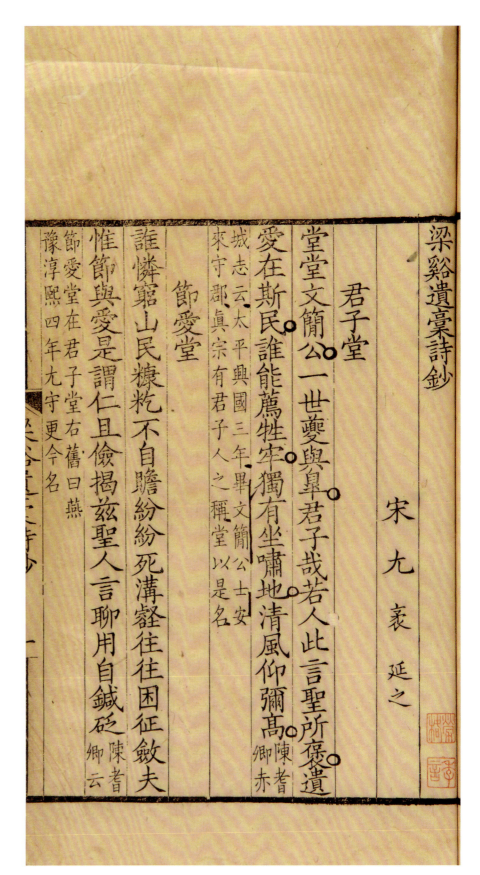

梁谿遺稾詩鈔

宋　尤　袤　延之

君子堂

堂堂文簡公一世夔與皋君子哉若人此言聖所褒遺
愛在斯民誰能薦牲牢獨有坐嘯地清風仰彌高　陳者赤
城志云太平興國三年畢文簡公士安
來守郡真宗有君子人之稱堂以是名

節愛堂

誰憐竄窟山民糠粃不自瞻紛紛死溝壑往往困征斂夫
惟節與愛是謂仁且儉揭茲聖人言聊用自鍼砭　陳者云
節愛堂在君子堂右舊日燕
豫淳熙四年尤守更今名

上海圖書館舊藏尤刻本《詩鈔》卷端

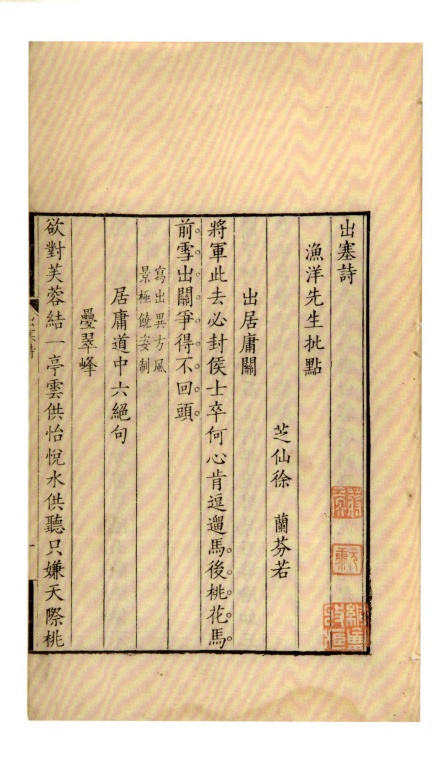

〇七三　出塞詩一卷塞上集唐六歌一卷

清徐蘭撰　清王士禛評　清康熙刻本

　　徐蘭，生卒年不詳，字芬若，一字芝仙，常熟人。少負才名，善吟詠，從王士禛游。康熙中曾從安郡王出塞，賦詩一卷，王士禛稱其精悍雄拔，其高者似供奉、嘉州。

　　此原刻本，前有王士禛序，戊寅（康熙三十七年，1698）姜宸英序，陶之典序，萬斯同序，汪灝後序，頗少見。附《塞上集唐六歌》一卷，有王澤弘序，辛巳（康熙四十年，1701）許志進跋，收録《打鬼》、《蒙古棋》、《彈喀赤哈》、《採珠》、《打貂》、《採湊》六首，更屬罕遇難求。六歌各有序，葉名灃《橋西雜記》將歌序六篇逐一録出，蓋亦知其流傳絶稀矣。是書有道光六年（1826）瑯嬛仙館重刊本，不收王士禛評，且無附一卷，不及此本之善。

　　鈐有“蔣扆”、“元康”等印。今藏上海圖書館。（陳雷）

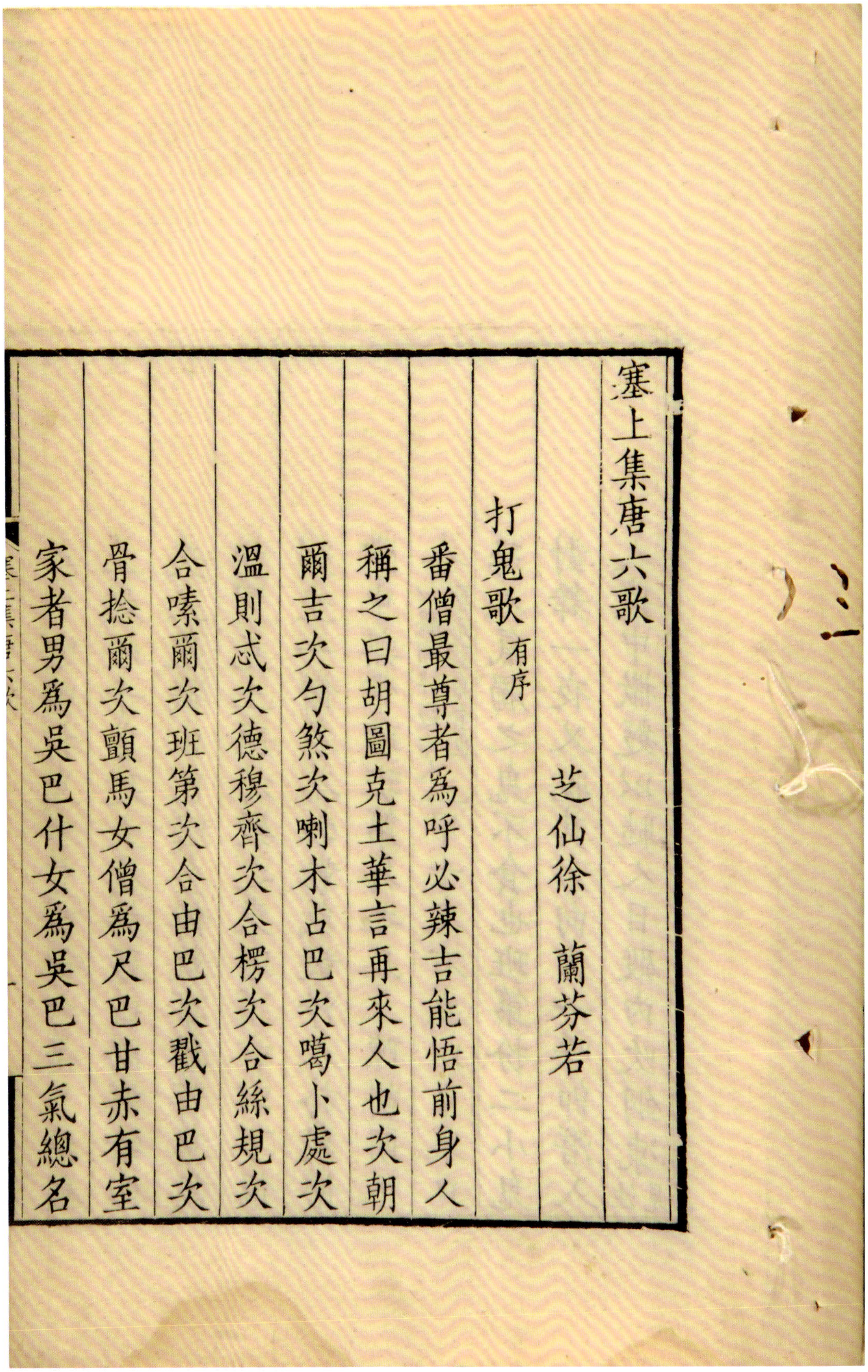

塞上集唐六歌

打鬼歌　有序

芝仙徐　蘭芬若

番僧最尊者爲呼必辣吉能悟前身人

稱之曰胡圖克土華言再來人也次朝

爾吉次勻煞次喇木占巴次噶卜處次

溫則忒次德穆齊次合楞次合絲規次

合嗉爾次班第次合由巴次戳由巴次

骨捻爾次顱馬女僧爲尺巴甘赤有室

家者男爲吳巴什女爲吳巴三氣總名

○七四　三女哀辭不分卷

清秦瀛輯　清嘉慶刻本　清吳騫題詩

　　此本前有秦氏所撰《哀辭》及《哭三女詩》十四首，後附查揆《天水郡女公子秦氏小傳》、楊芳燦《小峴先生以哭女詩見示詩以慰之得絕句四首》、陶章溈五古一首。《哭三女詩》收入《小峴山人詩文集》刻本卷十七，改題《來鳳書至得三女凶問以詩哭之》，《哀辭》未見收録。按秦瀛第三女歿於嘉慶十年（1805），此單刻本，當刻在稍後，印本罕見。《哀辭》末有吳騫手題《讀小峴京兆悼女詞率題四韻》，末署"滄江漫叟"。檢吳氏《拜經樓詩集續稿》稿本，此詩已收入，文字略有異同，如"奔月空餘洗藥盤"句，稿本改爲"遺咏空餘臁鳳盤"。

　　鈐有"兔牀經眼"、"騫"、"硤川紫來閣徐氏印"等印。今藏上海圖書館。（徐瀟立）

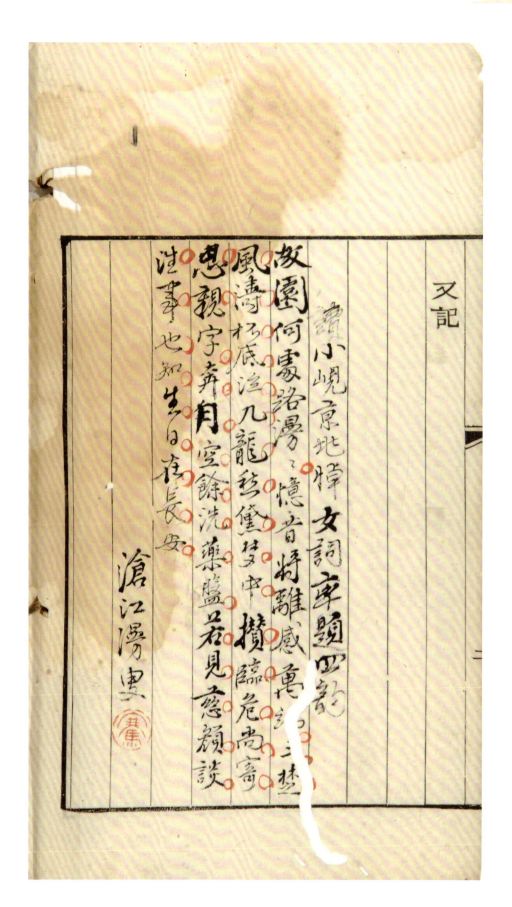

又記

讀小嵌京北辟女詞率題四韻

故園何處路滂滂，憶昔將離感萬端三楚

風濤枯底迢九龍移黛雙中攬臨危尚寄

思親字寿月空餘洗藥鹽且看見忿顏談

涯事也知生自在長安

滄江淪叟

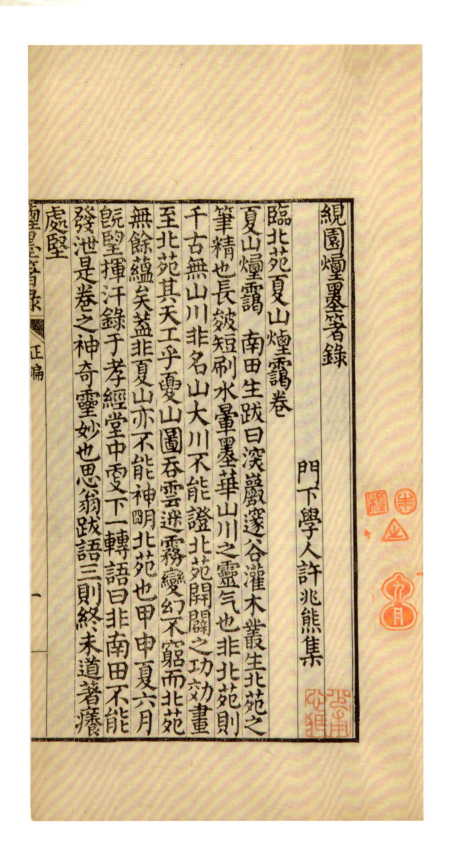

〇七五　絸園煙墨箸録二卷

清許兆熊輯　　清嘉慶十九年至二十二年石契齋刻本

　　許兆熊，生卒年不詳，字梟舟，光福人。爲徐堅絸園高弟子，工書畫，善治印，好收藏，兼精醫術，築池上草堂，與諸名流觴詠其中。有《兩京名賢印録》《東籬中正》、《藥籠手鏡》、《梟舟話柄》、《梟舟詩稿》，又輯《許氏巾箱集》。

　　梟舟就家藏徐堅畫作，輯録諸家引額、題尾、歌行、贊跋而成此書，凡正編一卷附編一卷，並墨諸版。有嘉慶丁丑余集序、沈欽韓序，以顏真卿體寫樣上版，刊刻精緻，沈欽韓任校勘之役。封面題“嘉慶十九年（1814）甲戌冬日開雕，石契齋藏版”，卷末有“李濱刻”一行。梟舟刊《許氏巾箱集》，亦李濱刻，與此字體相同。

　　鈐有“松陵俞氏子駿所藏”、“少甫心藏”、“朱樫之”、“九丹”等印。今藏上海圖書館。（陳雷）

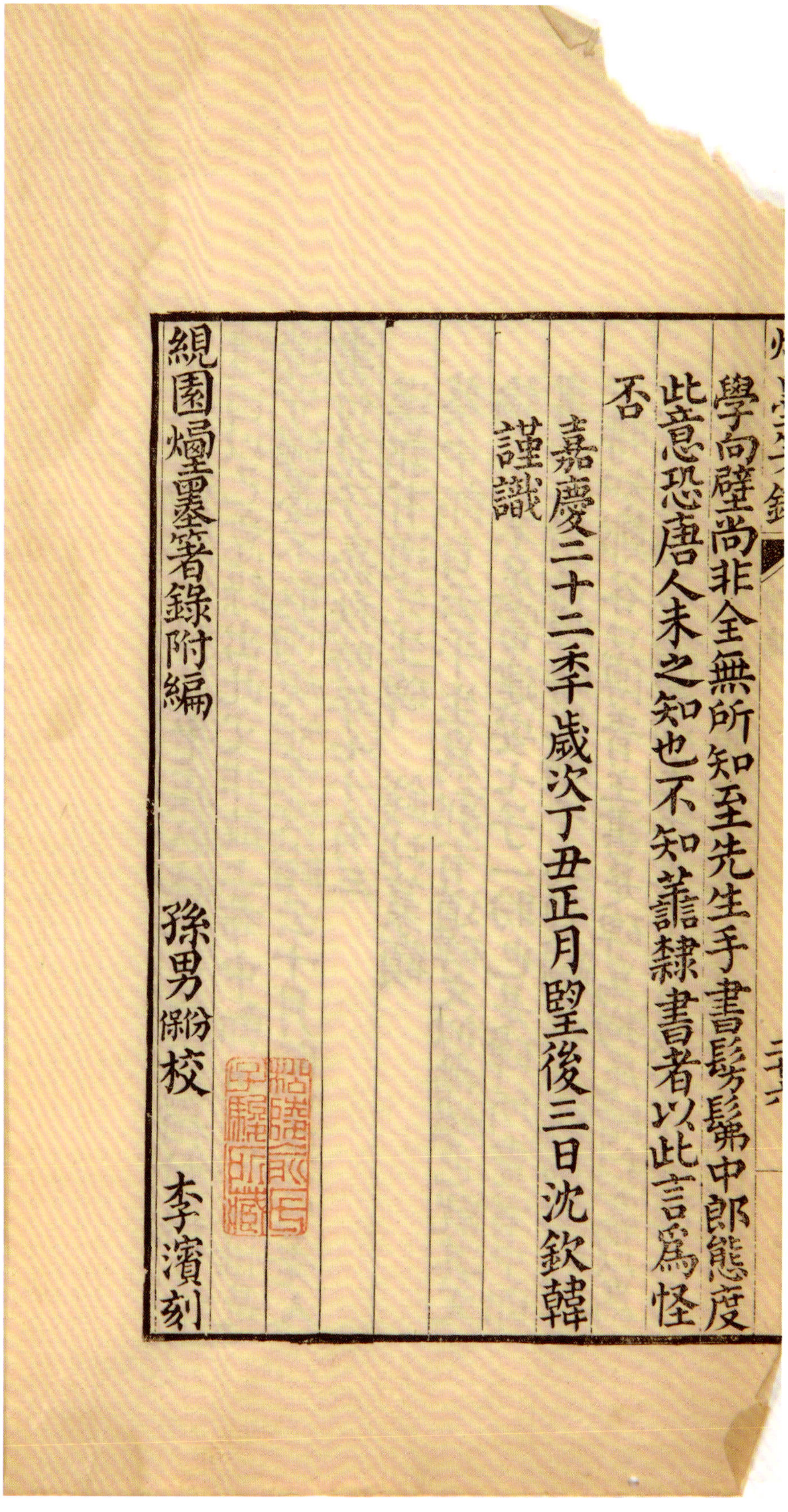

學向壁尚非全無所知至先生手書髭鬚中郎態度
此意恐唐人未之知也不知葢隸書者以此言爲怪
否

謹識

嘉慶二十二季歲次丁丑正月望後三日沈欽韓

絸園燈窻筆錄附編

孫男　保紛　校

李濱刻

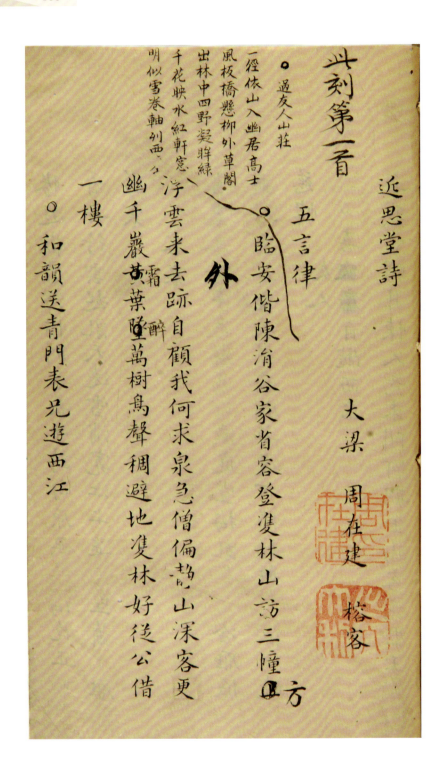

○七六　近思堂詩不分卷

清周在建撰　稿本

　　周在建（1655-？），字榕客，號西田，祥符人，亮工四子。國子監監生，歷官淮安知府。

　　此本有墨筆校改，詩題上注“刪”字，或於行間修改文字，取對清康熙五十四年（1715）刻本，多已照改；詩題下注“未刻”、“刻過”，取對刻本，一一相符，知此爲作者稿本。卷前有于彭雋序，俞顔序，康熙癸丑張貞序，書眉録杜濬、龔賢、倪燦諸家評，刻本未見收録。

　　鈐有“周在建印”、“披裘高詠”、“小李山房”、“粹芬閣”等印。今藏上海圖書館。（徐瀟立）

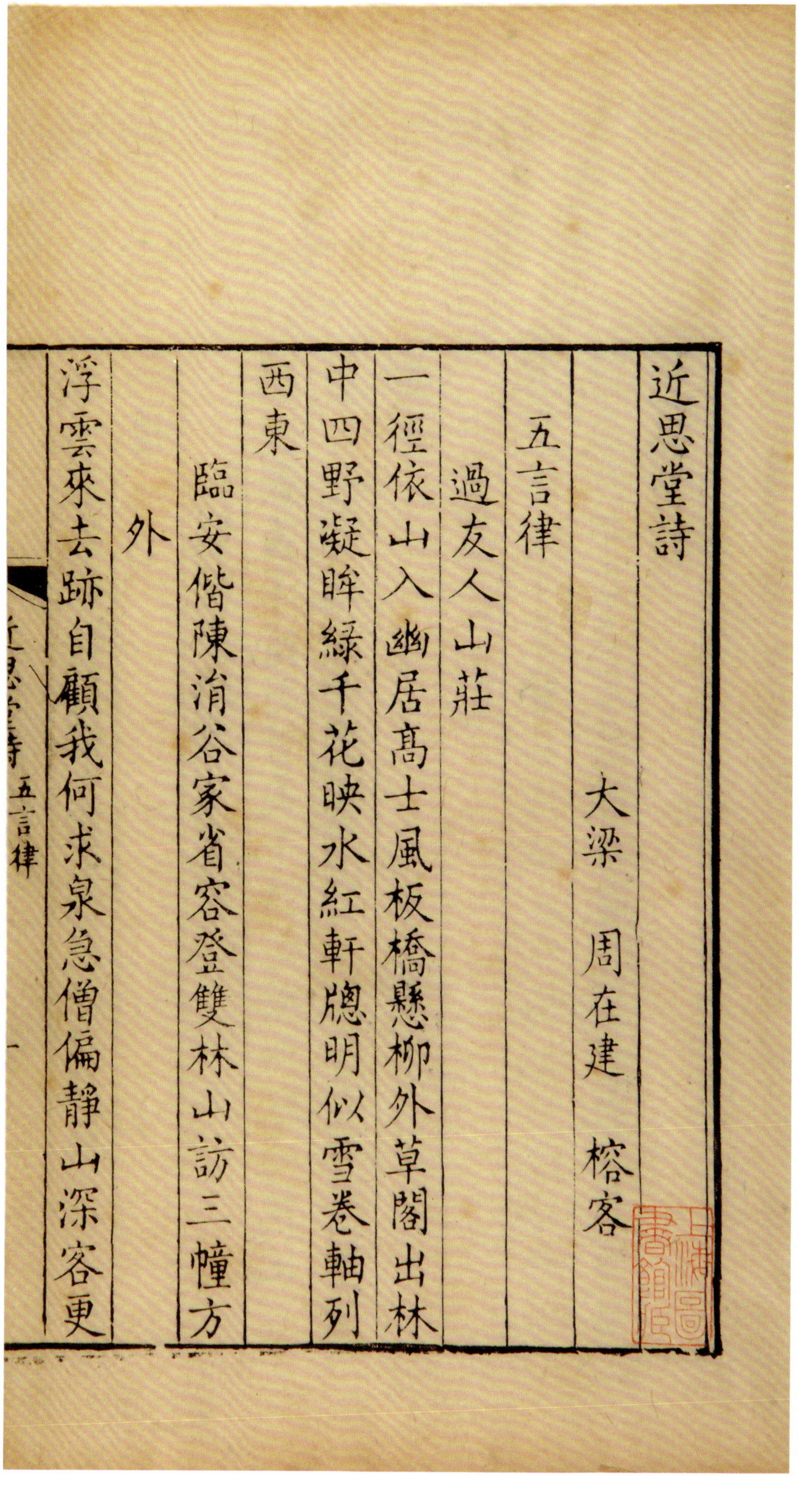

近思堂詩
大梁　周在建　榕客
五言律
過友人山莊
一徑依山入幽居高士風板橋懸柳外草閣出林
中四野凝眸綠千花映水紅軒牕明似雪卷軸列
西東
臨安偕陳消谷家省容登雙林山訪三幢方
外
浮雲來去跡自顧我何求泉急僧偏靜山深容更
近思堂詩　五言律　一

清康熙五十四年刻本《近思堂詩》“五言律”卷首

○濟南寄友詩五首

栖霞高臥久忘年飽聽松風骨益堅山水多情能

寄傲古今有意豈須憐花時自釀蘸葖酒月下誰

雲

斟白乳泉憶晰　　康溪民十年餘相期

登岱山識慚美好同每得興

黃山高士過江来詩酒同子興

路浦暖春風杖策叩孔融墓磚囊法物

區一代　　獨情分離進歲暉憶君搔首幾徘徊

神廟庭才　　　小篇紛搜秦漢法

踈狂獨憶杜陵翁廓落形容逈不同滄海每談

賓盛空囊轉怪浣花窮青尊有淚酬知已白髮無

曲

情任轉这笑我勞匕偏落魄思君南望羨飛鴻杜

稿本《近思堂詩》"濟南寄友詩五首"

寄懷農師叔

半閣清幽客夢思梅花開處使神怡高燒玉燭攤

書卷低橫湘簾馨酒卮爐煖漏深聞煮雪月明人

去獨臨池遙知季扎頻來往史謂竹應爲懷予一咏詩

濟南寄友詩五首

栖霞高卧久忘年飽聽松風骨益堅山水多情能

寄傲古今有意豈須憐花時自釀虆薱酒月下誰雲

斟白乳泉登岱我慚無好句得公雅識敘長篇白張

黃山高士過江來酬倡同予日舉杯秋水舟停公

路浦春風杖策孔融臺樽彝法物千秋識書畫通

神一代才小篆紛披秦漢法憶君搔首幾徘徊程區

疎狂獨憶杜陵翁廓落形容迥不同滄海每談韋

曲盛空囊轉怪浣花窮青樽有淚酬知已白髮無

情任轉蓬笑我勞勞偏遠客思君南望羨飛鴻茶杜

刻本《近思堂詩》"濟南寄友詩五首"

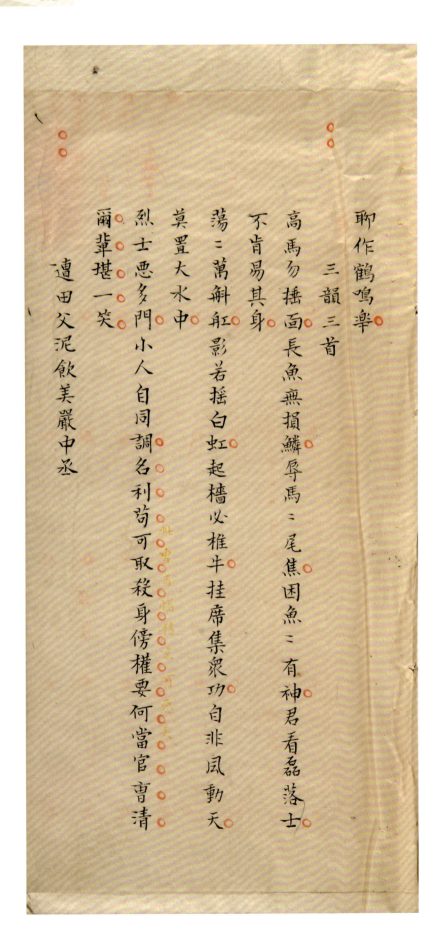

聊作鶴鳴皋

三韻三首

高馬勿搖面長魚無損鱗辱馬二尾焦困魚二有神君看磊落士

不肯易其身

蕩二萬斛舡影若搖白虹起檣必椎牛挂席集眾功自非凮動天

莫置大水中

烈士惡多門小人自同調名利苟可取殺身傍權要何當官曹清

爾輩堪一笑

遺田父泥飲美嚴中丞

○七七　杜詩選□□卷

清沈德潛選評　稿本

沈德潛（1673-1769），字確士，號歸愚，長洲人。乾隆四年（1739）進士，官至禮部侍郎。諡文愨。輯有《唐詩別裁集》、《古詩源》等，著有《歸愚詩文鈔》、《竹嘯軒詩鈔》等。

是書爲沈氏少時輯評，後有增益，未刊。此本殘存一册，爲五言古詩部分。首葉起“聊作鶴鳴皋”，爲《送重表姪王砅評事使南海》末句。内有三色評語，硃筆錄俞煬評，墨筆錄諸家評，黃筆並圈點則沈氏自爲者。

鈐有“滄溟之一螺”、“湘潭袁氏滄州藏書”等印。袁氏《剛伐邑齋藏書志》著錄。今藏上海圖書館。

上圖舊藏是書稿本一册，題“杜詩五言古選”，卷末文字與此本適相銜接，爲首册。鈐有“沈德潛印”、“確士”、“杜詩韓筆”、“李陵蘇武是吾師”、“昌遂讀書”、“漢卿珍藏”、“玄冰室珍藏記”等印。二者相配，則沈評五言古詩可成完書。（徐瀟立）

少陵自道甫得
真骨不肖陵模
凡後筆放英雄
下筆皆有神逸
也

于今誰有此

每於百僚上猥誦佳句新竊效貢公喜難甘原憲貧焉能心怏怏

歘然欲求伸青冥卻垂翅蹭蹬無縱鱗甚愧丈人厚甚知丈人真

朝扣富兒門暮隨肥馬塵殘杯與冷炙到處潛悲辛主上頃見徵

再使風俗淳此意竟蕭條行歌非隱淪騎驢三十載旅食京華春

李邕求識面王翰願卜鄰自謂頗挺出立登要路津致君堯舜上

早充觀國賓讀書破萬卷下筆如有神賦料揚雄敵詩看子建親

紈袴不餓死儒冠多誤身丈人試靜聽賤子請具陳甫昔少年日

奉贈韋左丞丈二十二韻

識者一恫悵干戈少暇日真骨老崖嶒為君除犷狡尾會是蝌蚪上

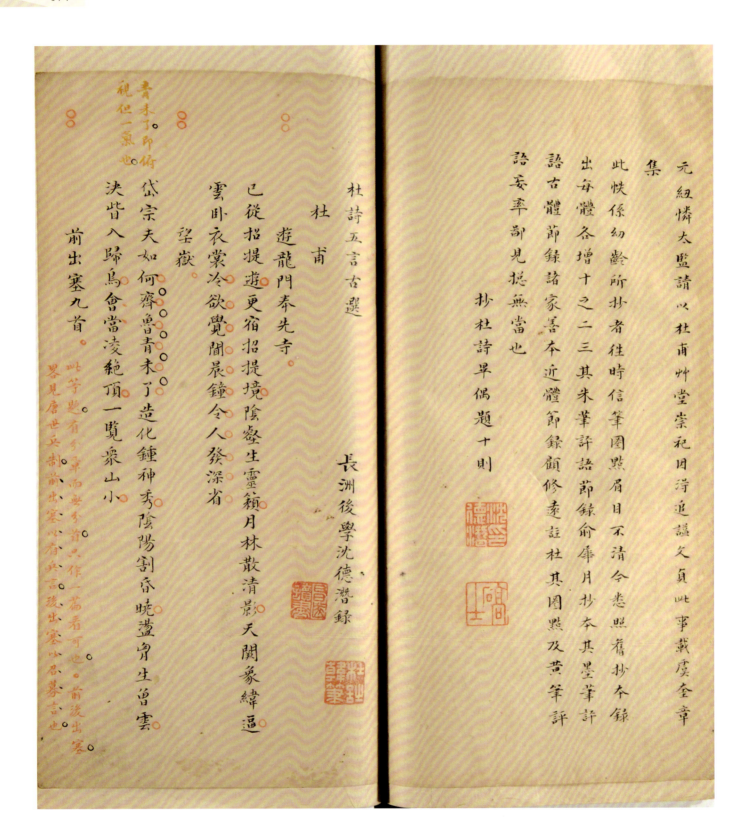

元紅憐太監請以杜甫艸堂崇祀日得追諡文貞此事戴虞奎幸

集

此帙係幼齡所抄者往時信筆圈點眉目不清今悉照舊抄本録

出每體各增十之二三其朱筆評語節録俞犀月抄本其墨筆評

語古體節録諸家善本近體節録顧修遠註杜其圈點及黃筆評

語委率卻見拙無當也

抄杜詩早偶題十則

杜詩五言古選

　　長洲後學沈德潛録

杜甫

　遊龍門奉先寺

已從招提遊更宿招提境陰壑生靈籟月林散清影天闕象緯逼

雲卧衣裳冷欲覺聞晨鐘令人發深省

　望嶽

岱宗夫如何齊魯青未了造化鍾神秀陰陽割昏曉盪胷生曾雲

決眥入歸鳥會當凌絕頂一覽衆山小

　前出塞九首

水花小浪也

及乎貞觀初尚書踐台斗　夫人常屑與上殿稱萬壽六宮師柔順
法則化妃后至尊均嫂叔盛事垂不朽鳳雛無凡毛五色非爾曹
往者胡作逆乾坤沸嗷嗷吾家同遁逃爭奪至徒步
塊獨委蓬蒿逗遒熱爾腸十里却呼號自下所騎馬右持腰間刀
左牽紫遊韁飛走使我高苟活到今日寸心銘佩牢亂離又聚散
宿昔恨滔三　水花笑白首春艸随青袍廷評近要津節制收英髦
北驅漢陽傳南泛上瀧舟家聲肯墜地利罷當秋毫眚咎歸觀賢領
篝蓬神功操大夫出盧宋寶貝休脂膏洞主降接武海胡舶千艘
我欲就舟砂跋涉覺身勞安能陷糞土有志乘鯨鰲或驕鶩騰天

上海圖書館舊藏《杜詩選》首冊卷末

論語異文疏證卷六

　　　　嘉興　馮登府學

德行七經攷文補遺曰古本德行上有子曰二字此
皆不及門也皇本高麗本也上有者字
指高麗本而言毛西河論語稽求篇云舊有于曰
字故史記舟伯半傳云孔子稱之爲德行瞿氏攷
異云攷文補遺每云古本皆以証其與皇本同也
今檢皇氏本惟别分此爲章子曰子未嘗有其疏
則云此章無于曰字者是記者所書焂從孔子印

○七八　論語異文疏證十卷

清馮登府撰　稿本

　　馮登府（1783-1841），字雲伯，號柳東，又號勺園，嘉興人。嘉慶二十五年（1820）進士，歷任福建將樂知縣、寧波府教授。著有《石經補考》、《三家詩異文疏證》、《石經閣文集》等。

　　是書成於嘉慶十八年（1813），道光十四年（1834）始刊於粵東學海堂。此爲修改稿本，存卷六至十，凡五卷。行間書眉有文字校補，爲馮氏手迹，刻本已照改。卷八之首、卷十之末原題“疏證”，作者改爲“攷證”，刻本作“攷證”。刻本引日本山井鼎《七經孟子考文》語，此本多無之，則此本尚非作者最後定稿。今藏上海圖書館。（徐瀟立）

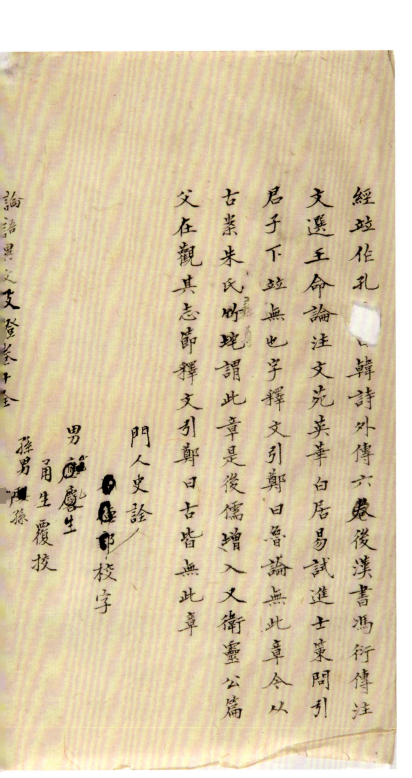

假借字

友其士之仁者皇本高麗本皆下有也字

顏淵問爲邦文選非有先生論注引作顏回義疏謂問治魯國之

行夏之時微漢書輿服志時作正

秉殷之輅釋文本亦作路後漢輿服志亦作路崇禮

器郊特牲明堂位皆作路周禮中車之五路典路

皆是顧命大輅薛本作路路假借字

人無遠慮皇本高麗本下有而字

已矣乎皇本無乎字

論語黃式三文選卷十全

經莊作孔　韓詩外傳六卷後漢書馮衍傳注

文選王命論注文苑英華白居易試進士策問引

君子下莅無也字釋文引鄭曰晉論無此章今以

古棠朱氏謂此章是後儒增入又衛靈公篇

父在觀其志節釋文引鄭曰古皆無此章

門人史詮校字

男　　慶生覆校

孫男　禮孫

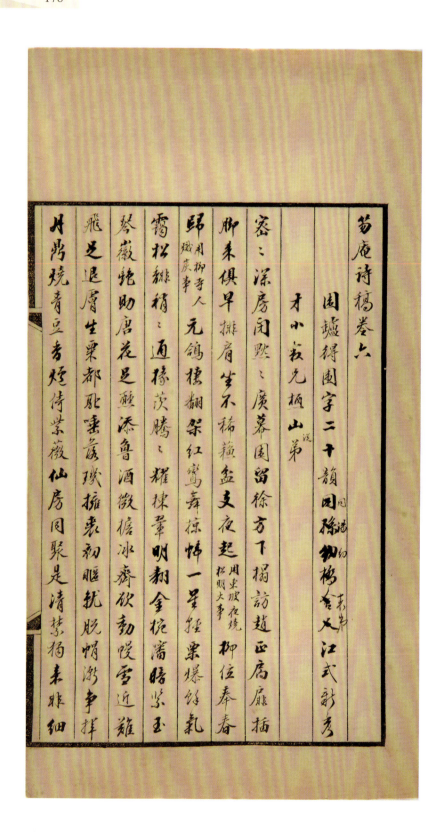

○七九　笏庵詩稿二十七卷

清吳清鵬撰　稿本

　　吳清鵬（1786－？），字程九，號西穀，晚號笏庵，錢塘人。錫麒第七子。嘉慶二十二年（1817）進士，官至順天府丞。

　　《笏庵詩稿》先刻二十七卷，咸豐五年（1855）刪定爲《笏庵詩》二十卷，刻入《吳氏一家稿》。此稿內容略見於《吳氏一家稿》本卷六至七，詩句多不同，似出自二十七卷本。曾見清鵬《笏庵詩鈔》稿本，筆意與此相同，知此爲作者稿本。舊題清抄本，未確。存一冊，爲卷五至六。今藏上海圖書館。

　　上圖舊藏《笏庵詩稿》稿本一冊，存卷三至四，葉景葵舊藏，《卷盦書跋》著録，可與此本相配。（林寧）

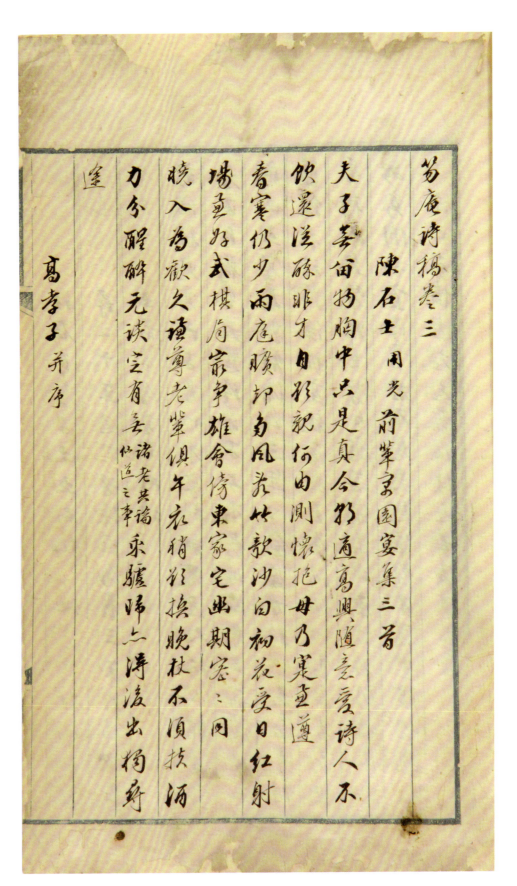

筍庵詩稿卷三

陳石士用光前輩家園宴集三首

夫子蕃佰物胷中只是真合邪適高興隨意喜詩人不

飲還酕醄非才目彩就何由測懷抱毋乃甚重邅

春寒仍少雨庭曠却勻風茇竹歡沙白栩花受日紅射

場圃好武棋局崇爭雄會傍東家宅幽期客三同

晚入為歡久讀尊老輩俱年衣稍新換晚枕不須挾酒

力兮醒醉无談定有無諸老其論乘驢歸上湧渡出槁邨

逢

高孝子并序

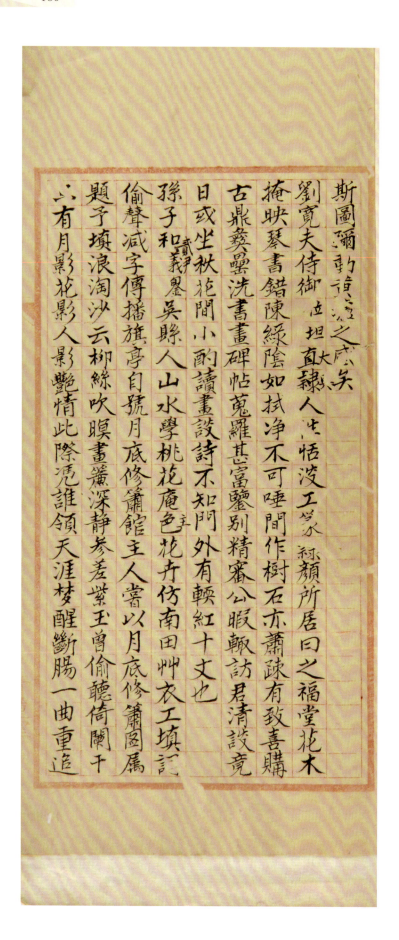

○八○　墨緣小録不分卷

清潘曾瑩撰　稿本

潘曾瑩（1808-1878），字申甫，號星齋，吳縣人。潘世恩次子。道光二十一年（1841）進士，翰林院庶吉士，充國史館協修，累官至吏部左侍郎。工詩畫，精鑑別，富收藏。著有《小鷗波館文鈔》、《小鷗波館畫識》、《紅雪山房畫品》等。

是書仿周亮工《讀畫録》之例，記録與作者同時代之畫人，各繫小傳，並録贈答之作。此本無題名序跋，首葉起"斯圖彌動黃墟之感矣"句，爲陶懷玉小傳末句。書眉、行間經作者墨筆增改文字處不少，取對清咸豐七年（1857）潘氏家刻本，均已照改。今藏上海圖書館。

上圖舊藏是書稿本一册，與此稿形制、字體一致，起余集條，訖陶懷玉條，末句與此本首葉文字適相銜接。二者相配，可成完帙。（徐瀟立）

沢南山司馬惟屏番禺人詩古文辭清麗雄邁畫亦秀逸嘗偕查
梅史大令過訪時積雨初晴秋色正佳就花小酌讀畫談詩流連
竟日予為寫竹嶼聞雲圖並題五古一首君答詩云詩梦伴涼綠
即用見素心知者栖風前吟妙句天末忽思歸畫意在空谷秋痕
贈句……
生夕暉何時同仁月一為理金徽
溫翰初主事摩江六合人道光壬辰進士山水得雄直氣間作小
圖亦復幽秀可喜為予畫桐陰覓句圖查梅史大令題云隆葉欲
下末下一痕……綠毛公詞……將妙句衡來行吟八义
未已秋陰……猶……入簡裡回文品曲分明二字蘭干林文忠公題

云庭院……如水流三尺……涼月　葉隆新秋詩句敲求
未琴聲聽出六籠門高百八好待鳳凰為偶
吳次平同年若準平湖人道光辛丑進士山水澹寂深秀似冬花
庵不多作大幅惟於文露軒師齋中作設色巨嶂濃染淋漓神完
氣足真傑作也
顧小雲茶軍鶴花卉山水皆有逸致並工仕女曾屬予寫白桃花
小幅君以所畫惜花圖為報配吳香翰夫人亦善花卉設色妍妙
深得白雲外史不傳之秘
韓珠船侍御榮光南海人宮吏部時與予寓居甚近日夕過從論

力挽頹波溯洄根根在嶺其
果云波瀾……先失其……

稿本《墨緣小錄》張惟屏條

張南山司馬惟屏　番禺人道光壬午進士著有聽松廬

詩鈔早歲卽爲翁覃谿先生所稱賞爲序其詩並贈以

詩云南山舊墨緣韶石響鳴紋韶州南山江碧深留鏡有鳴紋石汲礦與坡公見韶郡志

榕陰記泊船詩盟圓似夢易說了非禪談易見韶郡志

紹聖前題字重拈四十年山志陶貞白松濤李少温鶴

銘笙籟答慧麓篆煙痕淪乳來參味耆蒼許對論多生

耳根業訊爾妙之門聽松篆

房何區五家派莫誤二樵狂酣放精微處崇深黍尺量爲臨陽冰風抗南圓後魚山又藥

於蘇窺杜法詩境乃升堂其期許甚厚君益肆力於學

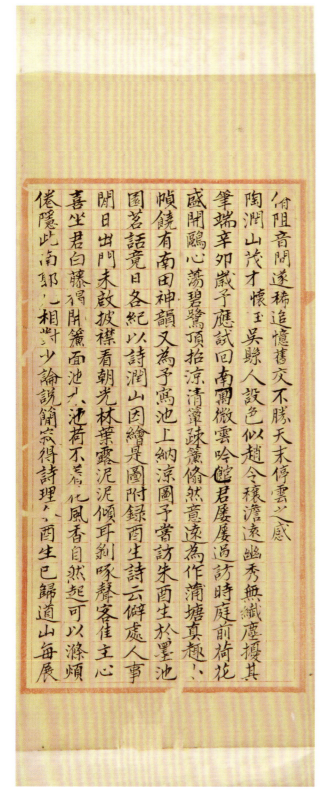

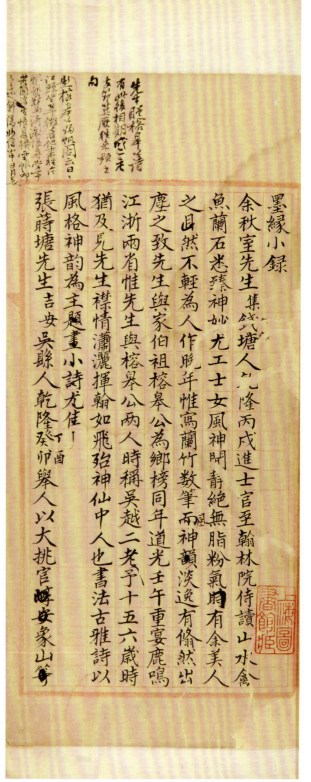

俗阻音問遂稀追憶舊交不勝天末停雲之感
陶潤山茂才懷玉吳縣人設色似趙令穰澹遠幽秀無纖塵擾其
筆端辛卯歲予應試回南需微雲吟館君屢屢過訪時庭前荷花
盛開鷗心蕩碧鷺頂拍涼清簟疏簾翛然意遠為作蒲塘真趣八
頹饒有南田神韻又為予寫池上納涼圖予嘗訪朱酉生於墨池
園茗話竟日各紀以詩潤山因繪是圖附錄酉生詩云僻處人事
開日出門未啟披襟看朝光林葉露泥泥傾耳剝啄聲客佳主心
喜坐君白藤得開簾面池八池荷不著化風香自然起可以滌煩
倦隱此南郎八相對少論說簡宗得詩理八酉生已歸道山每展

墨緣小録
余秋室先生集錢塘人乾隆丙戌進士官至翰林院侍讀山水禽
魚蘭石悉臻神妙尤工士女風神閒青絕無脂粉氣胛有余美人
之目然不輕為人作腓年惟寫蘭竹數筆而神韻淡逸有脩然出
塵之致先生與家伯祖榕皋公為鄉榜同年道光壬午重宴鹿鳴
江浙兩省惟先生與榕皋公兩人時稱吳越二老予十五六歲時
猶及見先生襟情瀟灑揮翰如飛弳神仙中人也書法古雅詩以
風格神韻為主題畫小詩尤佳丁酉
張蒔塘先生吉安吳縣人乾隆癸卯翠人以大挑官嶧安象山等

上海圖書館舊藏《墨緣小録》卷尾　　　　上海圖書館舊藏《墨緣小録》卷端

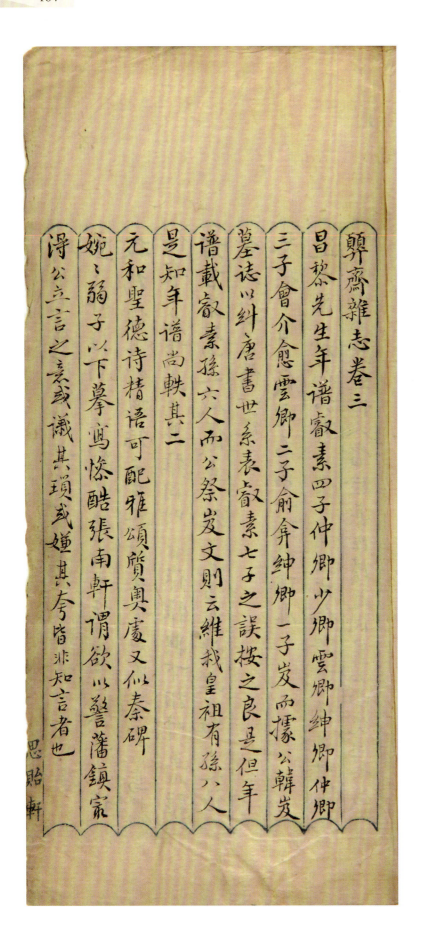

○八一　瓣齋雜志四卷

清翁同書撰　稿本

翁同書（1810-1865），字祖庚，號藥房、瓣齋，常熟人。道光二十年（1840）進士。咸豐八年（1858），任安徽巡撫。同治元年（1862），因定遠、壽州失守事革職拿問。次年末，遣戍新疆，旋改發甘肅軍營效力。四年，積勞成疾，卒於軍中，詔開復原官並賜卹，贈右都御史，謚"文勤"。著有《瓣齋自訂年譜》、《瓣齋文稿》等。

此稿用藍格寫，卷端題"瓣齋雜志卷三"，未署作者名氏。書中有稱"同書案"云云者，正文、校改皆出翁同書親筆，知爲作者手稿。僅存一卷（卷三），內容多考訂經史、金石，論詩評文，俱有可觀，然未見刊行。翁同龢《瓶廬詩稿》卷一《題王蓉洲丈商彝圖即書先伯兄詩後》注云："先伯兄著《瓣齋雜志》，待刊"。按翁曾源等撰《先文勤公行述》稿本記載，作者有"《瓣齋雜記》四卷"，當即此書。

鈐有"翁伯子"、"常熟翁生生於鬱洲長游京師"等印。今藏上海圖書館。

上海博古齋2016年春季藝術品拍賣會第1622號拍品翁同書《瓣齋雜志》一冊，卷端題"瓣齋雜志，常熟翁同書著"，未署卷次，與此册同爲作者手稿而內容不同，或爲此書之別卷。（沈從文）

蜀本□有漢史任趙廣言之極詳

漢書霍光傳將軍之廣明都郎屬□由後本

中山□宗趙使五未屬年

日知錄云遼史稱宗應曆十九年正月甲午

5□歷居正業檜戲解曰宗銖使之家有肯業

子楊檜之戲□□□□□□□□□□□□

而先年二月巳己即為小哥等所載其居西□

史禍乃不□躬此不祥之物而今士大夫終日

戴之其能免於效尤之咎乎同書業顧謂□

思貽軒

答鄭子尹商補中庸集解刻板書

書來謂友芝誤讀南軒語致庫輯略章題爲集解庫章題誠然

南軒語自以足下讀從元晦講訂爲句分章去取皆有條次

爲句者爲是向以語訂分章斷句自不得不撤輯略爲講訂

之攄裁荊棘自塞徑途雖即覽與本序斷斷而不敢輒改

讀書人如此昏々可笑之甚乃今昭然發蒙于石氏之章非

朱子之章欣謝欣謝已揆就後序備言疑悟之故乞更點定

修板擬于章題三十三庫一槩削去而以輯略所加題註改

入校語中以存輯略之本新校雖石氏書而處々兼及輯略相

則此三十三題校語自不應闕且雙行細畫又不與本書相

亂校之足下所謂削去當空行與補成墨行二者爲清整三

十三處惟一章十二章二十一章三十三章四處兼有總注

一章削去章題并樓語得三行且前鄰行可借半行恰容變

行校入但補處太寬則易落當易一板十二章處補一全行

即容校語二十二章處須兩行始容校語而止空一行雖可

擠寫數字而又逼邊補全行不穩當易一板于中間程子解

中以五六行多寫一字即讓出一行矣三十三章處餘二行

逼邊當易一板又校附注語皆々餘十餘字釘餬子即得元序跋中撤

人當增一板板餘書後又十九處惟二十一章板題處補一釘

又補一全行校分卷皆補七八字釘子跋中撤

去第五七八二板亦當第五三板題處補一釘即以

答石子重第一書雙行附注得六行末行接寫整源板本跋

題其讀六板恰容二跋總計易板五撤板二增板二補長短釘

三十一亦無甚大費也唯來諭謂子曰道其不行矣夫直補

《邵亭集》

○八二　莫邵亭手寫文稿一卷

清莫友芝撰　稿本

莫友芝（1811-1871），字子偲，號邵亭，晚號眲叟，獨山人。道光十一年（1831）舉人。嘗入曾國藩幕，奉命搜訪於戰亂中散佚之文宗、文匯兩閣《四庫》遺書，校書江南官書局。著有《宋

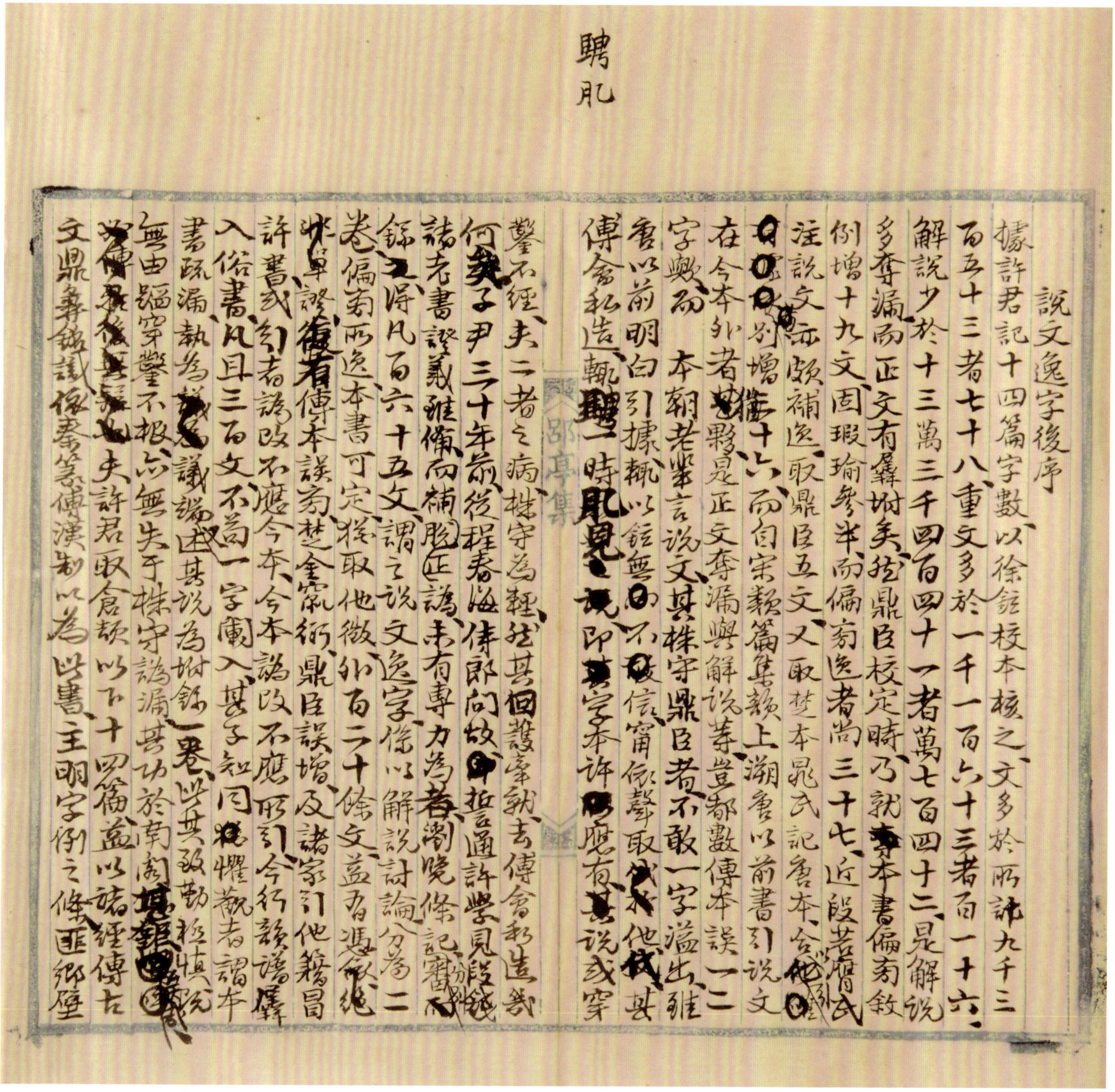

聘肊

說文逸字後序

據許君記十四篇字數以徐鉉校本核之文多於兩許九千三
百五十三者七十八重文多於一千一百六十三者百一十六，
解說少於十三萬三千四百四十一者萬七百四十二是解說
多夺漏而正文有羛埘美挍鼎臣校定時乃就夲本書偏夽敚
倒增十九文固瑕瑜參半而偏夽者尚三十七，近段茂膺氏
注說文亦頗補逸取鼎臣五文又取楚本鼎氏記唐本合他氏
別增十六而自宋顠篇集頠上溯唐以前書引說文
字數為本朝耆耋言說文其株守鼎臣者不敢一字溢出雖
以前明向引據輒以鉉無以不及信宧你聲取其式成其
傳會私造輒聘肊見現即其字本許曰應有曰說或穿

鑿不經夫二者之病揆守為輕�其回護辜就吉傳會私造矣
何义子尹三十年前從程春海侍郎問故，誓通許學見段鉉
諸老書誤羣襍備而補脫正謁未有專力為者劉曉傑記審
錄之得凡百六十五文，謂之說文逸字傑以解說討論分為二
卷偏夽兩逸本書可定後取他微約百二十餘條今行韻語驛
入俗書凡且三百文不為一字闌入，其子知問，懼讔者謂本
書疏漏執為妝鉉，二卷此其敢勘極慎说
無由讔穿鑿不報必無失于株守護漏甚功於南閣埴鉉曰誤
必傳甚後吏云夫許君取倉頡以下十四篇蓝以詀經傳右
文鼎彝銘識俗秦篆傳漢制以為以書，王明字偁之條匪鄉壁

元舊本書經眼錄》、《郘亭知見傳本書目》、《唐寫本說文木部箋異》、《黔詩紀略》等。

　　此稿通體爲作者手書，用藍色版格紙，版心中部刻有"郘亭集"字樣，共計五葉半，經人改裝爲卷軸。收錄《答鄭子尹商補中庸集解刻版書》、《答鄭子尹論東考西妣簡》、《說文逸字後序》三篇，前二篇未見刊刻，第三篇見於刻本《郘亭遺文》，文字仍有異同。此本有改動字句處，刻本多已照改。今藏上海圖書館。（陳雷）

文皆具周官諸字頗有合去故書而收杜子春改讀者如從人

櫝染人之竊玄纁純之竊采建襪之襪司服絆經之絆變而襪託許

轍籍車之轍并人緘故書之轍韓人皋由桼樸許而雲當許

讀並不瓜繡綏弁暮綢絕志由桼樸計而雲當

之柳纁綏玆即倉頡凡將是其羅字之根苟尚有遺落引敖句如王篇

兄膜極視也墊大阜在馮翊池陽北廉縣諸引倉

讀史司鼻驪音義引備通道疾嶔俑字強從山歌

輔史聲晉相如說文雅引密結許一句許遠岈

其書先奉諸子傳記各之書降及史籀班固子雲相如輩述

古文奇字通人所為文章詞賦許述及兄者知無不歸緬羅市

不純無放失故慶成說字多舛許異獨不得謂其非古周禮封

人執其絲絆注絲字當以矛為聲搗絲即禮記牛則執絆之詞鄭

黃古字當以絲為聲故注乃有絲緜緜以才為聲蓋謂絇古

純實絈字也古絈以才為聲蓋謂絇才與隸純相似隸作絆

致誤而說文有緇無絈故使鄭君攗筆記字與許並驅必大有

異同出入故野王之篇昌枕之林富洪之苑張揖之雅皆所以

羅逸文黃字殘惜半無存又蕪醸故程侍郎見子尹知稿郎

言欲萃說文逸收之字不謬亡書者別自為篇以輔許遠未倒

成書遷歸道山今子尹書畢功錄拾骸許本有之逸上說

諸事既不容及之而本書文字羅溢解說骸漏刊除補綴又題

馮攄姑從盍關弦持此許通人曉學書已絕作秦蓮矣子尹

通崴並通鄭學又鳳出程門傳業布人先緒不隕業中多眼陰

鳴於和他日推司農之引鍱畯侍郎之遠倒別成說文逸收之

又編興以遙字非春為許君羽翼大於六藝非小補也咸豐戊

午崴大雪蕺獨山莫友芝書

○八三　二十四史月日攷□□□卷

清汪曰楨撰　稿本

　　汪曰楨（1813—1881），字剛木，號謝城，又號薪甫，烏程人。咸豐二年（1852）舉人。官會稽教諭。精音學、史學，尤精算學，著有《四聲切韻表補正》、《歷代長術輯要》、《古今推步諸術攷》、《荔墻詞》等。

　　此書又名《歷代長術》，上起共和，下迄有明，各就當時所用之術依法推算，詳列朔閏月，建大小二十四氣，略如萬年書之式。汪氏自道光十六年（1836）至同治十二年（1873），用力三十八年始寫定，因其卷帙過繁，又編爲《歷代長術輯要》十卷，光緒年間有刻本行於世，而原稿足本湮沒無聞。是稿爲歷年塵封中陸續發現，封面左上題“某史月日攷初藁”，中題“又次齋”，右上題“某年月寫竟”。存五冊二十卷：《舊五代史月日攷》卷九至十二（卷一百二十五至一百二十八）、《宋史月日攷》卷二十二至二十六（卷一百五十六至一百六十）、《遼史月日攷》卷十六至二十（卷二百二十至二百二十四）、《金史月日攷》卷一至三、十至十二（卷二百二十五至二百二十七、卷二百三十四至二百三十六）。今藏上海圖書館。

　　上圖舊藏是書稿本二十六冊，有缺卷。取此稿相配，《舊五代史》、《遼史》、《金史月日攷》三種遂成完書，《宋史月日攷》得以補入五卷，尚缺五卷。（林寧）

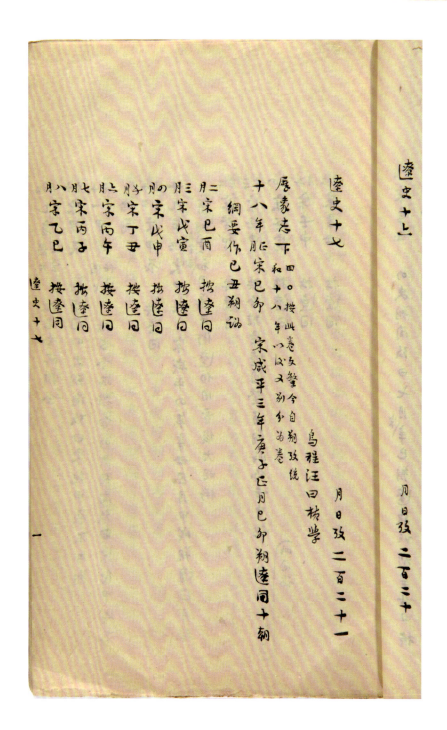

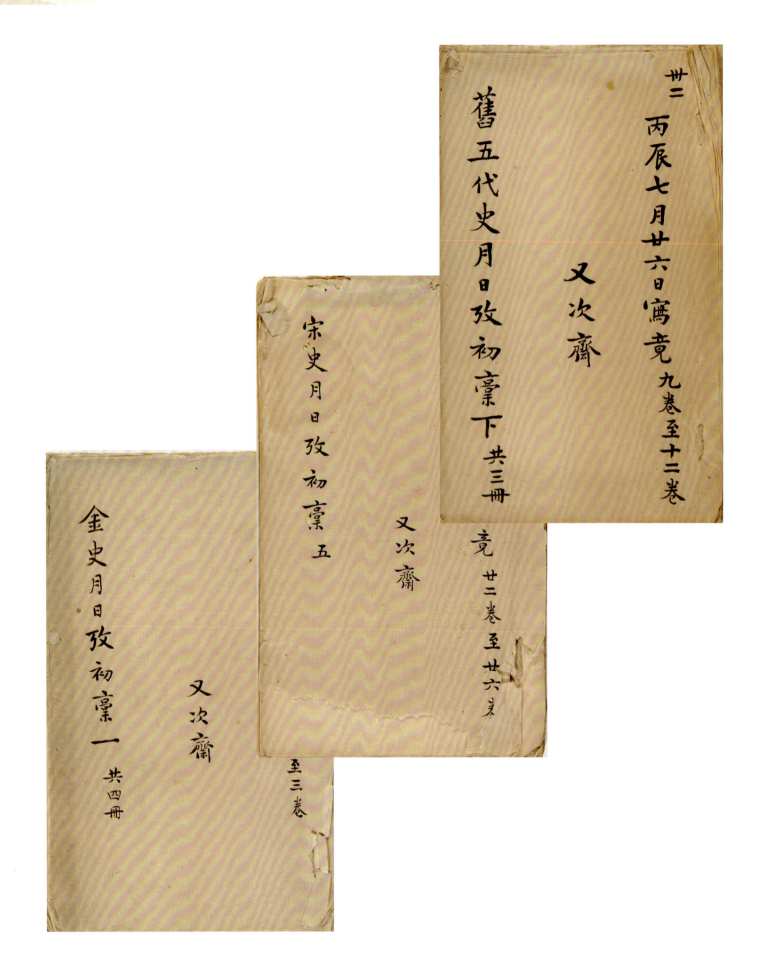

廿二
丙辰七月廿六日寫竟　九卷至十二卷
又次齋
舊五代史月日攷初彙下　共三冊
竟　廿二卷至廿六卷

宋史月日攷初彙五
又次齋
至三卷

金史月日攷初彙一　共四冊
又次齋

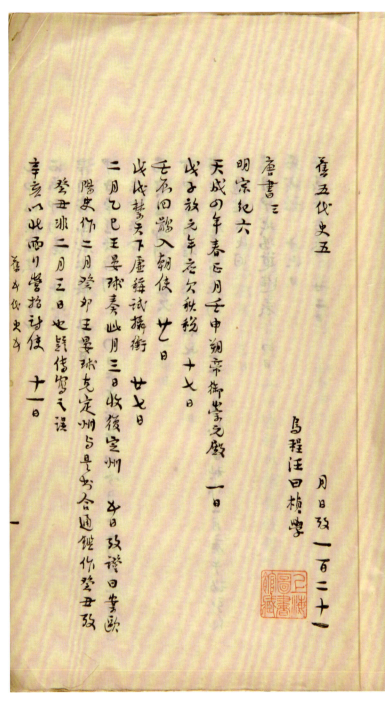

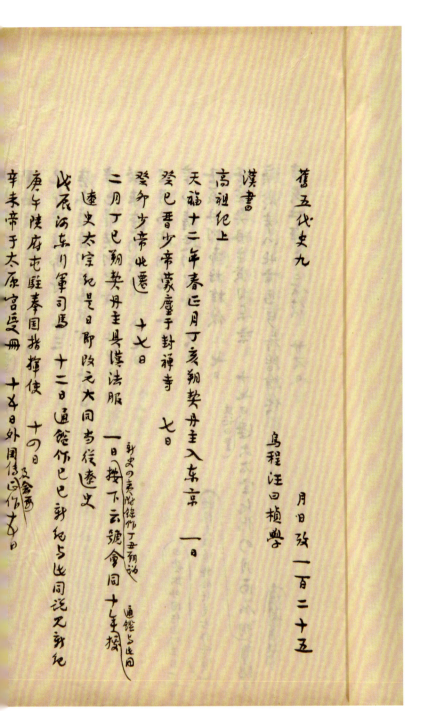

上圖新發現之《舊五代史月日攷》卷九首葉　　　　上圖原藏之《舊五代史月日攷》卷五首葉

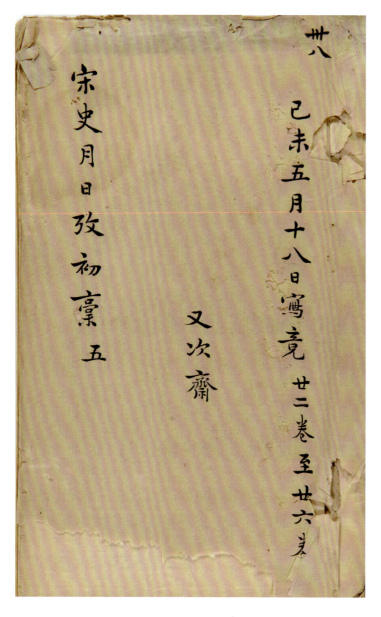

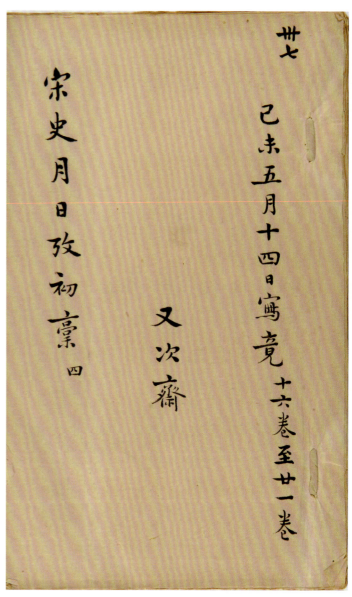

上圖新發現之《宋史月日攷》第五册封面　　　　　　上圖原藏之《宋史月日攷》第四册封面

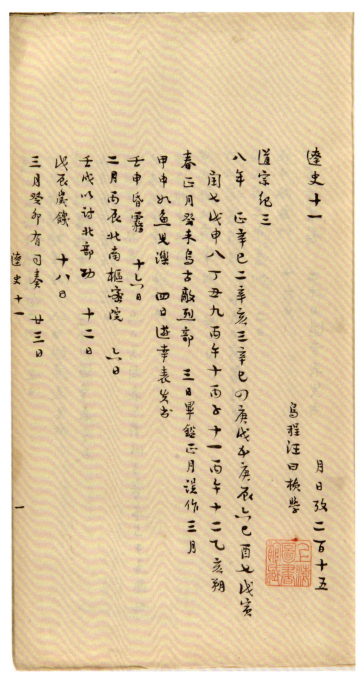

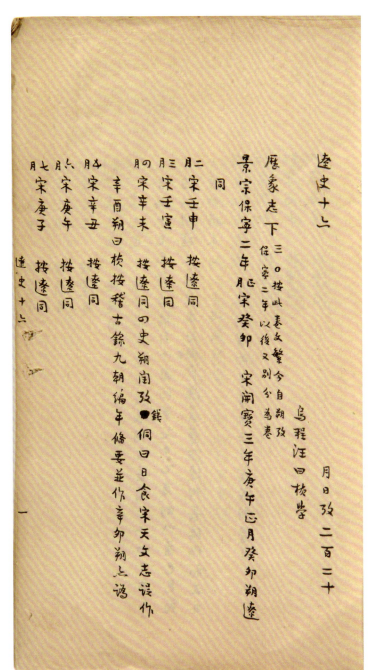

上圖新發現之《遼史月日攷》卷十六首葉

上圖原藏之《遼史月日攷》卷十一首葉

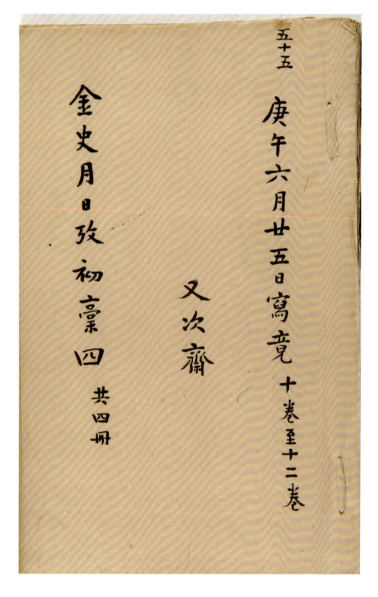

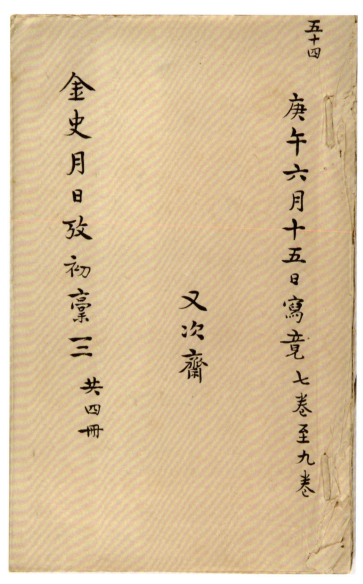

上圖新發現之《金史月日攷》第四册封面　　　　　　　上圖原藏之《金史月日攷》第三册封面

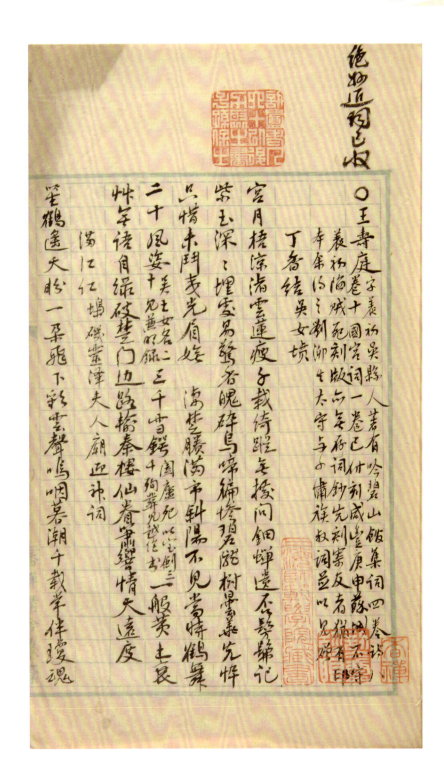

○八四　潘瘦羊選詞不分卷

清潘鍾瑞輯　稿本

潘鍾瑞（1823－1890），字麐生，號瘦羊，晚號香禪居士，吳縣人。諸生。少孤力學，精篆隸，擅詞章，著有《香禪精舍集》。

此爲作者手輯稿本，用"香禪精舍叢藁"綠色版格寫。沈久慎《寄香樓詞》後有"戊寅七月初旬，香禪居士續鈔"題識，費丹旭《草堂遺稿》後題"八月上浣，瘦羊又録"，知此稿定於同治四年（1878）八月。

鈐有"香禪"、"香禪居士"、"麐生"、"訒盦經眼"、"訒盦老人六十以後力聚之書子孫保之"等印。今藏上海師範大學圖書館。（趙龍）

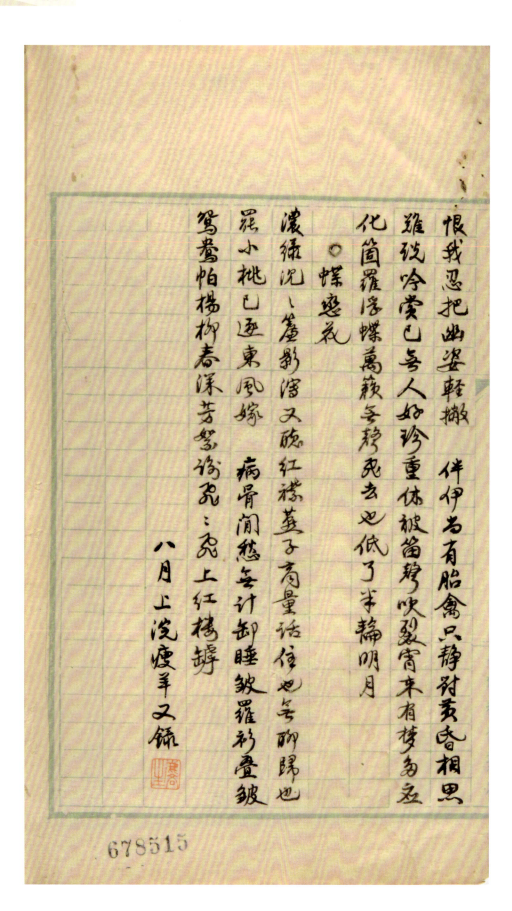

恨我忍把幽姿輕攆　伴伊為有胎禽只靜對黃昏相思

難破吟賞已無人如珍重休被笛聲吹裂宵來有梦多忿

化箇羅浮蝶萬籟無聲免去也低了半輪明月

○蝶戀花

濃綠況、簾影溶又疏紅襟蓋子商量話住也無聊聊歸也

罷小桃已逐東風嫁　病骨闌慈無計卸睡皺羅衫疊皺

鴛鴦帕楊柳春深芳草絮飛飛上紅樓褥

八月上浣瘦羊又錄

○八五　碧琳琅館藏書目録四卷

清方功惠編　稿本

　　方功惠（1829-1898），字慶齡，號柳橋，巴陵人。官至潮州府知府。蓄書數十萬卷，其中明集尤富，輯刻有《三宋人集》、《碧琳琅館叢書》等。

　　此本前有清同治五年（1866）方宗朝序、光緒八年（1882）任佑觀序、林之升《碧琳琅館藏書歌》，皆用綠格紙寫，版心上方鐫有"碧琳琅館書目"字樣。正文無欄格，各條上方鈐以"宋本"、"元本"、"明本"、"影宋本"、"精刊本"、"鈔本"、"精鈔本"、"影宋鈔本"、"殿本"、"家刻本"、"坊本"等朱色小戳，部分品種加蓋"四庫著録本"、"四庫附存本"、"四庫未收本"戳記。中國國家圖書館藏有另一稿本，收書較此爲少。

　　鈐有"巴陵方氏珍藏"、"方家書庫"、"擁書萬卷何假南面百城"、"愛買辟書人笑古"、"性喜未見書"等印。今藏上海圖書館。（徐瀟立）

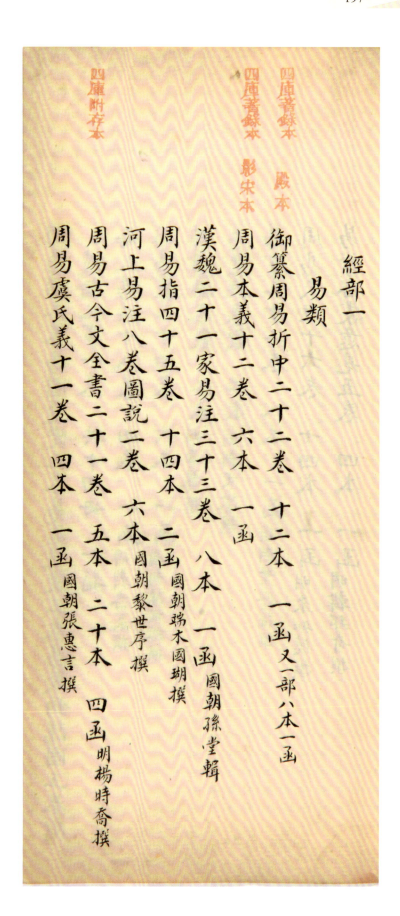

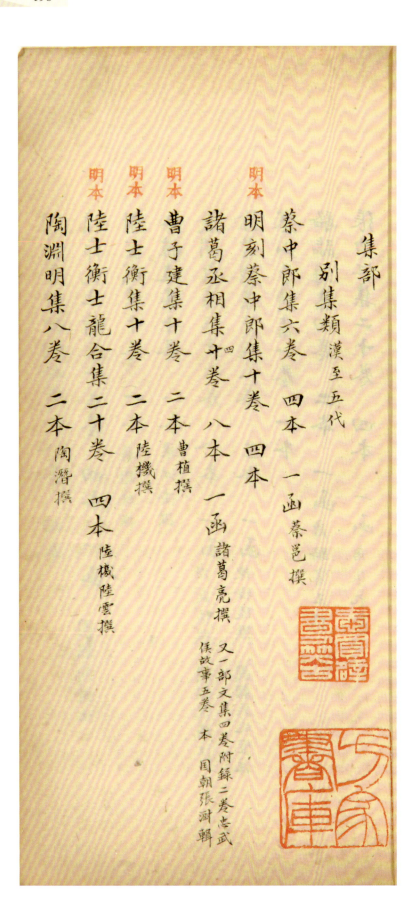

集部

別集類　漢至五代

明本
明刻蔡中郎集十卷　四本

蔡中郎集六卷　四本　一函　蔡邕撰

明本
諸葛丞相集十卷　八本　一函　諸葛亮撰　又一部文集四卷附錄二卷忠武

四

侯故事五卷　本　國朝張澍輯

明本
曹子建集十卷　二本　曹植撰

明本
陸士衡集十卷　二本　陸機撰

明本
陸士衡士龍合集二十卷　四本　陸機陸雲撰

明本
陶淵明集八卷　二本　陶潛撰

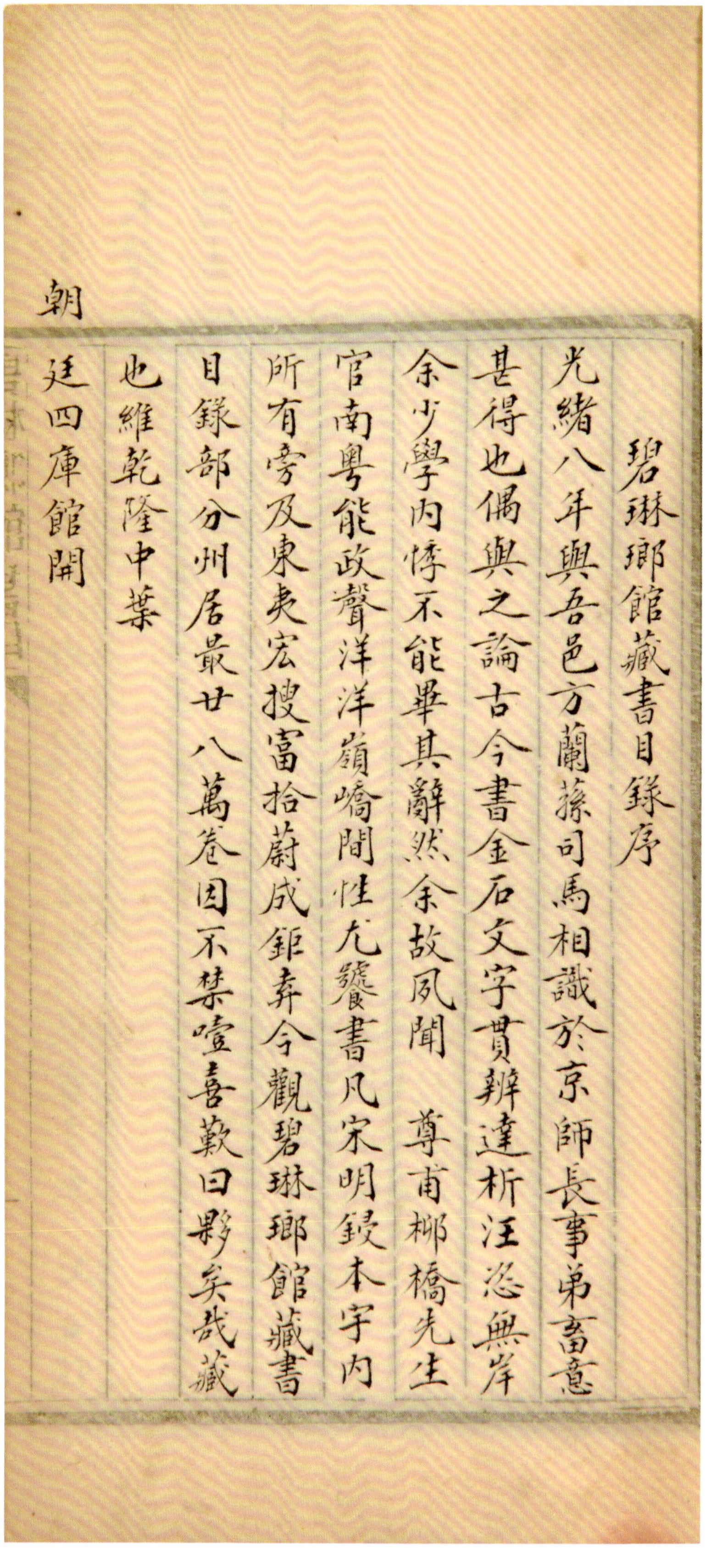

碧琳瑯館藏書目錄序

光緒八年與吾邑方蘭蓀司馬相識於京師長事弟畜意
甚得也偶與之論古今書金石文字貫辨達析汪恣無岸
余少學內悸不能畢其辭然余故夙聞　尊甫柳橋先生
官南粵能政聲洋洋嶺嶠間性尤饒書凡宋明鋟木宇內
所有旁及東夷宏搜富拾蔚成鉅弄今觀碧琳瑯館藏書
目錄部分州居最廿八萬卷因不禁嘖喜歡曰影矣哉藏
也維乾隆中葉
朝
廷四庫館開

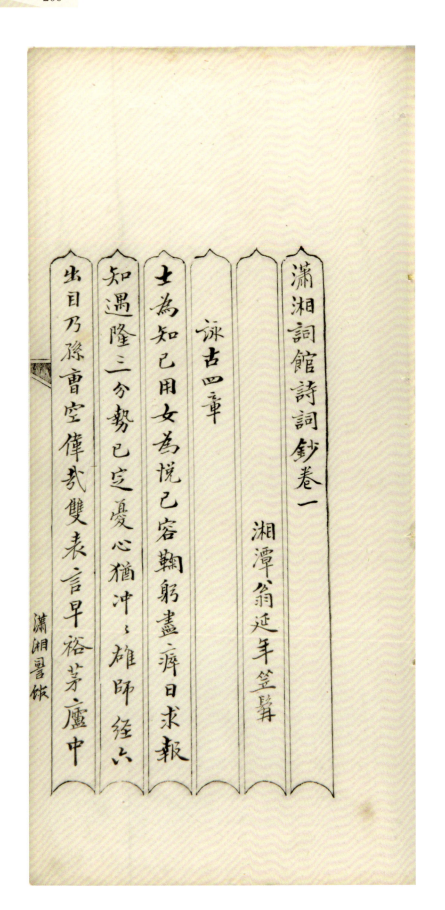

○八六 瀟湘詞館詩詞鈔四卷海虞遊草一卷

翁延年撰 稿本

　　翁延年（1840-1917），字笠漁，晚號笠髯，湘潭人。從左宗棠軍赴閩，以縣丞分發江蘇，歷署江寧藩倉大使，山陽、清河、江寧、六合等知縣，泰州知州。民國九年（1920）修《湘潭翁氏族譜》卷十四有傳。

　　此本凡五冊，首冊前刻有作者小像、題辭、《瀟湘詞館圖》，又有"光緒壬寅嘉平編於南蘭陵署齋"刊記。正文皆作者手書，版格仿蔡中郎冊式，版心下方鐫有"瀟湘詞館"字樣。有李宣龔跋云："詩冊中如《詠古四章》，忠孝憂樂，卓見志節；《謁湘鄉節相》、《山陽留別士民》、《漢皋雜感》諸篇則於國家政理之張弛、世界思潮之向背折衷至當；至《書憤》之作，更慨然於世變之靡已，非杜司勳之《罪言》所能盡其什一也。"並附李氏致延年子翁廉（字銅士）手札一通。此稿未見刊刻。徐世昌《晚晴簃詩匯》卷一七九收延年詩二題三首，已見於此稿中。今藏上海圖書館。（林寧）

清月朗正銷魂

漢皋襟感十二首　辛亥六月　八月十九又遺大劇

五十年前瀟舊游今咸重到剩殘秋子遺韋脫紅羊劇

模範新顯黃鶴樓城郭人民今昔感干戈玉帛老成謀喧

寶奪王誰優勝落日鳴笳甲亞歐

玄思江漢哭南皮遺愛難忘峴首碑盡瘁富強培國服創

興工藝固藩籬龜蛇對峙金湯壯鵾蚌橫爭錢甲馳想

見蓋籌成相業文章經濟後人師

漢皋四境統龍蛇社會權迎使者章不為財雜爭國有那

瑾工作岩年華　錙銖力詘難功荒克叢棠私充路尚賒

欽簡重呂學物望和平手續莫呼嗟

小刦三秋老慈增皓此髮長各關長曹英才有子嬰求

瀟湘曼倩作

銅士先生世長鑒久闊馳候惟
起居佳勝无碩
芝忽先生大集題跋幽眷下筆
芝住惺悚俟郵册無语保春暖兩行乖
命所及尚此素希數領
邇優
宣龔洋啟
一月十五日

銅士徵君奉其、
先德笠漁觀察遺詩五研命為題記 觀察故
與余家有世誼者 先君子娶辛卖樓詞集有
水洞歌頭一闋為題海天琴劍圖許為嬌之坐霅
鶴高出萬人頭蓋芙蓉觀察隨左恪靖蒞閩
須濟之文章陶忍夫有用於世嗣官白下聲施爛
熊宝麟雖點蓋仕江南然以年輩殺晚未及
夕承教於懺觀察以公事嘗歷燕齊奉晉汴

李宣龔致翁廉手札　　　　李宣龔跋首葉

○八七　漸西鈍叟遺文不分卷

清袁昶撰　稿本

　　袁昶（1846-1900），初名振蟾，字爽秋，一字重黎，號鈍叟、漸西邨人，桐廬人。光緒二年（1876）進士，官至太常寺卿。庚子事變，被誅，後平反，謚忠節。著有《漸西邨人初集》、《于湖小集》、《安般簃集》等。

　　此爲修改稿本，收錄文廿二篇，《答洪給諫書》、《答王逸吾學使》、《與潘儀父書》等多篇有作者添改手迹。《鳩摩羅什吞鍼贊》一篇爲作者手書。文字未收入清末湛然精舍排印本《于湖文錄》。今藏上海圖書館。

　　又，此稿有後人編輯痕迹。前有編輯者手書廿二篇目錄一葉，封面題"備校副本"，又有題識云："此本廿二篇中，十六篇已選入《文錄》。"知此又爲《文錄》編輯底本。上海圖書館藏有《袁太常文錄》編輯定本，存卷七至九，可與此本參觀。（徐瀟立）

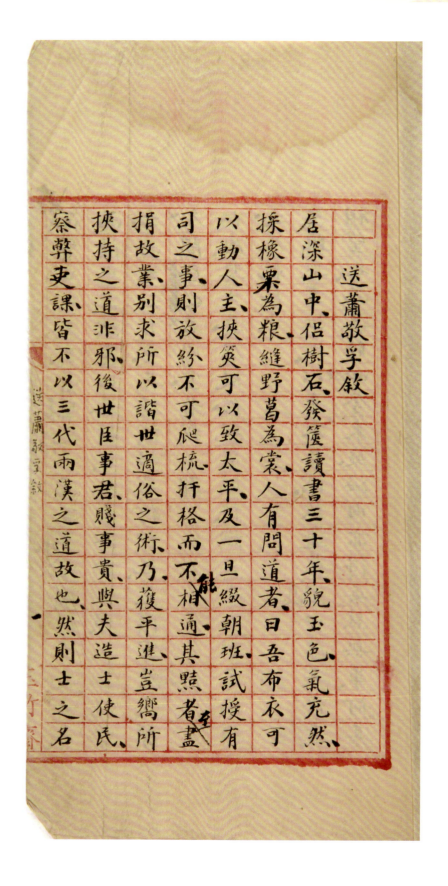

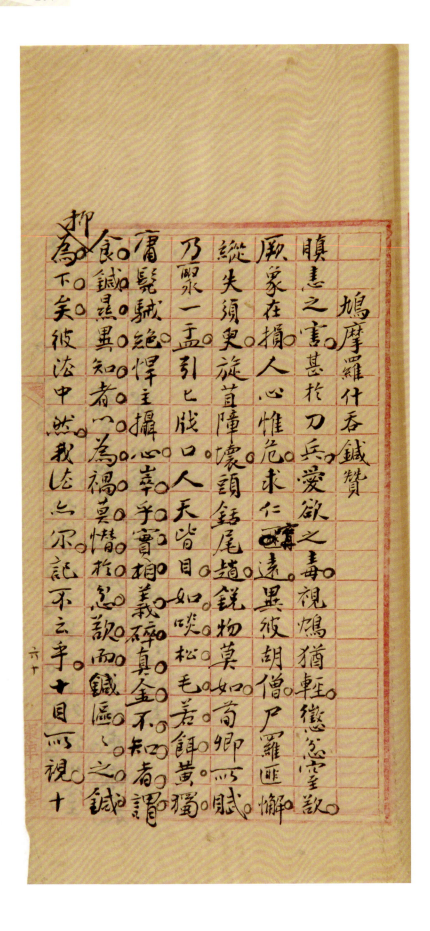

鳩摩羅什吞鍼贊

瞋恚之害甚於刀兵愛欲之毒視鴆猶輕懲忿窒欲

廓象在攬人心惟危求仁□遠異彼胡僧尸羅匪懈

縱失須臾旋首障壞頭鋒尾趙鋭物莫如茹卿而賦

乃聚一盂引匕戕口人天省目如啖松毛若餌黄獨

瞀髡騃絕悍主攝心辜乎寶相義碎真金不失四者謂

肩鍼晶異知者心為禍莫惜於怨詉而鍼區區之鍼

柳為下矣彼淦中然我淦之尔記不云乎十目所視十

六十

小注
說文自敘所引孔
氏書真古文也如
洪範曰驛古文作
圛金縢我之不
辟古文作壁云
治也文義絕懸釋
絕異必有而二堂之
此類甚多不可枚
舉

喻近治古文尚書、欲校傳而辨其惑甚盛甚盛竊惟

梅鷟之譖、本於郝文忠吳文正吳郝之辨本于朱子、

閻氏旅證後坿輯朱子古文書皷一卷可覆按也、

本朝閻惠叚孫諸家皆據馬鄭及許君以攻偽孔、其

言皆采銅于山、有鐵板注脚、似難翻案、不比吳郝梅

鷟多玩味之空言、猶易操戈也、此後來經師之壁壘、

也、趙卭卿之注孟子、杜元凱之注左氏內傳、韋昭之

注外傳所引古文逸十六篇中語、皆云已亾、若由馬

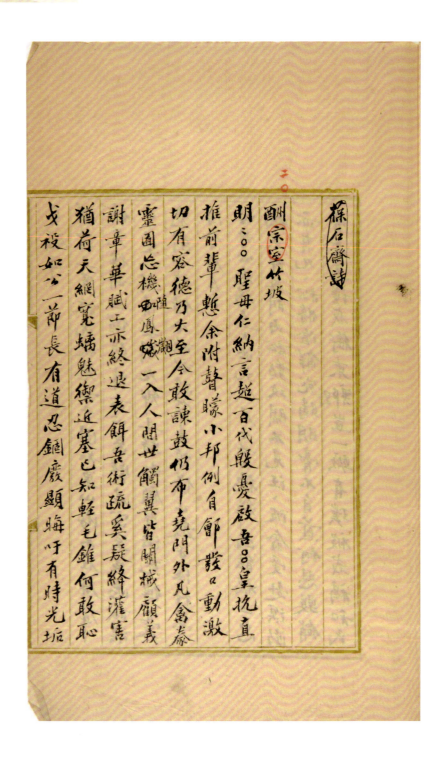

○八八　蒪石齋詩一卷

清張佩綸撰　稿本

　　張佩綸（1848-1903），字幼樵，一字繩庵，又字蒉齋，豐潤人。同治十年（1871）進士。光緒間官侍講學士，署左副都御史，以糾彈大臣名聞朝野。中法戰爭期間會辦福建軍務，因馬尾之役失利奪職戍邊。後釋還，入李鴻章幕。甲午戰爭時遭劾被逐，卜居南京，潛心著述。有《管子學》、《穀梁起廢疾補箋》、《澗于集》等。

　　此爲作者手稿本，用綠格寫，卷端題“蒪石齋詩”，後以墨筆圈去。正文經作者增刪塗改，並以朱筆於諸詩題上重編序號，刪定後之文字、次序與刻本《澗于集》略同。存詩共三十九題六十三首。其中三十六題五十八首作於光緒十一年（1885）至十三年遣戍宣化期間，已收入刻本卷三；另有三題五首爲光緒十年（1884）至光緒十一年初作於閩中者，收入刻本卷二。

　　此爲現存最早稿本，上圖舊藏有《蒉齋詩鈔》、《澗于詩稿》、《澗于集》三種稿本，較此晚出。將四種稿本與刻本參觀，可見作者逐步修改定稿及友朋、後嗣校訂刊刻之前後過程。今藏上海圖書館。（沈從文）

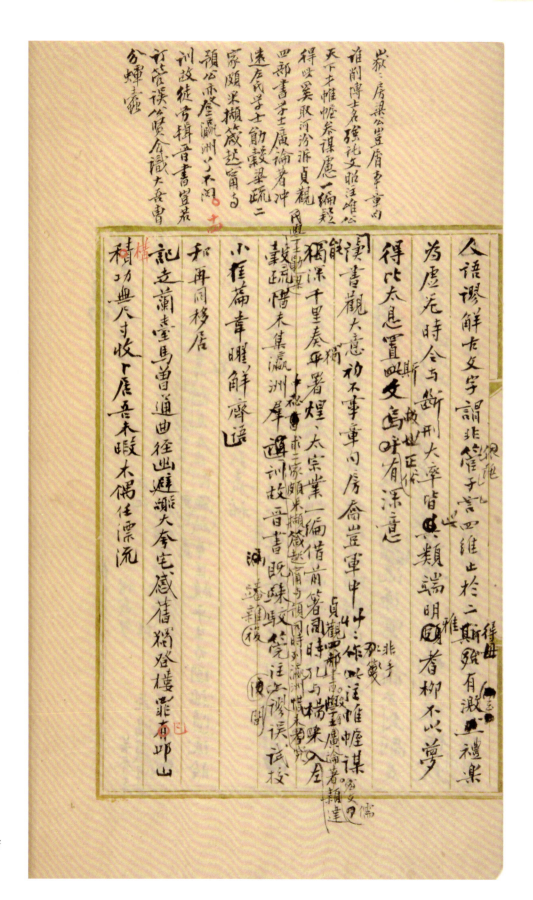

此稿《讀管子》之十，作者勾去原作，整篇改寫。另有《寄高陽時奉命行鄭州河》詩，與此情況相同

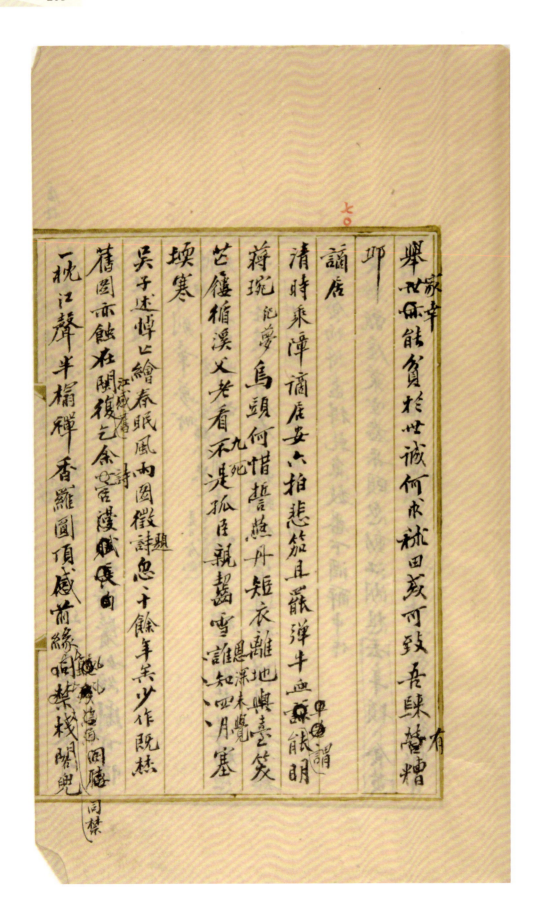

《吳子述悼亡繪春眠風雨圖徵題忽忽十餘年矣少作既焚舊圖亦蝕闖江感舊復乞余詩》一首，爲作者於闖中作。另有《酬孫太守孚侃》二首、《罷官北上孫太守候余延平是日聞遣戍察罕之命再用前韵送太守還江西》二首，與此情況相同

〇八九　藏書紀事詩六卷

葉昌熾撰　稿本

　　葉昌熾（1849-1917），字頌廬，又字鞠裳，號緣督，長洲人。光緒十五年（1889）進士，選庶吉士，授編修，累至侍講，督甘肅學政。著有《語石》、《邠州石室錄》、《奇觚廎詩文集》、《緣督廬日記》等。

　　此爲修改稿本，行間有作者親筆校改。用綠色版格，版心下端鐫"五百經幢館"字樣，未標葉碼，每篇自爲起訖，取便篇目之次序調整。封面題"肆"字，審爲作者手書，内容相當於定本之卷四。是書另有手稿本，今藏上海圖書館，此本文字較手稿本加詳。又，是書先有清光緒二十三年（1897）江標刻六卷本，收入《靈鶼閣叢書》，所據底本爲作者另一稿本，較此稿又有增補改易。知此稿較手稿本晚出，早於江氏所據稿本。（徐瀟立）

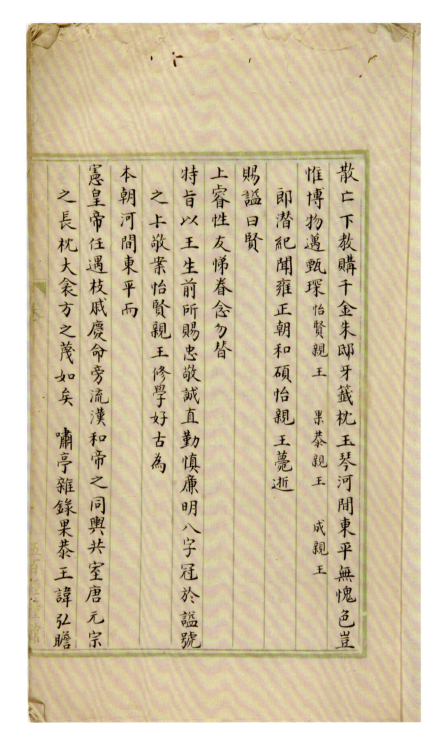

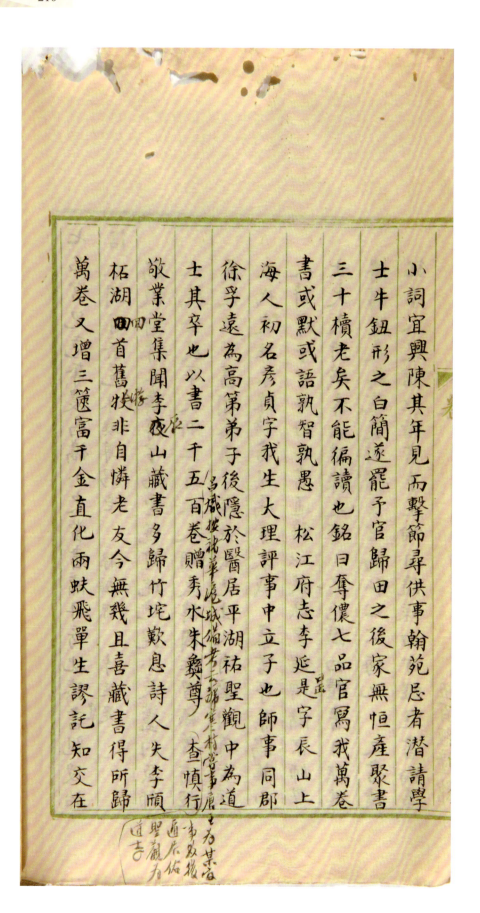

小詞宜興陳其年見而擊節尋供事翰苑尋者潛請學

士牛鈕形之白簡遂罷予官歸田之後家無恒產聚書

三十櫝老矣不能徧讀也銘曰奪儂七品官寫我萬卷

書或默或語孰智孰愚　松江府志李延是字長山上

海人初名彥貞字我生大理評事中立子也師事同郡

徐孚遠為高第弟子後隱於醫居平湖祐聖觀中為道

士其卒也以書二千五百卷贈秀水朱彝尊

敬業堂集聞李夜山藏書多歸竹垞歎息詩人失李順

柘湖回首舊狹非自憐老友今無幾且喜藏書得所歸

萬卷又增三篋富千金直化兩蚨飛單生謬記知交在

○九○ **蠻書校注十卷**

沈曾植撰 稿本

沈曾植（1850-1922），字子培，號乙庵，晚號寐叟，嘉興人。光緒六年（1880）進士，歷官刑部主事、江西按察使、安徽提學使等。著有《元朝秘史補注》、《蒙古源流箋證》、《漢律輯存》、《海日樓詩集》等。

清王崧輯《雲南備徵志》二十一卷，有清道光十一年（1831）刻本，當時印數無幾，咸、同間兵燹版毀。此稿寫在道光原刻本《雲南備徵志》卷二樊綽《蠻書》上，朱墨斑駁。書內有作者手書跋文二篇，共二葉。按王蘧常《沈寐叟年譜·沈子培先生著述目》著録有《蠻書校注》十卷，附沈氏二跋，與本書所附跋文二篇對讀，文字正同，知此即沈氏《蠻書校注》未寫定之手稿。向達治《蠻書》甚勤，提及沈氏此書，云未見，則此稿洵屬罕見之秘。

鈐有“可常法齋”等印。今藏上海圖書館。（徐瀟立）

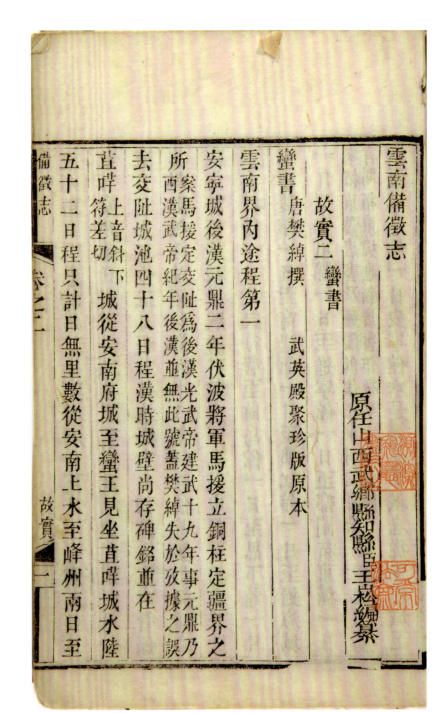

若碻葦陽圖志銘
蠻爲康隆都督以
持法生殊佰和徵聾
以寬忠代寬未至襲陷
攻戰方略資儲擧不
懼蠻曰長方臨戰場
嘗可遽迴退之故嚴
爲家元絡辵忠必承
以誠賊以張蠻爲忠
之南例之則王寬
蔡襲襲爲高情僞韵
怒寬非爲萬端也

卷二十

遠慮領得臣書牒全無指揮擅放軍迴苟求朝獎致令臣

本使蔡襲枉傷矢石陷失城池徵之其由莫非王寬之過

案此條原本文多訛脫今據通鑑攷異所引蠻書原文訂

正攷異又云蔡襲將兵代寬寬爲巳替之八安能擅放軍

迴令襲陷没疑蠻書擅放軍迴上少蔡京二字葢

蔡京時爲嶺南西道節度貪懦敗事故攷異云然

獨錦蠻烏蠻苗裔也在秦藏南去安寧兩日程天寶中爲

蹄州刺史今據新唐書改正　案蹄州原本作蹄州　其族多姓李異牟尋母獨

錦蠻之女也牟尋之姑亦嫁獨錦蠻獨錦蠻之女爲牟尋

妻有子委負監貞元十年爲大將軍在勃弄棟川爲城貞

元十年以尚書祠部郎中兼御史中丞袁滋內給事俱文

珍劉幽巖入雲南持節冊南詔異牟尋爲雲南王爲西南

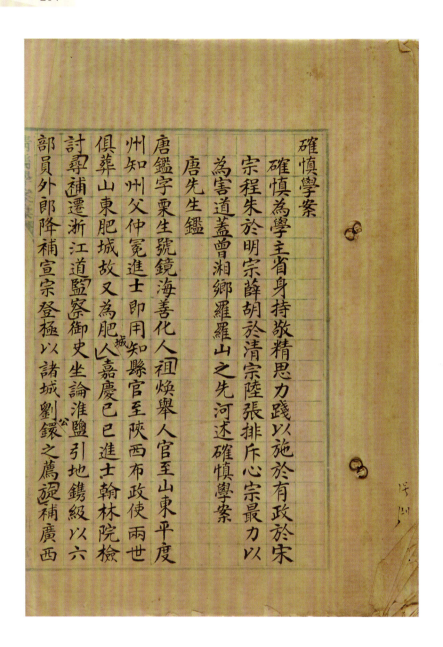

○九一 清儒學案二百八卷

徐世昌輯 稿本

徐世昌（1855-1939），字卜五，號菊人，亦作鞠人，又號弢齋、東海，天津人。光緒十二年（1886）進士。官至内閣協理大臣。1907年任東北三省首任總督。1914年任國務卿，1918年由安福國會選爲總統，1922年下野，遷居天津租界。有《大清畿輔先哲傳》、《東三省政略》、《歷代吏治舉要》、《晚晴簃詩匯》等。

此稿版心下方鐫有"退耕堂"，爲徐氏齋名，上方鐫有"清儒學案稿"字樣，今存唐鑑學案一册，首行題"碻慎學案"。文字有修改删削，"碻慎從游"下列倭仁、曾國藩二家，又有吳廷棟一家，作者改入"拙修學案"。本書有民國二十七年（1938）刻藍印本，唐鑑學案在卷一百四十，改題"鏡海學案"，稿本文字删削處，刻本已照改。吳廷棟一家，刻本在卷一百五十九，内容有增補。

此稿今藏上海圖書館。上圖舊藏有《學案》殘稿六册，可與此稿相配。（陳雷）

倭先生仁　別為艮峯學案

曾先生國藩　別為湘鄉學案

吳先生廷棟

吳廷棟字彥甫號竹如霍山人道光乙酉拔貢刑部七

品小京官分刑部游卅郎中少好宗儒之學入官益植

節厲行塞三自靖讀律精熟繁經手判如山岳不可動

〔游卅郎中〕咸豐壬子京察一等旋簡授直隸保定遺缺

補河間府知府時四郊兵燹州邑陷賊者踵接廷棟處

以定靜修城垣練民團畫理餉稍夜則登陴巡邏癸丑

〔擢永定河道〕甲寅卅直隸按察使均以軍務未竣仍留

三魚學案

陸先生隴其

明季講學家多宗陽明清初尚承其緒夏峯黎洲
壇坫門牆極一時之盛清獻居獨學以濂洛關
閩為聖學正軌身體力行排斥陽明尤不遺餘力
李文貞張清恪達而在上闡揚擴大康雍間講學
必奉程朱為準清獻其尤粹者也述三魚學案
陸隴其初名龍其字稼書平湖人少即講學專宗朱子
以居敬窮理為要嘗謂窮理而不居敬則玩物喪志而
失於支離居敬而不窮理則將掃見聞空善惡其不墮

請加眾懼一疏見
國史本本傳可採
載學案
又拙修集中應
有可載三文後
訪求補入

者在儒釋界限體氣充實標鑒遊明每退食私室端坐
如塑不輕出一語及遇政治之得失與夫人心風俗之
邪正上下古今不厭不倦與曾國藩倭仁同事善化唐
鑑從之考德問業曾倭年差少事之如兄退休江寧時贖
國藩督兩江念其貞值中秋節欲以三百金贈之攜以
甚不受餽遣世稱其清節
往睹對良久微詢近狀庭棟曰貞吾素也不可干人國
藩唯唯終不敢出金而去其嚴憚如此參續碑傳集

論江寧克復請加敬懼疏

萬方之治亂在朝政百工之敬肆視君心事不貴文貴
其實下不從令從所好夫治亂決於敬肆敬肆根於喜

上海圖書館舊藏《清儒學案》稿本

稿本中吳廷棟《論江寧克復請加敬懼疏》文，刻本改為《金陵告捷請加敬懼疏》，內容有增補

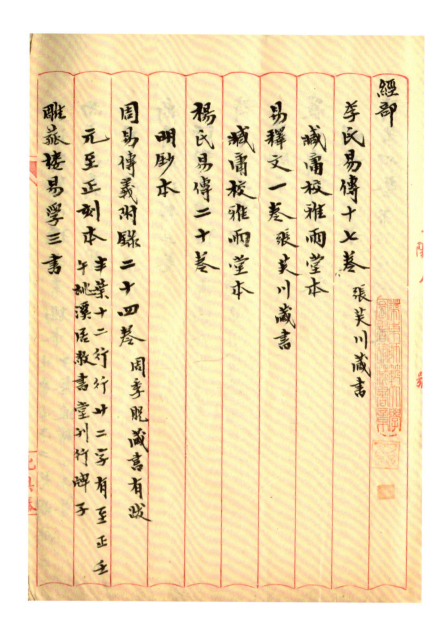

○九二　積學齋藏善本書目四卷

徐乃昌撰　稿本

　　徐乃昌（1869—1943），字積餘，號隨庵，南陵人。光緒十九年（1893）舉人，官至江南鹽巡道金陵關監督。以辦理鹽務與實業著稱。平生酷嗜典籍，考詳名物，證釋吉金文字，搜羅碑碣，校刊宋元舊槧，拾遺補藝，既博且精。又留意鄉邦文獻，《安徽通志》多出其稿。所刊有《積學齋叢書》、《鄦齋叢書》、《隨盦叢書》、《南陵先哲遺書》等若干種，著述收入《隨盦所著書》，又有《南陵縣志》、《隨盦所藏書畫金石目》、《吉金圖》、《安徽金石目》等。

　　此稿按經、史、子、集四部分卷，收錄五百八十七種，其中宋刻本十五種，元刻本四十三種。分行條列書名、卷數，注遞藏源流。宋刻本均小字注行款，元、明刻本多注行款。末有作者之子徐靖跋云：“該目積公親筆，子孫珍之。”又有其子安齋跋語云：“本卷書目爲先父隨庵老人早年所收善本書目，惜其十九已易他姓。”

　　鈐有“乃昌審定”等印。今藏華東師範大學圖書館。（韓進）

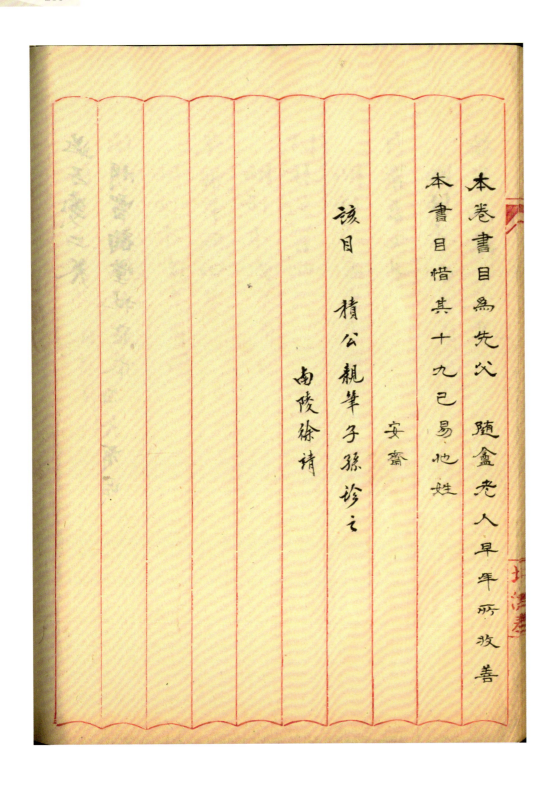

本卷書目爲先父　隨盦老人早年所收善

本書目惜其十九已易他姓

安齋

該目　積公親筆子孫珍之

南陵徐靖

○九三　藏園東遊別録四卷

傅增湘撰　稿本

　　傅增湘（1872-1949），字沅叔，號藏
園，江安人。光緒二十四年（1898）進士。
入翰林，官編修，出爲直隸提學使。共和
之初，任教育總長。後退居京華，以古書
自娛。搜羅勘校，夙夜精勤。藏書二十萬卷，
手校者達一萬六千餘卷。著有《藏園羣書
題記》、《雙鑑樓善本書目》、《藏園補
訂邵亭知見傳本書目》等。

　　是書以書志體式記録作者民國十八年
（1929）訪日所見善本，凡四卷，首帝室
圖書寮，次内閣文庫，次靜嘉堂文庫，次
東西京諸家（即尊經閣、内藤湖南、狩野
直喜、内野五郎、東洋文庫、東福寺六家）。
此爲修改稿本，存卷一至二，共二卷，黑格，
版框左欄外鎸有"藏園傅氏寫本"字樣。
中有作者親筆校改，多用朱筆，間用墨筆。
又多排版指示，知爲付印之底稿。今藏上
海圖書館。

　　此稿前二卷已刊入《國立北平圖書館
館刊》第四卷第一、二號（1930）；後二
卷見《國聞週報》第七卷第十三至二十五
期（1930），二者各有單行本。稿本中作
者校改處，印本均已照改。（徐瀟立）

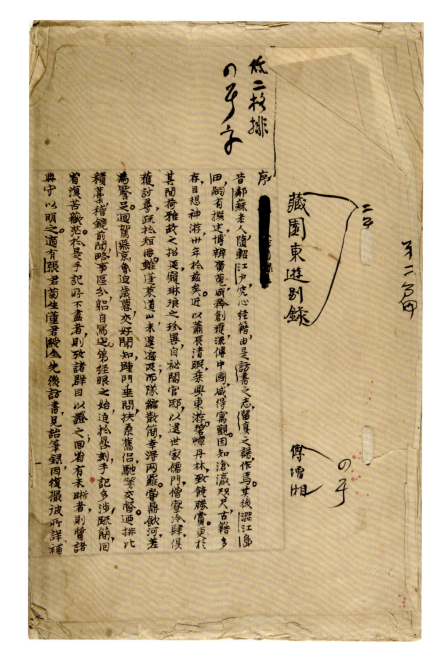

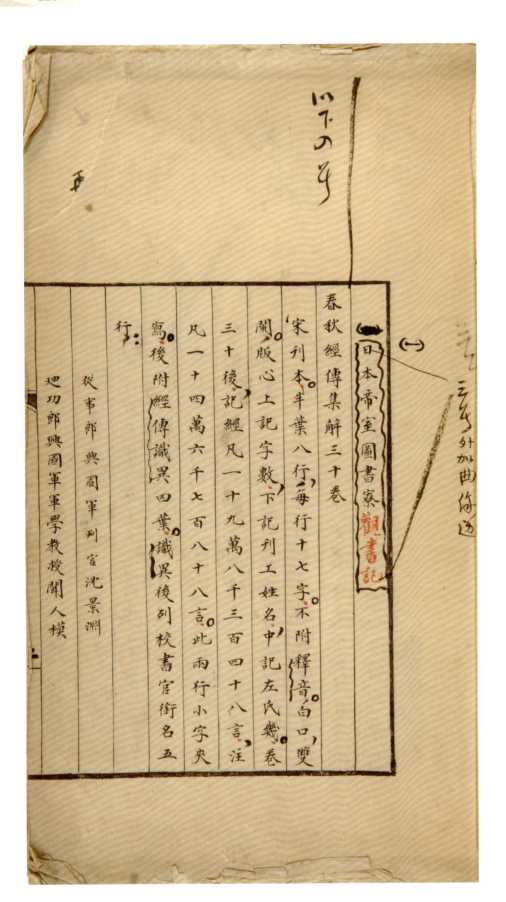

春秋經傳集解三十卷

宋刊本半葉八行，每行十七字，不附釋音，白口，雙

闌，版心上記字數，下記刊工姓名，中記左氏幾卷

三十後記經凡一十九萬八千三百四十八言，注

凡一十四萬六千七百八十八言，此兩行小字夾

寫，後附經傳識異四葉，識異後列校書官銜名五

行：

從事郎興國軍軍學教授聞人模

從事郎興國軍刊官沈景淵

迪功郎興國軍軍學教授聞人模

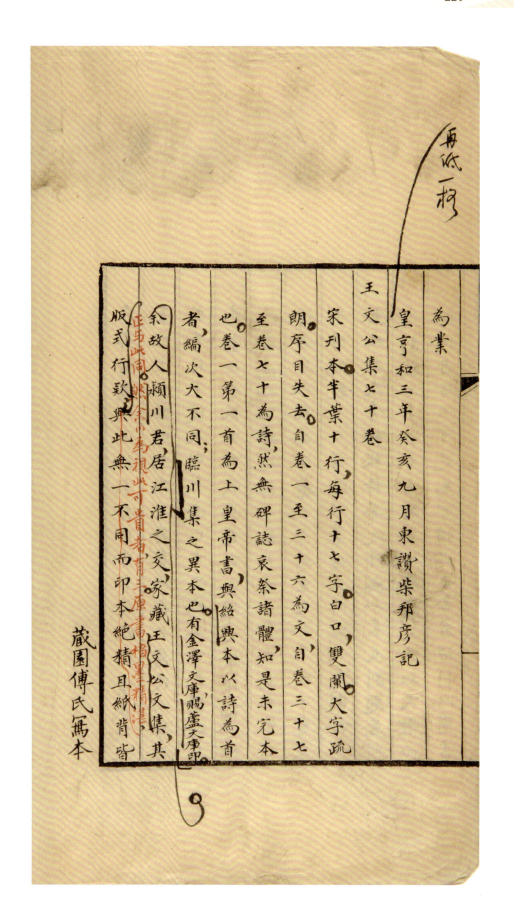

為業

皇亨和三年癸亥九月東讚柴邦彥記

王文公集七十卷

宋刊本半葉十行，每行十七字白口，雙闌大字疏

朗序目失去，自卷一至三十六為文，自卷三十七

至卷七十為詩，然無碑誌哀祭諸體，知是未完本

也。卷一第一首為上皇帝書，與紹興本以詩為首

者，編次大不同，臨川集之異本也。有金澤文庫賜盧文庫印

余故人頡川君，居江淮之交，家藏王文公文集，其

版式行欵與此無一不同，而印本絕精且紙背皆

藏園傅氏寓本

正與此同。然余小泉視此可貴者有二原書格墨更精湛

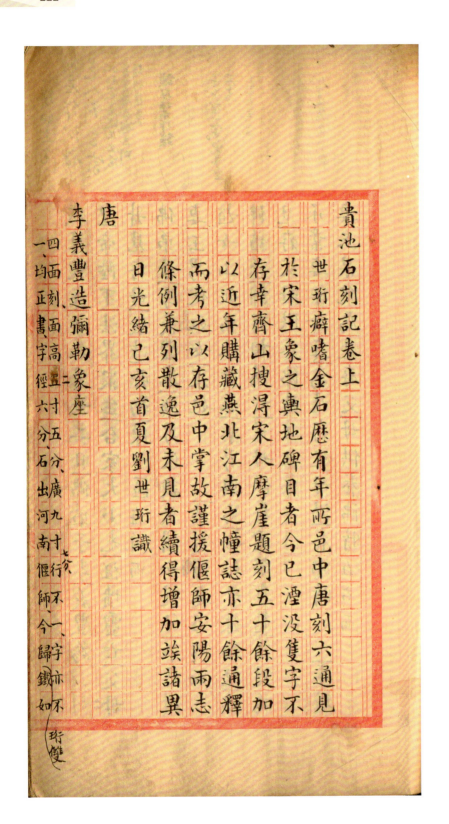

○九四 貴池石刻記二卷

劉世珩撰　稿本

劉世珩（1874-1926），字聚卿，又字葱石，号欏庵，別號楚園，貴池人。廣東巡撫劉瑞芬之子。光緒二十年（1894）中舉，授江蘇候補道，歷任江寧商會總理、直隸財政監理官等職。精鑑藏，刻書好仿宋。著有《南朝寺考》等，輯刻有《貴池先哲遺書》、《玉海堂宋元叢書》、《聚學軒叢書》、《暖紅室彙刻傳奇》等。

此稿著録貴池石刻，援武億《偃師金石記》、《安陽縣金石録》條例，兼列散逸及未見者，釋而考之。卷首有光緒己亥年（1899）劉氏識語。前有丙寅（1926）八月高郵宣哲序。封面有劉世珩之子之泗題識，又有丁卯年（1927）三月褚德彝題識一行。書眉有徐乃昌、劉之泗校筆。卷末有壬申年（1932）十二月徐乃昌手跋云：“公魯兄知余編纂《安徽金石志》，出此稿相示，因取舊藏拓本詳加覆勘，凡傳鈔訛誤之處悉爲校注。”今藏華東師範大學圖書館。（李善强）

鎬京之周器、長安之商卣、兒敦、後都之黄目尊、當見棄於宣

和⊡之圖而目下僅聞中、石教考三卷、竹坨早自刪之矣豈篤

論歟、公魯仁兄、能讀父書、將以此志付梓校字既竟先偁

余讀云、敬題其端、丙寅秋八月、故州氏高郵宣哲、

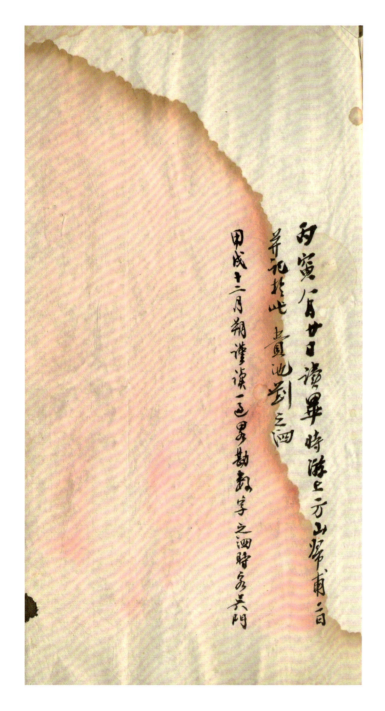

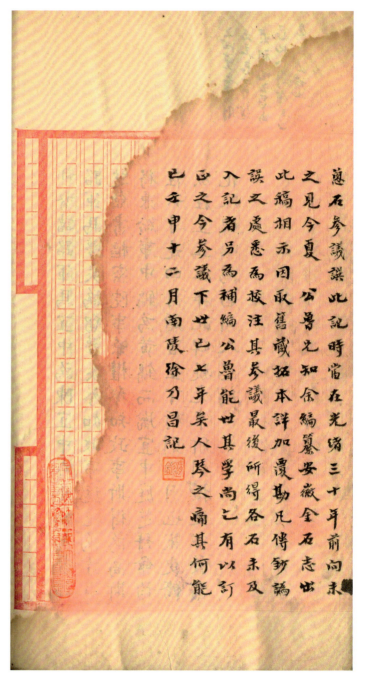

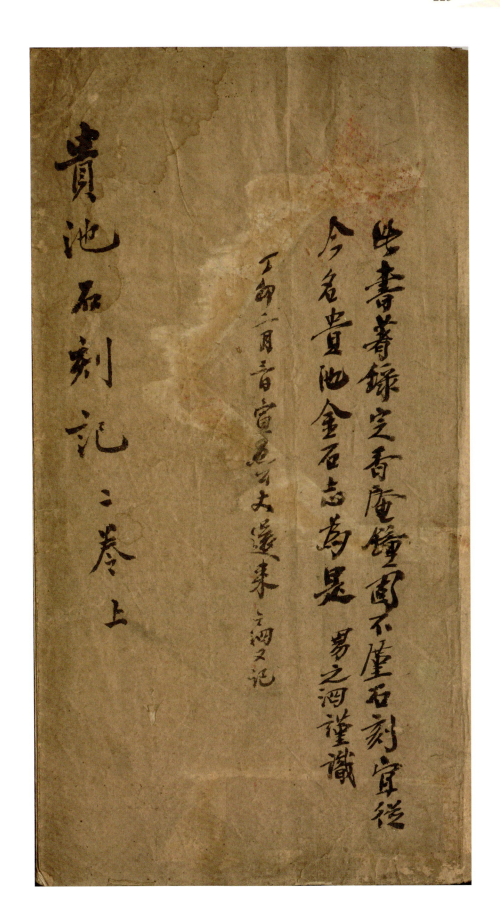

貴池石刻記二卷 上

此書著錄定香庵鐘鼎不廢石刻宜從
今名貴池金石志為是 易之泗謹識
丁卯二月音宣惠可大邊來之泗又記

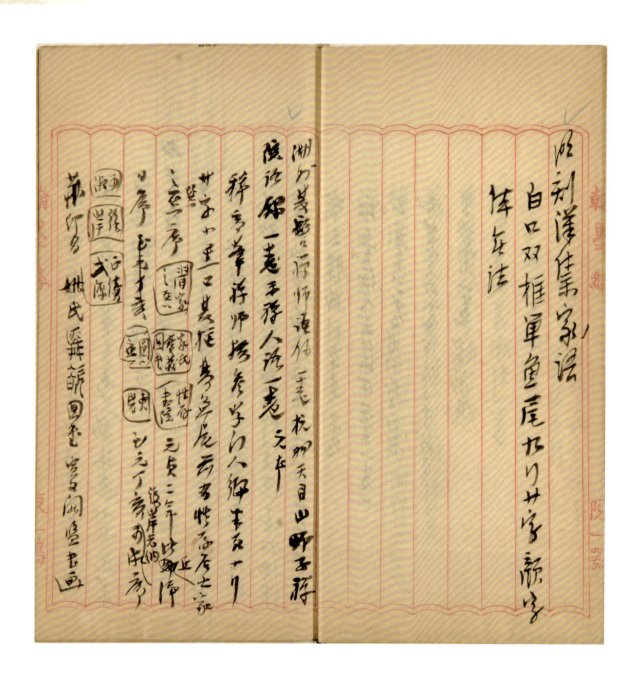

○九五　蟫隱廬雜記不分卷

羅振常撰　稿本

羅振常 (1875-1942)，字子經、子敬，號心井、頑夫，晚號邈園，上虞人。從胞兄振玉學。共
和後，設蟫隱廬書肆於滬凡三十年，沉潛版本目録之學。影印宋世綵堂本《韓、柳集》，流譽士林。
著有《徵聲集》、《古調堂集》、《善本書所見録》、《新唐書斠義》等。

此稿通篇爲羅氏手筆，有善本書録六十餘篇及雜稿數篇，間録叢書目録、書札、輓辭等。書
録稿中書題上有注記者，均已收入《善本書所見録》；《覆印世綵堂河東集序》、《讀世綵堂本
河東集雜識》二篇，後收入民國十二年（1923）蟫隱廬影印宋世綵堂本《柳集》之前，文字頗有異同。
今藏上海圖書館。（徐瀟立）

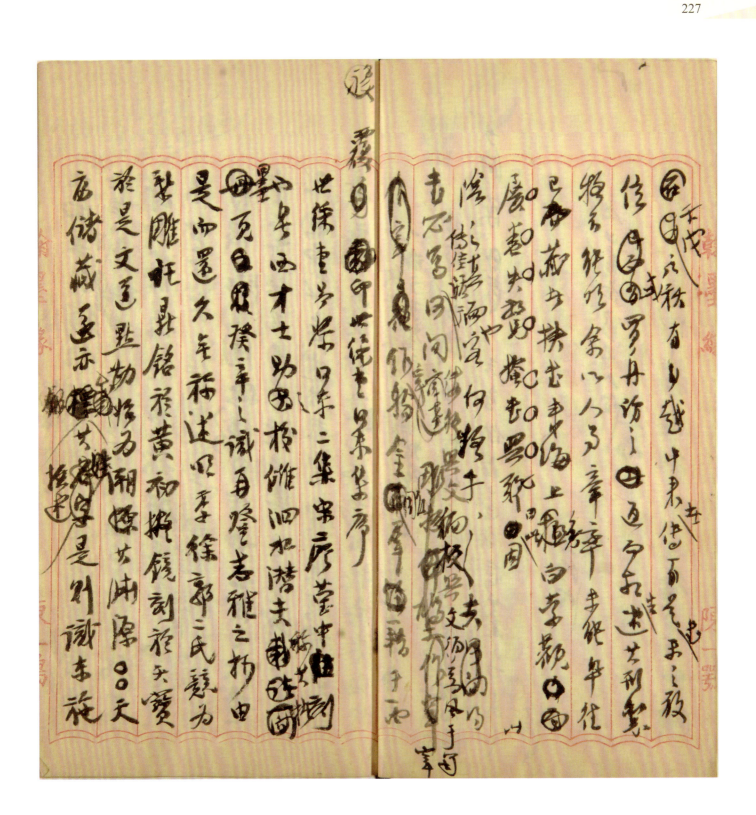

《覆印世綵堂河東集序》原稿

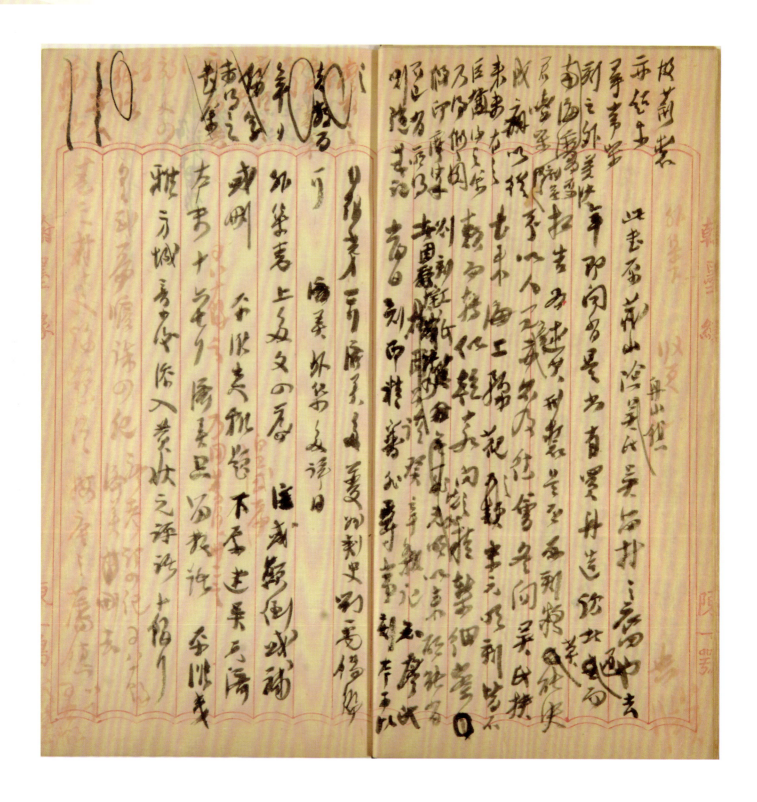

《讀世綵堂本河東集雜識》原稿

意加未身口加後雲臺倡中盧含那仏方備身口加何故加為說此法故加故

此法十地法也　　　復云何加已下廿句正明自利之他行也論曰此廿句依一切菩薩

自利之他方明十地之理及仏先性相常未但理不自頭要藉之詮令十地教

興攝理而說理為文依故之依也持此法是菩薩為心正以董曠為懷自備万行

復能化他合行自行外化言雅是略行无不盡故但樹二也　不可思議諸仏

法明說令人智惠地方故三句不可是初地无漏法幹以去謂

能說法人令入智惠地方謂聽法人是信地菩薩聞法得悟入於初地故合

八智惠地也　　不可思議諸仏法是出世間道品去是初地已上於分同仏地

出分段世間道品也非此謂廿七品八万四千諸波羅蜜皆能通人名

为道品也以去見知得證此四字宛轉相釋云何名以見知得

名見也云何知得證故得證此以去信樂得證由信城樂之故得之經依而備行

由信此十地經故之字信也雅信若不樂此不得由信城樂之故得之何由得此

便能悟入名为證也故入名為信樂得證也智惠地如本分中釋

說初名歡喜乃至十名法雲故之十地智如本分中說方如本分中釋

多羅言本此備多羅非謂十二部經備多羅也正指此不可思議語仏法

以說令人智惠地此一句与下九句為本名備多羅也　一方樹入前惠中樹

一切善根为夫欲達心未道要須藉前興行方故成立前復悟達謂之前惠

自前化夫而理外不可是名故前惠之中始章攝善根名也　智即三昧經者方

就此自利之他中初十入自利行初一句是別九入中初四是住前三

惠中以後五伦初地記十地階隆之其五入也　二思議入方既前阿含教次習

教下言善巧能會故之道品中智方便也三法相入者是世間備惠四教化

知名達義然後化人令知名教化入也隨唯思義名字具足无欲施化要須

入方以已所得化道方備若知義不達名智名不識義是为不具足

以言有所思義名字具足无事義之無名事義之之门玄立二切玄元

〇九六　十地論義記存卷一

西魏大統十三年寫本

卷軸裝，長約五米多。卷頭稍缺，卷尾齊全，題曰"十地論義記卷一"，末行小字題記云："大統十三年（577）二月歲次丁卯二月四日，比丘惠龍於涼州西城內宣覺寺寫記流通末代也。"以長五十厘米之麻紙連綴而成，簾紋四指寬，書法行楷夾雜章草。今藏上海圖書有限公司。（郁琭琭）

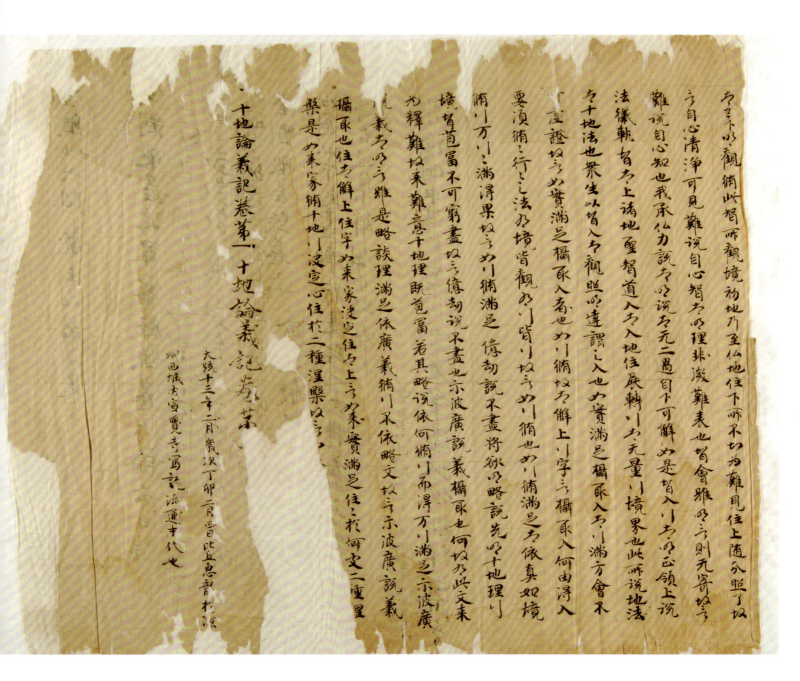

○九七　石田稿不分卷

明沈周撰　清王乃昭手抄本　清黃丕
烈跋

　　此本卷首有嘉慶丁丑（二十二年，1817）黃丕烈跋一則，署名"廿止醒人"，繆荃孫、王大隆搜佚黃跋時未見此篇。黃氏《士禮居藏書題跋記》卷五《汪水雲詩不分卷》稱"以補録之手迹證諸《石田稿》相類，此書蓋藏於乃昭而爲之補録者"，可證此爲王氏手抄。

　　王乃昭（1608-？），號懶髯叟、樂饑翁，常熟人。善書法，以手鈔書爲樂。

　　鈐有"虞山王乃昭圖書"、"乃昭"、"樂饑"、"槐隱"、"嬾髯"、"朱之赤印"、"朱臥庵收藏印"、"休寧朱之赤珍藏圖書"、"寒士精神"、"閩戴成芬芷農圖籍"、"侯官趙在翰印"等印。今藏上海圖書有限公司。

　　（顔逸凡）

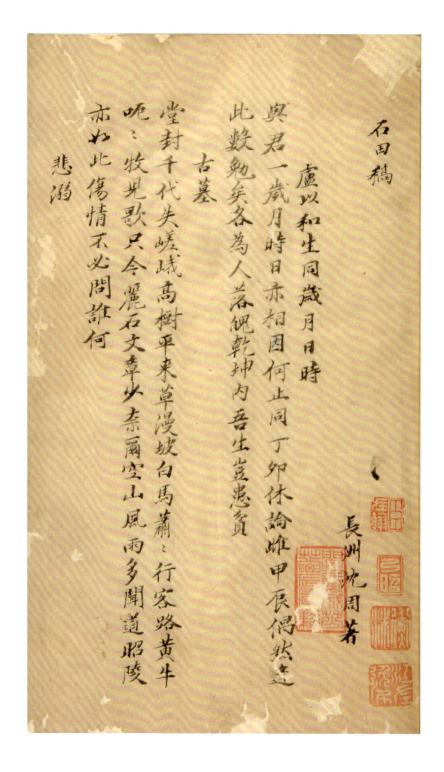

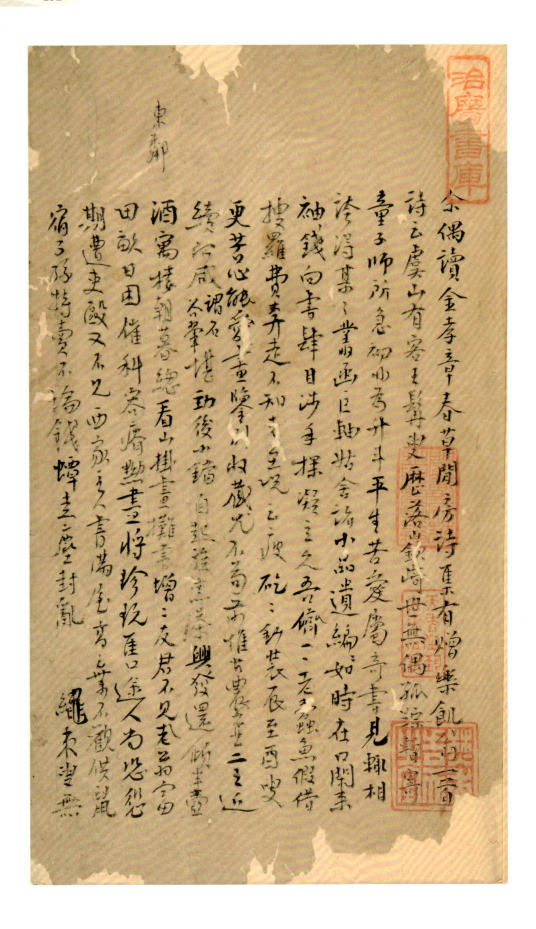

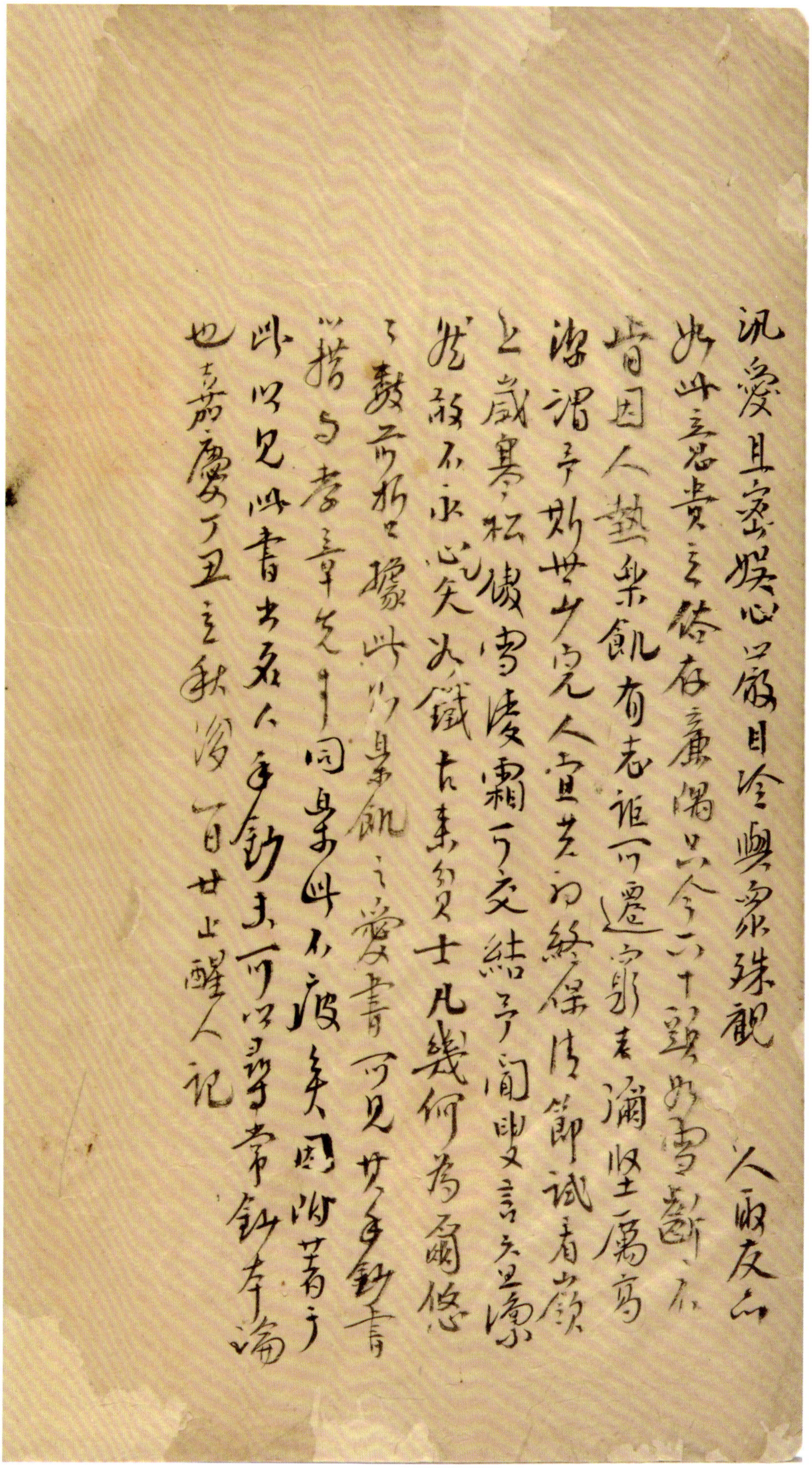

況愛且密娛心口腹目治與眾珠觀　人兩友山
此此立志貴之脩存意康惕以今六十頭與雪斷不
皆因人執染飢有老誰可還爾素瀟坐生屬寫
源渭予勸世此先人宜芳初終保情節誠看此顏
上歲寒松傲雪凌霜引交結子閒世言之且凜
光故不心矣此識古來名士凡幾何為爾悠
了數二折也壙此以集飢之愛書可見世年鈔青
此持與孝章先生同集此人股美因以著之
以以兄此書出名人年鈔去一可以尋常鈔本論
也嘉慶丁丑之秋浴日世止醒人記

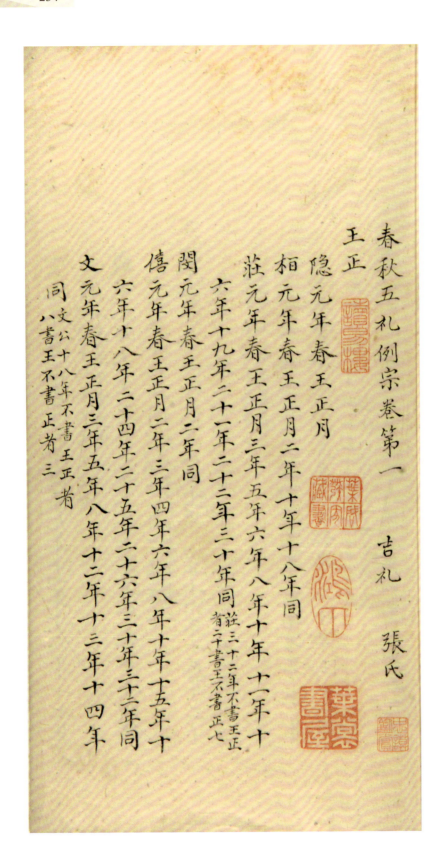

○九八　春秋五禮例宗十卷

宋張大亨撰　清抄本

　　是書凡吉禮一卷、凶禮二卷、軍禮四卷、賓禮二卷、嘉禮一卷，原闕卷四至六軍禮三卷。有宋刻本傳世，藏中國國家圖書館，已非足本。此舊抄本，無匡格。前有紹熙四年張氏自序，行款悉依宋刻，避諱至“桓”字，缺筆同，蓋從宋本出。

　　鈐有“玉函山房藏書”、“慈谿馮氏兄弟藏書”、“葉德輝煥彬甫藏閱書”、“葉啓勳”、“定侯所藏”、“拾經樓”、“葉啓發藏”、“東明所藏”、“葉啓藩藏”、“石林後裔”、“葉裳書屋”、“讀易樓”、“增湘”、“江安傅沅叔收藏善本”、“江安傅氏藏園鑑定書籍之記”、“藏園”、“雙鑑樓珍藏印”等印。內有傅增湘手寫書籤一紙。傅氏《藏園羣書經眼録》卷一著録。今藏上海圖書館。（徐瀟立）

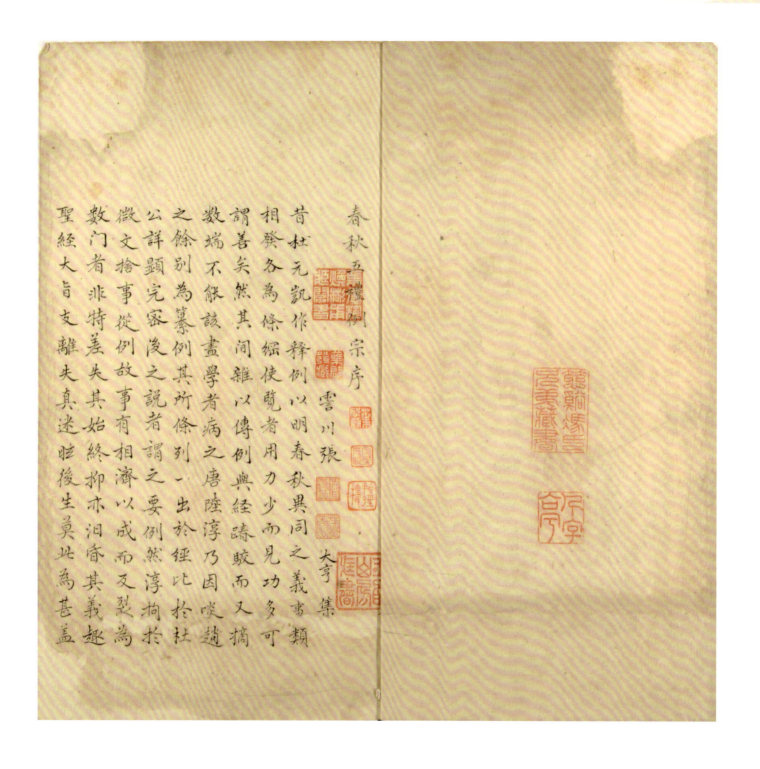

春秋五禮例宗序

雲川張　大亨集

昔杜元凱作釋例以明春秋異同之義書類
相發各為條綜使覽者用力少而見功多可
謂善矣然其間雜以傳例與經蹟皎而又搞
數端不能該畫學者病之唐陸淳乃因啖趙
之餘別為纂例其所條列一出於經比於杜
公詳顯完密後之說者謂之要例然淳拘於
微文捨事從例故事有相濟以成而反裂為
數門者非特差失其始終柳亦汩昏其義趣
聖經大旨支離失真迷惘後生莫此為甚蓋

○九九　歷代鐘鼎彝器欵識二十卷

宋薛尚功撰　清抄本

　　此本"玄"字闕筆，"弘"、"曆"
等字不避，爲清前期抄本。按該書傳世本
大致有二系：明萬曆以下諸家刻本爲一系；
清張位抄本（中國國家圖書館藏）、清雍
正三年陸氏抄本（上海圖書館藏）、莫棠
藏清抄本（上海圖書館藏）等爲一系。此
本文字行款與抄本系接近，而與刻本系不
同。文字有訛誤處，如卷十三《仲駒敦》
"凡祭祀贊玉盨"，"贊"作"貫"；"煨
爐之餘"，"煨"作"烺"；"斷以臆説"，
"臆"作"膾"；卷十四《龍敦》"汝弗善"，
"弗善"作"布姜"，蓋所據底本字作行草，
抄手不識，故誤書如此。

　　原裝四册，今存第二至四册，爲卷六
至二十。各册書衣有沈樹鏞手題"薛氏鐘
鼎欵識"字樣，第四册書衣有沈氏手跋，
略述此書得失經過。鈐有"順之祕篋"、
"意香"、"翁方綱"、"樹鏞寶藏"、"樹
鏞之印"、"鄭齋校閲本"等印。今藏上
海圖書館。（沈從文）

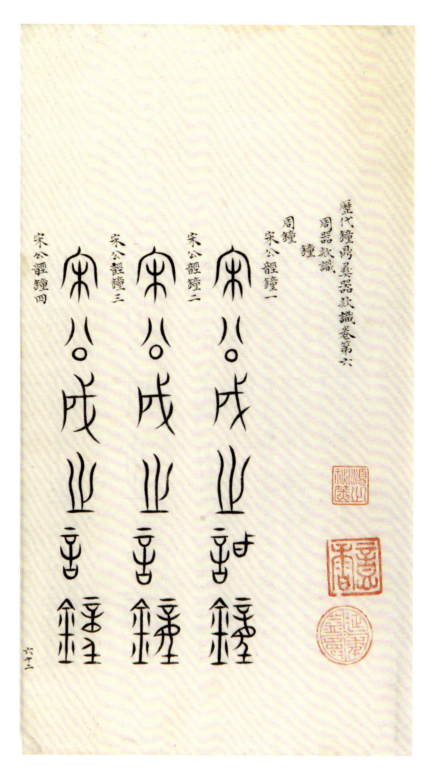

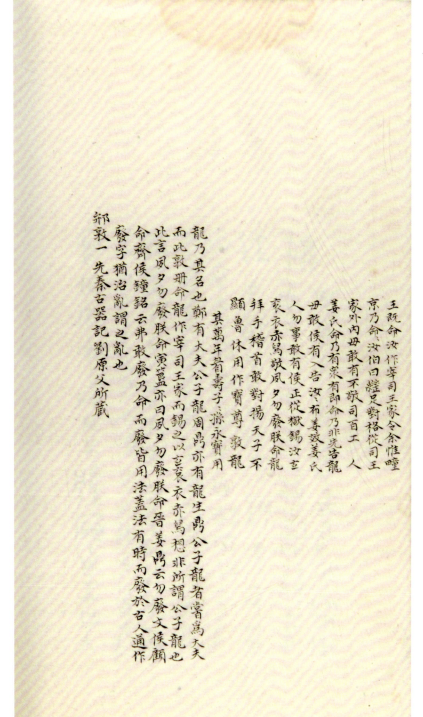

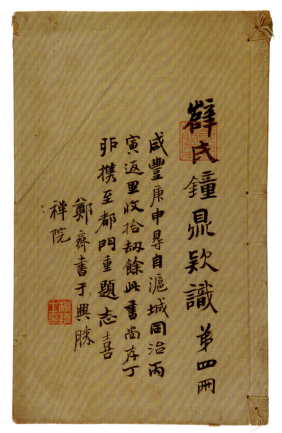

沈樹鏞跋

龍敦釋文、考釋。"玄"字闕筆，"布姜"爲"弗善"之誤

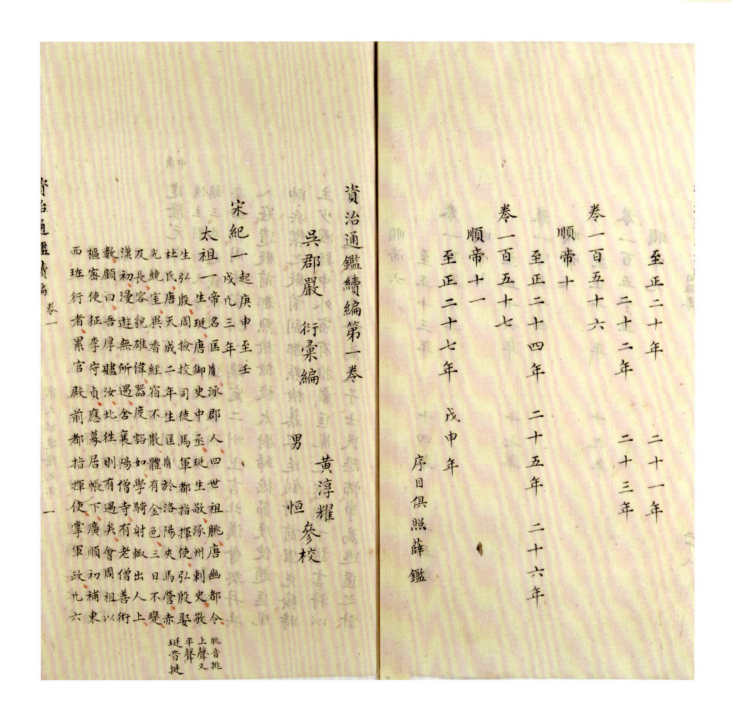

一〇〇　資治通鑑續編一百五十七卷

明嚴衍撰　清抄本

　　是書未見刊刻，僅有抄本流傳。此抄本一册，“弘”字闕筆。前附宋元通鑑舊序、宋元通鑑義例、宋元通鑑目録。正文卷端題“吳郡嚴衍彙編”，“黄淳耀、男恒參校”。存卷一至二，行間有朱筆圈點。書脊處經前人以墨筆手書“宋太祖上”四字。

　　上海圖書館舊藏清抄本一部，存卷三至一百五十七，計三十一册，與此本行款板式、字體風格、書寫用紙、朱筆圈點及書脊題字方式悉同，知原出一家，二者相配，可成完帙。（陳雷）

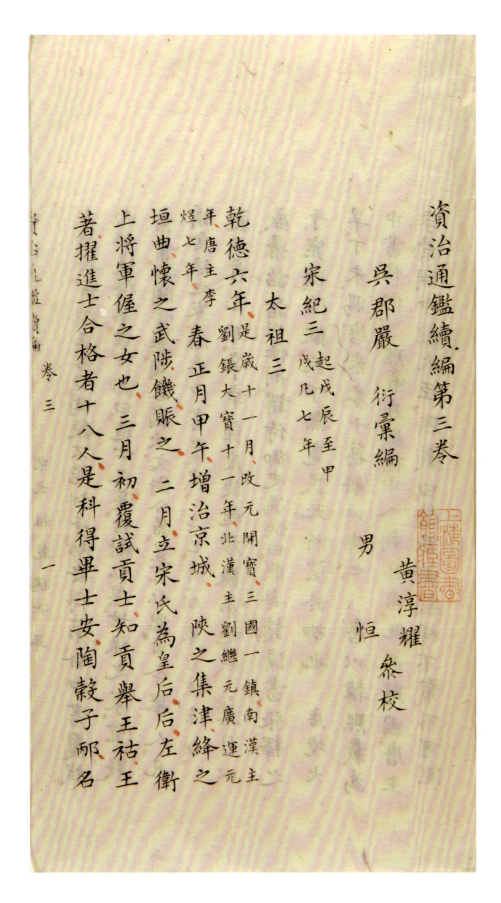

資治通鑑續編第三卷

吳郡嚴　衍彙編

宋紀三　起戊辰至甲戌凡七年

太祖三

乾德六年是歲十一月改元開寶三國一鎮南漢主劉鋹大寶十一年北漢主劉繼元廣運元年唐主李煜七年

春正月甲午增治京城陝之集津絳之垣曲懷之武陟饑賑之二月立宋氏為皇后后左衛上將軍偓之女也三月初覆試貢士知貢舉王祐王著擢進士合格者十八人是科得畢士安陶穀子邴名

黃淳耀

男　恒　叅校

資治通鑑續編　卷三　一

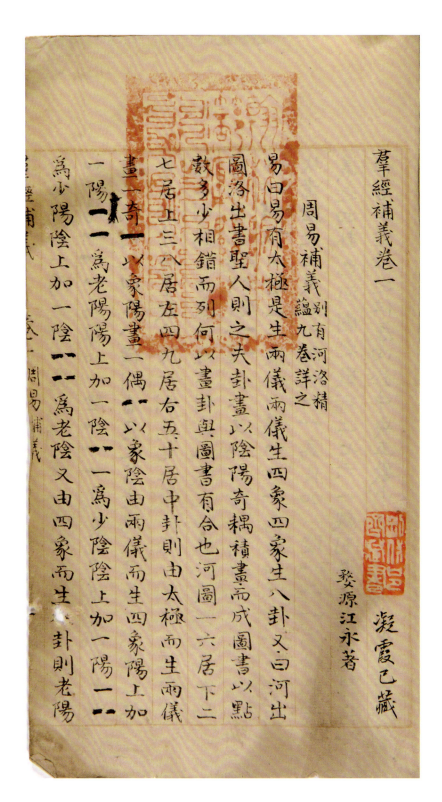

一○一　羣經補義五卷

清江永撰　清抄本

　　江慎修於乾隆二十五年（1760）撰成《讀書隨筆》十二卷，歿後國史館檄取其遺書，同門戴震以"隨筆"之名難以繕進，將其析爲二書，卷三至九爲《周禮疑義舉要》，餘五卷更名《羣經補義》。

　　此本紅格，首葉鈐有"翰林院典籍廳關防"滿漢文長方印。"真"字闕末筆，"曆"字多粘補爲"歷"，書眉間有《四庫》館臣提示"接前寫"字樣，知爲《四庫》底本。是書又有慎修族子鴻緒刊本，《雜説》後有"《楚詞·天問》'八柱何當，東南何虧'"、"《莊子》'擎跽曲拳，人臣之禮也'"、"《語》云'策名委質'"三條，此本尚未增入。《四庫全書》寫本文字與此本略同。

　　鈐有"剛伐邑齋藏書"等印，袁氏《剛伐邑齋藏書志》著録。今藏上海圖書館。（徐瀟立）

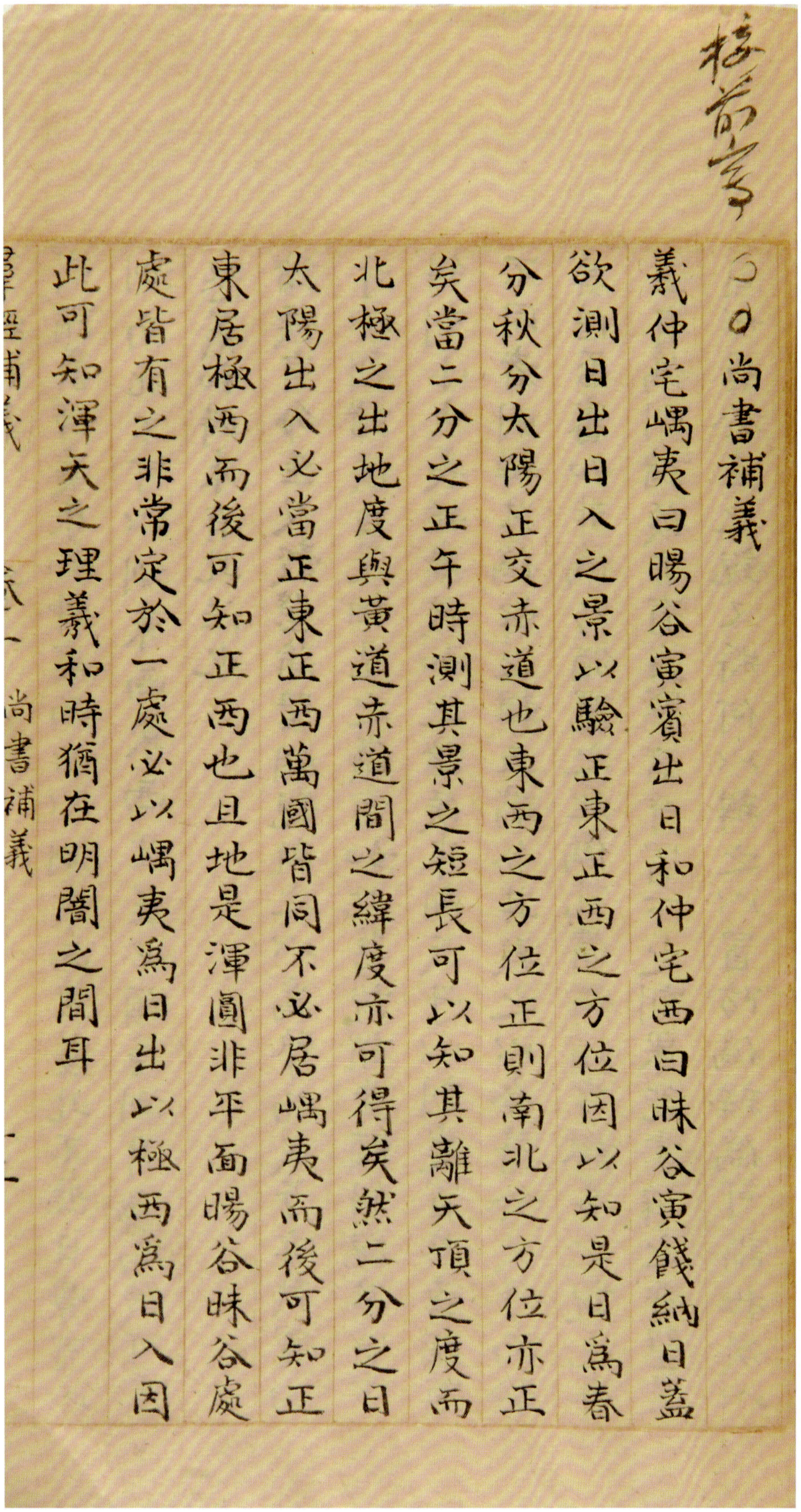

梅前書

○尚書補義

義仲宅嵎夷曰暘谷寅賓出日和仲宅西曰昧谷寅餞納日蓋
欲測日出日入之景以驗正東正西之方位因以知是日為春
分秋分太陽正交赤道也東西之方位正則南北之方位亦正
矣當二分之正午時測其景之短長可以知其離天頂之度而
北極之出地度與黃道赤道間之緯度亦可得矣然二分之日
太陽出入必當正東正西萬國皆同不必居嵎夷而後可知正
東居極西而後可知正西也且地是渾圓非平面暘谷昧谷處
處皆有之非常定於一處必以嵎夷為日出以極西為日入因
此可知渾天之理義和時猶在明闇之間耳

書經補義

卷一　尚書補義

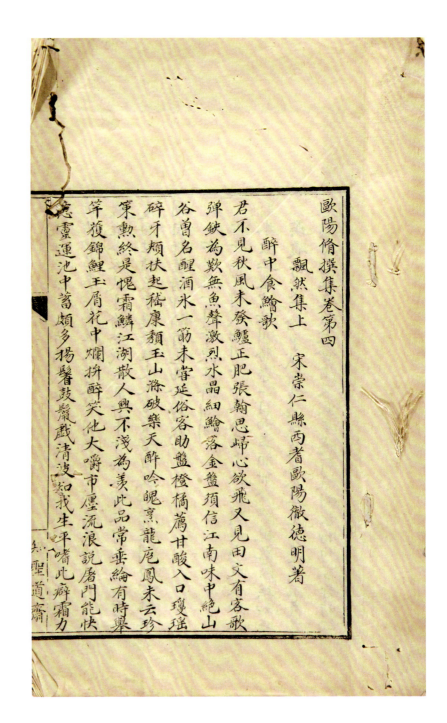

一〇二 歐陽脩撰集七卷

宋歐陽澈撰 清彭氏知聖道齋抄本

澈集先有宋紹興二十六年（1156）吳
沆編其詩三卷，爲《飄然集》。嘉定十七
年（1224）胡珩又刻所上三書，釐爲六卷。
明永樂間，其十世孫齊以書三卷、詩文事
蹟四卷合爲一編，即此七卷本。萬曆四十二
年（1614），二十世孫鉞再新其板。

此本黑匡，無行格，白口，單魚尾，
四周雙邊，版心下方鐫有"知聖道齋鈔校
書籍"八字，知爲彭元瑞家抄本。今存卷
四至七，凡四卷。卷四至六爲《飄然集》，
卷七爲事蹟。卷七首葉題"明崇仁西者廿
世孫鉞輯録"、"廿一世孫仕鍰梓"，蓋
據明萬曆本抄。行間有朱筆校，或出彭氏手。
今藏上海圖書館。（林寧）

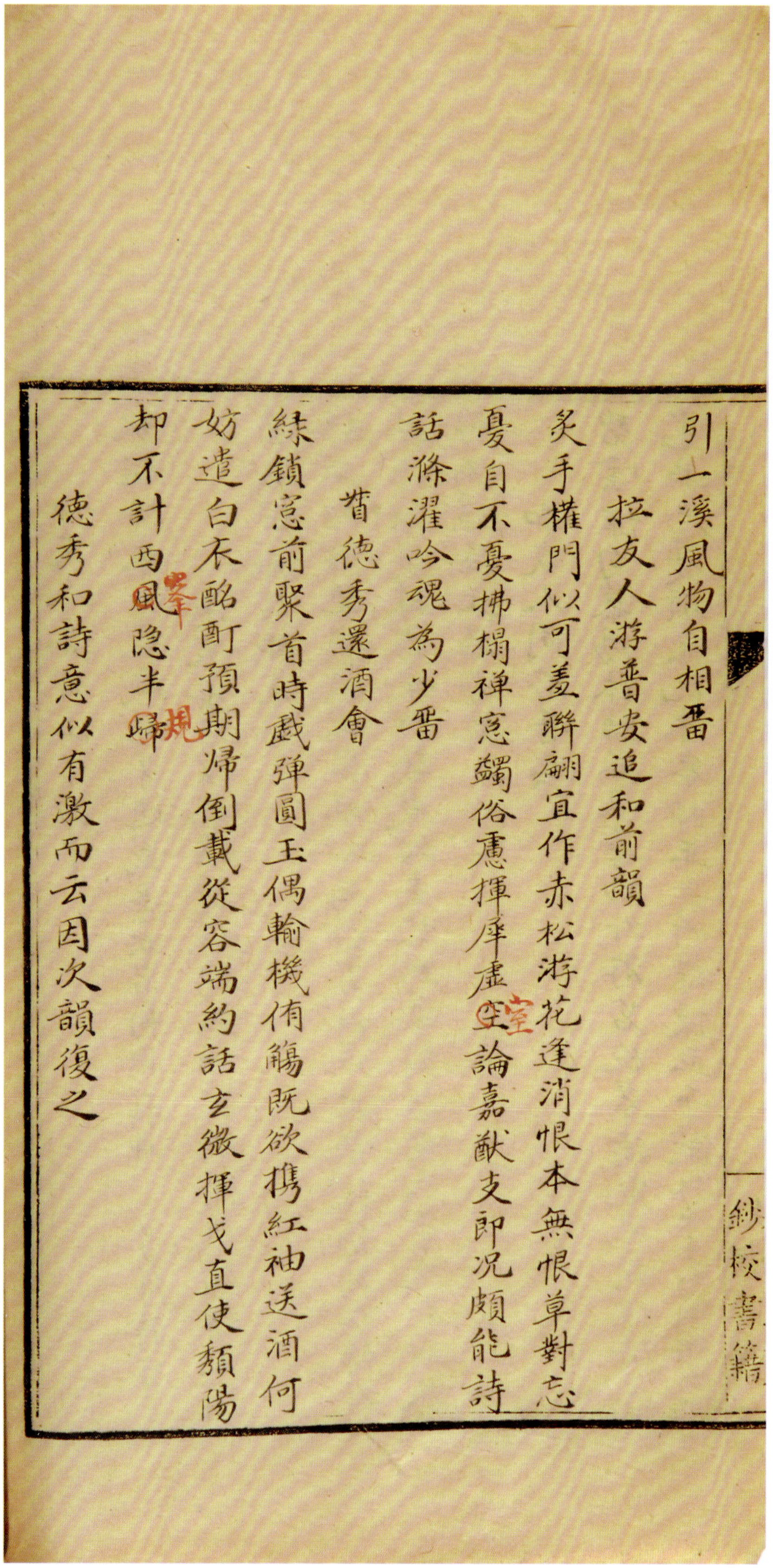

引一溪風物自相番

拉友人游普安追和前韻

炙手權門似可羞聯翩宜作赤松游花逢消恨本無恨草對忘

夏自不夏拂榻禪窓蠲俗應揮犀虛空室論嘉猷支即況頗能詩

話滌濯吟魂為少番

昔德秀還酒會

綠鎖意前聚首時戲彈圓玉偶翰機侑觴既欲攜紅袖送酒何

妨遣白衣酩酊預期歸倒載從容端約話玄微揮戈直使頻陽

却不計西風峯隱半歸規

德秀和詩意似有激而云因次韻復之

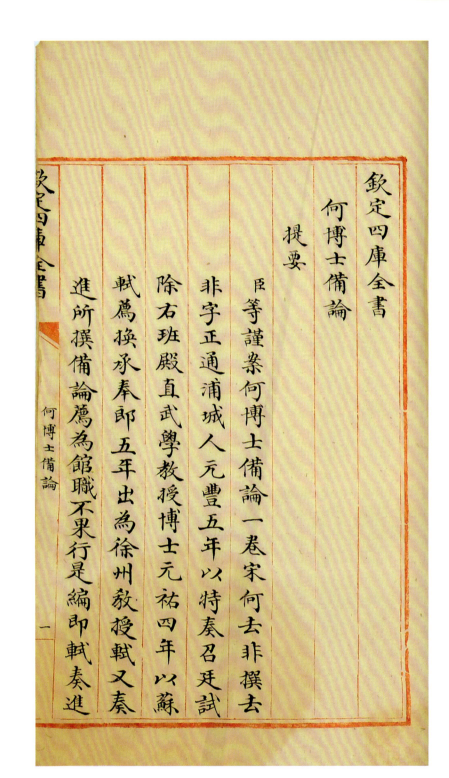

一〇三 何博士備論一卷

宋何去非撰　清乾隆寫本

　　此本藍綾面，封面題"欽定四庫全書
子部何博士備論"，卷首有"詳校官主事
臣胡永煥"黃色簽條，版心上方寫有"欽
定四庫全書"，紅格，白口，四周雙邊。
卷末墨筆書"總校官編修臣吳裕德、贊善
臣恭泰、校對監生臣梁承雲"銜名三行。
審其形制，爲南三閣寫本。

　　鈐有"古稀天子之寶"、"乾隆御覽
之寶"、"繼卿"等印。今藏上海圖書有
限公司。（郁琭琭）

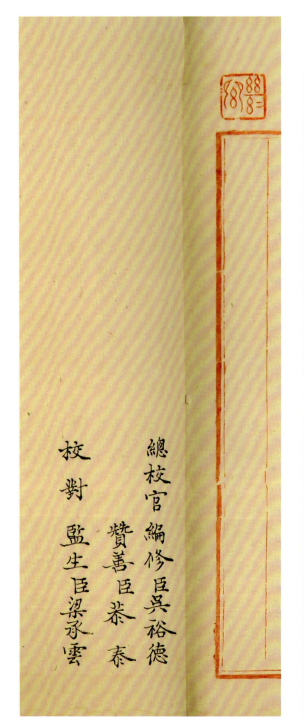

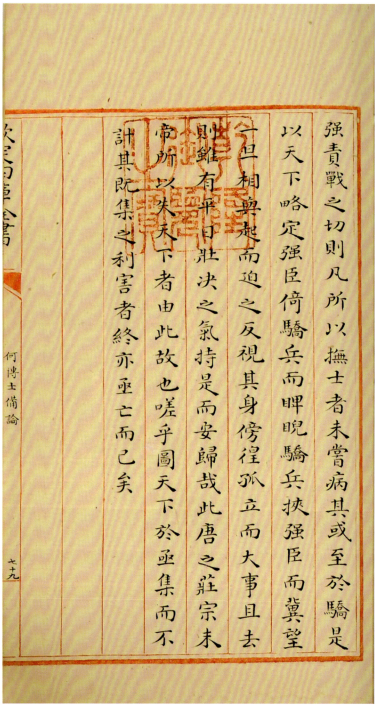

總校官編修臣吳裕德

贊善臣恭　泰

校對　監生臣梁永雲

強責戰之切則凡所以撫士者未嘗病其或至於驕是

以天下略定強臣倚驕兵而睥睨驕兵挾強臣而冀望

一旦相與起而迫之反視其身傍徨孤立而大事且去

則雖有平日壯決之氣持是而安歸哉此唐之莊宗未

帝所以失天下者由此故也嗟乎圖天下於巫集而不

計其所集之利害者終亦巫亡而已矣

何博士備論

七十九

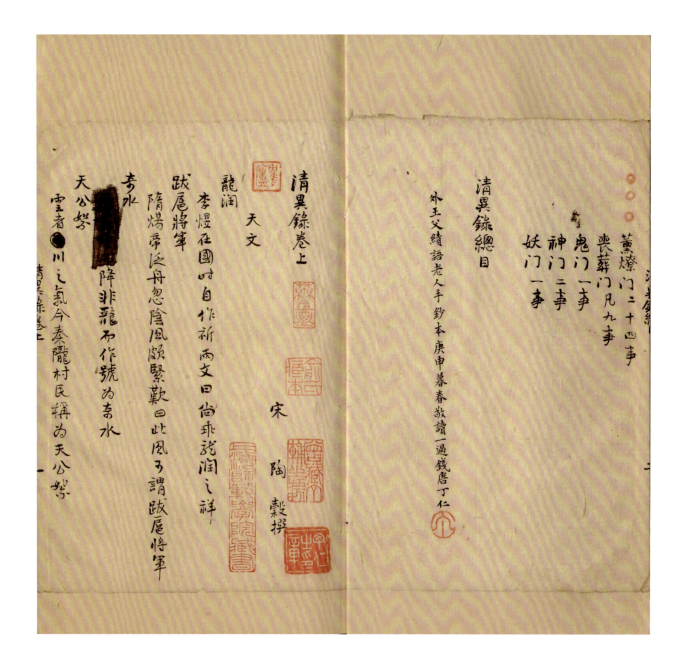

一〇四　清異録二卷

宋陶穀撰　清魏錫曾手抄本

　　此木總目後有丁仁題識云："外王父績語老人手鈔本，庚申（1920）暮春敬讀一過"，末有祝犁大荒落王禔觀款一行，祝犁大荒落爲己巳年（1929）。

　　魏錫曾（1828－1881）字稼孫，晚號績語老人，仁和人。貢生。官福建蒲南場大使。嗜金石拓本，節衣縮食，購墨本甚富。有《績語堂詩文集》、《績語堂碑録》、《書學緒聞》等。

　　鈐有"仁和魏錫曾稼孫之印"、"稼孫手鈔"、"俞氏藏本"、"曾藏丁輔之處"、"丁仁之印章"、"小龍泓館"等印。今藏上海師範大學圖書館。（趙龍）

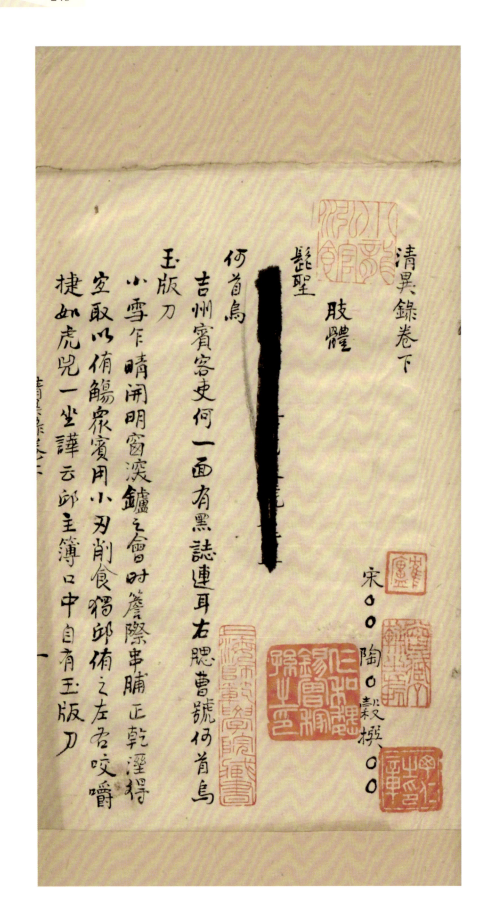

清異錄卷下

髭聖　肢體

何首烏

玉版刀

吉州賓客吏何一面有黑誌連耳右腮曹號何首烏

小雪乍晴開明窗溪鑪之會時簷際串脯正乾溼得

空取以佐觴眾賓用小刃削食獨邱佑之左右咬嚼

捷如虎兒一坐譁云邱主簿口中自有玉版刀

宋　○　○　陶　○　穀　撰　○　○

日復作左腮掀腫遂張口臥意似曾騰忽聞有聲發於齦齶若切切語言人馬喧鬨漸次出口外痛頓止至半夜卻聞蚤來之聲仍云小都郎回活玉巢也似呵喝狀頰上蠢蠢然直入口彈指頃齒大痛詰旦具告主人勸呼符祝用符水士人從之痛已腫消竟不知何怪也

清異錄卷下

祝犂大荒駱昜月之望後學王禔獲觀於七十二丁厂

一〇五 四書集注二十一卷

宋朱熹撰 明崇禎十四年毛氏汲古閣刻本 清毛扆批校並跋

此書版心有"汲古閣"字樣。卷首書"校入宋版凡三部"、"朱子四書次序"兩篇。經毛扆批校題跋。此爲毛氏晚年手校本，分朱、青、墨三色。始於康熙四十八年己丑（1709）三月初四（朱筆）、三月初五（朱筆）、三月初八（朱筆）、三月初九（朱筆）、四月十四（朱筆）、四月十七（朱筆）、四月十八（朱筆）；又經五十年辛卯（1711）八月（青筆）、八月二十（青筆）、八月二十二（青筆）批校。所據有今已亡佚之宋咸淳九年衢州刻本、殘宋本（毛氏稱爲"中字本"）、淳祐十二年（1252）當塗郡齋刻本。

毛扆（1640-1713），字斧季，別號省庵，常熟人，毛晉次子。精於小學，以校勘圖書知名。著有《汲古閣珍藏秘本書目》等。

鈐有"虞山毛扆手校"、"稽瑞樓"、"曹大鐵圖書記"等印。今藏上海圖書有限公司。
（黄月姐）

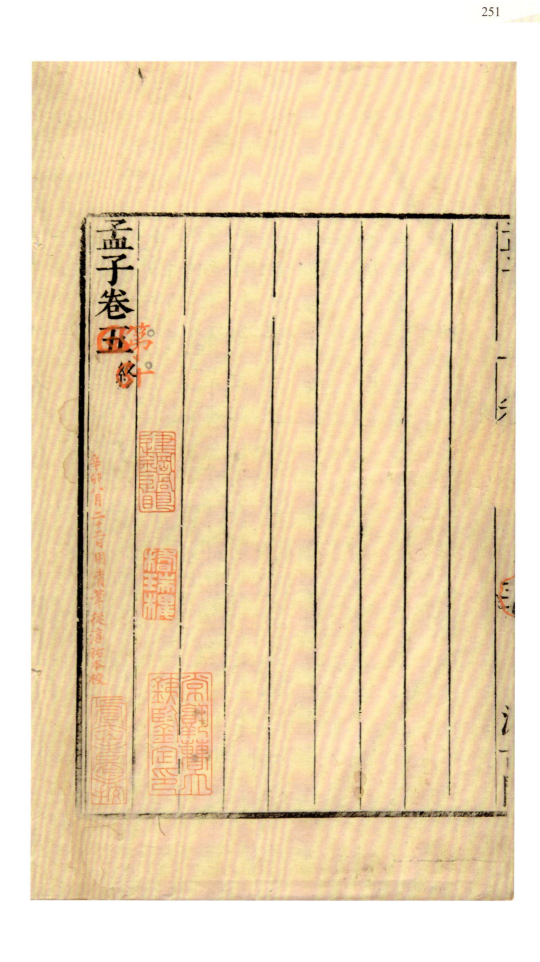

孟子卷第十終

辛卯八月二十日用青筆從淳熙本校

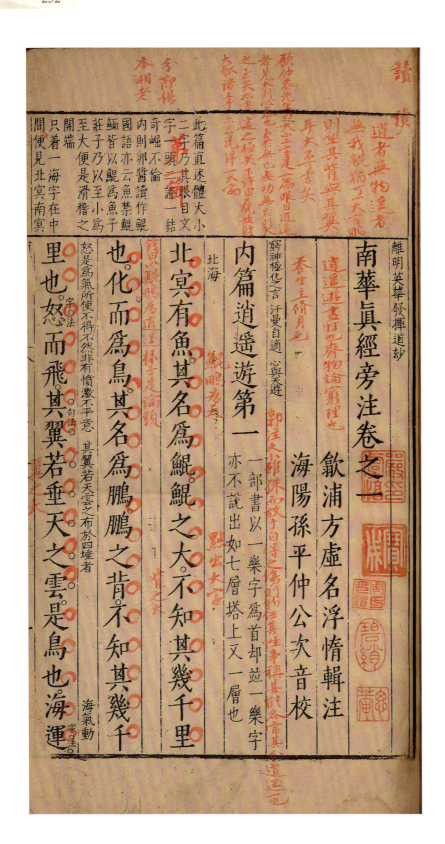

一○六　南華真經旁注五卷

明方虛明撰　明萬曆二十二年金陵唐氏世德堂刻本　清嚴虞惇批點並跋

　　此本經嚴虞惇朱筆批點，其中用錢陸燦説十之五六，間亦博采他説，或附以己意。有嚴氏手跋，署"癸酉十一月望日讀起，十二月廿四日讀完"，癸酉爲康熙三十二年（1693）。末附陳祖範作"太僕思庵先生小像題記"，虞惇子鎣題識一篇。

　　嚴虞惇（1650-1713），字寶成，號思庵，又號恒齋，常熟人。康熙三十六年（1697）進士，授翰林院編修，官至太僕寺少卿。著有《讀詩質疑》、《文獻通考詳節》、《思庵閒筆》、《嚴太僕先生集》等。

　　鈐有"嚴虞惇印"、"思庵"、"碧緒"、"寶成"、"周氏世遺"、"靜觀太初"等印。今藏上海社會科學院圖書館。（程佳）

說劍第三十

漁父第三十一

列御寇第三十二

天下第三十三

癸酉十一月望日讀起十二月廿四日讀完　錢湘靈先生有莊子闕本從句

揚庵借得之校閱一過錢本旁行批注多採前人舊說今余所批注用

甚說什之五六間柔他說或附以己意云　思庵記

南華真經旁注目錄　終

離明英華發揮道鈔

南華真經旁注卷之一

道者無物遙者

無我鯤狪可以大音鵬

則型其皆與其翼

耳大平言矣

道遙遊盡性也蘇物論窮理也

歙浦方虛名浮惰輯注

養生主脩身也

海陽孫平仲公次音校

南華真經旁注目錄

一〇七　文獻通考詳節二十四卷

清嚴虞惇輯　　清乾隆宋賓王家抄本
清宋賓王批校

　　此本各卷末多有宋賓王手記抄寫葉數及番數，知爲宋氏家抄本。卷一末有宋氏題記云：“乾隆十五年夏校邵宏篠先生閱過本”，卷十五末有宋氏題記云：“庚午夏錢方蔚兄閱過此本。”書眉行間有宋氏批語及校字。庚午爲乾隆十五年（1750），是年宋氏年七十，猶校書不輟。臺灣“中央圖書館”藏清錢方蔚抄本《僑吳集》十二卷，有康熙四十九年（1710）庚寅、雍正二年（1724）甲辰、雍正三年乙巳宋氏識語，知宋氏與錢氏二人交往有素，藏書相互通假。

　　宋賓王（1681-？），字蔚如，太倉人。布衣。篤好詩書，稍閑即吟詠抄錄不輟。尤究心字學，手校書籍，苦心讎勘，辯駁正訛，輒爲善本。

　　鈐有“蔚如”、“賓王”等印。今藏上海圖書館。（郭立暄）

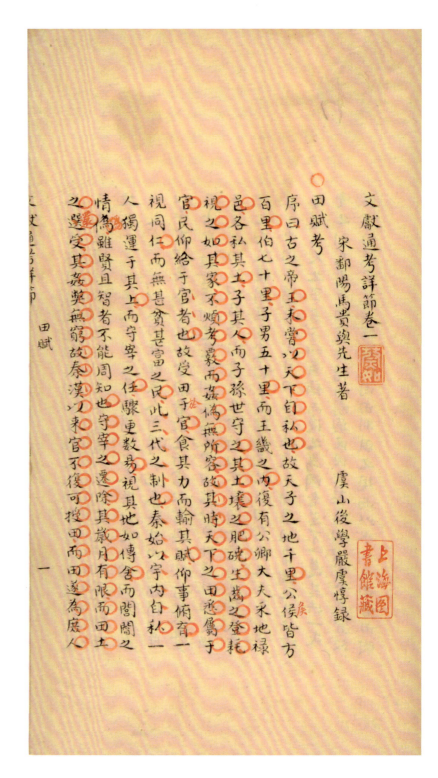

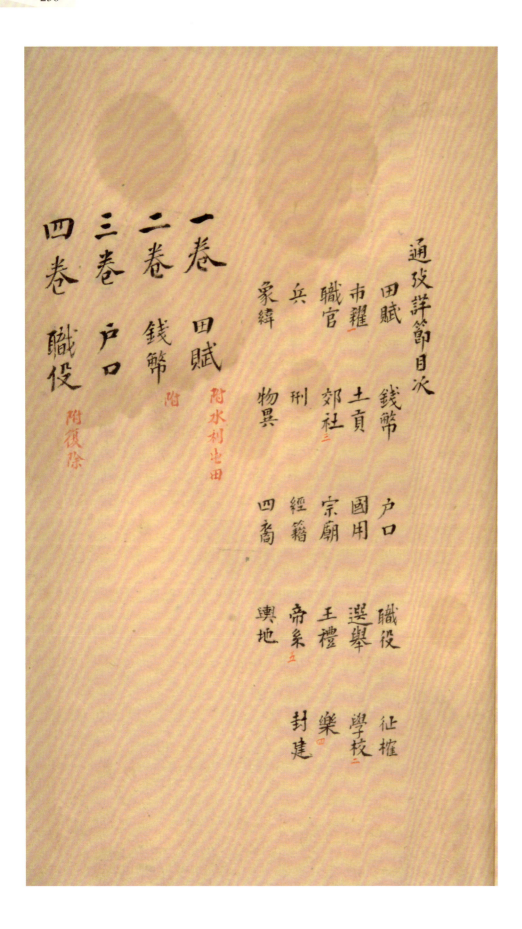

通攷詳節目次

田賦　　錢幣　　戶口　　職役　　征榷

市糴　　土貢　　國用　　選舉　　學校[二]

職官[一]　郊社[三]　宗廟　　王禮　　樂[四]

兵　　　刑　　　經籍　　帝系[五]　封建

象緯　　物異　　四裔　　輿地

一巷　田賦　　附水利屯田

二巷　錢幣　　附

三巷　戶口

四巷　職役　　附復除

尚可卒業一旦舉而棄之是捐十萬緡於無用之地而荊棘之田

終不可耕也臣比見兩淮歸正之民動以萬計官給之食以半歲

為期今諭期矣官不能給則老弱飢餓者轉而他之殊失民心兼

傷國體臣愚以為荊棘之田尚有可承之規與其棄之孰若使歸

正之民就耕非惟可免流離廢使中原之民知朝廷有以處我率

皆襁負而至異日塱闢既廣田疇既成然後取其餘者而輸之官

實為兩便詔從之　賓王

文獻通考詳節卷一終

乾隆十五年夏校邵宏簸先生閱過本

文戲通考詳節　田賦

七

文獻通考詳篇

白鴿鹽神雀鹽踈勒滿座鹽歸國鹽唐詩媚賴吳娘唱是鹽更奏
新聲刮骨鹽然則歌詩之鹽如吟行曲引之類蓋西域之曲名也
西蕃有乞寒之戲中國效之先天二年中書令張說諫曰乞寒潑
胡未聞典故裸體跳足盛德何觀揮水投泥失容滋甚法殊魯禮
褻比齊優恐非干羽柔遠之義樽俎折衝之道願擇芻言特罷此
戲開元初遂奉勅禁斷一百四
十八

文獻通考詳節卷十五終

十三卷至十五卷共一百十一頁

庚午夏錢方蔚兄閱過少奉

一〇八　許氏巾箱集三種

清許兆熊編　稿本　清沈欽韓批

許兆熊，本書已著録。

此稿今存《畊閒偶唫》一種，經沈欽韓手批。前有嘉慶十八年（1813）沈氏手書序一篇。又有惠士奇、惠棟舊序二篇，沈氏疑惠氏二序爲後人贗爲之，因手自删改。原稿詩篇删者太半，所見如《旭升樓歌》、《金陵立秋》、《夢遊仙行》、《姑蘇臺懷古》等盡出沈氏手筆。是書有嘉慶間石契齋刻本，悉照沈氏所改，已失原貌。

沈欽韓（1775-1831），字文起，號小宛，吳縣人。嘉慶十二年（1807）舉人，道光三年（1823）授寧國縣訓導。淹通經史，旁及諸子百家、古今別集，尤長訓詁、地理，所著以《兩漢書疏證》最爲精博。兼工古詩文辭，有《幼學堂集》。

鈐有“潘承弼藏書印”、“景鄭藝文”等印。末有潘承弼跋。今藏上海圖書館。（陳雷）

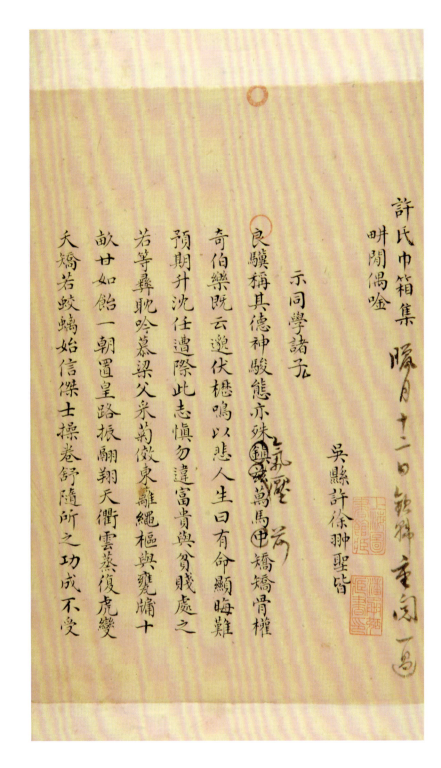

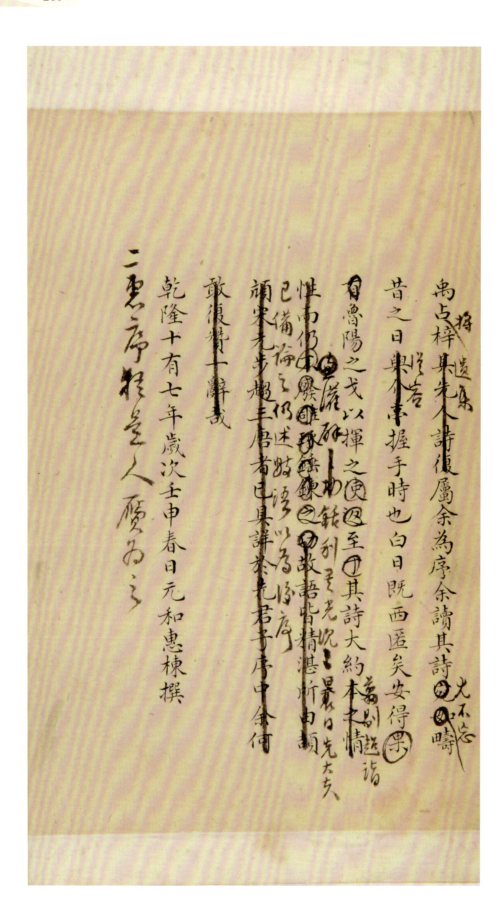

禹占梓某先人詩復屬余為序余讀其詩　　光不忘　如　時

昔之日與人握手時也白日既西匿矣安得　

百魯陽之戈以揮之更四至　其詩大約本之情趣語　益別趣語

惟雨仍　　　鍊之　故語皆精湛析由韻　暴日先太夬

頑宋先步趨王唐者巳具詳於先君子序中余何

敢復贅十辭哉

乾隆十有七年歲次壬申春日元和惠棟撰

二君之序棟臺□人願為之

遊靈巖山

白雲深處梵王家　極目層巒鳥道賒　響礫聲銷繡

貝葉觀池水碧落　天花聽野鶴羣依草　待客山

曾獨爐茶罷瞿曇留唱別寒鴉影裏夕陽斜

雲稀屋冏啟戲時栖橄緩珠玉美人業粹不殺哭天花擢

碧樹香臺一徑紆滿林幽鳥導前驅重重翠壁草堂歌舞

盤破鬼肥注出玉枕南生橙園崔嵇翠壁草堂歌舞

婆娑芰荷迎風柯見太湖鐘送餘聲歸下界雲留殘

蒼弁渺渺層波見汔溪崇巒頟陵波乾坤池百陽激

棹唱采蓮曉出影挂浮屠扁舟載月遊來晚遙望龜峰澹欲無

催寶帳刪雲山醍醐師事溫柔志郎庭中石

忽覩潛智孙子年凝柳陰隔浦挂漁罡小舟義拜如

催寶帳刪雲山醍醐師事溫柔志郎庭中石一霞

煙霓霏微晚更凝柳陰隔浦挂漁罡小舟義拜如

忽覩潛智孙子年紫血酒江辰自訝九州嶄眼底羅訣

鄉先輩許聖皆先生徐梅所著駢南儷唫列大許氏
巾箱業中稿本舊藏於某於丙子夏得之許氏沒
人取勒刻本面目全非稿本經沈父超先生以朱墨刪
改太半卷首舊有二意先生兩序文起先生疑是當時
價為不子自刪改今刻非耶咤沈先生改定者皇以
先生次有作一序弁首卷中經先生更易者如旭
升楷敬金陵立秋江南樂聲趙竹行姑蘇臺樣石告先生
先生子辈水見原稿求由郊之也鄉賢邊澤渡經
各儒點定考價直十倍矣亭別藏先生手注元座遺
山詩全書朱墨碗遍興此亢為爐厓聖每一序抄報渡後

新自喞矣明戊寅清和月二十日燈下毛
漾學漁小鄉識
于滬上斜橋寓盧

一〇九　七緯三十八卷補遺三十一卷

清趙在翰輯　　清嘉慶九年趙氏小積石
山房刻十四年增刻本　　清黃培芳校並
跋

　　是書初刻於嘉慶九年（1804），無補
遺。十四年（1809），增刻補遺三十一卷，
附於相應卷末。此增刻本，末有"皇清嘉
慶九年小積石山房刊"牌記，內封面題"嘉
慶十四年侯官趙氏小積石山房刊"，前有
乾隆《御製題乾坤鑿度》，次阮元、張師誠、
葉紹本序，末附李大璕、楊應階跋。經黃
培芳手校，並有咸豐八年（1858）黃氏識語。

　　黃培芳（1778-1859），字子實，一字
香石，號粵嶽山人，香山人。嘉慶九年副貢，
官至內閣中書。著有《易宗》、《詩義參》、
《香石詩話》等。

　　鈐有"嶺外臣黃培芳"、"子實"、"香
石讀"、"觀古堂"、"修竹吾廬"、"華
亭周氏圖書"、"松江周氏乞埋菴楗書"等印。
今藏上海圖書館。（徐瀟立）

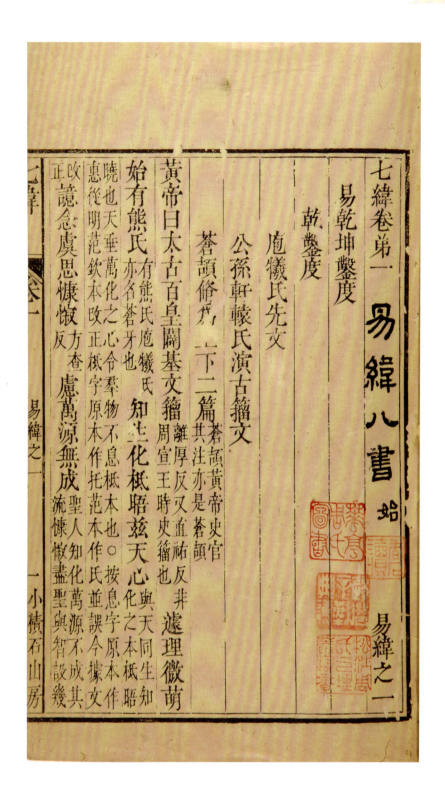

按本書八卷以前

蓋收易緯八書

俱鄭康成注四

庫著錄者也

此校分晚　又記

李翊則編經綜緯不曰識而曰緯則緯出醇固異於識出駁

也仲其有禁奚習者出多虞此又不待觱者而淺矣矦官稍

君在翰曰長沙躬策出秉兼江憂无雙出目慚大銜出就湮

悼流俗出失据於是因

盉英嚴易緯八書出外復博綜羣書綴輯成袟而六緯出遺

交賴曰不隊書成其兄在田太戔爲余已未所取出士鄧寄

請敦余讀而嘉其裁斷出卓排聱出勤也因歎明孫氏古微

書采其辭而伏其書不可謂典　國朝余氏古經解鈔沈詳

其書而眛其斷不可謂戩始不可曰同曰語也稍君又謂閩

乘開元古經乞余錄其古緯補入此書余屬詁經精舍高足

生烏程張鑑采錄開元占經及新得日本隋五行大義中所
引諸緯呂寄趙君弆示太史太史見出當夾脊呂纍庤此也
嘉慶九年九月二十日揚州院元敍於浙江使院

咸豐八年戊午秊張之初阮邵古澂点加斗藏子
收郭七緯參見丹記八十一史氣不後

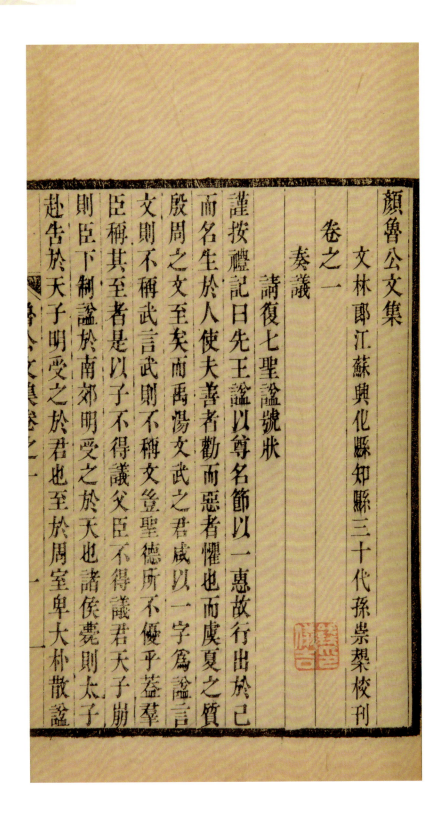

一一〇　顏魯公文集十五卷補遺一卷

唐顏真卿撰

年譜一卷

宋留元剛撰

附録一卷

清嘉慶七年曲阜顏氏刻本　　清錢儀吉
校並跋

　　此爲顏真卿三十世孫崇槼據安國本重
刊者，前有孫星衍序。經錢儀吉以朱、墨
二色筆手校，朱筆以“館本”（武英殿聚珍本）
校，墨筆以《全唐文》等他書及碑帖拓本校，
間有考訂。用力甚勤，不憚再三。有丁未（道
光二十七年，1847）新正廿八日、四月二十
日錢氏手書識語。

　　錢儀吉（1783–1850），字靄人，號衍石，
一號心壺、星湖，嘉興人。嘉慶十三年（1808）
進士，官至工科給事中。曾主講粵東學海堂、
河南大梁書院。著有《三國志證聞》、《衍
石齋記事槀》等，輯有《經苑》、《碑傳集》等。

　　鈐有“錢儀吉印”、“靜讀厽珍藏書
畫記”、“嬰闍秦氏藏書”等印。今藏上
海圖書館。（徐瀟立）

饒本有去字

毗是卯字
饒本之是郎字

翠草氏以此為奉命
帖別有蔡州帖移蔡
帖云
貞元元年正月五日
眞卿自汝移蔡天也天
之昭明其可誣字有處
之德則不杇年十九日書

魯公文集卷之　　二

之法必請矜此狠狽所望今到汴州水下不愁河凍
書祭器等先下船去眞卿十一日且發東京佇望早
來早來謹不次眞卿頓首夫人閤下　　十一月八日
問訊頌翽蒙郎郎和奴光嚴深遠憶或至十三日
得發　　下七字別り

寒食帖

天氣殊未佳汝定成行否寒食只數日間得且住爲
佳耳　　帖後另有三行
　　　　饒本甚是佳製了

蔡州帖　　題驛舍壁
　　　　緣

眞卿奉命來此事期未竟止終忠勤無有旋蹇然中
心恨恨作恨舊集始終不改游于波濤宜得斯報千百
年間察眞卿心者見此一事知我是行亦足達於時

新云

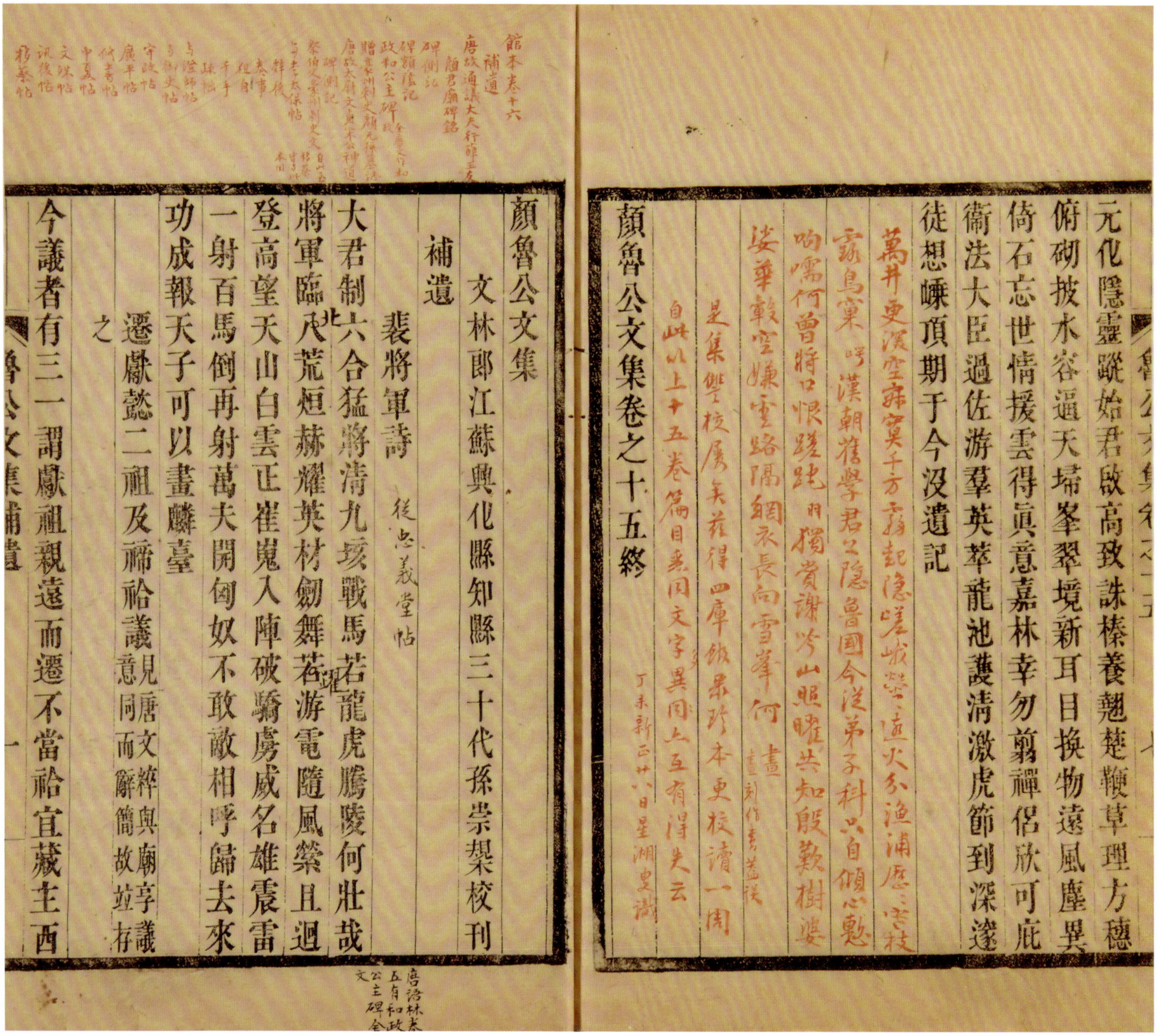
元化隱靈蹤始君啟高致誅榛養翹楚鞭草理方穗
俯砌披水谷逼天埽峯翠境新耳目換物遠風塵異
倚石忘世情援雲得眞意嘉林幸勿翦禪侶欣可庇
衞法大臣過佐游羣英萃龍袖護清激虎節到深邃
徒想嵊頂期于今沒遺記
萬井更深空寂寞千方霧起隱嵯峨螢遠火分漁浦歷歷寒枝
露鳥窠 嗚漢朝舊學君之隱魯國今從弟子科只自傾心魁
呴嚅何曾將口恨蹉跎 獨賞謝吟山照曜共知殷歎樹婆
娑華轂空嫌雲路隔緇衣長向雪峯何 畫
畫刻作書蓋誤
是集壁校屢矣茲得四庫飯果珍本更校讀一周
自此以上十五卷篇目多同文字異同互有得失云
丁未新正廿八日星湖史識
顏魯公文集卷之十五終
顏魯公文集
文林郎江蘇興化縣知縣三十代孫崇槼校刊
補遺
裴將軍詩 從忠義堂帖
大君制六合猛將清九垓戰馬若龍虎騰陵何壯哉
將軍臨北荒烜赫耀英材劒舞若遊電隨風縈且迴
登高望天山白雲正崔嵬入陣破驕虜威名雄震雷
一射百馬倒再射萬夫開匈奴不敢敵相呼歸去來
功成報天子可以畫麟臺
遷獻懿二祖及禘祫議見唐文粹與廟享議意同而辭簡故並存
之
今議者有三一謂獻祖親遠而遷不當祫宜藏主西
魯公文集補遺　一

一一一 遺山先生詩集二十卷

金元好問撰　明末毛氏汲古閣刻《元人集十種》清修補印本　清王慶麟批校並跋

　　此本版心無"汲古閣"字樣，目錄、首卷首數葉等處補版，首增段成己引。曾經王慶麟批校並題跋。王氏校閱此本，分墨、朱、黃、紫、藍、綠六色。始於嘉慶十八年癸酉（1813）正月。本年四月，王氏攜婦、子往宣城依其父居，十月、十一月又以墨筆校閱。十九年甲戌（1814）五月（黃筆）、七月（朱筆）、九月（墨筆）、十月上旬（朱筆）、下旬（墨筆）、十一月（朱筆）；二十年乙亥（1815）二月（墨筆）、七月上旬（墨筆）、下旬（紫筆）復批校數過。二十二年丁丑（1817），王氏入京應會試不第，八月歸宣城，得顧奎光《金詩選》，復校閱此本一過（藍筆）。九月復溫一過（綠筆）。至道光間，王氏又錄王士禎、翁方綱及姚椿道光四年甲申（1824）題詩各一首。

　　王慶麟（1784-？），字時祥，又作治祥，一字澹淵，號希仲，華亭人。嘉慶十二年（1807）舉人。大挑知縣，分發河南，與修省志，未蒞事而卒。著有《洞庭集》。按《洞庭集》詩目錄編年至"丁亥戊子"止，又姚椿《通藝閣詩續錄》卷七《南中書來驚聞秋泉于重九日謝世感賦此詩》尾聯"梁園哭罷登樓客，又向林交慟索居"自注云"澹淵明府為君從子，時已先卒"，考此詩當作於道光八年（1828）或九年，知王氏卒於此數年中。

　　鈐有"華亭王慶麐字治祥別號澹淵私印"、"華亭王慶麟字時祥一字澹淵印章"、"澹淵手校"、"希仲"、"澹乎若深淵之靚"、"大吉羊室"、"華亭封氏蕢進齋藏書印"等印。今藏上海圖書館。（沈從文）

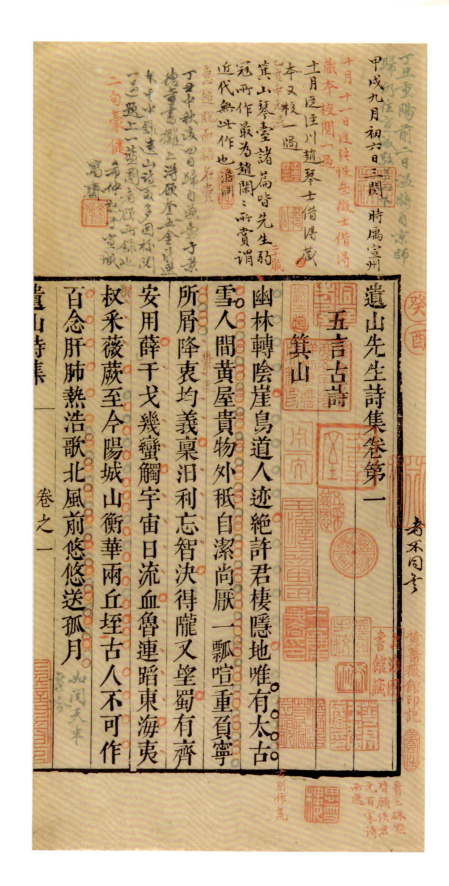

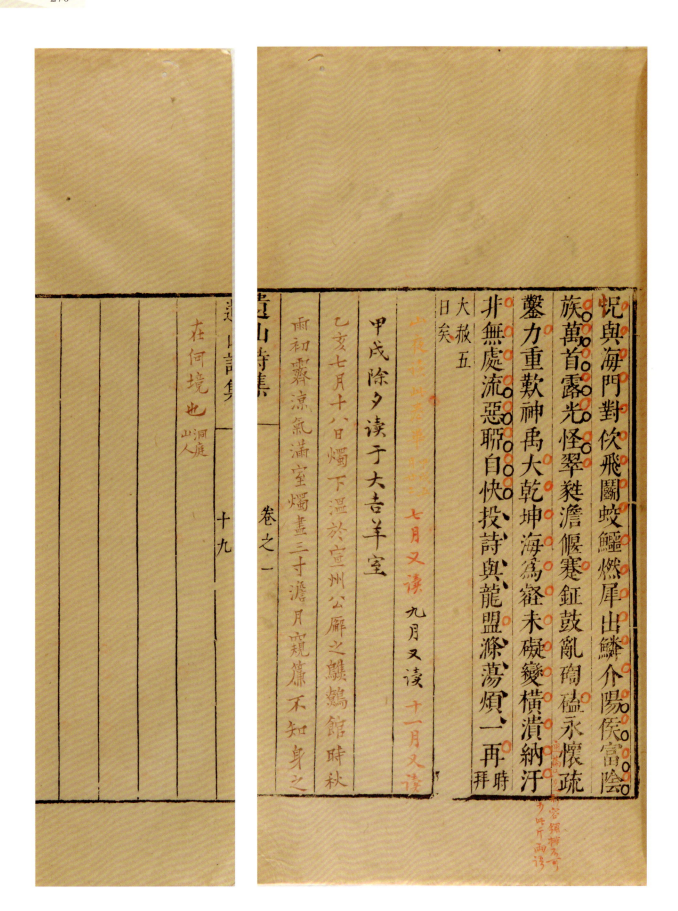

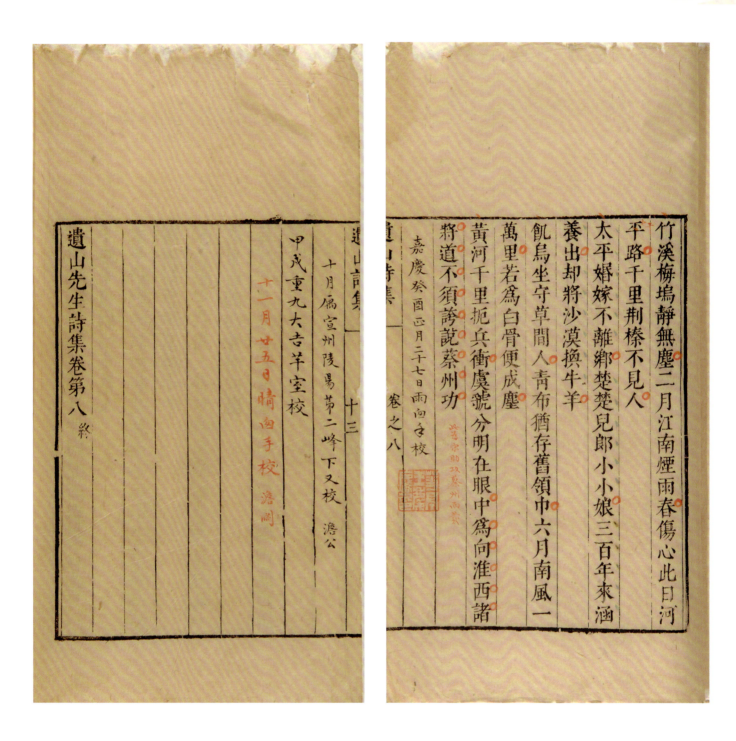

竹溪梅塢靜無塵二月江南煙雨春傷心此日河

平路千里荊榛不見人

太平婚嫁不離鄉楚楚兒郎小小娘三百年來涵

養出却將沙漠換牛羊

飢烏坐守草間人青布猶存舊領巾六月南風一

萬里若爲白骨便成塵

黃河千里扼兵衝虜虢分明在眼中爲向淮西諸

將道不須誇說蔡州功

嘉慶癸酉正月二十七日雨囱手校　此書宋刻攷原州兩蔡

遺山詩集

卷之八

遺山先生詩集卷第八　終

甲戌重九大吉芊室校

十一月廿五日晴囱手校　滄周

十月屬宣州陵陽第二峰下又校　滄公

十三

遺山詩集

遺山詩集　十六

老子塵埃風雨過平生

半世秦川在夢中幾時蓮社與君同淵明白比吾

何敢或有新詩及遠公　十二月朔日晨起校畢　澹淵

裕之嘗選金人詩十卷名中州集酷似晚唐呈浣戎

雲蜀三隨七歲能詩鄉里稱為神童弱劉忻箕山

碧虛處諸篇東坡筆見而異之名雲南國塊筆光以

著心自任以小寸低細字記金源一代掌家七金史多出其

手筆世先峰評其詩言奇崛高絕雕鐫巧縛而浮綺

羅但樂府采用古題末免少迤鐵崖再海壘玉瑩潔

嘉慶癸酉十一月重校于

宣州屬宗澹公

乙亥中元宣城吾及子蕚涵記時

蓉大人奉蓀署徐德望史二月笑

予府所延島公嗣卡谷容不來

二十八日燭下澹公校畢黃蕘薇館印記十一月廿五日校畢

一一二　思益堂日札五卷

清周壽昌撰　　清抄本　　清葉廷琯校並跋

　　此帙經葉廷琯手校，有跋云："咸豐丁巳（1857）夏，胡君心耘自都門歸，携此書寫本見示，録副藏之。其書略倣《容齋隨筆》，合説部雜家類體裁，但有五卷，似猶未竟之作也。書中記載頗足資考證而助譚議，間有舛誤處，就余所知，爲之參訂。"又有同治二年（1863）許康甫手跋。封面有夢畹生手題書名，夢畹生即黄協塤，字式權，夢畹其號，南匯人，曾任《申報》總主筆多年。按是書有清光緒間《申報館叢書》排印本，即據此爲底本，凡此本中葉氏校正之處，排印本多照改。本書另有光緒刻十卷本，卷次與此本互異不少，當另有所據。

　　葉廷琯（1792—1868），字愛棠，號調生，又號苕生，晚號十如老人，吴縣人。諸生，候選訓導。閉門勘書不倦，著有《吹網録》、《鷗陂漁話》、《㯢花盦詩》等。

　　鈐有"調生"、"小石林"、"調生手斠"、"許等身印"、"康甫"、"夢畹生"等印。今藏上海圖書館。（林寧）

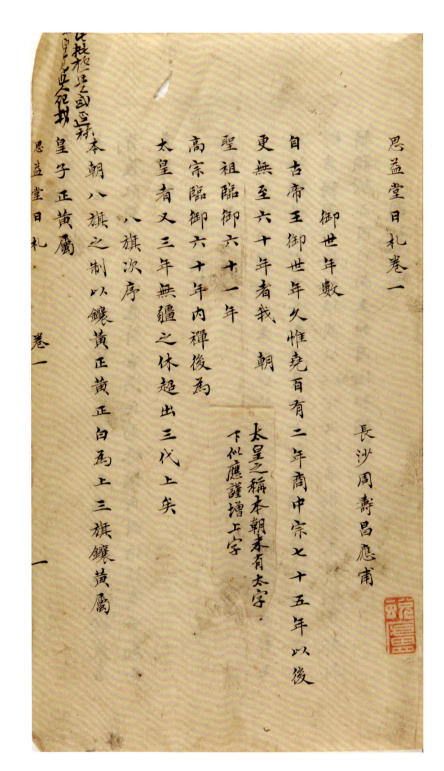

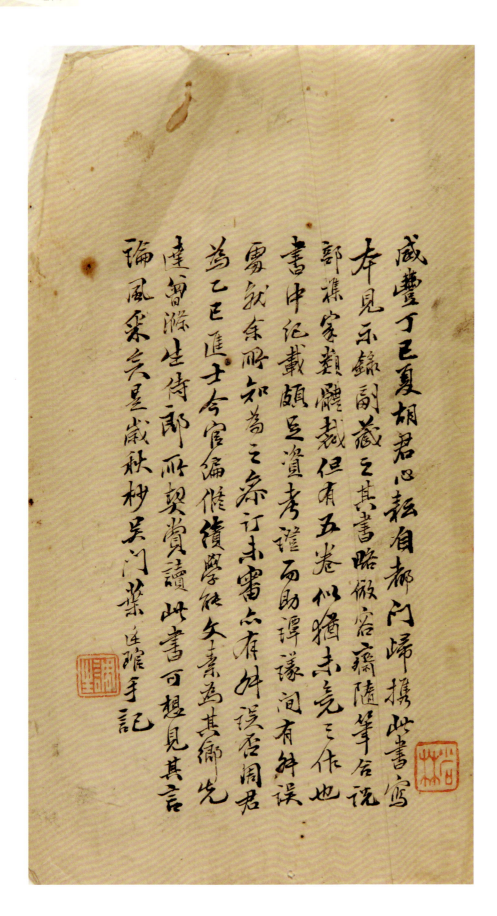

咸豐丁巳夏胡君心耘自都門歸攜此書寫
本見示錄副藏之其書略倣容齋隨筆合說
部襍家類體裁但有五卷似猶未完之作也
書中紀載頗足資考證而助譚謔間有舛誤
雖敕余辨知為之條訂未審必有舛誤否開君
為乙巳進士今官編修續學能文素為其鄉先
達曾滌生侍郎所契賞讀此書可想見其言
論風采矣是歲秋抄吳門葉廷琯手記

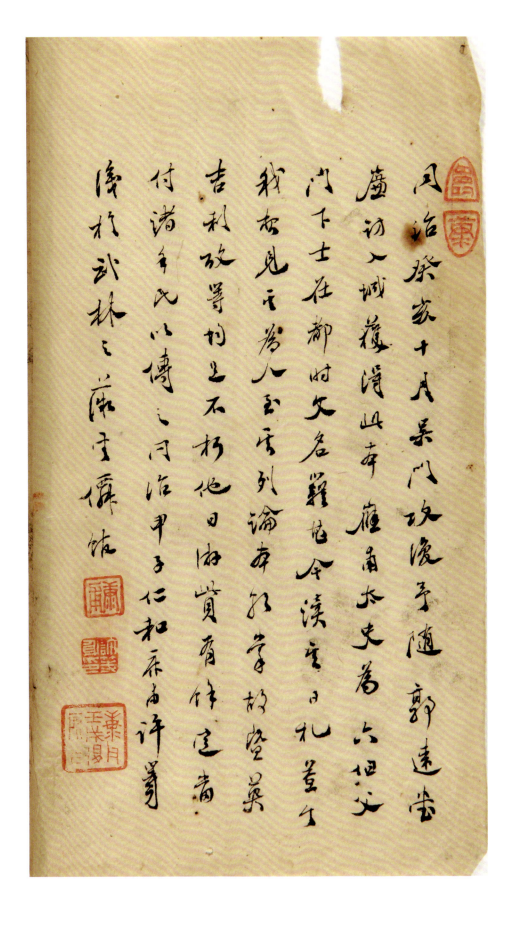

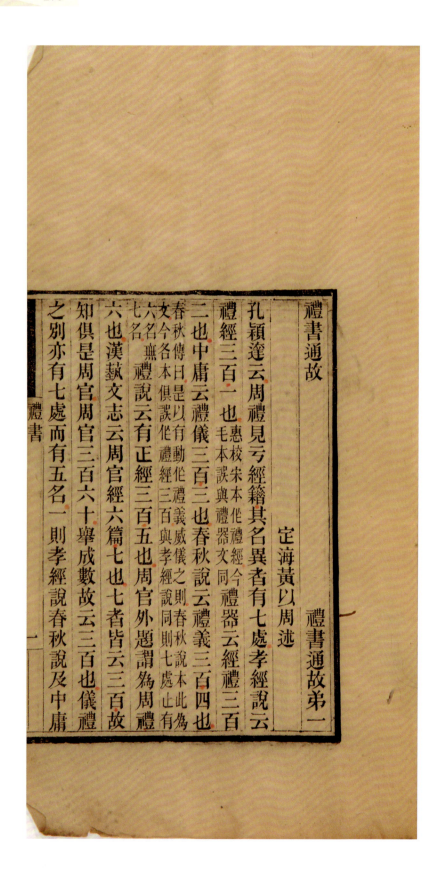

一一三　禮書通故五十卷

清黃以周撰　　清光緒十九年黃氏試館
刻初印本　清黃以周校並跋

　　是書草創於咸豐十年（1860），光緒
四年（1878）成稿。越十年刊於黃氏試館，
十九年（1893）刻竣。據黃氏子家鷟、家
驥所輯《禮書通故校文》，本書有原稿、
初印、重修、後定之別。重修本沿用舊版，
與初印本文字略異。原稿、後定本難覓蹤
跡，賴《校文》得窺其概貌。此初印本，
存四十七卷，爲卷一至四十七，闕末《禮
節圖》、《名物圖》、《敘目》三卷。通
篇經黃氏以朱筆校，取對重修本，多已照改。
又取《校文》核對，有重修本未改、後定
本照改者。末有戊戌閏三月初四日黃氏跋，
戊戌爲光緒二十四年（1898），在本書刻
成後五年。

　　黃以周（1828-1899），字元同，號儆
季，定海人。同治九年（1870）舉人，光緒
六年由大挑得教職，歷任遂昌、海寧、於
潛縣訓導，選補分水訓導。以薦舉得中書銜，
特旨陞用處州府學教授。晚年主講南菁書
院。著有《周易故訓訂》、《儆季雜著》等。

　　鈐有“楊寬贈書”等印，前有楊氏手
跋一通，附手書《禮書通故目次》一葉。
今藏上海圖書館。（徐瀟立）

賓牢及大夫相食之禮聘禮所云公亏賓壹亏再饗大

夫亏賓壹饗壹食是也此外又有饗食玉藻所云諸禮

食是也樂記言食三老五更袒而割牲執醬而餽執爵

而酳冕而總干此不親割不設樂執醬而不執籩益食

禮之中亦有隆殺焉

萬斯大云食視饗饗為輕食廷堪云食重亏饗食公自

為主人食宰夫為主人食禮有幣饗禮無幣食行亏廟

饗行亏寢食牲用太牢饗牲用狗以周案饗說是食以

飯為主三牲具設酒而不歆饗以歆為主有折俎而無

飯　亏廟學子

又案士相見礼士見大夫當為臣者
莫摯再拜主人荅壹拜士大夫始
見亏君莫摯再拜稽首君荅壹拜
此再拜為莫摯常礼君以始見不純
臣故荅壹拜以示不敢當再之義此別
一例

禮無不再拜稽首者且旣下拜矣又何獨不遵再拜稽
首之禮乎經不言者可知矣下文自酳兩言再拜稽首
獻酳禮均則此登空獨异以周案凡荅拜視先拜者獻
酳之倒皆一拜此主人獻公其拜受薟拜卒薟皆君為
政君可循獻禮之常故一拜主人自酳亏公其拜尊薟
拜卒薟皆臣為政臣不可居賓主之禮故再拜稽首獻
之荅君亦一拜酳之荅臣亦再拜荅禮然也
鄭[元]云薟觚亏賓薟送也讀或為揚揚舉也今文薟皆
佗騰賈公彥云揚訓為舉義勝亏薟送故讀從之騰亦
送義敬繼公云騰字似優騰猶揚也觚當佗斛以周案
一燅饗

六

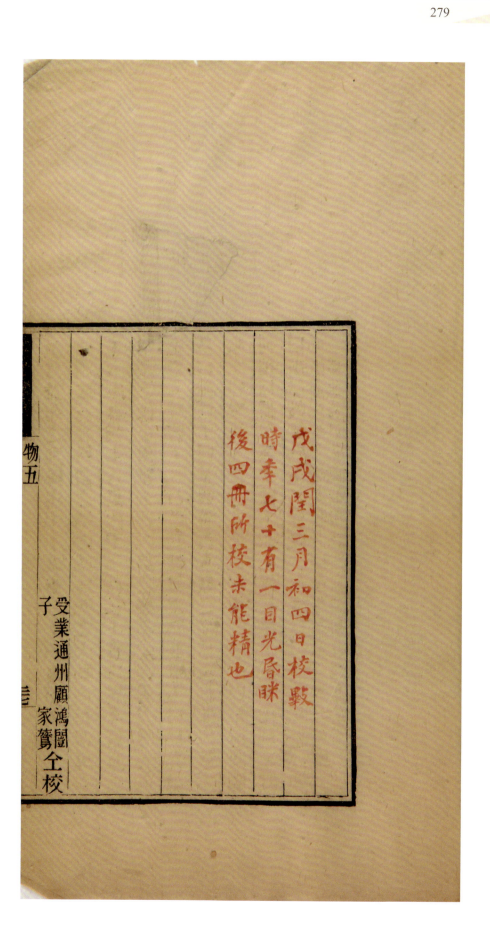

戊戌閏三月初四日校畢
時年七十有一目光昏眛
後四冊所校未能精也

物
五

受業通州顧鴻闓
子　　　家簹仝校

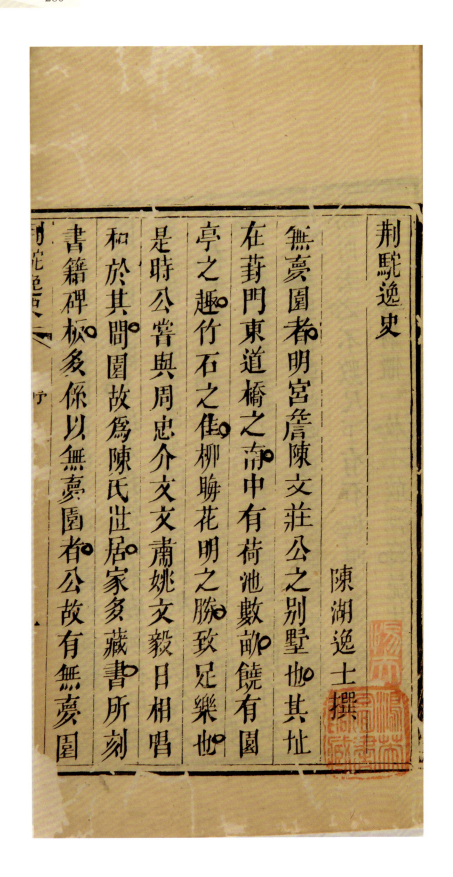

一一四　**荆駝逸史五十三種**

題清陳湖逸士輯　　清刻本　　清李超瓊
批　清王韜校並跋

此本存二種：《三朝野紀》五卷（存
一至四、七；五、六原缺）；《東林事畧》
三卷。有王韜跋，云此近時重鐫之本，校
以通行本，目録次序前後倒置，缺《行朝
録》、《子遺録》、《榆林城守紀畧》、《保
定城守紀畧》、《弘光朝偽東宮偽后》及《黨
禍紀畧》（合一種）、《揚州城守紀畧》六種，
多《平臺紀畧》一種。又有李超瓊批語並
題識。

王韜（1828-1897），初名利賓，字紫銓，
號仲弢，晚號弢園老民、天南遯叟，長洲人。
初受僱於墨海書館，後遊歷英、法、俄諸國，
歸國後創辦《循環日報》，晚年任《申報》
編輯及格致書院山長，著有《弢園文録外
編》、《淞隱漫録》、《普法戰記》等。

李超瓊（1846-1909），字紫璈，又字
惕夫，號石船，合江人。光緒五年（1879）
舉人，以優貢出佐戎幕，保知縣，分發江
蘇歷任各縣。有政聲，卒於官。

鈐有“惕夫”、“超瓊”、“子翰”等印。
鴻英圖書館舊藏，今藏上海圖書館。（陳雷）

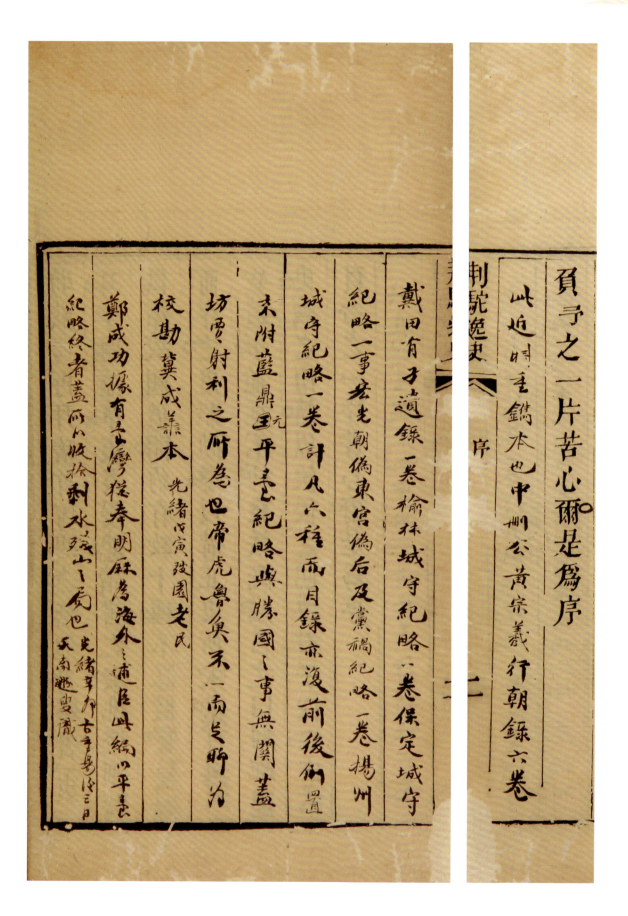

頁予之一片苦心爾是為序

此近時重鑄本也中冊公黃宗羲行朝錄六卷

制虜逸史　序　二

戴田有子遺錄一卷榆林城守紀略

紀略一事宏光朝僞東宮僞后及黨禍紀略一卷揚州

城守紀略一卷計凡六種而目錄亦復前後倒置

末附藍鼎元平臺紀略與勝國之事無關蓋

坊賈射利之所為也帝虎魯魚不一而足聊為

校勘冀成善本　光緒丙寅孟陬園老民

鄭成功據有臺灣猶奉明麻曆海外之遺民此編以平臺

紀略終者蓋所以收拾剩水殘山一隅也　光緒辛卯古平旦後三日天南遯叟識

《荊駝逸史》序後王韜手跋

袁崇焕曾阿諛逆阉
为之请祠气节已丧
何能任重致远且李
張其頍純是虛偽阉
許譽聊之言侯益甚
何用墨君之術安得成
功是蛤經小人耳雖望
後视祸由割我
朝用间案点罪因當
謀也

并驪選吏

不一必須吏兵二部俱應臣手所當用之人

卽為選授不當用者勿為濫推上卽召吏部

尚書王永光兵部尚書王在晉諭以崇煥意

崇煥又奏以臣之力制東口而有餘調衆口

而不足一出國便成萬里忌功娼能夫豈無

人卽凛于皇上法度不以權挈臣之肘亦能

以意亂臣之方署上起立佇聽久之壽論曰

卿徐奏井井不必過慮朕自有主持閣臣劉

李超瓊批語

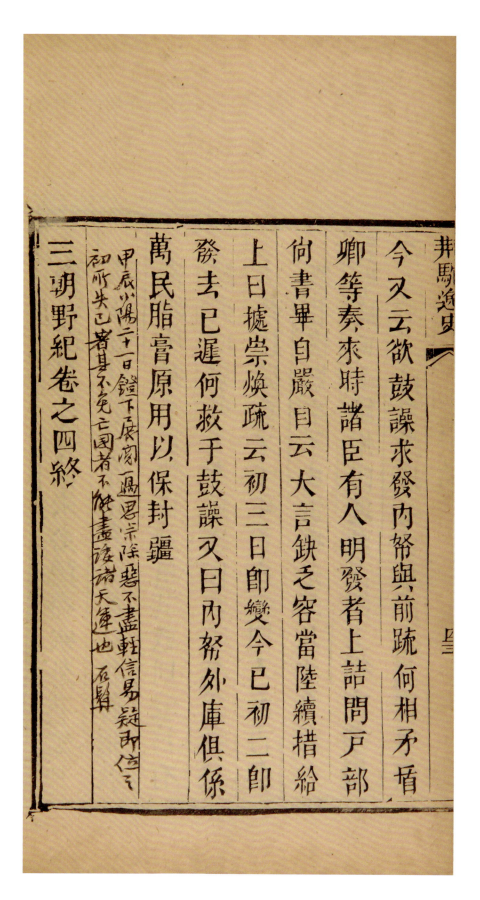

井蛙遺史

今又云欲鼓譟求發內帑與前疏何相矛盾

卿等奏求時諸臣有人明發者上詰問戶部

何書畢自嚴目云大言缺乏容當陸續措給

上曰攄崇煥疏云初三日即變今已初二卽

發去已遲何救于鼓譟又曰內帑外庫俱係

萬民脂膏原用以保封疆

三朝野紀卷之四終

甲辰小陽二十日鐙下展閱一遍思宗除惡
不盡輕信易疑所信之
初所共己著其不免亡國者不惟盡誅諸
天運也石鬃

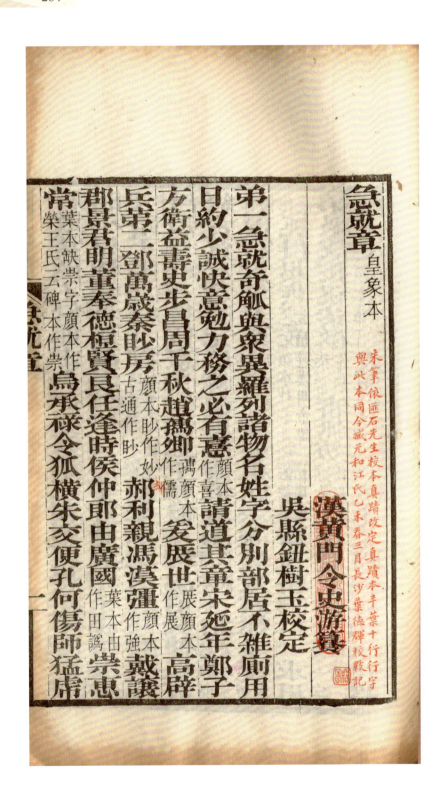

一一五　急就章一卷

漢史游撰　　清鈕樹玉校定　　清光緒吳
縣潘氏刻功順堂叢書本　　葉德輝校

　　此本經葉氏朱筆校，可補正刻本之缺
誤。卷端有葉氏跋云："朱筆依匪石先生
校本真跡改定，真跡本半葉十行，行字與
此本同，今藏元和江氏。"末署乙未春三月，
乙未爲光緒二十一年（1895）。

　　葉德輝（1864-1927），字奐彬、奐份，
號直山，又號郋園，湘潭人。光緒十八年
（1892）進士。養親居家，精研經義、文
字之學，旁及星命、醫術、堪輿。於目録
版本之學最爲嫻熟，著有《書林清話》、《郋
園讀書志》、《觀古堂藏書目》等。

　　鈐有"奐份審定"等印。今藏華東師
範大學圖書館。（韓進）

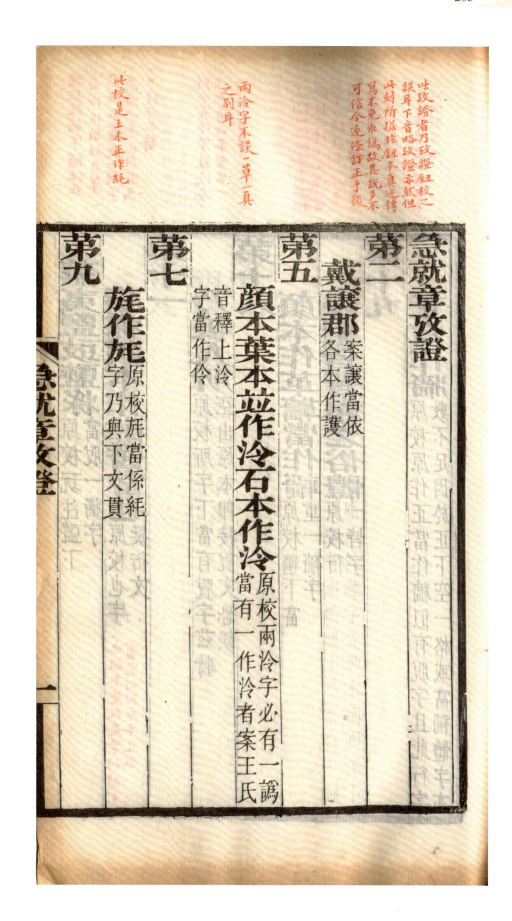

此玫證者乃玫證鈕校之誤耳下音略玫證亦然但

此刻所據非鈕本真迹傳寫不免乖誤故其說多不

可信今逐條訂正于後

雨泠字不誤一草一真之別耳

此校是主本正作純

念就章玫證

第二

戴讓郡　案讓當依

各本作護

第五

顏本葉本並作泠石本作泠　當有一作泠者案王氏

字當作伶

音釋上泠

第七

字當作伶

第九

旄作旄　原校旄當係純英語文旄字乃與下文貫

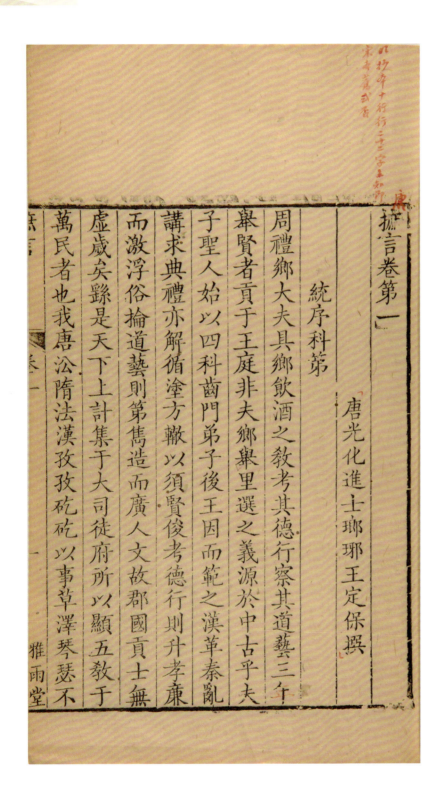

一一六　摭言十五卷

五代王定保撰　　清乾隆二十一年盧見曾刻《雅雨堂叢書》本　李祖年校

　　是帙存十卷，爲卷一至十，凡三册，經李祖年以明抄本校。李氏據校之明抄本今藏上圖，後有李氏題識曰"己未夏用雅雨堂本校讀一過"，所云"雅雨堂本"當即指此本。

　　李祖年（1869-1928），字摭臣，號紀堂，武進人。光緒二十年（1894）進士，改庶吉士，授文登知縣，歷官汾州知府。民國時任山西省財政廳廳長。輯刻有《聖譯樓叢書》，督修《文登縣志》、《益都縣圖志》。

　　鈐有"武進李祖年藏書之印"、"思潭校閱"等印。今藏上海圖書館。

　　上圖舊藏有是書李祖年手校殘本一册，存卷十一至十五，有己未年（1919）李氏跋，鈐有"思潭眼福"印，知與此本原爲一家眷屬，二者相配，可成完帙。（徐瀟立）

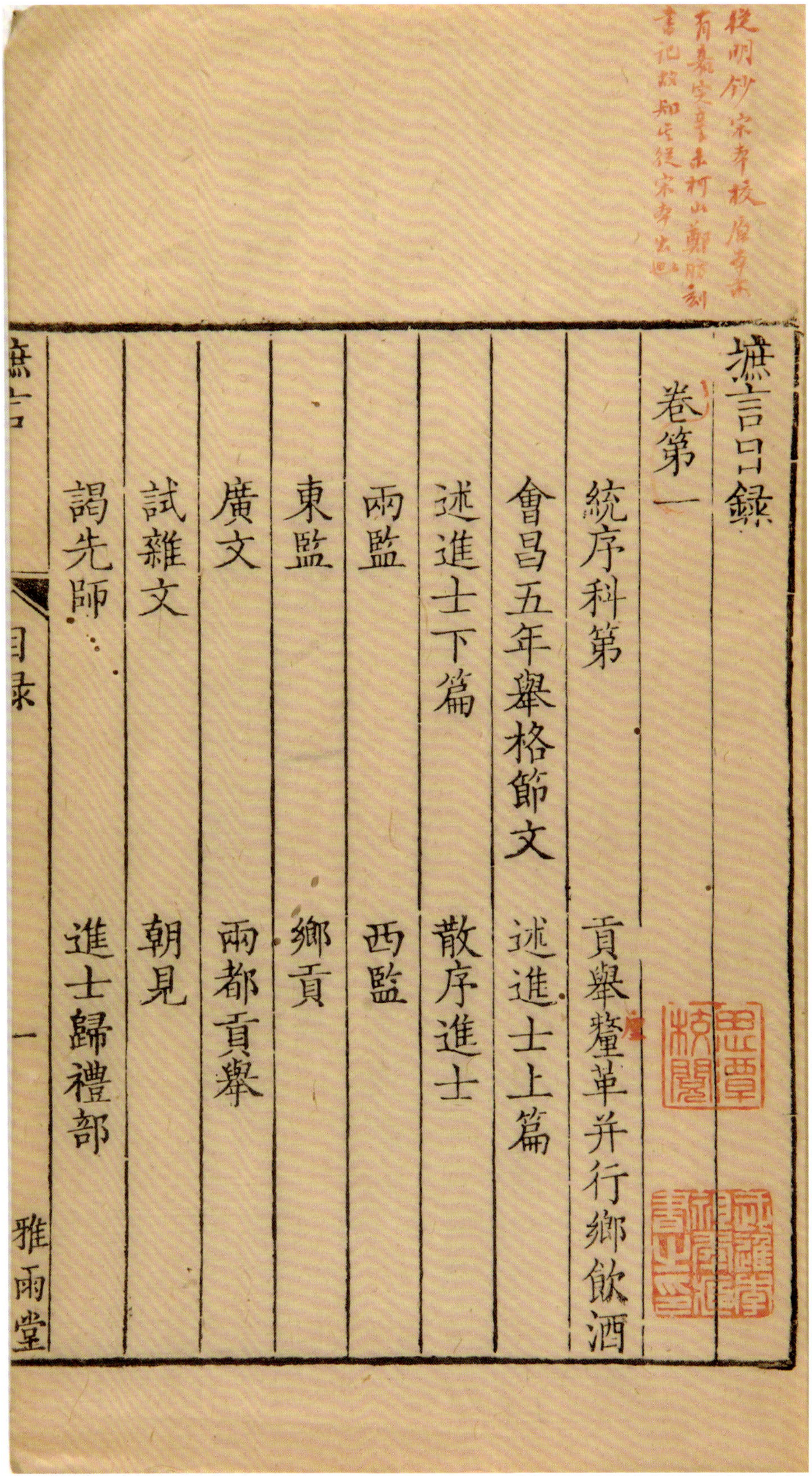

從明鈔宋本校原本末
有嘉定辛未柯山鄭昉刻
書記故知是從宋本出也

摭言目録

卷第一

統序科第　貢舉釐革并行鄉飲酒

會昌五年舉格節文　述進士上篇

述進士下篇　散序進士

兩監　西監

東監　鄉貢

廣文　兩都貢舉

試雜文　朝見

謁先師　進士歸禮部

摭言　目録　一　雅雨堂

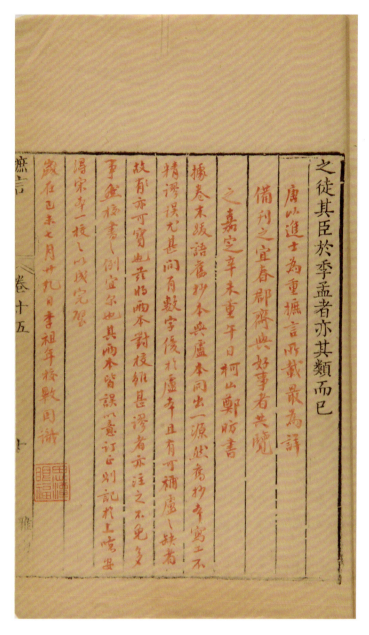

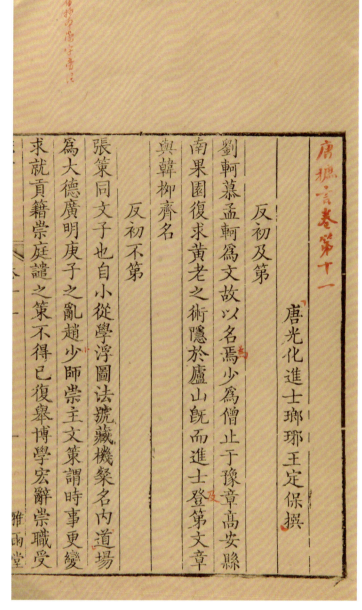

上海圖書館舊藏李祖年手校殘本卷末李氏跋　　　　上海圖書館舊藏李祖年手校殘本《摭言》卷端

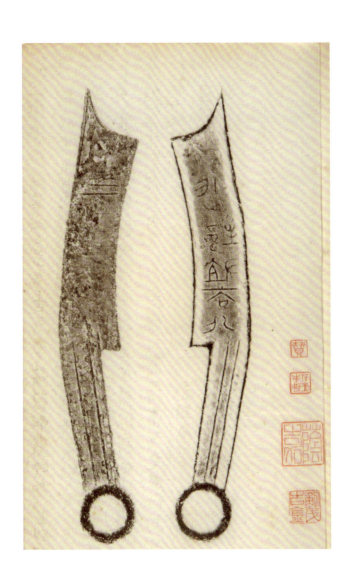
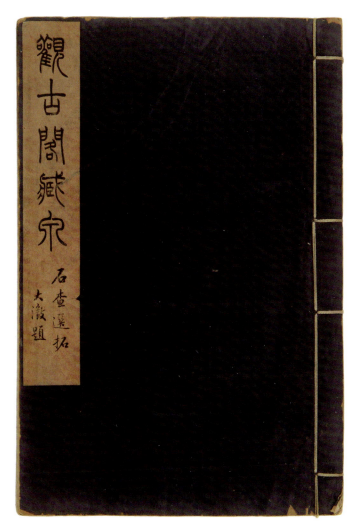

一一七　觀古閣藏泉不分卷

清鮑康藏　清胡義贊拓本

此本爲同治十二年（1873）胡義贊借鮑康所藏泉幣彙拓而成，共五册，計刀幣一册，布幣一册，圜錢（含新莽刀、布及花錢等）三册。所録錢幣上起先秦，下至明末，其中如"第五重四兩"權錢、"魚陽"三孔布等俱罕見之品。所收鐵錢、鉛錢拓片於錢孔中鈐"鐵"、"鉛"小印以標示之。每册書衣均有吳大澂題簽。前有鮑康、吳大澂、潘曾綬手跋，並附潘氏手札一通，卷中夾有蔣清翊跋一葉，末有潘祖蔭及近人羅伯昭手跋。

鮑康（1810-？），字子年，號臆園，歙縣人。道光十九年（1839）舉人，官至四川夔州知府。生平癖嗜泉幣，弄藏甚富，與李佐賢、劉喜海等過從甚密，互出所藏相質證。有《皇朝謚法考》、《觀古閣泉説》、《觀古閣叢稿》等。

鈐有"子年藏泉之印"、"鮑氏吉金"、"石查手拓"、"胡義贊印"、"蔭嘉"、"王氏二十八宿研齋祕笈之印"、"巴縣羅氏所藏"等印。今藏上海圖書館。（沈從文）

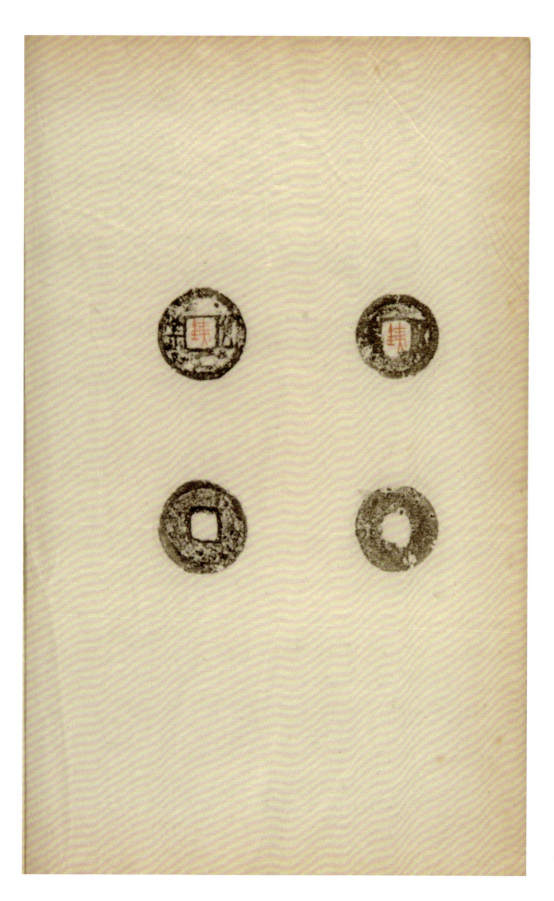

"五金"鐵錢，拓片錢孔中鈐"銕"字小印

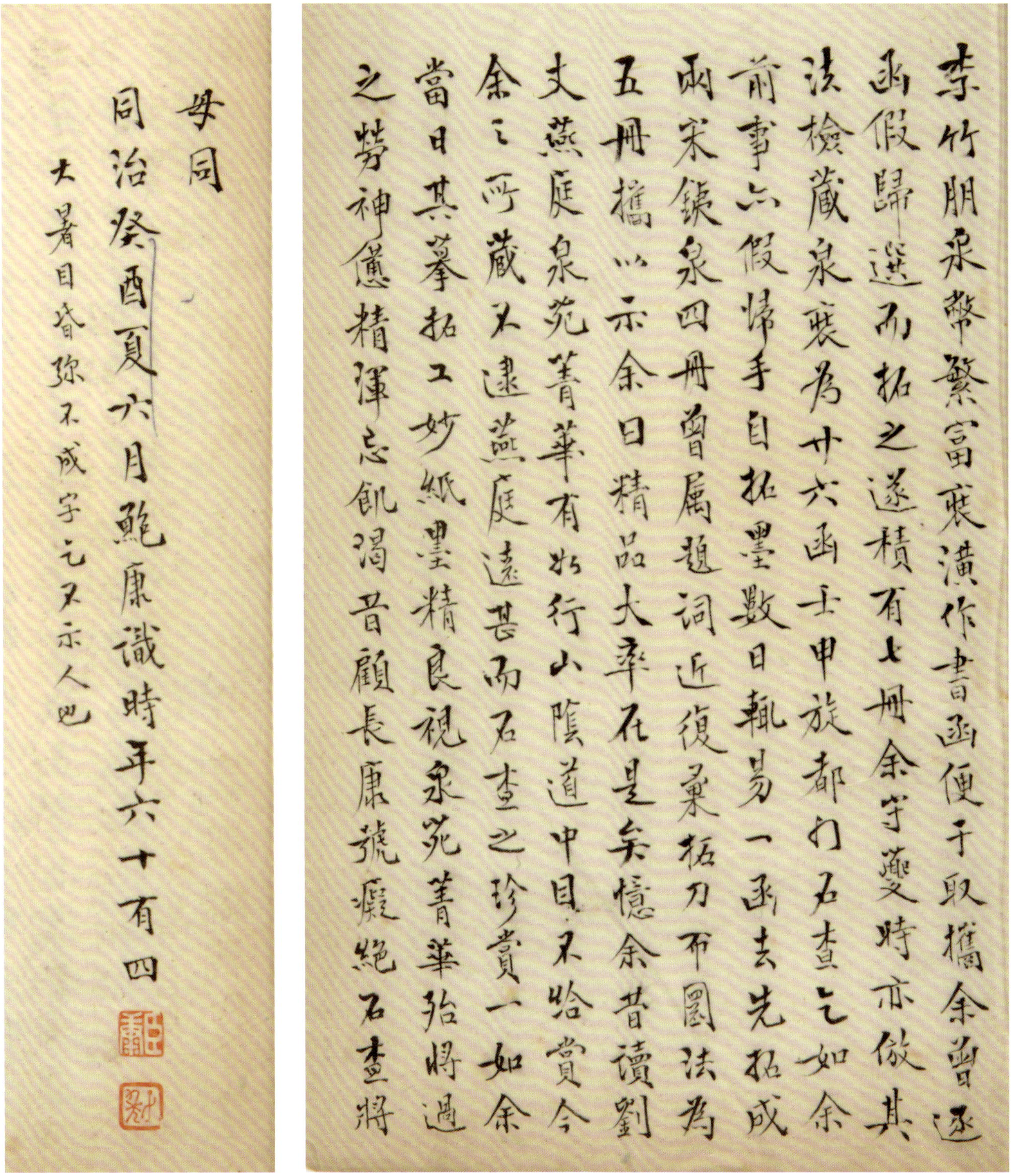
李竹朋泉幣繁富裝潢作書函便于取攜余曾逐函假歸選而拓之遂積有七冊余守夔時亦倣其法檢藏泉裝爲廿六函壬申旋都石查之如余前事亦假歸手自拓墨數日輒易一函去先拓成兩宋錢泉四冊曾屬題詞近復彙拓刀布圜法爲五冊攜以示余曰精品大率在是矣憶余昔讀劉丈燕庭泉苑菁華有於行山陰道中目不給賞今余之所藏不逮燕庭遠甚而石查之珍賞一如余當日其搴拓工妙紙墨精良視泉苑菁華殆將過之勞神殫精渾忘飢渴昔顧長康號癡絕石查將毋同

同治癸酉夏六月鮑康識時年六十有四

大暑目昏殊不成字乞勿示人也

鮑康跋

吾吳富古泉者乙石氏爲最富浸影彈疆圖顧氏余十八
九歲時即喜拓古泉曾假湘舟顧先生家藏泉拓數百種
藏吳中者藏古泉大澤其精者手拓此卷拓一泉
以形浸黃積有五印百葉圖泉多乃幾此石氏泉拓先出
見艾甫卑此寰燈下火片紙森拓本歲貽大卷觀察
近示所藏古泉富于顧氏遂集余與石櫃農韶博觀
笠舸余紗拓乃幾而圖泉此精美者閒大拵此石櫃影
森所不好拓名精且課爲岢欠所不隸纏諮篆書古
乃冣此岐陽周鼓彝新穙如農量不可乃類籀
泉漱傳真偽慬近員頁暨一二印出可寶賞乙乃幾文
字觀此疑省戰國時物與三代藜皿器穙穙穙形字畫

一變而絕經篆楉恣多奇古可喜跡論如秦印齊匹如相
孚強來川篆諮此而開戴乃節公所謂未變不足觀
乃變而不足觀揮幾冨可觀也篆圖泉中此貲此先莊
乃幾乙肯直與鍾泉文身此重石櫃所藏貲三北積久
北亘十餘品此品多乃卒觀察大藜爲不及毛泉形品不
可拓變幾乙石櫃所藏此與是無合爲一錄不雲
滙成一大觀嫩同治癸酉閏此巳吳大澂識

吳大澂跋

癖古泉者如劉燕庭劉青園戴醇士吳子苾呂
堯仙皆余舊交今故人零落黑已慨然近往京師者惟
鮑子年觀察蓄泉最富石查好古多聞此前此癖
其鄉曾拓一種尤稱絕技此五冊皆觀古閣所藏假歸自
拓與原拓無二日長夏無事偶一展玩已銷十餘紅十丈矣
同治甲戌夏四月六十五老人潘苦後識

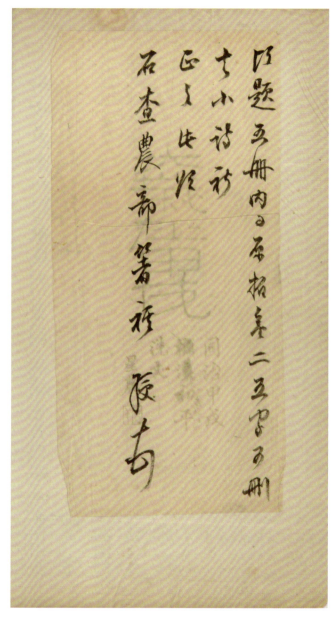

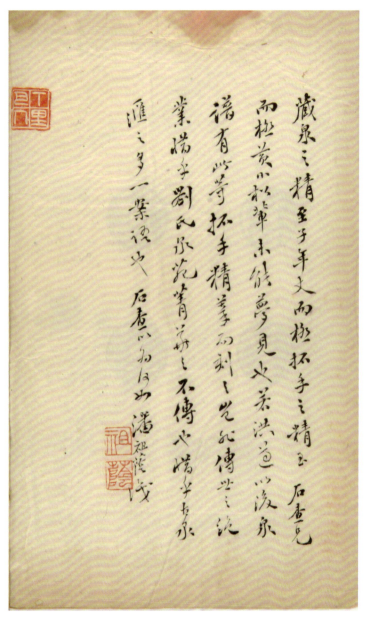

潘祖蔭跋

潘曾綬致胡義贊手札

一一八　吉金款識不分卷

清陳介祺輯　清拓本

　　此爲陳介祺輯所藏金石銘文拓片而成，
共十冊。外函題籤"吉金款識，陳簠齋輯本，
端匋齋所藏，王福盦標目，汪伯唐珍弆"，
首冊卷前粘簽題"十冊，共叁佰貳十貳器"。
所録以鐘鼎彝器銘文爲主，間有兵器、錢
幣、造像、鏡、燈、玉器、陶器、磚瓦等，
多不見於民國七年（1918）風雨樓影印本
《簠齋吉金録》。個別拓片有陳氏手識，
所記年月早至道光二十七年丁未（1847），
晚至光緒十年甲申（1884）。各葉有王禔
手書標目，並據吳式芬、吳大澂、羅振玉
等諸家著録考訂異同。

　　陳介祺（1813-1884），字壽卿，號簠齋，
濰縣人。道光二十五年（1845）進士，授編修。
嗜金石之學，收藏甲海內，藏品中毛公鼎
等尤爲著名，考訂三代文字頗有心得。有《簠
齋吉金録》、《十鐘山房印舉》等。

　　鈐有"陶齋金石文字"等印。今藏上
海圖書館。（沈從文）

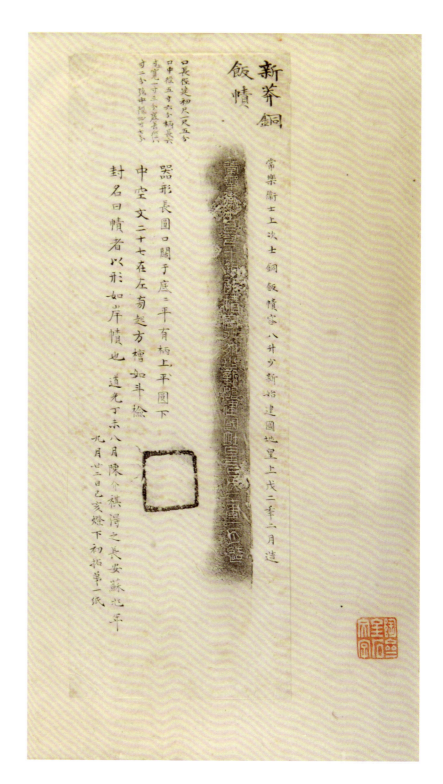

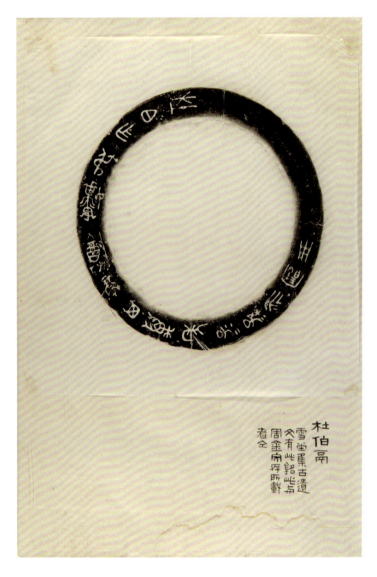

王禔標目

陳介祺題識

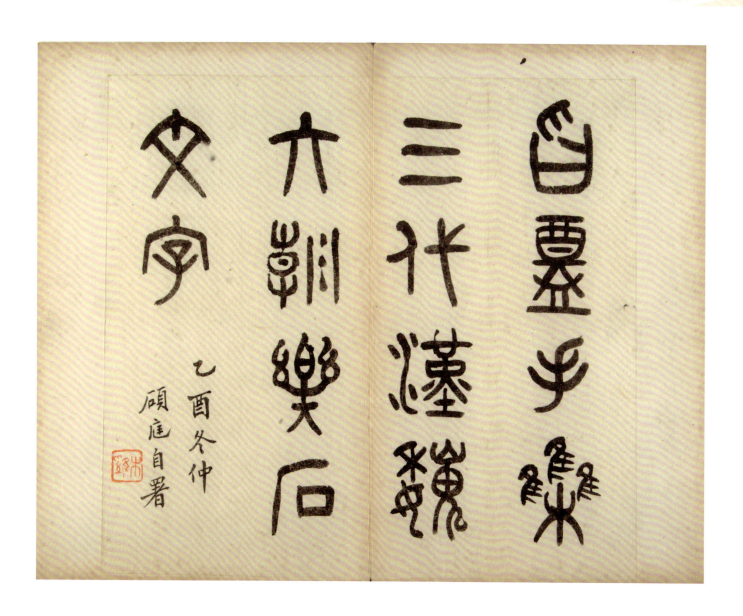

一一九　笏盦手集三代漢魏六朝樂石文字不分卷

清潘志萬輯　清拓本

　　此册爲潘志萬輯所藏陶器、磚瓦、錢範、造像等文字拓片而成，每種均鈐有"志萬"小印，封面、內封有潘氏題籤。有江標、王祖錫、吳俊卿等考釋、題識，末有江標跋。其中如魏景元、吳赤烏、建衡、天册、天紀、晉咸和等磚文及北魏比丘惠暉造象、北齊張始興造像、唐蘇檢造磚像等已載入潘氏《金石補編》。

　　潘志萬（1849—1899），字子俣，號碩庭，又號笏盦，吳縣人。介繁子。諸生，議敍主事銜。喜鈔書，多藏碑版。著有《金石補編》、《笏庵詩輯》等。

　　鈐有"志萬"、"碩庭珍藏"、"碩庭所得金石文字"、"江標經眼"、"江郎文字"、"祖錫"、"王二朗"、"夢麔"、"吳俊之印"、"倉碩"等印。今藏上海圖書館。（沈從文）

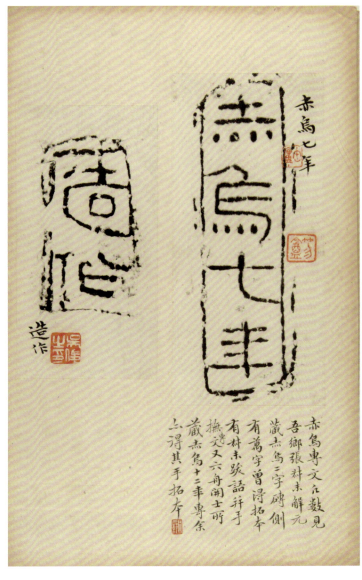

江標考釋

吳"赤烏七年"、"造作"磚，王禮錫題識，吳俊卿釋文

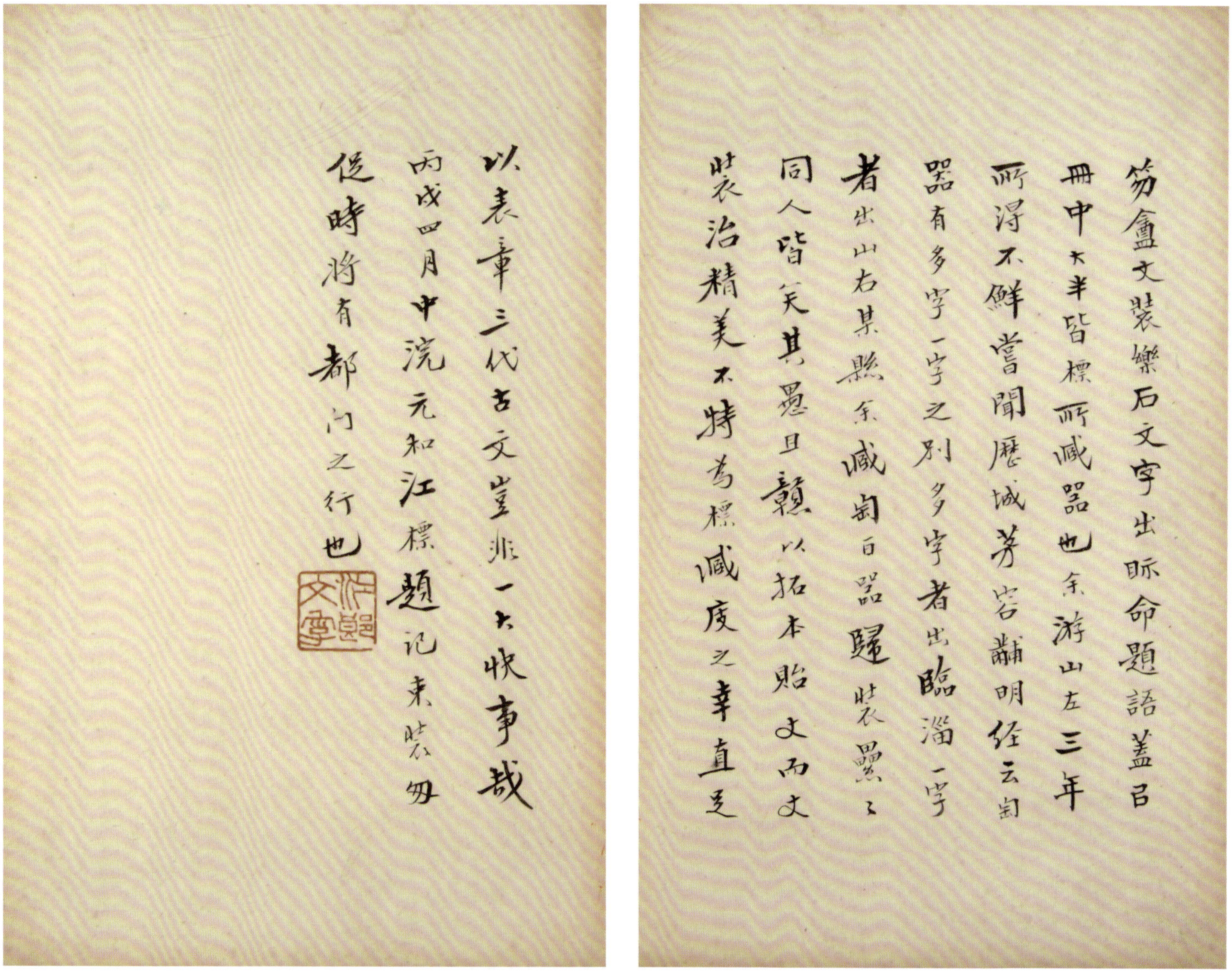

笢盒文裝樂石文字出晬命題語蓋呂
冊中大半皆標所贶器也余游山左三年
所得不鮮嘗聞歷城芳岩蘁明经云岣
器有多字一字之別多字者出臨淄一字
者出山右某縣余贶岣曰器蘁岥裝岥
同人皆笑其愚且顛以拓本貼文而文
裝治精美不特為標贶度之幸直是

以表章三代古文豈非一大快事哉
丙戌四月中浣元和江標題記束紫鄫
侭時將有都门之行也

一二〇 歸鶴圖一卷

鄭文焯寫　繪本

鄭文焯（1856-1918），字俊臣，號小坡，又號叔問、鶴道人，奉天鐵嶺人。光緒元年（1875）應順天鄉試恩科，中舉人。屢赴會試不售，遂絕意進取，幽居姑蘇，致力於詩詞書畫。辛亥年後，以遺老自命，鬻畫行醫自給。著有《大鶴山人詩集》、《瘦碧詞》、《冷紅詞》、《比竹餘音》、《樵風樂府》、《苕雅餘集》、《詞原斠律》等。

此卷有鄭氏題耑，署"商橫掩漠之歲（宣統庚戌，1910）仲春既望"，次鄭氏手跋云："彊邨（朱祖謀）老友以余有鶴癖，又所營涇上據水石之勝，爲致一華亭鶴，放之林下，屬寫是圖，並題一解以報之。"次鄭氏題《祭天神》詞一首。畫心高12.5厘米，寬31厘米。有鄭氏題云："歸鶴圖，寫似彊邨先生。"次諸宗元、潘之博、趙熙、陳衍、羅惇曧、林紓、冒廣生、曾習經、楊增犖、王式通、夏敬觀、陳三立題詩。

鈐有"高密"、"大鶴天隱者"、"冷紅詞客"、"鶴道人"、"鶴語"等印。今藏上海圖書館。（仲威）

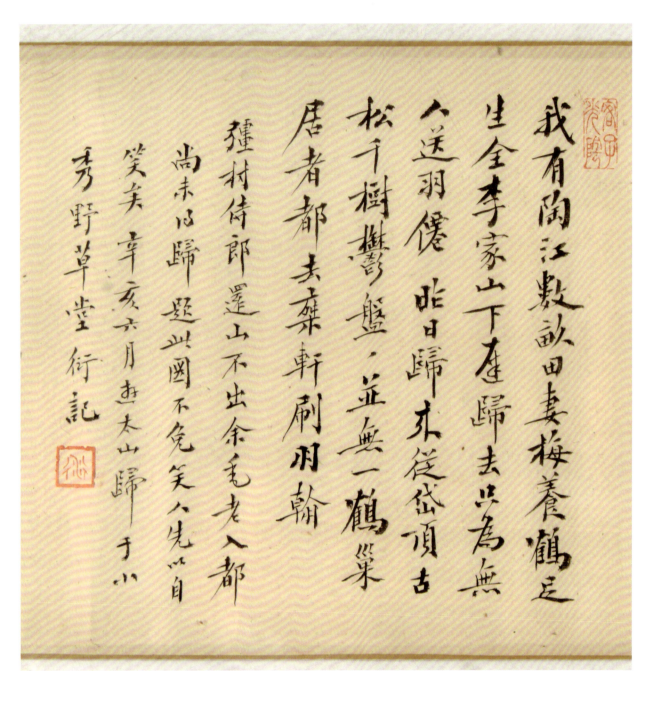

我有陶江數畝田妻梅養鶴足
生全李家山下產歸去此為無
人送羽儀 昨日歸亦從岱頂古
松千樹鬱盤一並無一鶴巢
居者都去蔡軒刷羽翰
殭村侍郎遷山不出余毛老人都
尚未必歸 題此圖不免笑人先以自
笑矣 辛亥六月逃太山歸于小
秀野草堂衍記

嗜鶴非圖仙己老在情兩翰一日亥乘軒道
素葆則難疆邨盛詞筆時筆姜失看
槍鶴未吳興編竹成鶴闌綠陰崢角巾
莫審為朝官我道莊塢佳靈芝被巖岙
萬里入修竹巖下多風立園以此家呈鶴巢
且企澗藥老友榆園翁竹屋子瑯軒小軒
飼二鶴郎血日垂竿軒散鶴亦泖里之滸
亦歎嗜疆邨老萬事浮雲看无暇任
稱瑜石瘠寧指瘢但抱水雲心不於賣
冠我意經匝越膝概推眼寄請君抱鶴

歸放之雙峰端籠　敬題

疆邨先生歸鶴圖　林紓未呈草

　　　　　　　時筆姜尖看　看字被易作全碧輝檀藥以
　　　　　　　先生詞宗夢窗也

〔印〕

挂口奇禽今安在空留毫

端影江湖不恐鼠軍爺

欄柵公掠糧粒涎雪膚人

生負手視劫運辟世辟地

何賢愚夢中高天終照

眼芇藹霞嶠將其雛且翻

新拍作孤峽芋湯滌惡抱

傾酒壺

彊邨同年正句

壬子九月陳三立

我羈海角君吳邊但見蹀躞
疲泥塗相逢買飯救餒腹無
告哀念亂無復娛茲來有悟
圍卅同乘興筆述王翁語
絕餘想猥齷補詠歸鶴圍此
趣向殊爾時已遠昇平世
猶堪韻事追林連天綱
日墾九維坼條急揖讓移
征誅異人驕子滿宇宙瞠
目咋舌成囁嚅稼苗躁踐
豹虎過煙火慘澹雜犬豬

下　編／工作總結

致力於中華典籍保護的上海圖書館

在上海圖書館現藏 5500 餘萬册（件）中外文獻中，170 萬册古籍是館藏文獻的重要組成部分。上海圖書館古籍收藏來源主要有三：一是政府調撥，二是各方捐贈，三是自行採購。1958 年 "四館合併" 後，特別是原上海歷史文獻圖書館的加盟，極大地充實和提高了館藏古籍的數量與質量。館藏古籍文獻計有古籍圖書、碑帖、名人尺牘、晚清名人檔案四大部分。經過六十餘年的文獻資源建設，本館古籍文獻形成了時間跨度大、珍本數量多、結構豐富、專題特色顯著的綜合性優勢，構築了本館在國内外圖書館地位與服務的重要基礎。2007 年國務院頒發《關於進一步加强古籍保護工作的意見》之後，我們努力貫徹 "保護爲主，搶救第一，合理利用，加强管理" 的方針，十年來上海圖書館在古籍保護工作中取得了豐碩的成果。

一、履行職責：協調全市古籍保護工作

從 2007 年 3 月開始，在上海市文化廣播影視管理局的指導下，上海地區的古籍保護工作相繼展開。上海圖書館承擔了上海市古籍保護中心（籌）的職能，配合國家古籍保護中心先期開展了專家考察調研，組織本市有關單位人員參與古籍普查、鑒定、修復等各類培訓班，召開工作會議以統一思想。

2008 年 10 月 9 日，經上海市人民政府批准，上海市古籍保護中心在上海圖書館揭牌，由上海圖書館負責履行指導、協調全市古籍收藏單位開展古籍普查、登記、評估、培訓、研究、宣傳等工作，標誌着上海古籍保護工作建立了專門工作機構，確保了本市古籍保護工作的有序開展。本館爲此確立了以館長爲中心主任，分管副館長、業務處處長、歷史文獻中心主任爲中心副主任的工作機構，在歷史文獻中心設置上海市古籍保護中心辦公室作爲日常辦事部門，聘請各界文獻專家組建了上海市古籍保護專家委員會。

十年來，上海圖書館在完成本館的古籍保護工作的同時，投入許多人力、財力組織本市各古籍收藏單位開展了一系列工作，有力地促進了 "中華古籍保護計畫" 在本市的實施。上海市古籍保護中心辦公室在協調中，除佈置國家保護中心的工作任務，調研和督查各成員單位的古籍保護工作進展，組織各單位參加人員培訓、數據上傳、古籍展覽外，着力完成了以下工作：

1. 珍貴古籍評審

組織開展《國家珍貴古籍名録》和《上海市珍貴古籍名録》的申報與評審。十年來共完成六批上海市各成員單位的1473 種古籍入選《上海市珍貴古籍名録》，在此基礎上推薦申報《國家珍貴古籍名録》。現本市共有 913 種古籍列入《國家珍貴古籍名録》。

2. 保護單位審定

組織專家現場考察古籍收藏單位，審定"上海市古籍重點保護單位"申請材料，現共有 9 家單位評審通過，頒發了"上海市古籍重點保護單位"銘牌，初步建立了本市古籍收藏保障機制。

3. 開展修復競賽

本館策劃的"上海市古籍修復技能競賽"從 2011 年啟動，每兩年一次，已成功舉辦三屆。這項國内的創新舉措旨在促進上海地區四十歲以下的年輕古籍修復人員愛崗敬業，以賽促學，傳承修復技藝。每次競賽總結會均由專家現場評點，共同切磋提高。

4. 推動學術研究

通過召集各單位的專家舉行專題學術研討會和圖書出版首發座談會，共同研究古籍的整理、出版與館藏建設。我們曾舉行如"紀念'翁氏藏書'回歸十周年暨圖書館歷史文獻資源建設研討會"、"《長短經》影印出版首發暨翁氏藏書整理研究座談會"等。在 2013 年開展了"上海市古籍保護優秀成果獎"評選，經專家審定，本市各單位共有 15 種著作獲獎。

5. 組織專題展覽

爲了總結上海古籍保護工作的階段性成果，中心辦公室聯合本市各成員單位舉行了"功在當代，利澤千秋——上海市古籍保護工作成果展"（2009 年 6 月 11 日 –20 日），在紀念孔子誕辰 2561 年之際，組織本市七家古籍收藏單位在文廟尊經閣舉行了"儒家經典古籍善本展"，展品共 40 件，大都屬於國家一、二級古籍，其價值彌足珍貴。此外，作爲"國家珍貴古籍特展"的上海牽頭單位，每屆均由本館統一組團，派出專職保衛人員護送展品赴京。

二、古籍普查：注重整理未編文獻

國家古籍保護工作啟動之後，本館被文化部列爲首批古籍普查試點單位，並被列爲第一批"全國古籍重點保護單位"。本館爲此成立了古籍普查工作領導小組，通過舉行古籍普查研討會和調研，確立了以摸清家底、集中人力整理未編古籍爲重點的原則。在館所黨委領導下，主要開展了如下工作：

1. 開展古籍清點

2007 年 7 月 11 日，本館抽調人員正式啟動館藏古籍查庫清點。此項工作分兩階段實施，第一階段至 2008 年 1 月底，17 萬餘册善本清點完成，第二階段的一百餘萬册普通古籍歷時一年清點完畢，對已編目的實物古籍作了一次全面清理，摸清了歷史遺留問題。對於暫存於外圍書庫的未編古籍，由黨委書記帶領職能處室的黨員和幹部前往古籍堆放現場予以清點裝箱，數量達兩千餘箱，爲有計劃地在近十年中開展編目工作做好了前期準備。

2. 推進古籍編目

上海圖書館歷來重視對未編古籍的整理編目，從 1996 年新館落成之日起，啟動歷史文獻搶救工程，成立了家譜、碑帖、盛宣懷檔案項目組，開展專題文獻編目。2001 年在龍吳路書庫組織人力建立未編古籍清理組，專事古籍整理。在 2007 年已完成上架二十萬冊的基礎上，繼續推進本項工作，直到 2012 年共完成了四十萬冊古籍複本的整理上架。2009 年，歷史文獻中心抽調專業編目人員到龍吳路書庫駐點工作，對原藏徐家匯藏書樓的古籍進行編目，將這批珍貴的地方志和中國明末以來的天主教中文文獻作一次全面梳理，建立了數據庫，爲 2015 年 "中西文化交流研究資料中心" 的開放利用奠定了基礎。

本館的古籍普查工作堅持實事求是、腳踏實地的精神，以加強未編古籍編目爲重點抓手，連年堅持不懈地推進本項工作，並調整人力，充實編目人員，加大力度積極落實年度編目計畫。本館古籍普查組以年均四千種的進度埋首於故紙堆中，共完成編目 42000 餘種（包括家譜）。這是上海圖書館古籍保護工作最重要的階段性成果。

3. 完善古籍館藏

在編目的過程中，我們取得了一系列具有重要價值的古籍普查收獲，增補和完善了館藏。一是發現了一批價值較高的古籍版本。如《山堂先生群書考索》，爲元延祐七年（1320）圓沙書院刻明修本；明前期刻本《新刊古論精粹》爲各家書目所未載；明末刻本《六研齋筆記》（存二卷），爲《四庫全書》進呈本；清刻本《荊駝逸史》，有王韜手校並跋；還有稿本《論語異文疏證》，馮登府著，《靈護詩存》，惲毓齡著。二是整理出的部分古籍可補本館舊藏善本之缺。如新發現的清抄本《資治通鑑續編》首冊，爲序、例、目錄，卷一至二，恰好將本館舊藏配齊；清乾隆學者沈德潛編《杜詩選》稿本，本館舊藏上冊，2013 年清理出下冊得以配齊；清人汪曰楨《二十四史月日攷》未刊稿，2012 年發現了《舊五代史》、《遼史》部分二冊，將館藏二史配齊，2013 年又發現了《金史》卷一至三，卷十至卷十二，舊藏《金史》因此而配全，另外發現的《宋史》卷二十二至二十六，也配補了原藏的部分缺失。以上種種，不一而足，這些分離多年的古籍，在普查人員的手中終獲成完璧，令人深受鼓舞。

三、古籍研究：成果豐富人才輩出

在上海圖書館的古籍研究團隊中有一批水準高、影響大的專家。近十年來，他們埋頭苦幹，在古籍整理研究崗位上創下了一系列佳績，完成了多個國家重大項目，出版了多部著作。在古籍保護工作實踐中，培養了人才，實現了出人、出成果的目標。

1. 社科項目

近十年本館承擔和完成的國家與省部級科研項目有：國家清史編纂委員會檔案叢刊項目：《盛宣懷檔案資料長編》（2015年完成，以《盛宣懷檔案選編》結項）；《圖錄·上海圖書館藏清史文獻圖錄》（2008 年完成）；《中國家譜資料選編》（2013 年完成）。

國家社科基金項目：《中國家譜總目》（2008 年完成）；《中國少數民族家譜整理與研究》也列入上海市社科基金重大項目（2016 年完成）。

上海市社科基金項目：《上海歷史圖片資料搜集整理》（2015 年完成）。

本館作爲參與單位合作承擔的國家社科基金重大項目有《漢語基督教文獻書目的整理與研究》（在研中）；《上海圖書館藏明代古籍公文紙背文獻整理與研究》（在研中）。

2. 研究著作

上海圖書館的古籍研究成果還體現在豐富的個人著作方面。如梁穎著《説箋》（2007 年上海科學技術文獻出版社）；陳先行著《明清稿抄校本鑒定》（2009 年上海古籍出版社）；王鶴鳴著《中國家譜通論》（2011 年上海古籍出版社）；仲威著《碑帖鑒定概論》（2014 年上海古籍出版社）；郭立暄著《中國古籍原刻翻刻與初印後印研究》（2016 年中西書局）；胡堅著《清代順康雍三朝文字獄個案研究》（2016 年臺灣花木蘭出版社）等數十種。

3. 目録編撰

上海圖書館具有重視編纂古籍目録工具書的學術傳統和優勢。自顧廷龍先生主編《中國叢書綜録》、《中國古籍善本總目》之後，近十年出版的書目書志類圖書有《中國家譜總目》10 册（2008 年上海古籍出版社）；《中國古佚書輯本目録解題》（2009 年上海古籍出版社）；《中國古籍總目·史部》（2009 年中華書局、上海古籍出版社）；《善本碑帖過眼録》（2013 年文物出版社）。

4. 學術研討

本館在古籍保護工作實踐中注重理論的總結與研究，舉行了多次學術研討會。重要的會議有“中國家譜文獻價值及開發利用學術研討會”（2009 年）、“宋代雕版印刷研討會”（2010 年）、“中國人物文獻整理研究研討會”（2015 年）、“翁氏藏書與文獻學術研討會”（2016 年）等。

5. 獲獎榮譽

上海圖書館近十年的古籍研究成果，累計榮獲數十次各種獎項。如中國出版政府獎圖書獎、中國出版政府獎裝幀設計獎、全國優秀古籍圖書獎、上海哲學社會科學優秀成果獎、上海圖書獎、優秀美術圖書“金牛獎”、中國書法最高成就獎“蘭亭獎”、中華優秀出版物獎圖書提名獎、中國最美的書等。這些獎項彰顯了本館古籍研究的社會影響力和學術認可度。

四、古籍修復：量高技精引領業界

上海圖書館歷史文獻中心下屬的文獻修復保護部承擔着本館古籍修復與人才培養的重任。十年來，不僅文獻修復數量位列國內前茅，累計總量達 19733 册 1095543 葉，約占全國古籍修復總量的十分之一以上，而且修復技藝名揚全國，深具專業影響力。

1. 改善管理

自“中華古籍保護計畫”實施以來，本館加强了古籍修復工作的管理與環境改善，不斷完善和制訂了一系列規章制度與工作流程，進一步明確了修復人員的責任意識。通過空間調整，設立了修復材料倉庫和修復紙庫，建立了修復用紙循環儲備制，爲今後長期開展的古籍修復創造物質條件，提供自然陳化紙張。在館舍空間緊張的狀態下，本館增辟了培訓基地工作室和修復工作室各一間，定制了多層面移門式裝裱牆，添置空氣淨化器，初步改善了工作環境。

2. 加强研究

十年來，本館古籍修復在繼承傳統手工技藝的基礎上，積極探索運用現代科技設備修復和保護紙質文獻。我們按需陸續購買了電腦監控的紙張撕裂度儀、紙張耐破度儀、紙張耐折度儀、紙張厚度測定儀、造紙纖維測量儀、紙張酸度計、超純水系統等。特別是在 2010 年從美國引進紙漿補洞機，率先在國內圖書館開展機器修復古籍的實踐，取得了成功的經驗。2013 年，本館研製的"文獻防蠹紙 2 號"經過一系列專業測試，其安全、高效的防蠹便捷性，受到了業內專家的肯定。這一創新成果已被國內多家圖書館、檔案館、博物館應用。

3. 培養人才

目前，本館已被列爲國家級古籍修復中心（2010 年）、國家古籍保護人才培訓基地（2014 年）、國家級古籍修復技藝傳習中心上海傳習所（2015 年），是我國主要的古籍修復重鎮與修復人才培養基地。2016 年獲得上海"可移動文物修復資質"，本館申報的"碑刻傳拓及拓片裝裱技藝"入選第五批上海市非物質文化遺產代表性項目。受國家古籍保護中心的安排，本館承辦了"第二期全國傳拓技術培訓班"（2014 年 10 月 20 日 –31 日），"第二期全國碑帖拓片修復技術培訓班"（2015 年 6 月 24 日 –7 月 24 日），"第二期全國傳拓技術高級培訓班"（2016 年 5 月 23 日 – 6 月 3 日），還派出專家參與高校教學和各地舉辦的修復培訓班，同時爲復旦大學中華古籍保護研究院研究生提供修復教學實習。本館修復技藝的輻射力已在國內樹立了良好的口碑。

五、資源建設：夯實基礎造福讀者

資源建設是圖書館的立館之本。上海圖書館的古籍館藏雖有先天優勢，但仍然積極採購和徵集，將此列入古籍保護工作的範圍之中。自 2000 年成功入藏"翁氏藏書"以來，本館每年均投入經費購買古籍文獻。近十年來累計購買舊家譜 6512 種 82746 册，購買舊石新拓碑帖 1776 張，通過拍賣市場競拍成功一批古籍補充館藏。

1. 文獻徵集

近年最有價值和影響力的古籍文獻入藏事例有兩宗。一是 2013 年，晚清重臣張佩綸後人張恭慶院士等人向本館捐贈了一大批祖上遺存的歷史文獻。其中有張佩綸的《管子學》、《管子札記》、《莊子札記》等專著手稿，其日記、詩文手稿，以及朱學勤的《結一廬日記》稿本等。此次捐贈中數量最大、價值最高的文獻是張佩綸家藏信札。這批信札經張佩綸之子張志潛精心整理、裝裱，共 100 册，4897 通，其中涉及的晚清名人和重大機密，爲學界研究洋務運動、中國近代海軍與海防建設提供了彌足珍貴的史料。二是 2015 年從美國回歸祖國的《翁同龢日記》稿本 47 册和翁同龢檔案 12 册 238 種。這批由翁同龢五世孫翁萬戈先生捐贈的日記與檔案是中華古籍海外回歸的重大成果。在此影響下，天津的翁氏後裔向本館捐贈一册翁同龢《己酉南歸應試日記》稿本及翁同龢文獻檔案 400 種等一批家族文獻，進一步充實了本館常熟翁氏藏書與文獻的專題收藏。

2. 古籍掃描

開展歷史文獻數字化是實現古籍再生性保護的重要措施，是館藏資源重組的基礎。上海圖書館在新館落成之後，開始全面規劃和實施珍貴古籍的數字化工作。經過前後兩個十年的持續努力，現已建成古籍稿抄本數據庫、家譜數據庫、盛宣懷檔案數據庫，累計已完成 2500 餘萬拍。近十年本館在技術、人力、財力上，不斷加強古籍數字化工作，其投入所產生的服務效益與社會影響力日益擴大。以家譜爲例，現已完成 15000 餘種共 12 萬餘册的掃描加工，總量達 1100 萬拍，其中 2007 年至今的數量達 11000 種，800 萬拍。自 2006 年 9 月 18 日第一期三千種家譜正式向讀者開放閱覽後，每年及時補充已完成的家譜數字化資源，現已成爲利用率最高的古籍數據庫。

3. 文獻服務

上海圖書館豐富的古籍資源吸引了國内外讀者紛至遝來，以全國領先的開放度，竭誠爲專業讀者提供紙質與電子文獻服務。目前，本館的古籍數字化服務已建立歷史文獻統一檢索平臺，讀者可便捷查閱館藏稿抄本、家譜、盛宣懷檔案等全文，實現了實物古籍與數字化古籍並舉的複合型服務，促進了歷史文獻資源建設與服務的轉型。本館積極開拓古籍數字化成果公益化服務，截至 2017 年 4 月，近三年本館已有六千種家譜在網上向社會公開，成爲上海地區古籍在互聯網上提供公共服務數量最多的單位。

六、文獻開發：刊佈珍籍嘉惠學林

上海圖書館的古籍保護工作具有整理出版、嘉惠學林的優良傳統。幾十年來，利用館藏文獻影印出版了如《清代硃卷集成》（200 卷）等大量圖書，參與了《續修四庫全書》、《四庫禁毀書叢刊》等大型古籍叢刊的編纂。近十年爲一系列大型古籍項目的出版提供了數千種文獻底本，如《子海》、《子藏》、《清代詩文集彙刊》、《中華再造善本》、《嘉興文庫》、《揚州文庫》、《廣州大典》、《廣東省地方志集成》等。

1. 珍品輯印

本館歷史文獻中心在文獻整理研究的過程中，自主編纂了一批館藏特色古籍。主要有：《上海圖書館未刊古籍稿本》60 册（2008 年復旦大學出版社）；《上海圖書館藏翁同龢未刊手稿》2 册（2010 年上海科學技術文獻出版社）；《上海圖書館藏稀見方志叢刊》240 册（2011 年國家圖書館出版社）；《上海圖書館藏稀見辛亥革命文獻》8 册（2011 年上海科學技術文獻出版社）；《中國家譜資料選編》18 册（2013 年上海古籍出版社）；《江南製造局翻譯館譯書叢編》12 册（2014 年上海科學技術文獻出版社）；《上海圖書館藏珍稀年譜叢刊》15 册（2015 年國家圖書館出版社）；《盛宣懷檔案選編》100 册（2015 年上海古籍出版社）；《上海圖書館藏稿抄本日記叢刊》86 册（2016 年國家圖書館出版社）；《上海圖書館藏稀見家譜叢刊》30 册（2016 年上海科學技術文獻出版社）；《中國圖書館藏珍稀印譜叢刊·上海圖書館卷》11 函 39 册（2016 年中州古籍出版社）；《上海圖書館藏古琴文獻珍萃》10 册（2017 年中華書局）等。這些從館藏中精選輯印的古籍爲學術界提供了珍貴的資料。

2. 圖録精編

每年的館藏文獻精品展均編纂出版研究性的圖録。這一系列精美的圖録均集中展示了本館專業文獻的研究能力，現已出版 11 種 16 册。除年展系列圖録外，本館歷經多年整理的《上海圖書館善本題跋真跡》17 册（2013 年上海辭書出版社）；《尺素風雅——明清彩箋圖録》2 册（2010 年山東美術出版社）等圖録型著作均深受學術界關注，成爲文獻鑒定的重要參考書。

3. 碑帖精選

碑帖出版是館藏文獻開發的特色之一。自 2006 年推出《翰墨瑰寶——上海圖書館珍本碑帖叢刊》第一輯 10 種以後，由上海古籍出版社連續推出二、三、四、五輯，另有兩個特輯《四歐寶笈》、《宋拓淳化閣帖（泉州本）》，還有上海人民出版社的《寶晉齋法帖》。這些碑帖出版物均採用先進的印刷技術，優質紙張，特種裝幀，仿真再現了館藏珍貴碑帖的藝術魅力與收藏價值，受到了社會各界讀者的好評。

七、文獻展覽：揭示館藏服務大衆

上海圖書館以"揭示館藏精品，弘揚中華文化，服務社會大衆"的理念，在國內圖書館界開創了館藏文獻年度精品展服務。通過舉辦年度精品展，讓"藏在閨中"的珍貴文獻接近讀者、走近市民，展現古籍保護的成果。此舉不僅有利於向公衆普及中國傳統文化與文獻知識，同時也是集中展示我館歷史文獻整理研究能力的一個平臺。

本館的館藏文獻精品展始於 2005 年，堅持以每年一個主題的形式將館藏歷史文獻進行公益性展示。具體內容如下所列：

翰墨珍拓——上海圖書館藏善本碑帖展（2005 年 11 月 2 日 –15 日）
雅鑒真賞——上海圖書館藏明清名家手稿展（2006 年 11 月 27 日 –12 月 11 日）
真影留蹤——上海圖書館藏歷史原照展（2007 年 11 月 27 日 –12 月 12 日）
珍檔秘史——上海圖書館藏盛宣懷檔案展（2008 年 11 月 25 日 –12 月 8 日）
尋根稽譜——上海圖書館藏家譜精品展（2009 年 7 月 14 日 –27 日）
琅函鴻寶——上海圖書館藏宋本展（2010 年 9 月 15 日 –24 日）
妙筆華章——上海圖書館藏中國文化名人手稿展（2011 年 11 月 21 日 –12 月 1 日）
典冊琳瑯——慶祝上海圖書館建館 60 周年文獻特展（2012 年 7 月 20 日 –31 日）
一紙飛鴻——上海圖書館藏尺牘文獻精品展（2013 年 11 月 30 日 –12 月 9 日）
心曲傳真——上海圖書館藏稿本日記精品展（2014 年 11 月 11 日 –20 日）
生前身後——上海圖書館藏人物文獻精品展（2015 年 11 月 16 日 –23 日）
瓊林濟美——上海圖書館藏翁氏藏書與文獻展（2016 年 11 月 7 日 –16 日）

以上一年一度的館藏歷史文獻精品展均揭示了館藏珍貴而特殊的文獻，拉近了公衆與古籍之間的距離，受到了衆多媒體與市民的關注，每次展覽均吸引了主流媒體的深度報道，參觀者絡繹不絕。年度精品展已成爲本館重要的服務品牌與公衆文化的盛典。

自"中華古籍保護計畫"實施以來，本館參加了歷次文化部主辦的《國家珍貴古籍特展》，並爲"2010 上海世博會"中國館提供善本古籍展示。另還舉行了多種形式的專題展覽，如"天畫神鏤——金石墨拓技藝展"（2008 年 7 月 22 日—8 月 11 日）等十餘個古文獻和古籍出版成果展覽，多層面介紹了本館的古籍保護成果。

八、宣傳工作：影響深遠成效顯著

遵照"中華古籍保護計畫"的精神，本館策劃了多種形式的講座、展覽、演示和新聞報道，積極宣傳古籍保護的知識與成果，產生了良好的互動效應，受到了社會的廣泛關注。

1. 專家講座

館藏文獻年度精品展是我們宣傳古籍的主要平臺。每次均圍繞不同的主題邀請資深專家舉行多場公衆講座，現場爲聽衆答疑解難。除此年展固定講座外，還通過不定期的形式舉行規模不等的專題講座，最具影響力的是 2009 年 3 月 28

日至 4 月 18 日舉辦的"古籍版本鑒賞與收藏"系列講座，特邀李致忠、楊成凱、陳先行、韋力主講。這一高端系列講座聽衆十分踴躍，有力地促進了古籍相關知識的傳播。此外，上海圖書館講座中心邀請名家舉行了爲數衆多的與中國傳統經典相關的講座，得到了廣大讀者的歡迎與讚賞。

2. 專技演示

爲了讓公衆瞭解傳統文獻的產生過程，我們在多種場合組織雕版印刷和刻碑拓碑演示。曾請揚州雕版名師陳義時等來館演示古籍雕版、箋紙刷印。由本館修復部高手操作的刻碑、拓碑已成爲一項傳統的保留節目，不僅在本館配合相關活動經常演示，還應邀在 2010 年上海世博會期間駐場表演，向中外來賓展示了中華文化中的獨特技藝，獲得了世博會的嘉獎。2008 年本館還攝製了《傳承中華文明，化身千百瑰寶——上海圖書館古籍文獻保護與修復技術介紹》專題片，向觀衆宣傳修復技藝。

3. 專題報道

本館古籍保護工作成果受到諸多媒體報道。每當年展和文獻整理研究成果出版，多家媒體均予以大篇幅的深度報道，如《東方早報》、《文匯報》對尺牘、稿本日記、人物傳記、名人手稿等主題文獻和顧廷龍誕辰紀念，曾以多個整版的篇幅予以宣傳，受到了讀者的極大關注。電視和網絡平臺也多次報道了本館的古籍保護工作。近年來，本館修復技藝廣受各類媒體關注，多位員工成爲報道的熱點。社會關注度最大的報道是 2016 年 7 月 7 日上海廣播電視臺在"看看新聞"專題中，通過網絡和電視向社會對本館歷史文獻工作進行了全天八小時直播報道，以《走進上圖：探秘古籍背後的故事》爲題現場跟蹤拍攝了本館的古籍工作現場，採訪了埋頭苦幹的古籍工作者。本次直播是對上海圖書館古籍保護工作的集中檢閱，向廣大觀衆傳遞了我們保護中華文化的精神面貌與職業使命，展現了圖書館人的風采。

九、結束語

十年的古籍保護歷程，有力地推動了上海圖書館的古籍普查、研究、出版、修復、展覽工作，促進了館藏古籍的資源建設、服務與宣傳推廣，造就了一支業務精、影響大的專家團隊。這十年的成果開創了上海圖書館古籍保護工作的新局面，增強了我們的使命感和文化自信。2014 年，上海圖書館榮獲了文化部授予的"全國古籍保護工作先進單位"稱號。我們將繼續努力，擔負起時代賦予我們的使命，不斷推進本館的古籍保護工作，做好中華典籍的傳承。

（黃顯功）

復旦大學圖書館古籍保護工作十年成果總結報告

復旦大學圖書館現藏線裝古籍約 40 萬冊，系集王同愈、李國松、龐青城、高燮、丁福保、劉承幹、王欣夫、趙景深等諸家藏書精華而成。其中善本 7000 餘種（近 6 萬冊），內有宋元明刻本 1000 餘種，抄本、稿本近 2000 種，清刻孤本、稀見本、精本、批校本 3000 餘種。以《詩經》著述、地方志、明清別集、彈詞唱本及錢幣譜録等爲收藏特色。館藏古籍經多年積累與整理，具有品種初備、目録齊全、檢索方便、利用有效等特點。圖書館於 1991 年設立古籍部，主要承擔讀者服務、古籍採編、古籍保護、文獻開發、古籍整理與教學研究等業務。

自 2007 年全國古籍保護計畫實施以來，本館積極配合國家古籍保護中心及上海市古籍保護中心，在古籍保護相關工作方面，取得了一定成果，概述如下：

一、遷入新址，硬件改善

2007 年，國務院發佈《關於進一步加强古籍保護工作的意見》。圖書館對此極爲重視，考慮到文科館内古籍庋藏條件簡陋，特向學校申請光華樓西主樓 5、6 兩層的部分空間，用作古籍收藏及日常業務工作之地。同時，撥款購置 500 個樟木書櫃，用於線裝書的庋藏。2008 年 9 月，古籍部正式遷入新址，其中 5 層爲普通古籍書庫及閲覽室，6 層爲善本古籍書庫及辦公室，總面積爲 1200 平方米。爲確保古籍安全，改善存藏條件，又在書庫及辦公區域安裝紅外監控及除濕設備。通過上述舉措，古籍保藏條件大爲改觀。但客觀而言，目前的硬件條件與一些兄弟館相比，仍有差距。所幸"十三五"期間，學校已規劃建造新圖書館。2021 年，古籍館舍（含古籍保護研究院）面積將達 1 萬平方米以上，古籍保藏條件有望得到根本改善。

二、資源建設，從未中輟

復旦大學圖書館歷來重視古籍資源建設，自建立古籍部以來，從未中輟。近些年來，隨着古籍採購經費逐年增加，在原版綫裝古籍及影印本古籍採購方面都有所建樹。自 2007 年以來，圖書館通過不同渠道（購買、捐贈、拍賣）入藏的原版古籍約千餘册，其中不乏珍本秘笈。如清末著名學者俞樾光緒九年的手稿《俀析録》，内容爲讀史筆記，並多按語，從未刊佈。又如明弘治刻本《國語》七卷、萬曆建陽詹氏書坊刻本《鼎鐫太倉王氏橋梓世業四書旨》十卷，《中國古籍善本書目》未見著録。他如明嘉靖刻本《春秋經傳集解》三十卷，曾經清代著名學者惠棟收藏，有惠氏手校，尤顯珍貴。另外，每年新版影印古籍入藏量大，較好地補充了館藏品種及數量。

同時，重視古籍數字資源的採購，已購入《四庫全書》、《四部叢刊》、《中國歷代石刻史料彙編》、《中國基本古籍庫》、《中國方志庫》、《中國叢書庫》、《中國類書庫》、《雕龍中國古籍數據庫》等。這些電子古籍資源的入藏，爲校内師生的教學科研提供了便利。

三、普查編目，與時俱進

圖書館古籍編目素來注重品質。上世紀八十年代初，即已構建完整的卡片式公務、讀者目録體系。上世紀九十年代以來，在全國高校圖書館界率先嘗試機讀目録建設，並與海内外高校及公共圖書館合作，參與多項大型聯合、聯機編目，如美國 RLG、OCLC，國内 CALIS “高校古籍聯合編目” 及 “高校古文獻資源庫” 等項目。近年來，已將館藏所有卡片書目進行 MARC 化，並悉數轉入館藏 ALEPH 系統；又製作各種特色電子書目數據庫，如 “四庫系列叢書書目索引”、“明人文集書目”、“清人文集書目”、“中華再造善本”、“影印本方志書目” 等，在圖書館主頁上發佈，以供讀者檢索。

自全國古籍普查工作開展以來，本館亦積極予以配合。在上海市各系統圖書館中，本館的普查工作開展較早。目前，已根據國家古籍保護中心的要求，對館藏古籍目録進行了認真梳理核查，總計兩萬餘條。經上海市古籍保護中心審核，提交國家圖書館出版社，已於 2017 年 3 月出版。

四、古籍修復，穩步開展

古籍修復是古籍保護的重要内容之一。作爲一項傳統的手工技藝，明清以來，隨着出版業的繁榮，此項技藝薪火相傳。民國以後，隨着古書業式微、技藝待遇偏低、老一輩修復技師退休等諸多原因，傳統修復技藝傳承出現危機，古籍修復人才後繼乏人。

本部自建部以來，即設專門修復崗位，從未間斷。現有專職修復人員 3 名，年齡結構合理，注重技藝傳承。除了傳統古籍修復之外，兼及西文善本、精平裝書等的修復。自國家古籍保護工作開展以來，本部修復人員積極參加各類修復培訓，來提高自身業務水準。2014 年，圖書館成立了國家級古籍修復技藝傳習中心——復旦大學傳習所，聘請上海圖書館退休修復專家來館指導三位年輕修復員工，讓她們拜師學藝。

五、古籍數字化，注重館藏特色

古籍數字化是古籍再生性保護的主要途徑，也是圖書館古籍保護工作重要環節。自國家古籍保護計畫實施以來，本館即開始這項工作，並聘有 1 名臨時員工進行專職掃描。考慮到館藏抄本、稿本有 3499 種（其中善本 2891 種 19694 冊；普本 608 種 1109 冊），爲了使這批抄稿本既得到妥善保藏，又能充分爲研究者利用，圖書館於 2013 年 11 月啟動抄稿本數字化項目（包括數字化平臺製作及數字化加工）。項目採取公開招標方式，遴選深圳點通數據加工公司作爲本項目服務商。項目自 2013 年 12 月中旬開始，至 2014 年 6 月結束。雙方人員配合默契，項目進展較爲順利，基本完成預期目標。項目成果如下：

完成古籍抄稿本新加工 331318 筒子頁，再加工 244980 筒子頁；

完成可供檢索瀏覽的古籍抄稿本數字化平臺。

項目完成之後，圖書館又請 3 位校內外相關領域專家進行了評估。大家一致認爲，該項目的實施，對於復旦館藏珍貴文獻的保護與利用，具有積極意義。該項目的基本功能業已實現，其中數字化平臺實現了電子書影全文閱覽，輔以標引字段檢索，使用頗爲便利。由於國內高校圖書館具有特色的古籍數字化資源鮮見，本項目填補了這方面的空白，成爲復旦大學圖書館古籍保護工作的重要成果之一。

截至 2016 年 12 月，本館已完成古籍數字化 2217 種 882203 頁。今年，本館已決定將抄稿本數字化資源公開上網，提供海內外學者利用。

六、成立中華古籍保護研究院，培養古籍保護研究生

2008 年，本館榮膺首批全國古籍重點保護單位。2009 年，本館成爲首批上海市古籍保護重點單位。本部及相關人員多次榮膺上海市古籍保護中心年度先進單位及個人稱號。2009 年，經學校批准，在古籍部基礎上成立復旦大學古籍保護研究中心。2014 年，經國家古籍保護中心批准，本館成爲首批"國家古籍保護人才培訓基地"。同年 11 月，又經學校批准，成立了全國首家"中華古籍保護研究院"，由原復旦大學校長楊玉良院士任院長。2015 年 5 月，成立國家級古籍修復技藝傳習中心——復旦大學傳習所。兩年來，研究院在人才培養、書目數據、科學實驗室建設、國際交流等方面，取得了較爲顯著的成果。

2015 年 3 月，啟動文獻信息中心圖書情報"古籍保護與修復"方向專業碩士招生工作，學制兩年。2016 年底，啟動古籍保護方向博士研究生招收工作。兩年來，已招收培養專業碩士研究生共計 25 人（其中國內學生 24 人，外國留學生 1 人），並與國家古籍保護中心訂立聯合培養協議，在培養經費上獲得大力資助。

目前，研究院已形成一支經驗豐富的導師隊伍。同時，建立"雙導師制"，即每位專碩生配備至少一名校內導師和一名校外兼職導師。研究院還積極依託校內資源，從文、史、生、化等院系與研究所聘任了一批有經驗的專家學者；又與合作實踐基地的建設相結合，聘任有合作關係的實踐基地或其他相關院校專家。此外，研究院在學校及各方經費的支持下，特聘行業內資深專家參與教學工作；積極向校外拓展，開發建立校外實踐基地。兩年來，中華古籍保護研究院已先後在上海、江蘇、浙江、安徽等地建立了六個實踐基地，包括公共圖書館、線裝古籍印刷廠、傳統製墨工坊等，爲"產學研"相結合的人才培養模式創造條件。

研究院已建立了較爲系統的古籍保護方向專業碩士課程體系，並在教學過程中不斷加以完善。課程涵蓋古籍編目、版本鑒定、傳統古籍修復、古籍科學保護等各方面，兼顧理論與實踐，側重學生動手能力的培養。鼓勵年輕教師參與教學工作，申報各級各類科研項目，探索案例教學，帶領學生積極參加實踐及考察活動等。兩年來，已帶領學生實地考察了國內外在古籍收藏與保護方面具有特色和專長的多家機構。2015 級專業碩士分別在北京、江蘇、浙江、上海等地完成了近 240 個工作日的實踐學習。

研究院書目數據研究中心自成立以來，協助圖書館古籍部完成館藏古籍普查目錄數據整理工作，開展古籍書目數據

分析，積極開發具有古籍 CHGIS 顯示功能的演示系統。

研究院在基礎科學實驗室的建設方面有較多投入。依託校內各院系單位原有條件，包括圖書館原有修復室、古籍庫房、古籍人才培訓基地等，合計用房達 1700 平方米；化學系、生命科學院、材料系、文物與博物館學系等共用實驗室，合計 1750 平方米；新建專用實驗室 4 間，合計 250 平方米（包括基礎化學實驗室、古籍保護基礎實驗室、材料模擬老化實驗室、造紙印刷傳統工藝實驗室）。

研究院還積極開拓政府及民間合作項目，如與《廣州大典》研究中心、中山大學、國家圖書館合作研發古籍脫酸儀及溶液；與《廣州大典》研究中心合作進行"以開化紙爲代表的古籍印刷用紙的科學研究"項目等。

七、館藏開發，多歷年所

圖書館古籍部成立以來，即致力於館藏文獻的開發利用。早在上世紀九十年代，即與中華書局合作開發影印館藏嘉業堂抄本《清國史》；又爲《續修四庫全書》、《四庫存目叢書》、《四庫禁毀書叢刊》、《清代詩文集彙刊》、《明別集叢刊》、《無錫文庫》、《廣州大典》等大型古籍影印項目提供底本。2010 年，與國家圖書館出版社合作，遴選館藏珍稀方志四十餘種，影印出版《復旦大學圖書館館藏稀見方志叢刊》。

此外，自 2008 年以來，古籍部擇取館藏中較有特色之若干種古籍，如齊召南批校之康熙本《孔子家語》，傳世甚稀之康熙本《淩煙閣功臣圖》、乾隆本《靜樂居印娛》、嘉慶本《篆楷考異》、明抄本《沈下賢文集》等，影印製作成禮品書。此舉一方面令這些珍籍化身千百，具有較高的學術意義；一方面爲學校的對外交流做出了貢獻。

八、專業素質佳，科研成果豐

本館古籍專業人員在從事本職業務的同時，還致力於古籍整理研究，及古文獻學、古籍保護相關研究生教學任務。吳格教授爲校古籍所中國古典文獻學方向的博士生導師。他還主持承擔《全明詩》（全國高校古委會重大項目）、《續修四庫全書總目提要整理與編纂研究》（2008 年上海市哲社重大項目）等重大科研課題。2005 年以來，受國家新聞出版總署的聘請，擔任《中國古籍總目》副主編，承擔總目的統稿及索引編製任務。楊光輝研究館員現爲圖書館主管古籍工作的副館長、古籍保護研究院常務副院長、碩士生導師，曾先後赴美國匹茲堡大學東亞圖書館、哈佛大學哈佛燕京圖書館、耶魯大學東亞圖書館任訪問學者。主持多項科研項目，如 2003-2008 全國優秀博士學位論文基金項目、2005 年上海市浦江人才計畫項目、2009 年上海市曙光人才項目等。眭駿研究館員現爲古籍部主任、碩士生導師，曾主持 2005 年上海市浦江人才計畫項目及 2009 年國家社科基金項目，並已出版專著三部。其他部內專業人員如樂怡副研究館員，也具有古文獻學博士學位，且經多年實踐歷練，在古籍編目、文獻整理方面，能獨當一面。

上世紀八十年代以來，本館古籍專業人員除參與各類大型古籍叢書編纂影印外，又與專業出版社合作，陸續整理開發館藏珍稀古籍；同時，對館藏善本古籍中有關文獻學範疇者進行研究整理，對明清文獻進行專題研究，所得成果，極爲豐碩。茲將近十年已出版的古籍整理與文獻研究相關成果，列舉於下：

1、《四庫系列叢書目錄、索引》，復旦大學圖書館古籍部編，上海古籍出版社，2007；

2、《石韞玉年譜》，眭駿著，光明日報出版社，2009；

3、《王芑孫年譜》，眭駿著，華東師範大學出版社，2010；

4、《續修四庫全書總目提要·叢書部》，吳格、眭駿整理，國家圖書館出版社，2010；

5、《王芑孫研究》，眭駿著，華東師範大學出版社，2011；

6、《流翰仰瞻：陳碩甫友朋書札》，清陳奐輯，吳格整理，上海古籍出版社，2012；

7、《中國歷代書目題跋叢書》（第四輯），吳格主編，上海古籍出版社，2013-2015；

8、《傳書堂藏書志》，王國維撰，王亮整理，吳格審定，上海古籍出版社，2014；

9、《陶宗儀集》，徐永明、楊光輝整理，浙江古籍出版社，2014；

10、《蛾術軒藏書題跋真跡》，復旦大學圖書館古籍部編，復旦大學出版社，2015；

11、《金石學稿抄本集成》（初編），吳格主編，上海書畫出版社，2015。

（眭　駿）

華東師範大學圖書館十年古籍保護成果彙報

華東師範大學圖書館是上海市古籍重點保護單位和國家古籍重點保護單位，近十年來，積極貫徹執行國務院關於古籍保護的精神，在華東師範大學黨政領導的重視下，在國家古籍保護中心和上海市古籍保護中心的指導下，在古籍普查、古籍收藏與發現、古籍保護環境建設、古籍修復、古籍數字化、古籍整理出版及宣傳推廣等方面都取得了較大的成效。

一、古籍收藏特色

華東師範大學圖書館館藏線裝古籍，主要來自聖約翰大學、光華大學、大夏大學、國立暨南大學等高等學校舊藏，建館後歷年亦採訪購買、增加館藏，目前總數達 3 萬餘種近 34 萬冊，其中善本 3476 種約 3.6 萬冊，含宋元刊本 20 餘種，明刊本 1000 餘種，此外還有一批稿本、抄本和批校本及海內外孤本，在古籍收藏單位中具有一定影響。

本館所有古籍中，地方誌近 2000 種，主要爲清代修的省、府、縣、鄉鎮志，江浙地區尤多；明清詩文集 4000 多種，清代居多；叢書 3000 多種；和刻本、朝鮮本近 1300 種，和刻本在原有基礎上連續五年有新入藏，增添了古活字本、五山版等珍稀版本種類。

名極一時的盛宣懷愚齋圖書館藏書，建國初經由聖約翰大學入藏本館，闢爲愚齋特藏，共 6600 餘種近 60000 冊，其中明刻本 500 餘種。愚齋藏書保留原有的經史子集分類和編目體系，單獨列架，經部的易類、史部的方志類、子部的儒家醫家釋家類、集部的清人詩文集等收藏是其特點。其中數百種醫學古籍早年已調撥上海中醫藥大學發揮其獨特作用，而見在書籍的價值也日益受到學術界重視，正逐漸被揭示出來。

二、古籍普查工作的進展和重要發現

近十年中，本館古籍前後開展了兩次清查清點。2007 年完成善本的清點工作，2009 年完成了普通古籍的清點工作。此後根據國家古籍保護中心的相關標準，本館將一批古籍提升爲善本，2013 年我館對善本古籍又進行了庫藏清點和目錄整理工作，形成了完整的古籍善本目錄。所有古籍目錄已録入華東師範大學圖書館館藏查詢系統，頗能反映出我館古籍收藏的詳細情況。2016 年 6 月起，我館又展開了第二次普通古籍的清點工作。

2010 年，按照國家古籍保護中心和上海市古籍保護中心的要求，我館積極參加《國家珍貴古籍名録》和《上海市珍貴古籍名録》申報工作，共有 95 種古籍入選國家珍貴名録，135 種入選上海市珍貴名録。並分別將兩級珍貴古籍名録書目資料著録至全國古籍普查平臺，詳細登記目録信息，注明文獻來源，上傳書影，同時在摸清修復歷史的基礎上，製作了古籍破損定級登記表，共計録入 114 條。

在珍貴古籍名録申報過程中，通過查找鑒別，館藏的價值得到新的揭示和認識，其中發現和確定了兩件唐代敦煌寫經卷子，將本館藏書的年代上推到隋至初唐時期，意義十分重大。經專家鑒定，一件爲七世紀唐寫本《大般涅槃經》，一件爲時間稍晚的唐寫本《妙法蓮華經》。館藏《大般涅槃經》屬於異卷系統。它的分卷與歷代大藏經均不相同。如果以《大正藏》本爲標準，則該卷文字相當於《大正藏》本卷六的後部與卷七的前部。卷首有勘記，末題“大般涅槃經卷第六”，烏絲欄，近五百行，長度超過八米，品相好，第十八紙正面、背面有青色顏料點，卷尾背面有一“大”字。最有價值的是，該卷《大般涅槃經》前十四紙有簾紋，這是南北朝至隋、初唐時期造紙工藝的產物，末五紙則無簾紋，是唐代新出現造紙工藝的產物。可以說，兩種造紙工藝都體現在這一件卷子上面，具有典型意義。《妙法蓮華經》爲經黃打紙，長度超過八米，烏絲欄，四百六十三行，卷面有刮改痕跡，且有類似植物種子的附加物。

三、古籍保護設施、環境等條件的改善情況

2007 年我校閔行校區圖書館新館落成，新的古籍閱覽室和書庫相繼投入使用，次年本館三分之二以上的古籍搬入閔行新館。2013 年，中山北路校區圖書館大修，剩餘古籍全部搬遷併入閔行校區圖書館。近十年來學校全方位加大投入，古籍藏書條件有了極大改善，古籍保護措施也有了明顯加强。

1. 古籍書庫和閱覽室
閔行校區圖書館古籍書庫、古籍閱覽室近 4000 平方米，書庫總面積達 2128.4 平方米，較中北老館的 832.22 平方米增加了 1296.18 平方米。爲加强古籍的原生性保護，十年來學校先後在書庫樟木櫥、閱覽室傢俱、保護設備和材料等方面投入經費約 513 萬元。古籍書庫共配置雙面樟木櫥和單面鐵皮樟木櫥 768 個，古籍善本書庫安裝有專用空調系統和氣體自動滅火系統，普通書庫配備中央空調、噴淋自動滅火系統和玻璃遮陽設施等。書庫配備攝像監視、門磁報警等安全監控設備，大樓物業管理人員 24 小時值班以確保安全。

2. 修復工作
圖書館原有修復條件較爲簡陋，遷入新館以後，開闢了專門的修復室，面積約 50 平方米。2011 年從國家古籍保護中心獲贈古籍修復裝裱臺、古籍修復吸塵桌、超聲波修復儀器及移動木板牆 4 種設備。十年來本館每年有近 20 萬元的經費投入，用於改善修復環境、增添修復設備、材料和工具。如更換修復室地板，改善空調，增加溫濕度記録儀，添置空氣淨化器；新採購測酸儀、紙張測厚儀、生物纖維鏡等各類紙張檢測工具；添置低溫冰箱、電磁爐、裝裱臺、超聲波修復儀、真空吸附臺、壓書機、LED 拷貝臺等修復專用工具和設備。結合我館古籍的實際情況，修復用紙從原來的不到 10 種增加到 49 種，包括了厚皮紙、竹紙、連史紙、楮皮紙、玉版宣等品種，使修復用紙儘量能與原書紙張質地一致、厚度及顏色相近。裝幀方面，用絲線取代了以往使用的錦綸線，也在一定程度上爲修復品質的提升打下了良好基礎。總之，經過多年努力，修復室面貌煥然一新，我館修復工作得到加强，修復流程更加完善和規範。

四、古籍保護管理規章制度建設情況

爲了更好地保護古籍，合理利用，規範各項工作，十年來，本館製定、修訂了一系列古籍管理和服務規章制度。

1. 古籍特藏業務工作細則

《古籍特藏工作細則》以爲學校教學、科研服務爲基本原則，對開展館藏建設、分類與編目、閱覽室管理、古籍修復等方面的工作進行了詳細說明和指導性規定。

2. 古籍特藏部安全保護制度

《古籍特藏部安全工作條例》旨在强化工作人員的安全意識，牢記防火、防盜宗旨，根據本館館情，加强書庫、閱覽室和所有相關工作區域的安全防範。《古籍特藏圖書使用及出入庫管理辦法》明確了讀者和工作人員用書規定，使圖書的出入庫有章可循、有據可查。《古籍特藏書庫鑰匙管理辦法》要求實行嚴格的雙鎖，對書庫鑰匙的分配、使用、保管以及管理人員的職責做了詳細說明，是對古籍特藏部安全工作的細化和補充。

3. 讀者服務規則

《古籍特藏閱覽室讀者規則》對閱覽室開放時間、校內外讀者借閱古籍的條件和程式做了明確規定，同時告知讀者借閱古籍的注意事項，對讀者使用古籍、愛護古籍和保護古籍等做了約定。《古籍特藏複製收費的有關規定》則從保護古籍的角度出發，參照國內同行業的複製限制和收費標準，對善本古籍、普通古籍就不同需求類型和不同用途分別做了規定。

五、古籍數字化建設狀況

1. 機讀目録建設

十年來本館一直秉承合作與共享理念，積極參與目録數字化建設。2004 年，本館成爲首家參加 CALIS 聯合編目的高校圖書館，2008 年，成爲高校古文獻資源庫最早的成員館之一。高校古文獻資源庫是一個規模較大的古文獻書目數據庫，實現了國內主要高校圖書館與港澳、北美地區個別高校圖書古籍館藏書目資料的資源共用，本館所藏之古籍全面公諸世人，海內外訪求者與日俱增。同時，也實現了館藏古籍書目在本館目録檢索平臺上的整合和揭示。

2. 古籍全文數字化

通過參加浙江大學"大學圖書館數字化國際合作計畫（CADAL）"項目、支援華東師大《子藏》項目、北京大學《儒藏》項目、佛教典籍出版計畫等校內外重大項目，以及衆多零星出版項目等，開展了古籍書影數字化近 1500 種 6000 餘册約 55 萬頁。同時，近年來爲保護善本，實行電子書製作預約制度，逐步開展善本的數字化工作，爲建立本館古籍數據庫打下了基礎。本館現有自建的民國書刊數據庫、地方誌數據庫、年譜數據庫等，已包括了部分古籍特藏文獻，可在校園網範圍內閱覽。

六、古籍服務工作狀況

古籍特藏服務工作是我館服務系統的重要組成部分，面向全校廣大師生和海內外各類讀者。爲了更好服務讀者，圖書館不斷改善古籍藏書條件和閱覽環境，提升藏書品質和服務水準，十年來古籍特藏部曾多次獲得校級及館"文明服務崗"的榮譽。提升藏書品質和服務水準則主要表現在以下兩個方面。

1. 增加投入、充實館藏。

結合學校的學科特色和本館古籍的收藏特點，以補缺爲原則，十年來本館購入了一批高品質的線裝古籍，同時購買了大量新版影印大套叢書，如《清代詩文集彙編》、《清代稿鈔本》、《民國史料叢刊》、《晚清四部叢刊》、《原國立北平圖書館甲庫善本叢書》，購入其他線裝古籍約700餘種。獲贈兩批《中華再造善本》共計1341種。此外，本館採購古籍數據庫十餘種，得到讀者較高的評價，有效支持了本校師生的科研和教學。這些資源既豐富了讀者可利用的古籍文獻，又爲讀者提供了更便利的條件，客觀上也有利於古籍的原生性保護。

2. 不斷提升服務品質。

十年來，本館古籍特藏閱覽室接待了校內外大量讀者，包括美國、日本及中國港澳臺地區等海外和境外讀者。古籍特藏圖書借閱的開放程度日漸增大，爲方便讀者，古籍閱覽室延長開放時間。開放期間，普通古籍隨到隨調，不設限制，還可以提前電話和郵件預約、諮詢，甚至爲外地讀者查找核對資料，以免其舟車勞頓之苦，種種做法均廣受讀者好評。古籍特藏服務已不限於傳統的閱覽室借閱和簡單諮詢服務模式，工作人員本着"讀者至上"的原則，充分把握古籍特藏讀者群的特點，開展個性化特色服務，服務熱心、周到與專業。每年與學校中文系、歷史系、古籍所等單位合作，將學生的版本實踐課程開設在圖書館古籍閱覽室，同時，還爲相關專業研究生提供社會實踐和指導，深受學生喜愛。古籍特藏工作人員加強業務鑽研，注重自身素養和研究能力的提升，積極參與本館學科服務團隊，提供古籍相關的學科信息服務。協助院系教授申報項目課題，甚至參與其中。十年中，華東師範大學的重大文獻整理工程《子藏》就是圖書館與院系良好合作的典範。

七、古籍宣傳推廣

高校圖書館是校園文化建設的重鎮，古文獻資源成爲宣傳、推廣和弘揚傳統文化的重要載體及途徑。十年來，本館古籍特藏部在宣傳推廣方面不斷創新。

1. 古籍特藏的展示與體驗活動

從最初2013年的"古籍修復體驗活動"，到2014年的"古物傳新——書畫裝裱技藝展示"、2015年的"紙墨煙雲——傳拓技藝展示"，再到2016年的"古籍的秘密花園——雕版印刷體驗"，古籍展示與體驗活動精彩紛呈，水準越來越高，內涵越來越豐富。活動突出了較強的"實踐性"特點，引領學生近距離感受傳統技藝的魅力，學生全程參與其中，親密互動，展現出高校圖書館古籍工作能夠動靜結合、充滿活力的另一面，深受學生喜愛，得到業界認可。

2. 古籍特藏展覽與研討

　　十年來，我館策劃或參與了多項古籍特藏的展覽和研討會，宣傳館藏，擴大了圖書館的影響。2010 年，"紀念孔子誕辰 2561 年暨儒家經典古籍善本展"在上海文廟尊經閣舉辦，作爲承辦單位之一，本館有五種古籍參展。2011 年，爲慶祝華東師範大學建校 60 周年，舉辦了"古籍特藏珍品展"，展出部分館藏善本及館藏大夏大學、光華大學、聖約翰大學等學校的出版物及其舊藏，展示了本校的歷史傳承和深厚的文化積累，受到學校廣大師生和海内外校友、嘉賓的稱讚。2013 年，受韓國海外遺產保護基金的資助，對館藏 49 種朝鮮本精品考訂價值，撰寫說明，製作《華東師範大學圖書館藏朝鮮本圖録》。2015 年，舉辦和刻本五山版展覽及五山版、古活字版研討活動。各地專家對本館藏書和研討活動的意義評價極高，認爲是專業性與普及教育性相結合的好案例。活動引起了媒體的關注，《文匯報》以"從扶桑中國古書看高校圖書館特藏"爲題報導了本館積極建設特色館藏方面的成績。2016 年，我館特藏東亞漢籍參展天一閣"芸香四溢——明代書籍文化的世界影響特展"，展示了中國古籍在東亞和西方的影響力。我館最具特色的東亞漢籍參加展出，其中包括了愚齋圖書館舊藏李昆秀著《壽齋遺稿》和國立暨南大學圖書館舊藏《邵亭文稿》等珍本。

3. 利用新媒體宣傳古籍文獻

　　通過"微信推書"活動，本館積極採用新媒體技術，展示古籍特藏，面向全校師生，以活潑的文字和形式，闡述日本漢籍、朝鮮本、古典小說、名人手稿的特色之處，展現了館藏古籍的魅力。

　　2011 年，爲慶祝華東師範大學建校 60 周年，古籍特藏部撰寫了一組"師大珍藏古籍擷英"特稿，校報闢專欄予以連載，共二十期。以館藏大夏大學、光華大學、聖約翰大學舊藏精品爲主體，對數十種宋刻、元刻以及明刻、清刻精善珍本、名人稿抄校本、朝鮮本進行介紹，寓教於樂，普及與研究並重，受到學校領導、廣大師生的關注和歡迎。

八、人才培養

　　圖書館在投入經費加強古籍特藏保護工作的同時，也重視古籍保護人才的引進和培養，目前古籍特藏部人員共 9 位，碩士 3 人，博士 5 人，本科 1 人，其中 5 人已具有副研究館員職稱。年齡、學歷和學科背景結構合理，總體呈年輕化態勢。

　　圖書館特別支持古籍部員工外出參加培訓、學習和交流。十年間，本館派員多次參加國家古籍保護中心主辦的一系列培訓班，包括古籍鑒定與保護、碑帖整理鑒定與保護、古籍修復技術、西方文獻修復技術培訓班，CALIS "高校古文獻資源庫"建設培訓班、CADAL 中心主辦的數字化培訓班等。鼓勵員工積極參與古籍業務工作交流、業務觀摩或學術研討活動，如參加中山大學圖書館主辦的兩屆"古籍版本與目録學高級研討會"、"古籍保護與修復國際學術研討會"等。修復人員也曾積極參與上海市古籍保護中心組織舉辦的古籍修復競賽並多次獲獎。通過各種業務學習和交流，既提升了古籍特藏部員工個人的業務水準，也對華東師範大學圖書館的古籍保護工作起到了實質性的推動作用，並提高了本館的影響力。

九、獲得古籍保護方面的命名、榮譽情況

　　2009 年，入選第二批全國古籍重點保護單位。

　　2009 年，入選第一批上海市古籍重點保護單位。

　　2009 年，榮獲上海市文廣局、上海市古籍保護中心頒發的 2009 年度上海市古籍保護工作優秀組織獎。

2010 年，榮獲上海市文廣局、上海市古籍保護中心頒發的 2010 年度上海市古籍保護工作優秀組織獎。

2014 年，榮獲文化部授予的"全國古籍保護工作先進單位"稱號。

十、古籍整理與出版

圖書館積極開展館藏古籍研究、整理與出版工作，如整理出版《華東師範大學圖書館藏稀見方志叢刊》（2005 年，榮獲當年度優秀古籍圖書獎二等獎）、《清代學術筆記叢刊》（2006 年）、《華東師範大學圖書館藏稀見叢書彙刊》（2016 年）等。2011 年館藏康熙墨印彩繪本《耕織圖》作爲校慶禮品書付梓，由華東師範大學出版社出版，該書在學校對外合作交流工作中作爲媒介發揮了重要的作用。目前《華東師範大學館藏古籍珍本圖録》、《嚴復批校本》項目正在研究整理和出版準備中。

十年來，古籍特藏部人員的研究整理成果還包括《地方誌人物傳記資料（華北卷）人名索引》（2007 年）、《〈漢書〉研究文獻輯刊》（2008 年）、《揚州學派年譜合刊》（2008 年榮獲優秀古籍圖書獎二等獎）、《楚辭文獻集成》（2008 年）；《歷代戲曲目録叢刊》（2009 年）、《孝經文獻集成》（2011 年）、《〈史記〉研究文獻輯刊》（2014 年）等。

（周保明）

上海師範大學圖書館古籍保護十年總結

　　上海師範大學圖書館成立於 1954 年 8 月，開館伊始，即致力於古籍收藏保護與研究。六十餘年來，通過採購、交換、調撥及捐贈等途徑，收藏 1.5 萬餘種、約 18 萬册古籍，位列上海高校圖書館前三甲。在明清地方志、清代文集和别集，以及詞學、紅學等方面形成了鮮明的館藏特色。一些元刻本、明清稿本、套印本和繪本極爲珍貴。如元任仁發撰《水利集》，是研究太湖水利的重要文獻，館藏有明末抄本，十卷，二册。元本無傳，賴此抄本傳世，至爲珍貴。又如館藏《潘瘦羊選詞》不分卷，清潘鍾瑞選。清嘉慶二十三年（1818）潘氏手稿本，二册，屬海内外孤本。再如清李慈銘撰《越縵堂遺稿》，館藏爲李氏手稿本，二卷，二册，分爲《越縵堂詩集》一卷、《越縵堂樂府外集》一卷，紙字風格諧然，海内唯存。實乃上海師範大學圖書館文化之底藴，具有獨特的品味和影響，由此成爲上海師範大學的一張文化名片。

　　2008 年，爲加强館藏古籍典藏管理、保護研究及讀者服務工作，從參考咨詢部和讀者二部抽調人員，組建古文獻特藏部。古文獻特藏部下設普本、善本、特藏三個書庫，另有古籍閱覽室、精品陳列室、古籍修復室、古籍數字化室，總面積約 1600 平方米。2009 年 6 月，上海師範大學圖書館成爲第二批全國古籍重點保護單位和第一批上海市古籍重點保護單位，由此邁出歷史性的一步。學校舉行了隆重的揭牌儀式，并召開古文獻建設研討會，邀請校内外專家學者共同探討進一步保護和利用古籍，爲教學科研和學科建設服務。並以此爲契機，全面深化館藏古籍保護與研究工作。

一、人才建設

　　目前，古文獻特藏部共有 6 名在編人員，分别負責讀者服務、古籍整理研究、古籍修復、古籍數字化工作，其中 3 人具有博士學位，1 人博士在讀，3 人具有副高級專業技術職稱。這支隊伍由來自古典文獻、古代文學及古代史、圖書館學及計算機等專業的人員組成。上海師範大學圖書館歷任領導鼓勵大家將各自所學專業融入圖書館古籍保護工作中，不斷熟悉館藏，熟悉藏書的知識結構、資源特色，從中發現興趣點，調整發展方向。此外，積極創造各類訪學、深造的機會，將館員派到美國、中國臺灣、中國香港等地及内地高校進行短期訪問交流，開拓視野；也非常重視館員職業技能培訓，選送館員參加古籍鑒定、普查登記、古籍修復及數字化等各類培訓班，爲館藏古籍保護工作做出更大貢獻。

二、摸清家底

半個多世紀以來，上海師範大學圖書館的古籍經過幾代人的多方採購、收錄整理，已蔚爲大觀，是上海師範大學教學與研究的重要文獻資源。由於歷史原因，這些古籍存在外借現象，而歷史上的歷次清點往往只作簡單的"掛賬"處理，致使這些古籍存佚情況不明。圖書館同仁緊緊抓住全國古籍普查和國家珍貴古籍申報的契機，抽調工作人員專門開展調研和古籍回收工作，同時全面啟動摸清館藏古籍家底工作，徹底解決這一歷史遺留問題。在此基礎上，根據文化部《古籍普查規範》（WH/T21-2006）對館藏古籍進行全面清點，於 2009 年完成了 1137380 個數據的統計，初步查明了館藏古籍總量，爲後續古籍普查奠定了良好基礎。通過對館藏古籍全部歷史資料加以收集與梳理，摸清了家底，使館藏古籍現狀具有歷史縱深感；對館藏古籍的主要來源、館藏古籍的結構與特點等情況作了詳細調研，使館藏古籍基本脈絡清晰可辨。

三、分類法改造

上海師範大學圖書館成立之初，鑒於《中國圖書館分類法》尚未產生，我館前輩以《中國人民大學圖書分類法》爲框架，對館藏古籍進行類分。由於"人大法"部分類目比較簡略，類號的排列缺少彈性，隨後，擬定《中國人民大學圖書分類法增訂中國古籍子目分類表》，於 1961 年實施。隨著形勢的發展，這種分類法的弊病日漸凸現，加之我館古籍收藏數量與結構已基本穩定，業已具備整體改造的基礎。於是，2010 年至 2011 年，通過向其他圖書館學習經驗，結合我館實際情況，確定使用五部分類法，對原分類法進行改造。這種分類法實際上是一種數字代碼法。如一級門類的經史子集叢，分別用阿拉伯數字 3.4.5.6.7 五位號碼表示，二級大類如經部的總類、易類、書類、詩類、禮類、樂類、春秋類、孝經類、四書類、群經總義類和小學類等 11 個大類分別用 1000、2000、3000 等號碼表示，大類之下的子目依次類推；至於分類號之下的作者號，用四角號碼編排，由此構成一個索書號。在完成索書號編製規則之後，將新的 MARC 信息全部錄入匯文系統，以實現全部館藏古籍的電腦檢索。最後對書庫架位做出調整。經過館藏古籍分類法改造和古籍書庫調整後，我館的古籍館藏結構得到根本性改變。

四、善本定級

2008 年 12 月至 2009 年 6 月，根據《古籍定級標準》（WH/T20-2006），完成館藏古籍定級，確定傳本的級別等次，實行古籍的分級管理，以實現對古籍的科學保護和合理使用。通過定級，最終確定館藏善本爲 1354 種、2.6 萬餘冊。這次定級，還館藏古籍以歷史本來面目，對古籍混沌狀態的梳理和廓清，使其正本清源，歸流入海，爲資源的優化組合、系統開發創造了條件。在此基礎上，一批珍貴古籍如《先賢譜圖》、《古文苑》、《禮記纂言》、《十七史詳節》、《（正德）姑蘇志》、《全陝政要略》、《水利集》、《群書考索》、《擬古樂府》、《史記》、《少微先生資治通鑑節要》、《續資治通鑑》、《文獻通考》、《野客叢書》、《世說新語》、《自警編》、《初學記》、《清異錄》、《越縵堂遺稿》等，成功申報入選《國家珍貴古籍名錄》。2012 年，根據國家古籍保護中心古籍普查指示精神，將全部善本數據上傳至"全國古籍普查平臺"。

五、全面普查

在摸清家底的過程中，我們發現普本古籍著録在書名、卷册、作者、版本等信息上仍有諸多問題。有一些書名如兩種及兩種以上的合訂本，原資料及掛簽只著録第一種，或者附録原資料不著録，需補充完整；又如卷册，一些原資料著録缺失或錯誤；復如作者，原資料或誤以字號爲作者名字，或衍生著作誤題原作者等；再如版本，原資料或缺失印刷方式，或紀年錯誤等。爲解決上述問題，2013 年，工作人員從經、子、叢三部共抽選普查資料 1834 條，進行試點，總結經驗，然後推廣到全部普本古籍數據核查，至 2016 年，初步完成全部館藏古籍數據核實工作，預計 2017 年，《上海師範大學圖書館藏古籍普查登記目録》初稿可以提交出版社。

六、硬件改造

爲改善我館古籍專業人員的辦公條件，圖書館領導多方籌措，將辦公電腦、辦公家俱等更換一新，爲工作人員創造舒適的辦公環境。加强古籍修復及數字化設備更新，購進各種古籍修復用紙、基本工具、翻拍儀、高清掃描儀及高清彩色列印機等，滿足各類工作需要。此外，投入近 30 萬元，打造館藏古籍精品陳列室。格調高雅的精品陳列室每年都會接待來自世界各地的學者參觀考察，是上海師範大學除校史館、博物館之外的又一個對外展示窗口。此外，古樸典雅的精品陳列室也是我校文史專業讀者學習的重要場所。凡需要參觀學習的讀者只要提出申請，工作人員均會爲其義務講解相關知識，使讀者理論聯繫實際，進一步加深專業知識。2015 年，在借鑒海外大學圖書館成功經驗的基礎上，再投入資金對精品陳列室進行升級改造，使其功能更加多功能化，不僅可以用於館藏精品的陳列展示，還具備了教學、討論室、小型會議室等功能，深受廣大師生好評。

在衆多硬件設施改造中，以古籍書庫恒溫恒濕系統建設投資最巨。對珍貴古籍予以重點保護，是目前衆多收藏機構的共識。我館原古籍儲藏書庫硬件設施陳舊，並不符合《圖書館古籍特藏書庫基本要求》（WH/T24-2006）的要求。因此，建設現代化古籍藏書書庫迫在眉睫，屬於功在當代、利在千秋之工程。2015 年，經多方呼籲，古籍書庫恒溫恒濕系統建設工程獲得學校專項資金資助，並於當年完成系統建設，極大改善了古籍典藏條件。

七、古籍修復及數字化

每一本古籍猶如一個生命，經歷衆多讀者翻閱後，會出現破損，需要修復，猶如生命垂危時需要手術一樣。古籍修復人員的工作，即是讓她繼續向讀者展示其過去時光的吉光片羽。長期以來，上海師範大學圖書館缺乏專業的古籍修復人員，而大量破損古籍又亟待修復。有鑒於此，我館初步建立了古籍修復制度，選送一名館員去上海古籍保護中心作短期培養，學成後回館專門負責古籍修復工作。近五年來，約完成 100 種館藏破損古籍的基本修復工作。

爲解決古籍藏與用的矛盾，數字化是比較理想的解決方法。自 2009 年起，上海師範大學圖書館啓動館藏善本古籍的翻拍掃描工作，指派專人負責，至 2013 年，翻拍掃描量約占全部館藏善本的十分之一，具備了建設專門數據庫的先期條件。該年，在館領導的大力支持和兄弟部門的緊密配合下，"上海師範大學圖書館藏善本古籍數據庫"建成並投入使用。該數據庫擁有獨立服務器，截止 2016 年，館藏全部稿抄本、部分刻本，近 10 萬葉導入服務器，讀者可以利用專配電腦進行借閱，在方便讀者借閱的同時，也有效保護古籍原本免受進一步損壞。

八、讀者服務

長期以來，古籍閱覽服務模式處於被動服務狀態。隨著數字化的日新月異，上海師範大學人文學科的快速發展，這種服務模式已經不能與之相適應。因此，圖書館同仁立足於館員與讀者、立足於館藏古籍本身，提倡人文化服務；在強調技術重要性的同時，也要擺正人與技術的主次關係，強調以人爲本，以技術爲輔。重視培養館員的人文素養，爲讀者提供舒適的閱覽環境，爲學校人文學科的發展提供堅強的服務保障。2011 年，經過充分調研和精心準備，啓動"文苑稽古——週五小專題"系列講座，講座内容涵蓋古籍版本、古籍檢索、藏書文化、古代刻書等層面。這種講座有兩個特點：一是題小，短小精悍；二是講座有實物，依託館藏文獻實物，理論聯繫實際，直觀性强。受到文史專業學生們的熱烈歡迎。此外，古籍工作人員還積極參加圖書館"90 分鐘講座"，與前一個講座系列形成互補。2012 年，結合上海師範大學徐匯、奉賢兩地辦學的實際情況，古文獻特藏部館員走進課堂，與任課教師、學生面對面交流，爲古典文獻、編輯出版等專業的本科生提供嵌入式服務，取得可喜成績。這種服務模式，爲上海師範大學圖書館古籍讀者服務工作模式拓展外延，提升服務内涵指明了方向，也得到了廣大師生的一致認可與廣泛好評。

九、宣傳推廣

除利用精品陳列室對外展示館藏精品古籍，上海師範大學圖書館領導還鼓勵館員通過不同渠道宣傳介紹館藏古籍精品及保護成果。2012 年，由中國社會科學院主管主辦、中國社會科學雜誌社編輯出版的《中國社會科學報》"走進大學圖書館"欄目，兩次以較大篇幅刊登了我校圖書館館員撰寫的館藏古籍精品介紹文章。《中國社會科學報》在 7 月 4 日刊登了孫麒博士撰寫的《影抄本之精品——明趙均影宋抄本〈古文苑〉》，介紹館藏明趙均影宋抄本《古文苑》。該書以流傳絕少之宋刻九卷本爲底本，覆寫精妙，批校謹嚴，完整保留宋本原貌。11 月 28 日又刊登了趙龍博士撰寫的《人物畫之上品——清代改琦原繪手稿本〈先賢譜圖〉》，介紹館藏清代著名畫家改琦原繪手稿本《先賢譜圖》。此《譜圖》以線描繪中國歷代先賢八十九人，並各題詩贊，屬海内外孤本。上述二書都具有極高的歷史文獻價值和藝術價值。這些館藏古籍精品的介紹文章被《中國社會科學報》刊載，產生了廣泛影響，也進一步擴大了上海師範大學圖書館的知名度。

十、館藏研究

對館藏古籍資源特別是特色文獻進行系統發掘，是上海師範大學圖書館的優良傳統。如《紅樓夢研究書目》、《顧亭林研究資料目錄》、《上海方志資料考録》等，都在學術界有一定的影響。2010 年，又編撰出版了《上海師範大學圖書館館藏精品圖録》，完成《上海師範大學圖書館藏古籍善本書目》、《上海師範大學圖書館藏清末民初小學教科書書目》等書目初稿。此外，圍繞館藏古籍資源，積極撰寫學術論文，申報科研項目，開展科學研究。近年來，出版著作 2 部；在 CSSCI 刊物上發表學術論文 30 餘篇；成功申報教育部青年課題 2 項、全國高等院校古籍整理研究工作委員會項目 4 項，上海市哲社課題 1 項、上海市教委課題 2 項、上海師範大學校級文科項目 5 項，參與國家社科基金重大招標項目 1 項、上海市社科規劃重大項目 1 項。

　　十年來上海師範大學圖書館古籍保護所取得的成績，是懂行和勤奮的圖書館同仁薪火相傳、不懈努力的結晶。上海師範大學圖書館館藏經典，也必將沁香逸遠！回眸十年，繁華相望。我們整理國故，旨在弘揚學術，謀求創新；我們提倡學科服務，意在以人爲本，彰顯特色。我們相信教輔相長，更願意默默堅守！

（胡振華　趙　龍）

上海中醫藥大學古籍保護十年回顧

上海中醫藥大學的前身是上海中醫學院，創建於 1956 年，是新中國誕生後首批建立的四所中醫藥高等院校之一，也是現在上海市屬高校中唯一的醫科類重點特色院校。自建校以來，中醫古籍的收藏一直是學校的特色之一，而學校對古籍保護工作的重視也始終不曾停止。

一、古籍收藏概述

上海中醫藥大學圖書館收藏中醫藥古籍 7781 種，33939 冊，其中善本類 1110 種，6198 冊；普通線裝類 6671 種，27741 冊。館藏最早版本爲 1249 年平陽張存惠晦明軒刻本《證類本草》（存兩卷）。特色館藏有：《重刊巢氏諸病源候總論》明嘉靖汪濟川校刻本、《仲景全書》趙開美校刻本、《素問鈔補正附滑氏診家樞要》明刻本，以及近千種明代至民國間的中醫藥稿本、抄本，如民國抄本《章太炎先生手寫古醫方》等。這些古版醫籍，不少爲國内孤本、珍本，均極具文獻價值。其中已有 10 種古籍入選《國家古籍珍貴名録》，27 種入選《上海市珍貴古籍名録》。

這些古籍主要來源是：1、各兄弟院校或其他收藏單位調撥；2、社會及中醫世家的無私捐贈；3、本館幾十年來幾代圖書館人全國各地精心求購。無論在數量上還是品質上，上海中醫藥大學的中醫古籍都居全國中醫藥大學的前列。

此外，學校圖書館還收藏文史類古籍 720 種，10917 冊。另有收藏於校博物館及文獻所的古籍 3121 冊。

二、古籍普查工作的進展

上海中醫藥大學圖書館積極響應古籍保護中心號召，熱情參與古籍普查工作。至 2014 年共計對全國古籍普查平臺上傳 4598 條電子資料，完成了此次要求的所有古籍資料的上傳。

三、古籍保護的硬件設施、環境等條件的改善情況

爲推動上海中醫藥大學古籍保護工作的全面發展，更充分利用本校的古籍資源，發展中醫文化建設，學校在 2016 年決定將原古籍書庫和古籍閱覽室整體搬遷至校圖書館裙樓三樓。新建的古籍書庫及古籍閱覽室現整體更名爲“中醫古籍館”，整個圖書館裙樓三樓，將近 300 平方米的大廳，都將可作爲古籍文化的展示場所。

現在，我校擁有兩個古籍書庫共計 150 平方米。書庫配有精密空調、無紫外線燈管、氣體滅火設備、樟木書櫃、溫濕監控、紅外監控、雙重防盜門等設施，滿足古籍典藏中對溫度、濕度、紫外線、防火及安全設施等的嚴格、細緻的要求。

在新的古籍閱覽室內配有多臺電腦供讀者瀏覽數字古籍。近幾年來，我校持續推廣古籍的數字化閱讀理念，截至 2016 年底，我們已完成了 168 萬筒子頁古籍的掃描及成書工作。最終我們的目標是實現所有典藏中醫古籍數字化。讀者將可以在電腦上看到圖書館內典藏的所有中醫古籍。數字化閱讀使我們在提高我校古籍的利用率的同時，減少了對古籍原書的損害。

新建的中醫古籍館內還擁有古籍修復室，與書庫及閱覽室靠得更近，更方便古籍修復工作的展開。

2016 年上海中醫藥大學圖書館樓重新裝修，在新設計的一樓大廳內，有兩處被專門設計佈置用來介紹我校特色古籍藏品，推廣古籍保護意識。

四、古籍保護管理規章制度建設情況

2007 年，國務院辦公廳發佈《關於進一步加強古籍保護工作的意見》(國辦發 [2007]6 號)，提出在“十一五”期間大力實施“中華古籍保護計畫”。響應國家號召，2008 年學校頒發《關於進一步加強我校古籍保護工作的意見》，製定古籍保護計畫，成立古籍保護工作領導小組、古籍保護工作小組和古籍保護工作專家委員會等。並由我校黨委書記、常務副校長謝建群教授擔任領導小組組長，分管圖書館工作的領導擔任工作小組組長。各級校領導的一系列的實際行動，成爲我校古籍保護工作順利進行的保障。

細緻規範的工作制度在古籍保護工作中同樣不可或缺。目前我校已經製定並陸續完善一系列相關工作制度，包括《古籍書庫管理制度》、《古籍書庫管理人員職責》、《古籍閱覽規則》、《電子古籍閱覽規則》、《古籍影印服務協議書》和《古籍書庫安全應急預案》等。這些規範的工作制度爲古籍保護工作的開展提供了有力保證。

五、古籍數字化建設狀況

古籍保護主要有兩種：一是原生性保護，二是再生性保護。數字化是古籍再生性保護的重要手段，是古籍保護與整理的一個新方向。自 2007 年起，我校已完成及正在進行的古籍數字化工作有：

1. 古籍書目數據庫建設

2008 年我校完成了古籍書庫內全部典藏古籍的電腦編目，並最終形成了中醫藥善本、中醫藥線裝、文史類線裝三個古籍書目數據庫。所有書目數據都包含有索書號、題名卷數、著者（含著作方式）、版本、冊數、存缺卷數、裝幀形式

等信息。善本書目庫中還包含了版式、提要等内容。古籍書目數據庫的建設爲隨後開展的全國古籍普查工作打下了堅實基礎。

2. RFID 典藏建設

RFID 典藏建設是將現代物聯網理念和技術引入圖書館的古籍保護工作中，通過物聯網來實現古籍的智能化管理。

在 2011-2012 年間，圖書館爲全部 4 萬册左右典藏古籍添置 RFID 電子標籤，完成了包括古籍善本書庫、古籍綫裝書庫及文史類古籍書庫的 RFID 建設。RFID 系統的遠距離非接觸、快速讀取多標籤的特點，使以往繁瑣的盤點工作變得安全、方便、準確。RFID 標籤内不僅存儲有書名等有關古籍的基本信息，還存儲著書的存放信息，這有效解決古籍亂架的現象，並實現古籍的精確定位，方便了借閱。

在 RFID 技術的支援下，圖書館自建新的檢索數據庫——RFID 古籍書庫書目檢索數據庫，並將其嵌入校圖書館主頁供讀者使用。讀者可通過題名、責任者、索書號、ISBN、關鍵字、條碼號、登録號等方式檢索所需古籍，可得到該古籍的精確定位信息，及封面照片等相關内容。

3. 電子古籍數據庫建設

近年來對中醫藥古籍的研究越來越得到重視，但古籍本身具有的文物屬性使得我們在古籍的開發、使用上一直存在猶豫和疑問，古籍真實的利用率一直不高，這也成爲開展古籍研究工作的瓶頸。爲此圖書館目標構建"上海中醫藥大學電子古籍數據庫"，將學校典藏的所有中醫古籍數字化，推廣古籍數字化閱覽，以達到古籍保護和利用的最佳平衡。

在方正阿帕比數字資源平臺系統的基礎上，圖書館依據自身的需求進行二次開發，最終形成富有特色的中醫藥創新平臺數據庫。該數據庫是將傳統的紙質古籍通過加工軟件製作爲數字資源發佈格式。高分辨率的數字照片作爲載體，完整保留了館藏古籍的原貌，不僅能滿足讀者對版本研究、文物鑒賞、文字校勘、原件對照等各個方面的需要，同時還避免了古籍，尤其是中醫古籍，在一般數字化過程中因生僻字、繁簡字、通假字過多而不方便録入的缺點。平臺擁有的數字版權保護技術對這些數字古籍進行加密、授權、監控、跟蹤等管理，保證數字内容的安全性和完整性。數據庫支持電腦内多種形式（在綫／離綫、網頁／原版原式）的閱讀模式。

到 2016 年 12 月爲止，圖書館共完成了 1685418 筒子頁 7388 種古籍的掃描工作，基本實現所有典藏中醫類古籍的電子化。目前，可在古籍閱覽室的電腦上，通過此平臺瀏覽所有已完成的電子古籍。該平臺充分實現了館藏古籍的價值再現與傳播。

上海中醫藥大學圖書館開展的古籍 RFID 典藏建設和電子古籍數據庫建設不但得到了讀者的好評，而且也受到了相關上級單位和業界同行的肯定，在 2011 年由國家古籍保護中心組織的對我校全國古籍保護重點單位的階段檢查中，檢查組組長、北京大學圖書館古籍部主任沈乃文先生認爲我校"較好地解決了古籍保護和古籍利用的矛盾，很好地詮釋了保護與利用、典藏與服務相結合的理念，在全國的古籍保護工作領域，從保護理念到保護手段都處在了領先位置，對全國的古籍保護工作有很高的參考價值和示範效應"。

六、古籍服務工作的狀況

作爲高校圖書館，我校的古籍閱覽室的讀者群比較穩定，一般是以教師、研究生爲主體的教學、科研人員等，其主要任務一般是從事古籍整理、專業教學、科研或撰寫論文。2011 年以前，古籍閱覽室實行閉架借閱服務，工作人員由讀者填寫的索書單查找書籍，提供現場閱覽。2011 年以後，數字圖書館服務逐漸成爲圖書館服務的重點發展方向，除了自建的中醫藥創新平臺數據庫，圖書館先後購買了多個電子數據庫，如 apabi 數字資源、《四部叢刊》、《十通》、《中醫古籍 104 本》、瀚堂典藏中醫藥文獻數據庫等，豐富了收藏中醫古籍的種類，爲讀者提供了便利。

圖書館始終注意推廣古籍保護意識，在圖書館樓多處布展，普及古籍保護概念，介紹古籍保護工作的發展情況，積極鼓勵同學和老師參與古籍保護相關的各項活動。

古籍修復是古籍原生性保護的手段之一，它通過一系列專業手段還已破損的古籍以原貌，延長其保存時間。由於各種各樣的原因，我校現存古籍中已有不少典藏古籍出現不同程度的老化、酸化、破損。2008 年，我校成立了古籍修復室，添置了新設備、補充了新人員，送有志於此的館員參加各類修復培訓班，逐步完善我中心的古籍保護工作體系。

七、古籍的研究、宣傳與出版等

上海中醫藥大學十分重視對古籍文獻資源的整理與利用。長期堅持研究、整理、出版具有珍貴文獻價值、版本價值的珍稀古籍。多年來，有不少以我校收藏古籍爲底本編輯點校出版的學術專著相繼問世，如《中醫古籍珍稀抄本精選》系列叢書全 21 冊、《民國江南醫家著作選粹》系列叢書共 21 種等。

同時我校老師還主持並參與了多個國家、上海市的課題項目，如 "清末前館藏未刻中醫藥抄本研究"、"民國時期中醫藥期刊研究"（國家重點培育學科、上海市重大項目資助課題）、近代上海中醫名家醫案研究（市教委創新項目重點資助課題）等。

我校有計畫在近期以上述課題爲基礎，整理出版一批珍稀古籍，內容主要包括上海地區清末前館藏未刻中醫藥抄本，及近代中醫期刊，特別是《上海地區清末前館藏未刻中醫藥抄本》系列，此系列是對上海地區清末前未刻的抄本進行系統的整理研究。中醫藥抄本是醫籍的重要組成部分，通過對《全國中醫圖書聯合目録》的統計，其中中醫藥抄本有 5083 種，占全部《聯合目録》圖書種量的 41.9%，未刻抄本種量占全部圖書種量的 32.4%，清末前未刻抄本種量占全部《聯合目録》圖書種量的 7.6%。由此可見清末前的未刻抄本的珍貴。此系列的出版，將對搶救中醫藥傳統文化遺產具有深遠的意義。

2010 年上海中醫藥大學參與國家中醫藥管理局 "中醫藥古籍保護與利用能力建設項目"。 該項目是繼 1982—1986 年第一批、第二批中醫藥古籍整理之後的又一次大規模的古籍整理工程，計畫整理中醫藥古籍 400 種，由國內 9 家文獻研究機構合作完成，該項目以形成中醫藥古籍規範通行本、傳世本爲目標，並通過對中醫藥古籍保護和利用，爲發揮中醫藥特色優勢、把握客觀規律以及傳承搶救性保護、創新發展中醫藥事業提供基礎服務。上海中醫藥大學有幸承擔其中 60 種古籍的整理與出版。

"中醫藥古籍保護與利用能力建設項目" 是國家中醫藥管理局直接領導的重大科研項目，2010 年由中央財政公共衛生資金專項資助，也是迄今爲止國家經費投入最多、支持力度最大的中醫古籍文獻整理研究項目。自 2015 年 2 月起，該項目的重要成果之一，中國古醫籍整理叢書共計 400 本已陸續出版。該項目校注整理的 400 種重要中醫藥古籍，涵蓋從唐至清中醫藥各門類，絕大多數古籍爲第一次校注出版。

八、所獲古籍保護方面的命名、榮譽情況

上海中醫藥大學響應了國家的 "中華古籍保護計畫"，積極參與國家古籍保護中心和上海市古籍保護中心的工作。

自 2008 年以來，圖書館積極參加國家及上海市珍貴名録申報工作，至今共有 10 種古籍入選《國家珍貴古籍名録》，27 種古籍入選《上海珍貴古籍名録》。

上海中醫藥大學圖書館於 2009 年成爲"全國古籍重點保護單位"和"上海古籍重點保護單位"；榮膺 2010 年度上海市古籍保護中心優秀組織獎、2013 年上海市高等教育内涵建設"085"工程（圖書館 2011–2012 年度）項目服務創新獎。

圖書館派人積極參與全國古籍保護中心及上海古籍保護中心舉辦的各類古籍保護、編目、古籍修復培訓班，提升古籍保護工作人員的服務意識、業務能力、敬業精神、人文修養等多方面的素養。在學校與個人共同的努力下，相關人員獲得 2010、2012 年度上海市古籍保護先進個人；在三屆上海市古籍修復技能競賽中都有獲獎（2011 年獲得競賽成果獎、2013 年獲得競賽三等獎、2015 年獲得競賽三等獎）。

不論時代如何變化，上海中醫藥大學始終是古籍保護工作的堅定支持者、忠實實踐者。本着古籍保護工作"功在當代，利在千秋"的信念，我們會永遠保持奮鬥精神，永遠保持對古籍保護工作的赤子之心，不忘過去，面向未來，面對挑戰，一本初心，繼續前進。

（王　楓）

上海交通大學醫學院圖書館古籍保護十年總結

　　在 1952 年全國高等醫學院校院系調整時，以原震旦醫學院、聖約翰醫學院和同德醫學院的圖書館醫學書刊爲基礎組建而成原上海第二（醫學院）醫科大學圖書館。2005 年在上海交通大學和上海第二醫科大學合併後，正式命名爲上海交通大學醫學院圖書館，同時也稱爲上海交通大學圖書館醫學館。

一、館藏古籍資源簡介

　　我館館藏古籍主要是子部醫家類，共約有 790 餘種（含部分民國版古籍），3 千多册。根據初步考證認定有善本 181 種，爲明代的 52 種，清代的 111 種，日本的 18 種。其中明代成化四年的《重修政和經史證類備用本草》入選第四批《上海市珍貴古籍名録》。同時，善本中的一些醫案、醫方的著名抄本，在《中國中醫古籍總目》等查無重複的情況下可認定爲孤本。十年來，學校平均每年投入十多萬元用於古籍資源的保護。

二、古籍資源管理工作

　　2010 年新建的 156 平方米古籍書庫投入使用。古籍書庫配備有七氟丙烷氣體滅火裝置，及恒溫恒濕和自動記録的空調系統，古籍書庫常年溫度保持在 20 攝氏度左右，濕度保持在 55% 左右。另有防蟲殺菌等古籍保護措施。制定了《上海交通大學醫學院圖書館古籍書庫管理制度》，古籍書庫實行雙人雙鎖專人管理，以及進出古籍書庫需填寫入庫單報備等管理措施。

　　我館在古籍資源管理方面還制定了其他的管理制度，如：《上海交通大學醫學院古籍書庫安全應急預案》、《上海交通大學醫學院古籍複印服務協議書》、《古籍借閱規則》等。

三、古籍資源數字化建設工作

2013 年，作爲上海經信委項目，學校投入 32 萬元，啟動學校古籍資源管理和應用系統的建設項目，該系統建設主要分爲兩個部分。一是古籍書目建設工作。古籍書目著録規則遵循《新版中國機讀目録格式使用手册》（中國國家圖書館）和《漢語文古籍機讀目録格式使用手册》（中國國家圖書館），以及《古籍著録規則》（GB/T 3792.7-2008）等編目規則。現已完成全部館藏古籍的編目工作，包括紙質的古籍資源編目工作單和機讀的古籍資源編目 MARC 文檔。二是古籍書目和全文掃描數據庫建設和發佈系統。其中古籍書目和全文掃描數據庫建設包括古籍書目元數據建設、元數據録入和審核等，以及古籍全文掃描文檔轉換、録入和關聯等；古籍書目和全文掃描發佈系統包括符合古籍資源特徵的多途徑組合檢索、古籍簡明書目和詳細書目的展示，以及古籍全文在線閱讀和古籍電子圖書外借等。古籍書目和全文掃描數據庫和發佈系統的建成爲我館古籍全面數字化打下了基礎。

2014 年 10 月至 2015 年 4 月，學校再次投入了 45 萬元，完成了館藏古籍的整本掃描、轉換加工的項目。項目共計完成 782 種、1546 册、561334 頁的古籍整本掃描工作。古籍整本掃描文檔包括兩種 TIFF 壓縮格式：24 位彩色格式 150 DPI 和 600DPI。其中 150 DPI 的全部再轉爲 CBX 的成書格式，並發佈至古籍管理和應用系統，供在線閱讀和 U 盤外借。而 600DPI 的則作爲圖書館長期保存的古籍數字化資源，並製作了兩套備份硬盤分别存放。

自此，我館的古籍數字化工作基本完成。古籍資源管理和應用系統的建設和古籍整本掃描工作使我館的古籍資源實現了非接觸式管理方式和讀者服務工作。

四、古籍普查工作

在古籍資源管理和應用系統建設完成基礎上，導出符合全國古籍普查要求的古籍 MARC，在普查平臺上做相應匹配後，於 2015 年 6 月完成 528 條古籍 MARC 在全國古籍普查平臺的上載工作，這樣我們學院的古籍普查工作也基本完成。

（徐　駿）

中國科學院上海生命科學信息中心古籍保護工作十年

　　斗轉星移，十年在歷史長河中顯得何其短暫，但對於中國科學院上海生命科學信息中心（以下簡稱信息中心）古籍保護工作而言，這十年是跨越發展的重要時期，也是一段值得記載的歷史。2005 年國家啟動"中華古籍特藏保護計畫"，2007 年國務院辦公廳發佈《關於進一步加強古籍保護工作的意見》。在國家大力推動古籍保護的歷史使命感召下，2007 年信息中心全面正式啟動古籍保護工作。經過十年發展，目前信息中心已形成古籍資源編目與整理、古籍數字化建設與應用、古籍出版與研究等三個主要研究方向，並在國家古籍保護中心、上海市古籍保護中心、中國醫學科學院醫史文獻研究所的指導幫助下，產出了一批重要成果，在國內古籍保護領域、中醫藥領域逐漸被大家熟知，發揮了專業領域文獻機構的學科特色和優勢，也爲信息中心未來古籍保護工作的深入開展打下了堅實有效的基礎。

一、機構歷史及文獻來源

（一）機構歷史

　　信息中心組建於 2002 年 6 月，由創建於 1953 年的原中國科學院上海文獻情報中心和中國科學院上海生命科學創新基地的信息服務支撐單元整合建立，其下設的生命科學圖書館是原中國科學院上海文獻情報中心的傳承載體，其館藏資源豐富，現收藏和保存的各類型文獻資源達 300 萬册之多，其中館藏古籍及民國線裝書約 8 萬餘册。

（二）古籍文獻來源

　　信息中心生命科學圖書館館藏古籍歷史悠久，最早可以追溯到 1929 年日本利用庚子賠款與當時政府合作在上海設立的自然科學研究所。抗戰勝利後,1946 年自然科學研究所圖書館的藏書和編輯部出版發行剩餘的刊物由當時東遷國立中央研究院醫學研究所籌備處接收。後來，國立北平研究院的部分藏書也轉到國立中央研究院。解放後,國立中央研究院的藏書由中國科學院上海辦事處接收,最後轉到我館。上世紀五六十年代，又陸續從上海舊書店和其他單位購買了一些古籍，逐漸形成了現在的規模。

（三）古籍文獻特色

　　信息中心古籍文獻來源決定了信息中心古籍文獻具有一定的特殊性和時代性。在館藏已編目古籍中，中醫、地方志以及日本漢籍是重要特色資源。

中醫古籍中包含了醫經、醫案、本草、方論等中醫各類，其中亦不乏珍品。如元至元五年胡氏古林書堂刻六年印本《新刊黃帝內經靈樞》十二卷、明正德十年胡韶刻本《醫林類證集要》十卷、明嘉靖二十九年刻本《急救良方》二卷等。

日本漢籍中因館藏部分資源來自於原上海自然科學研究所藏書，因此原上海自然科學研究所創辦的刊物日文版《上海自然科學研究所彙報》和英文版 *The Journal of the Shanghai Science Institute*，館藏保存完整。不少日本、朝鮮等國外刻本，多爲國內其他圖書館所未藏。

地方志文獻中所收方志遍佈全國，尤以上海、江蘇、浙江、安徽方志爲衆。

二、古籍保護十年發展

（一）發展歷程

信息中心於 2007 年正式設立古籍保護項目組，之前館藏古籍保護未設專職人員，館藏編目等也僅有部分卡片目錄，館藏資源不對外開放，整體現狀堪憂。成立之初的古籍項目組由 2 名非相關專業老館員組成，開始專職從事古籍保護工作。在國家古籍保護中心、上海市古籍保護中心、中國醫學科學院醫史文獻研究所的指導幫助下從零開始，經歷了三年探索、起步，之後古籍保護工作進入發展階段，古籍管理、普查及數字化等工作均穩步推進。至 2014 年初步建立專業化古籍保護團隊，引進 2 名專業人才（中醫古籍、古典文獻專業），同時深入開展古籍數字化及出版與研究工作，在原有工作基礎上，實現了古籍保護工作能力的跨越提升。

1. 探索起步階段

2007 年信息中心成立了珍貴古籍數字化項目組，參與編輯了《中國中醫古籍總目》，以此次普查工作爲契機，從完善古籍書庫保護條件、進一步規範相關規章制度、進行再生性保護等多個方面進行了探索和實踐，預示著館藏古籍保護工作的全面啓動。

2008 年館藏 1 種古籍入選第一批《國家珍貴古籍名錄》。與中國中醫科學院中國醫史文獻研究所合作，共同簽署了合作開發利用館藏中醫古籍的協定，該合作項目納入國家科技部 "350 種中醫古籍數字化和整理" 項目，開始中醫古籍數字化工作。

2009 年館藏 3 種古籍入選第二批《國家珍貴古籍名錄》，館藏 7 種古籍入選第一批《上海市珍貴古籍名錄》，館藏 3 種中醫古籍入選《中國中醫古籍孤本大全》。信息中心參與 "上海市古籍保護成果展"，被評爲 "上海市古籍保護重點單位"，並榮獲 "2009 年度上海市古籍保護優秀組織獎"，古籍保護工作得到上級單位大力支持，取得了階段性成果。

2. 全面發展階段

2010 年 10 種館藏古籍入選第二批《上海市珍貴古籍名錄》。通過 "全國古籍普查平臺" 在線登記了 17 種入選《國家珍貴古籍名錄》和《上海市珍貴古籍名錄》的珍貴古籍。館藏 2 種善本古籍入選上海世博會城市特色文化展示館 "紀念孔子誕辰 2561 年暨儒家經典古籍善本展"，是當時信息中心開展古籍整理和保護以來取得的重要成果。

2011 年館藏 3 種古籍入選第三批《國家珍貴古籍名錄》，館藏 10 種古籍入選第三批《上海市珍貴古籍名錄》。完善了古籍管理制度，開始向讀者提供古籍閱覽服務。隨著古籍保護工作的深入開展，近幾年慕名前來查閱中醫古籍的研究人員有所增多。

2012 年實現館藏古籍全流程數字化 139 種，860 冊，共 58340 葉。

2013 年館藏 3 種古籍入選第四批《國家珍貴古籍名錄》，7 種古籍入選第四批《上海市珍貴古籍名錄》，陸續將館藏古籍書目數據登錄到 "全國古籍普查平臺"。

3. 提升跨越階段

2014 年"中科院珍貴古籍數字化開放應用平臺建設——中醫善本專題"項目獲得上海市新聞出版專項資金資助，該工作對加快信息中心珍貴古籍數字化進程、實現重要珍貴古籍再生性保護具有重要意義。

2015 年館藏 6 種古籍入選第六批《上海市珍貴古籍名録》。開展"中科院珍貴古籍數字化開放應用平臺建設——中醫善本專題"項目實施；積極嘗試整理出版館藏的中醫特色珍稀善本，與上海科學技術文獻出版社合作，爲古籍研究與收藏愛好者提供重讀歷史典籍、發掘中華歷史文化寶藏的重要機會。

2016 年館藏 2 種古籍入選第五批《國家珍貴古籍名録》。"中科院珍貴古籍數字化開放應用平臺建設——中醫善本專題"項目結題，獲得好評，平臺建設完成並向公衆開放；項目組成員論文《古籍開放應用平臺研究與實踐》榮獲中國圖書館學會專業圖書館分會 2016 年學術年會優秀論文獎。《中華中醫古籍珍稀稿抄本叢刊》（第一輯）正式出版，館藏孤抄本《本草拔萃》於 8 月進行首發正式面世，後續 9 種稿抄本將在兩年内陸續出版。信息中心成爲中國古籍保護協會正式會員（單位），標誌著信息中心古籍保護工作邁上了新臺階。

（二）重點工作

1. 古籍資源編目與整理

（1）館藏古籍編目工作　　2007 年全國古籍普查登記工作開展以來，信息中心對館藏古籍進行了清點普查工作，進一步完善館藏古籍目録。至 2016 年 12 月，信息中心已編目館藏古籍及民國線裝書 4946 種，61451 册，其中古籍 3285 種，38294 册；民國線裝書 1661 種，23157 册；未編目約 2 萬册。已編目 3285 種古籍中，有醫學類古籍 1141 種，6908 册，其中中醫古籍 1114 種，新學醫學書 27 種；地方志 1131 種，12863 册；其他類（包括經、史、子、集、叢書類，不包括醫家和地方志）1013 種。已編目民國時期線裝書中，有醫學書籍 517 種，2848 册；方志 543 種，4701 册；其他 601 種，15608 册。

（2）全國古籍普查平臺登録工作　　信息中心古籍項目組從 2010 年起陸續將館藏古籍書目數據登録到"全國古籍普查平臺"，截止 2016 年 12 月，已完成 2186 條書目登録。隨著項目組新進人員就位，近三年來工作效率不斷提高，每年新增書目數量呈加速增長。

每年普查平臺新增书目数量

（3）古籍定級申報工作　　根據文化部《古籍定級標準》，初步確定館藏古籍善本 926 種，10841 册，其中一級古籍 5 種 23 册，二級古籍 66 種 1033 册，三級古籍 855 種 9785 册。

2010 年，向上海古籍保護中心申報《古籍破損登記表》，按要求共填報了館藏古籍 100 種。其中 25 種曾經修復，修復方式主要是揭裱和金鑲玉兩種。

2008 年以來，國務院分批公佈《國家珍貴古籍名録》，信息中心積極參與申報，現有 12 種館藏古籍入選《國家珍貴古籍名録》，40 種館藏古籍入選《上海市珍貴古籍名録》。

2. 古籍數字化建設與應用

（1）與中國中醫科學院中國醫史文獻研究所合作　2007 年開始，信息中心與中國中醫科學院中國醫史文獻研究所合作，參與承擔了國家科技部“國家科技基礎條件平臺科學數據共用工程——中醫古籍知識庫”項目和“350 種中醫古籍數字化和整理”項目的相關工作，並以此爲契機，開始了館藏古籍數字化工作，進行圖片掃描、文本識別、圖文對校、句讀等全流程數字化工作。目前已數字化館藏古籍 139 種，860 册，共 58340 葉。

（2）自主申請上海市新聞出版專項　爲了解決古籍保存和利用之間的矛盾，充分發揮古籍學術價值和應用價值的同時實現對古籍的再生性保護，2014 年在上海市新聞出版專項扶持資金的支持下，探索建設了“中科院珍貴古籍數字化開放應用平臺——中醫善本專題”（guji.slas.ac.cn），先期選定了 50 種中醫古籍善本，多數爲古代名醫名著的經典版本，如隋代巢元方的《重刊巢氏諸病源候總論》、唐代孫思邈的《千金翼方》、宋代許叔微的《類症普濟本事方》等，涵蓋了醫經、醫案、本草、方論各類，並進行版本考證、校勘、句讀等深入的整理研究。

遵循保真的原則，對所選珍貴中醫善本古籍進行掃描，建立古籍影像庫。識別圖像轉換成文本字符，組織形成古籍電子文檔，建立文本數據庫。組織古籍整理方面的專家根據古籍原本對識別後的文檔進行校對，實現原圖和文本的一一對應，提高文本數據内容的準確性。在利用現代數字化技術深度開發的基礎上，配備特色化的檢索系統和輔助工具，以圖文對照和全文檢索爲兩大核心功能，實現優質内容的數字化開發和應用以及社會共用服務。

在古籍平臺的系統開發過程中，項目組邀請了專業學者深度參與。目前平臺已實現圖文對照、電子書和純文字閱讀模式、全文檢索等功能，且已向公衆開放。平臺已上傳珍貴中醫古籍圖文 61 種，圖片共 44700 張，其中 10 種入選《上海市珍貴古籍名録》，5 種入選《國家珍貴古籍名録》，2 種國内孤本。信息中心擬在未來底層數據建設不斷完善的基礎上，探索利用知識挖掘相關方法提取、挖掘和分析其潛在的知識，以探索建設具有知識發現功能的平臺，爲廣大研究者提供更有用、更優質的古籍知識信息服務。

3. 古籍出版與研究

爲使珍稀珍貴古籍能走下神壇，走向大衆，信息中心在對館藏進行整理和研究的過程中，發現和明確了部分館藏特色和珍貴古籍，於是提出珍貴古籍的出版計劃，積極與出版社合作，利用現代數字化掃描及出版技術，保存珍稀孤抄本古籍原貌，使讀者可以窺見原書風貌。

（1）參編《中國中醫古籍總目》　2008 年，國家重點項目《中國中醫古籍總目》經多年整理修訂，於 2008 年由上海辭書出版社正式出版，收録了信息中心 1117 條館藏古籍目録。

（2）入選《中國中醫古籍孤本大全》　2009 年館藏的明天啟三年刻本《醫學經略》、明崇禎三年刻本《辨證入藥鏡》、清初刻本《墨寶齋集驗方》等 3 種中醫古籍入選《中國中醫古籍孤本大全》。

（3）整理出版《中華中醫古籍珍稀稿抄本叢刊》（第一輯）　2016 年與上海科學技術文獻出版社進行合作，獲得該年度上海市新聞出版局出版專項資助，整理出版《中華中醫古籍珍稀稿抄本叢刊》（第一輯），館藏孤抄本《本草拔萃》作爲第一種於 8 月正式出版，後續 9 種稿抄本將在未來兩年陸續出版問世。

4. 讀者服務工作

2007 年信息中心在編輯《中國中醫古籍總目》過程中，對中心所藏古籍進行了全面普查，以此爲契機，從完善古籍書庫保護條件、進一步規範相關規章制度、進行再生性保護等多方面進行了探索和實踐。隨著該目録的出版發行，院外讀者才瞭解到信息中心的館藏資源，2008 年後逐漸開始有讀者諮詢古籍信息。爲了更好地保護和利用館藏古籍，規範古籍服務工作，信息中心根據《圖書館古籍特藏書庫基本要求》（WH/T 24-2006），參考其他古籍藏館的管理制度制定了館藏古籍管理制度。隨著古籍保護工作的深入開展，近幾年慕名來我中心查閱中醫古籍的研究人員有所增多，讀者主要來自全國各地中醫藥大學和科研院所。

（三）學術成果

近年，中心的學術成果主要有：

[1] 孫建春《關於〈中國中醫古籍總目〉編纂體例的探討》,《中醫文獻雜誌》, 2009,2:34-36;

[2] 孫建春《國內孤本〈辨症入藥鏡〉考》,《中醫文獻雜誌》, 2010,3:11-12;

[3] 孫建春《古籍圖像採集經驗談》,《科技情報開發與經濟》, 2012,14:24-25;

[4] 孫建春《中醫古籍圖文校對中的問題與對策》,《中華醫學圖書情報雜誌》, 2013,7:10-12,24;

[5] 孫建春、姚煒《館藏古籍的特色與來源及保護》,《科技情報開發與經濟》, 2014,9:9-11;

[6] 姚遠、李莎、沈東婧《國內孤本〈本草拔萃〉考》,《中醫文獻雜誌》, 2016,4:6-7;

[7] 李莎、姚遠、沈東婧《館藏古籍保護利用的問題與對策》,《圖書情報導刊》, 2016,11:1-4;

[8] 整理出版《本草拔萃（附藥性・驗方）》,陸太純輯,譚位坤抄校,上海科學技術文獻出版社,2016.6。

三、古籍保護未來展望

回顧過去十年的古籍保護工作,點點滴滴恍如昨日,信息中心古籍保護工作取得這些成果實屬不易。多年來,圖書館古籍項目組積極鑽研、不懈努力,並做了大量古籍整理基礎性工作,爲古籍長久保存和深度研究利用創造了良好的前提條件。但是古籍整理研究工作還是任重而道遠,尋找新思路新方法,挖掘古籍文獻的特色收藏,整理研究特色古籍,與全社會共同分享這些珍貴文獻資源是信息中心的重要任務和使命。

（一）繼續做好古籍普查與管理工作

由於書庫空間限制,人手不足,館藏古籍保存狀況依然堪憂,雖然這十年間已經有了很大的進步,但仍希望不斷提升硬件基礎設施,以實現國家古籍保護重點單位的申報目標。館藏線裝書中仍有約 2 萬册左右未編目,且有一部分古籍仍未登陸普查平臺,未來仍將集中力量優先完善這些基礎工作,按照全國古籍普查平臺的著録規範著録館藏古籍。建立專用古籍閱覽室的計畫也已提上議程,未來將爲讀者提供更好的閱覽條件。

（二）深入探索古籍數字資源的挖掘與應用

知識挖掘對古籍保護、傳承和利用具有重要意義,希望利用現有古籍數字化資源,從文本數據採擷和古籍本體構建等方面,對各種專題性古籍資源進行挖掘整理,探索出圖書館對自身特色館藏古籍進行全面整理和深度利用的創新方法,向用戶提供更深層次的知識服務,爲研究人員提供參考,使得古籍中的寶貴知識得到更好的傳承與保護。

同時探索在開放獲取背景下加強館際合作與版權保護,有效擴展古籍數據庫的內容與服務範圍;並通過數據採擷、知識聚類、智慧呈現等功能來向用戶提供更深層次的知識服務。這些問題的解決,不僅對保護古籍、改進古籍知識服務模式等工作起到重要作用,也將爲傳承我國寶貴文化遺產、促進文化事業發展提供新的途徑。

（三）積極參與高品質的古籍整理出版工作

對於保存環境較差、專業人員匱乏的中小圖書館而言,對古籍進行整理出版,既有保存保護古籍的作用,又能緩解古籍藏與用的矛盾,使古籍得以在更廣的範圍內傳播,從而便於被學者研究利用。未來仍將繼續積極與出版社合作,本着保護與傳承中華傳統文化的宗旨,將有價值、有特色、學者們需求的館藏珍貴古籍提供出來,利用現代出版技術,對優質珍貴古籍進行還原性出版,爲學術界提供真實可靠的原始資料,再現古籍的版本及內容價值。

（沈東婧　姚　遠）

上海社會科學院圖書館古籍保護十年工作總結

上海社會科學院圖書館始建於 1958 年 9 月，當時由華東政法學院、上海財經學院、復旦大學法律系、中國科學院上海經濟研究所 4 個單位合併成立了上海社會科學院，並在華東政法學院圖書館和上海財經學院圖書館的基礎上成立了上海社會科學院圖書館（當時館址即原聖約翰大學圖書館舊址）。由於歷史的傳承和積澱，我館館藏特色明顯，以中國近代經濟史、上海史、民國法律文獻方面收藏爲最著，並藏有明代以來的各類古籍 10 萬餘冊。我館的古籍保護工作起步較晚，2007 年到 2016 年，是我館古籍保護事業從無到有、逐步步入正軌並持續發展的十年。以下分成三個階段對我館十年古籍保護工作進行回顧總結。

第一階段 準備積累時期（2007 ~ 2009）

1. 盤點家底，實現古籍目録機讀化

長期以來，我館的古籍雖編有卡片式目録，但著録簡單，不能充分顯示内容和特點，而且使用的是現代圖書分類法，與傳統的古籍四部分類法不匹配。隨著數字信息化的發展，2005 年，我館開始全面編製古籍電腦機讀目録的工作，聘請上圖專家授課指導，按照經史子集的四部分類法對本館古籍進行了重新編目整理，至 2006 年底基本完成了原古籍庫線裝書的目録機讀化，建成了古籍書目基本數據庫。2007-2008 年間，又陸續將地下室發現的未編古籍繼續著録，不斷完善古籍基本庫。2009 年初正式完成了我館古籍書目數據庫的建設，最終經統計我館共有古籍 82169 部，109400 冊，符合《中國古籍善本書目》標注的善本 492 部，3000 冊。古籍書目數據庫的建成對我館古籍的藏存情況做了一次詳細盤點，規範了分類編製，方便了讀者查找使用，同時也摸清了家底，爲之後的普查申報工作奠定了基礎。

2. 成立文獻部，組建古籍工作專業隊伍

2005 年，由於工作和研究需要，我館成立了文獻部，由 1 名研究員領銜，下有成員 3 人，均爲文史和法律專業的博士。文獻部主要負責館藏珍稀書籍的整理開發工作，2007-2009 年，先後挑選影印出版了明刻本《莊子南華真經》四卷，日本稻葉君山原著、但燾譯訂《清朝全史》，日本大隈重信等著中文版《開國五十年史》，點校出版了俞誠之撰《中國政略學史》。2006-2009 年，累計舉辦了三次圖書館善本書展，共計展出館藏珍貴古籍總計 45 種 60 冊，其中中文古籍 34 種 39 冊，珍貴舊西文書 11 種 21 冊。2006 年，流通部主任和古籍書庫閱覽室負責館員在本院歷史所專家指導及退休

資深館員的帶領下，開始編寫館藏古籍書目提要，歷時兩年完成了初稿，並先後經國家圖書館、上海圖書館專家審閱，提出了寶貴意見。2009 年，我館還引進了一名專業的古籍修復人員，從而填補了這方面的空白。至此，文獻部、古籍庫館員和修復人員一起，構成了我館包括整理、保護、開發、研究等各方向的古籍工作專業隊伍。

3. 順利搬遷，改善古籍藏存環境與條件

2009 年底，我館搬入上海社科國際創新基地（中山西路 1610 號 2 號樓），書庫面積 6300 平方米，共有三個樓面，以螺旋步梯在正中間貫通，其中三樓包含一個 405 平方米的古籍書庫、一個 135 平方米的特藏庫，另有 200 平方米的古籍閱覽室和 150 平方米的特藏閱覽室各一。古籍書庫將我館普通古籍和民國文獻集中管理，以玻璃房與外界開放式空間隔離，實行專人管理，讀者不得入庫。特藏庫藏有符合《中國古籍善本書目》標準的善本古籍和館藏珍稀舊西文書，平時不對外開放，實行雙門禁系統，鑰匙由不同人員分開保管，經館長批准後方可入內。庫房配備了火災報警和二氧化碳氣體滅火裝置，並有保安 24 小時值班巡邏；安裝恒溫恒濕空調系統，常年溫度保持在 25 攝氏度以下，常年濕度保持在 55 度左右；還有各項防蟲殺菌措施等。此外，還健全了各項規章制度，新建了《上海社會科學院圖書館突發事件應急預案》、《上海國際社會科學創新基地火災處置應急預案》；修訂了我館《古籍書庫管理制度》、《特藏文獻管理制度》和《古籍閱覽服務制度》，進一步科學化規範管理。新館的順利搬遷，使我館的古籍藏存環境和條件得到了大大改善，在硬件上有了質的提升，爲申報重點保護單位提供了有力支撐。

第二階段　申報授牌時期（2010 ~ 2012）

1. 積極申報，獲得殊榮

2010 年初，乘著搬入新館的東風，我館古籍保護的基本硬件和部分軟件達到了國家級古籍保護單位的水準，遂開始積極組織參與申報工作，提交申報表和珍貴古籍申報書若干。4 月，在院館領導的關心支援和古籍工作小組的辛勤努力下，我館順利通過了國家組織的專家組考核審查，入選第三批"全國古籍重點保護單位"，同時 2 部古籍入選第三批國家珍貴古籍名錄。2011 年 6 月，我館再接再厲，又獲得"上海古籍重點保護單位"稱號，有 8 部古籍入選第三批上海市珍貴古籍名錄。之後，我館繼續參與珍貴古籍的申報，2012 年底又有 5 部古籍躋身第四批上海市珍貴古籍行列。

2. 獲得專項經費，古籍保護工作得到保障

獲得全國古籍重點保護單位的殊榮後，我館在欣喜之餘，更覺責任重大，隨即向院部申請專項經費，加大古籍保護力度。對此，院領導給予了高度重視和大力支持，當年就撥款 30 萬元，此後形成慣例，納入預算，基本每年都能下撥到位。得到經費支持後，我們陸續採購了一些古籍保護和修復設備，如八益智慧環境控制系統、古籍修復壓平機、LCS-T3 型書籍檔案浮塵自動清潔消毒臺等，還有德國 Bookeye-4 V 型書托、非接觸式書刊掃描器和英國優勝 Uscan 型全功能縮微數字化掃描器等國外進口設備，爲文獻數字化做了充分準備。除了硬件的更新升級外，我們深感古籍保護人才的匱乏，開始大力推動古籍專業人員的培養工作。2010 年 5 月 25 日至 8 月 6 日，我館在剛獲得"全國古籍重點保護單位"稱號之後，立即派了一名古籍保護小組成員赴廣州中山大學參加了爲期兩個月的由國家古籍保護中心主辦的"第 12 期全國古籍修復技術培訓班"，系統學習了古籍修復的知識和基本技能，並且帶回了各種及時的信息和規範的修復理念。11 月，我館先後派出了 3 位古籍管理人員參加了由上海市古籍保護中心舉辦的古籍普查平臺培訓班和古籍破損定級培訓班，進一步強化了對古籍普查和破損分類的學習。2012 年 6 月 26-28 日，我館又選派 2 人赴南京參加由國家古籍保護中心主辦的"全國古籍普查管理人員培訓班"，帶回了古籍普查的相關動態和發展情況，爲我館進一步做好普查工作奠定了基礎。

3. 積極作爲，參與古保中心各項工作

我館古籍保護工作起步較晚，成爲全國和上海市古籍重點保護單位後，我們絲毫不敢懈怠，努力向其他成員單位學習取經，積極配合上海市古籍保護中心佈置的各項工作，主動參與各種活動。2010 年 11-12 月，我館開展了上海市古籍收藏單位文獻破損情況登記定級工作，按照標準從特藏善本和普通古籍中篩選，率先挑選出了 100 種破損較爲嚴重的古籍，填寫表格歸檔提交，此舉同時也完善了我館古籍破損情況的信息，便於今後修復工作的開展。2011 年 6 月，我館派出兩位古籍工作小組成員參加了由上海市古籍保護中心舉辦的"第一屆上海市古籍修復技能競賽"，修復了定級爲三級破損和四級破損的古籍各 1 冊，並分別獲得了成果獎和鼓勵獎。10 月，根據文化部對部分"全國古籍重點保護單位"的抽查指示，國家古籍保護中心專家組對我館古籍保護工作進行了實地考察並召開了座談會，會上就古籍藏存情況、保護現狀及工作開展情況、保護修復人員情況和古籍普查編目情況等事項聽取了彙報，專家組成員對我館的古籍保護工作給予了充分肯定，並提出了相關建議。爲支持和鼓勵我館的古籍工作，上海市古籍保護中心授予我館"2011 年度上海市古籍保護工作先進單位獎"。此外，2011 年和 2012 年，我館古籍工作小組兩名成員連續兩年先後獲得"年度上海市古籍保護工作先進個人獎"。

第三階段 持續發展時期（2013 ~ 2016）

1. 立足館藏特色，務實開發古籍保護工作

經過集中申報期後，我館的古籍保護工作逐步步入了持續發展時期，在做好保護工作的基礎上，我們立足館藏，培養團隊，進行了系列的文獻開發工作。2013 年 7 月，《上海社會科學院圖書館館藏精粹》問世。該《精粹》以此前館藏古籍書目提要爲基礎，從中挑選精良，集結了國家級和上海市珍貴古籍、域外珍貴漢籍、西文珍貴圖書等 50 餘種館藏精品首次集中展示。該書的出版不僅傾注了我館幾代同仁的心血，更得到了方家的中肯建議，對我館百多年來的歷史傳承與特色收藏做了回顧與梳理，此書還在首屆"上海市古籍保護優秀成果"評選中榮獲三等獎。2015 年 6 月出版了 210 萬字的《〈密勒氏評論報〉總目與研究》，該書還是國家社科基金重大項目"外語文獻中的上海（1843-1949）"階段性研究成果。從《館藏精粹》到《〈密勒氏評論報〉總目與研究》這些項目，我們培養鍛煉了一批年輕人，打造了屬於自己的文獻開發團隊，逐步形成了"5+1+X"的梯隊模式。館內古籍保護工作小組有 5 名成員，專門從事古籍保護整理和研究開發工作，由文獻部、古籍保護聯絡員和修復人員組成；館外有 1 個顧問團，由我館資深館員、外聘專家和館學術委員會專家構成，就我館的重要項目和文獻開發工作給予了意見，予以把關；"X"是指我館許多的年輕館員，有意向加入到文獻整理開發工作中來的，我們都大力號召，爭取他們的加入，這一點在《密勒氏評論報》全刊總目索引的編製過程中得到了充分的實踐。事實證明，"5+1+X"的團隊模式靈活機動，非常適用於我館的文獻開發工作。

2. 開展交流宣傳，提高專業素養

自獲得國家級古籍重點保護單位殊榮以來，我館的古籍書庫和特藏室即成爲全館乃至全院對外展示的窗口和名片，陸續開展了許多交流活動，並得到了市領導的關心與鼓勵。2013 年 2 月，中共中央政治局委員、上海市委書記韓正同志一行到我院調研時，專程參觀了圖書館特藏室和古籍修復工作。他指出，我館所藏珍貴典籍是上海的寶貴財富，這些典籍如何被更充分地利用和展示將是一個重要的課題，解決好這個課題，不僅可以推進學術研究，同時也將成爲展示上海文化底蘊的一個重要窗口。2014 年 10 月，上海市政協主席吳志明一行視察我院，參觀了我館古籍特藏室，觀看了古籍修復情況，詢問了修書工具和使用材料以及法律文獻和保護設備的問題，他對我館館藏文獻的豐富和古籍保護工作給予了充分肯定。2015 年，徐匯區和奉賢區領導先後來我館參觀考察，均對我館

古籍保護工作表示肯定，並提出了未來交流合作的可能。

此外，我館還通過古籍保護工作，大力開展與兄弟單位的交流。黑龍江社科院文獻信息中心、廣東省社科院圖書館、西藏社科院圖書館、中國社科院圖書館等先後來我館交流考察。2015 年 11 月，我館主辦了第十九次全國社科院圖書館館長協作會議，來自全國各地社科院圖書館的代表均到會，會後參觀了我館古籍庫房和特藏書庫，就古籍保護工作進行了熱烈討論，許多地方社科院圖書館都表示要著手重視館藏古籍的保護開發。除了與兄弟單位開展學習交流外，我們還依託院平臺，宣傳推廣中華古籍和傳統文化。近年來，我們先後接待了許多海外訪問學者，其中有來自世界各地的知名高校專家教授、青年漢學家研修班學員以及孔子學院的學生等，通過中華古籍這座橋樑和紐帶，推廣中國文化與華夏文明。

除了做好參觀接待工作外，我館還主動宣傳，擴大影響。我館編寫的《館藏精粹》和《〈密勒氏評論報〉總目與研究》，均召開了隆重的發佈會，邀請了知名學者參加，院網院報、東方網、解放報、文匯報、中新網等媒體紛紛報導，獲得了很好的社會反響，提升了我館的社會形象。

3. 落實古保中心計畫，確保古籍保護可持續發展

除了立足自身館藏進行文獻開發外，我們一如既往地積極參加上海市古籍保護中心組織牽頭的各項工作，繼續參與珍貴古籍申報工作。2013 年底，我館 2 部第三批上海市珍貴古籍升級，成爲第四批國家珍貴古籍。至此，我館共有國家珍貴古籍 4 部，上海市珍貴古籍 13 部（含國家級）。此外，我們及時完成國家古保中心進行的各項調查，貫徹落實具體工作，每年認真撰寫工作小結，積極參加古籍保護工作會議，與其他各保護單位互相交流，取長補短。就館內古籍保護情況而言，我們專款專用，古籍保護經費除了用於硬件設備的購置和文獻開發外，還購買了許多修復工具、紙張等。同時，還鼓勵修復人員走出去學習交流，每年都參加專題修復學習班，硬件軟件一起抓，確保古籍保護工作可持續發展。2014 年 7 月，參加國家圖書館舉辦的"古籍修復基礎班"；2015 年 8 月，參加國家圖書館舉辦的"古籍修復提高班"；11 月參加國家圖書館主辦的"西式傳統手工精裝書裝幀培訓班"；2016 年 7-8 月，參加文化部、教育部主辦，南京藝術學院、江蘇省古籍保護中心聯合承辦的首期"古籍保護與修復技藝普及培訓班"，10 月，參加由國家圖書館主辦的"傳拓技藝培訓班"等。這些培訓，理論與實踐結合，大大提高了古籍修復館員的技藝，並與全國各地的古籍保護單位、修復師建立了聯繫，便於工作的開展。我館古籍修復館員在第二屆"上海市古籍修復技能競賽"中獲得三等獎。我館僅有一名古籍專職修復人員，平時還要兼任書庫流通等工作，截至 2016 年底，共修復古籍、民國舊平裝、西文精裝等文獻 315 冊。

以上是十年來我館古籍保護工作的各方面情況，作爲專業研究性圖書館，我們的古籍無論從量上還是質量上，都與其他古籍重點保護單位有一定差距。雖然我們的古籍保護工作也只是剛剛起步，但相信涓滴成洪流，未來我們仍將繼續前行，立足自身館藏，發揮專業圖書館特長，努力傳承中華傳統文化，爲國家古籍保護事業貢獻自己的綿薄之力，不辜負"國家古籍重點保護單位"和"上海古籍重點保護單位"的稱號。

（程　佳）

上海博物館古籍存藏整理情況介紹

上海博物館收藏善本古籍數量總計約 2000 部，10500 册，普通古籍約 4 万册，其中有一些膾炙人口的珍品，格外引人注目。入選國務院公佈的第一批國家重點古籍保護單位，也是上海市第一批重點古籍保護單位，是上海地區收藏古籍最多的博物館。

一、館藏古籍來源與特點

上海博物館古籍收藏來源較爲廣泛，但主要有四大渠道：從舊上海市立博物館接收者，從上海市文物管理委員會移交者，各收藏家及其家屬捐獻者，以及建館以來陸續徵集購買者。而其中又以從上海市文物管理委員會移交者爲多。1949 年 8 月，時任上海市長陳毅命組織上海市文管會，下設圖書、古物二室及一徵集組，聘柳詒徵先生任圖書組主任。此時徵集、辨別、分類、著録圖書之各項大概，皆可見於柳先生之《劬堂日記鈔》及《檢書小志》中，而當時徵集之典籍，雖然大部分在上世紀五十年代初上海圖書館建成後移交，但仍有部分遺存，此即現在上海博物館所藏古籍之基礎。除此之外，上海博物館所藏古籍的另一主要來源就是諸位收藏家及其家屬的捐贈，如現存古籍封底多有注一"蔭"字者，就是著名收藏家李蔭軒先生的舊藏，1979 年隨同李先生其他藏品一起捐贈上海博物館的。而老館長徐森玉先生的舊藏，則在封底都注有"徐森玉"字樣。根據館藏紀録，徵集購藏圖書，也很早就開始了，且一直持續到現在。

上海博物館館藏古籍的重點，是其所屬之敏求圖書館原諸老館員所確定的現在稱爲第一批善本的 589 種藏品，和現存保管部的以吳湖帆原藏的孤本《梅花喜神譜》爲代表的若干種善本。而這些善本的確定，都是在上世紀九十年代中期之前。之後，在原副研究館員佘彥焱博士的主持之下，又陸續從普通圖書大庫中挑選出一批較爲稀見的古籍，經過復旦大學教授吳格先生鑒定，認爲依據古籍善本的確認標準，也可以確定爲善本，這就是館藏的第二批善本，大約有 480 餘種。之後，通過拍賣會等渠道，又陸續徵集到一批古籍，再加上從大庫所藏古籍中陸續發掘以及原來館藏中所謂"雜項"（包括冒廣生、吳湖帆、李詳、康有爲、柳亞子諸家舊藏及部分零散尺牘）中遴選，又產生了一批基本上可以認定符合善本標準的藏品。這一過程還在繼續之中，所以其數量尚待統計，但是我們在此基礎上確立第三批館藏古籍善本，也已經達到了二百四五十種。這三批古籍，可以説是上海博物館館藏中的精品，基本上可以反映上海博物館的館藏特色和館藏水準。2007 年 9 月，上海博物館申報國家重點古籍保護單位，2008 年 3 月 1 日，成爲國務院頒佈的首批國家重點古籍保護單位，這是在通過對這批古籍的審核認證的基礎上取得的。

二、古籍普查工作

上海博物館在古籍普查這十年間，能夠抓住機遇，結合自己的館藏特色，深入開展相關工作，取得了不少成績，現分別序列如下：

1. 前期已完成的工作

2005 年，參與國務院全國古籍整理出版規劃領導小組組織的"中國古籍總目"項目，將上海博物館館藏全面盤點一過，分別類列，最終入選 198 種，爲之後的古籍重點保護單位申報工作，奠定了堅實的基礎。

2006 年，經過十餘年不間斷地工作，最終完成敏求圖書館所藏已編碑帖拓本 14800 餘種的清點核對，初步建立電子檔案。并經前後數字工作人員的辛勤努力，整理完成《戚叔玉捐贈歷代石刻文字拓本目録》，收録館藏拓本 4800 餘種，由上海古籍出版社出版。

2. 古籍普查及相關工作

2007 年 8 月中旬，成立上海博物館古籍保護工作組。工作組在相關館領導的領導下，由敏求圖書館、保管部及書畫部有關人員聯合組成，參與文化部"全國古籍保護"與"全國古籍普查"兩個項目。同時，遴選人員參與上海市古籍保護中心專家委員會。

2007 年 8 月中旬起，開始對館藏一二級古籍的初步認定工作，並在此基礎上，提出第一批和第二批上報《國家珍貴古籍名録》的名單，共有 51 種入選。

2007 年 9 月，按照有關規定申報了全國重點古籍保護單位，並獲通過，2008 年 3 月 1 日，成爲國務院頒佈的首批"全國古籍重點保護單位"。

2007 年 9 月開始，再次清理館藏善本古籍，在此基礎上基本確認了館藏一二級古籍名單。並按照《古籍定級標準》(WH/T20-2006)的要求，基本上完成了本單位古籍級別的劃分。初步統計館藏善本古籍 1300 餘種。

制訂了嚴格的善本古籍提閱手續，在保證珍貴藏品的安全前提下，儘量滿足讀者閱讀和研究需求。

2008 年 1 月，接受沈宗威先生藏書捐贈，並將其初步分類裝箱。

2008 年，國家圖書館出版社出版《中華再造善本》一期，《梅花喜神譜》等兩部館藏善本入選。

2007 年至 2008 年，標點整理《冒廣生友朋書札》，並於 2009 年 12 月由上海書畫出版社出版，12 月 25 日舉行"首發座談會"。

2008 年初開始，逐步開展了對於館藏古籍的整體普查。在此過程中，逐步分析普查結果，並針對古籍所處的保存條件、環境等提出符合本單位特點的保護計畫，及時通過上海古籍保護中心提交國家古籍保護中心。至 2014 年底，完成全國古籍普查平臺上傳館藏古籍著録數據 50 種。在對館藏善本和普通古籍的普查過程中，及時根據藏品的破損程度提出相關的修復計畫，確認修復方案，並送交有關單位或人員進行保護性修復。目前已經修復古籍、碑帖 400 餘册件。

2009 年，申報入選第一批、第二批《上海市珍貴古籍名録》共 63 種，第三批《國家珍貴古籍名録》2 種。兩種善本入選《中華再造善本》二期。

2010 年，申報入選第三批《上海市珍貴古籍名録》9 種，第四批《國家珍貴古籍名録》2 種。

2011 年，申報入選第四批《上海市珍貴古籍名録》15 種。

2011 年，舉辦老館長徐森玉先生逝世四十周年紀念座談會，並編纂《徐森玉文集》。

2013 年，引進古代文獻方向博士一名，充實文獻整理崗位。申報入選第五批《上海市珍貴古籍名録》7 種。兩部著作榮獲 2012 年度全國古籍圖書優秀獎二等獎和 2012 至 2014 年度上海市古籍整理優秀成果獎二等獎、三等獎。

3. 善本分級情況

按照《古籍定級標準》，上海博物館對其所藏文獻於 2007 年進行定級，初步確認上海博物館所藏有：一級 42 種（圖書館 17 種、保管部 25 種）、二級 318 種（圖書館 304 種、保管部 14 種），但這項統計尚不完整，還待進一步深入。

4. 向古籍保護中心上報情況

上海博物館藏古籍、拓本總量約有 80000 册 / 件，其中善本古籍約 10500 册（保管部＋善本書庫＋善本書房）、普通古籍約 40000 册（大庫）、敦煌吐魯番文獻約 80 册 / 件（保管部）、碑帖拓本約 15000 册 / 件、簡帛文獻約 1200 件（保管部），另有其他雜項約 10000 件（雜項）。在上報的珍貴古籍名録中，不僅包括了上博圖書館中所藏文獻，也包括保管部收藏的圖書、簡帛、甲骨文等。到目前爲止，上海博物館入選珍貴古籍名録的具體情況如下：

國家珍貴古籍名録入選情況：第一批 28 種；第二批 23 種；第三批 2 種；第四批 3 種，總計 56 種。

上海市珍貴古籍名録入選情況：第一批 57 種；第二批 6 種；第三批 9 種；第四批 15 種；第五批 7 種，第六批 4 種，總計 98 種。

5. 中華再造善本入選情況

2008 年，宋刻本《梅花喜神譜》、明刻本《宣和博古圖》（此種原定爲元刻本，後經研究，當係明刻本）入選《中華再造善本》第一期。

2009 年，稿本《四印堂詩稿》、明刻本《蘿軒變古箋譜》入選《中華再造善本》第二期。

6. 已計畫開展的工作

根據上海博物館書庫的現有條件，正在做出適當調整，在已有善本書庫之外，擬另行設立專門的普通古籍書庫，改善普通古籍的保護條件。並計劃在浦東新館中，將古籍、碑拓文獻重新整體佈局，以期得到更好的保護與利用。

三、古籍著録與數字化

上博圖書館所藏古籍原來與其他圖書採用相同的電子書目著録格式，難以全面反映讀者需要瞭解的信息。2012 年起對館藏善本按古籍標準格式重新著録，並可與數字化工程接軌。目前已完成 400 餘種善本的新格式著録，在局域網書目檢索系統中，這些書籍的館藏信息已得到了相應更新。碑帖的標準格式著録和題跋整理也在持續進行，已完成 200 餘種，10 餘萬字。

2013 年，館藏古籍善本的數字化掃描在 9 月正式啟動，並開發了配套的古籍數字化系統。截至目前，古籍善本數字化已完成兩期，計掃描 25 萬頁、270 種、2000 餘册善本古籍，碑帖數字化首期也已完成，計拍照 6 萬頁、2746 種、6873 件。古籍數字化第三期與碑拓文獻數字化第二期即將展開，計劃在十年之内，將館藏善本古籍與碑拓文獻全部掃描，並在適當的時候逐步公開。

四、古籍人才队伍建设

　　上海博物館圖書館積極培訓、培養古籍鑒定和管理人才，以及保管和修復人才，以保證古籍保護計畫的全面實施。目前，我館已安排兩人次參加古籍保護中心舉辦的培訓班；對於本單位現有的專職古籍修復人員進行了强化的修復培訓，2007年9月至2009年2月，安排人員跟隨資深古籍修復老師於上海市工會管理學院古籍修復班進行爲期一年半的學習訓練。除此之外，上海博物館還有針對性地不斷引進相關人才，以形成較爲合理的人才梯隊，目前在崗有研究館員一人、副研究館員兩人、館員一人、助理館員一人，其中博士兩人、碩士一人、本科兩人。另有一名博士即將上崗。

五、古籍整理、研究成果與獲獎

本館人員完成的古籍整理、編纂和研究專著、論文集計有：

唐友波：《上海博物館藏王國維跋雪堂藏器拓本》，《蘇埠屯銅器圖録》。

佘彦焱：《吳湖帆的藝術世界》、《中國歷代茶具》、《滂喜齋藏書記》、《庚子銷夏記》、《江村銷夏録》、《師友之貽：冒廣生先生友朋書札》（合作）。

柳向春：《陳奐交遊研究》、《古豔遇》、《箋邊漫語》、《寶禮堂宋本書目》、《文禄堂訪書記》、《師友之貽：冒廣生先生友朋書札》（合作）、《經學博採録》、《過雲樓書畫記》、《嶽雪樓書畫録》、《愛日精廬藏書記》、《積學齋藏書記》、《徐森玉文集》。

魏小虎：《碑拓鑒要》、《顔安小志》、《月浦志》、《月浦里志》、《戚叔玉捐贈歷代石刻文字拓本目録》（參與編纂）、《四庫全書總目匯訂》。

陳　才：汪由敦《松泉集》、馬振理《詩經本事》、馬其昶《詩毛氏學》。

近年本館獲獎的獎項有：

上海博物館敏求圖書館於2009年度獲得上海古籍保護優秀組織獎。

陳寧在2011年獲得第一屆上海市古籍修復技能競賽一等獎。

唐友波《上海博物館藏王國維跋雪堂藏器拓本》獲得2014年首屆上海市古籍保護優秀成果獎二等獎。

魏小虎《四庫全書總目匯訂》獲得2014年首屆上海市古籍保護優秀成果獎二等獎。

陳寧在2015年獲得第三屆上海市古籍修復技能競賽三等獎。

（柳向春）

上海辭書出版社圖書館古籍保護工作概述

2007 年始，根據國務院辦公廳《關於進一步加强古籍保護工作的意見》，在全國範圍内組織開展古籍普查登記工作，加强古籍的保護和整理，並在全國範圍内首選了 41 家圖書館作爲第一批試點單位，上海辭書出版社圖書館是其中之一。同年 9 月，國家古籍保護中心第八督導組前來上海檢查古籍普查工作，實地走訪了包括上海辭書出版社圖書館在内的本市四家全國第一批試點單位，對本館的試點工作予以指導。翌年，上海古籍保護中心正式成立。上海辭書出版社圖書館作爲本市企業的學術性圖書館，在上海古籍保護中心的指導下，積極開展古籍保護工作，並利用館藏資源挖掘選題，在保護性再造、古籍研究等出版領域成果顯著。以下簡略介紹圖書館的古籍收藏情況，及近年來開展的古籍保護工作。

一、館藏古籍概况

1. 珍稀古籍述略

上海辭書出版社圖書館前身是原中華書局圖書館，藏有古籍約 18 萬册，其中古籍善本 1300 餘部，多數爲《中國叢書綜録》、《中國古籍善本書目》、《中國地方志聯合目録》、《中國中醫古籍總目》等大型古籍聯合目録所收録。

館藏古籍有宋本兩部。一爲《通鑑紀事本末》四十二卷，宋袁樞撰，宋寶祐五年（1257）趙與籌刻元明遞修本。此書爲孫星衍平津館所藏，楊守敬、繆荃孫、葉德輝均有題跋。另爲宋本《入注附音司馬温公资治通鑑詳節目録》一卷、《入注附音司馬温公资治通鑑綱目》一卷，末有袁褧、陸沉題識。此書遞經吳岫、袁褧、徐乾學、黃丕烈收藏，後由陸沉在道光四年得於百宋一廛，抗日戰爭時期被中華書局圖書館購藏。兩書分別入選第一、第二批《國家珍貴古籍名録》。館藏元刻本有《漢書》一百卷，元大德九年太平路儒學刻明成化修補本（清天放樓題識）。

館藏古籍以明清版本爲主。明刻本及明活字本有 900 餘種，其中不乏稀見之本。如明洪武間蜀府刻《詩集傳》十卷《詩集序》一卷《詩圖》一卷《詩傳綱領》一卷，明弘治九年李瀚、劉玘刻《韋蘇州集》十卷《拾遺》一卷（鄧邦述朱墨筆雙跋），明弘治十一年李瀚刻《遺山先生詩集》二十卷，明正德十六年刻《朝鮮賦》一卷，明正德十二年閩聞刻《四書或問》三十六卷，明嘉靖八年南京國子監刻《遼史》十六卷，明萬曆二至四年凌稚隆刻《史記評林》一百三十卷（蕭夢坡批並跋），明萬曆刻《蕭氏家集》十卷（孤本），明萬曆二十五年刻《史談補》五卷，明萬曆二十九年刻《五先堂字學元元》八卷，明萬曆刻《九篇集》四十七卷（孤本），明刻《唐陸宣公集》二十四卷（鄧邦述跋），明活字本《西漢三子至文》二十一卷（孤本），明萬曆游榕銅活字印本《文體明辯》六十一卷首一卷目録六卷附録十四卷附録目録二卷。

另外明末的套印本，如閔齊伋刻《三子合刊》，凌濛初刻《孟東野詩集》，凌澄初刻《晏子春秋》，閔振業、閔振聲刻三色套印本《唐詩歸》，凌瀛初刻四色套印本《世說新語》等等，印製精美，燦然奪目。

　　此外，館藏稿本有 30 餘部，抄本逾 300 部。稿本有明安希範撰、清安璿輯《天全堂集》四卷附錄一卷，清李琳輯《歷代名副錄》二十一卷，清桂文燦著《毛詩釋地》六卷、《周禮通釋》六卷、《四書集注箋》四卷、《經學博採錄》十二卷、《說文部首句讀》一卷附桂氏行述等五種，清魏秀仁著《榕社叢談》十二卷，清蔣超伯著《石船瑣記》十卷等都有很高的研究價值。抄寫本有唐寫本《思益梵天所問經卷三》，明純白齋抄本《周益文忠公集》二百卷附錄五卷，清初汲古閣烏絲欄抄本《全芳備祖前集》二十七卷《後集》三十一卷。另清抄本有明陳霆撰《宜靜備史》，清李汝鈞著《汲綆齋游藝錄》、《汲綆齋致用叢抄》、《汲綆齋讀書隨筆》、《管穴叢談》等四種，清譚吉璁撰《肅松錄》五卷，清節庵撰《莊氏史案本末》二卷等。

　　館藏清刻本也有多種孤帙，如清順治八年摹刻本《重治毘尼事義集要》十七卷首一卷，清康熙二十七年靳治荊刻本《新都新運集》二卷，清雍正元年刻本《灩澦囊》五卷等，均未見他館著錄。另館藏丁福保收藏多種《文選》版本，分別有趙懷玉、潘耒、全祖望、盧抱經、嚴元照、朱詒雲、楊通、鄭道馥、何焯等名家批校。

2. 館藏古籍特色

　　中華書局初創時考慮叢書內容豐富，故大量採購，以資參考之用，久之形成館藏一大特色。館藏叢書 878 種，約占《中國叢書綜錄》叢書種類的三分之一。其中經部 92 種、史部 100 種、子部 128 種、集部 225 種、彙編諸類 333 種，如《寶顏堂秘笈》、《三經晉注》、《漢魏叢書》、《津逮秘書》、《今獻匯言》、《地理大全》、《韓柳文》、《六十種曲》、《說郛》、《武英殿聚珍版叢書》、殿版《二十四史》、《二十二子》等，館內叢書對當時中華書局出版《四部備要》於版本的選擇、文字的校訂起了重要的作用。

　　館藏舊方志 2800 餘部，2 萬餘冊。這些方志涵蓋面廣，各省通志及重要府縣志皆有收藏，是研究各地、各時期歷史、地理、文化的重要文獻。其中不乏珍稀之本，如明嘉靖四十五年刻《徽州府志》二十二卷、明天啟元年刻《鳳陽新書》八卷、清順治十六年刻《太和縣志》八卷、清康熙二十五年刻《增城縣志》十四卷、清康熙五十三年刻《江夏縣志》五十二卷、清雍正十五年刻《弋陽縣志》十八卷等。方志主要來自吳興蔣汝藻密韻樓的收藏，約 1000 種左右，占館藏方志近半。現館藏舊方志在上海地區圖書館中僅次於上海圖書館。

　　另外，館藏別集 2000 餘種，其中清人別集 1000 餘種。明萬曆二十五年刻《超然樓集》十二卷、明萬曆刻《狂言》二卷《狂言別集》二卷、清施添準半硯臺刻《草窗梅花集句》三卷、清初刻《山曉和尚嘯堂初集》二卷、清康熙刻《松山草堂詩集》六卷《補遺》一卷、清乾隆六十年刻《澂潭山房古文存稿》四卷《詩集》十七卷《附刻》一卷、清乾隆刻《稻香樓詩集》十卷等，查《中國古籍善本書目》均僅見本館收藏。

3. 館藏古籍來源

　　館藏的古籍主要來源有二：一為採購所得，二為私人捐贈。

　　1930 年舒新城被聘為中華書局編輯所所長兼圖書館館長後，擴充了圖書的搜購範圍。第二年，他把自己收集的清末民國教科書及教育史料一萬餘冊連同教具多種移歸本館。那時，國內比較大的圖書館大都偏重古籍善本的搜集，而我館根據自己的具體情況，除了重地方志、叢書、金石書、醫書、類書、禁書之外，版本方面重在明清精刻本、殿本、套印本、老石印及稿抄校本等的購藏。國外出版的重要書籍，以及有關研究中國文史地的著作，亦多有收購。

　　1937 年抗日戰爭全面爆發後，於 1939 年至 1940 年期間，陸續購進古籍約三萬餘冊。其中 1941 年以偽法幣 15 萬元一次購進吳興藏書家蔣汝藻密韻樓藏古籍 4194 部，54366 冊。1945 年向鄭振鐸購進藏書 902 種，5500 冊，內有明版 39 種，清康熙前的古籍 50 餘種，稿本 13 種，抄本多種，以及名人年譜 50 種，《楚辭》各種評注本 90 種，其餘多為詩文總集、別集。另外，中華書局同仁的捐贈，如張相有關詩詞曲方面的書刊有 394 種，1760 冊；沈頤之子將其父生前有關音韻小學方面的藏書 167 種 954 册贈與圖書館；陸費銘中於 20 世紀 50 年代初將其父陸費逵的藏書 861 種 5303 册捐贈給圖書館，其中有關星相風水方面的書數量頗多。"文革"結束後，上海古籍收藏家葉子漸先生考慮將藏書捐給圖書館，使其得到更好的保護和利用。在參觀了辭書社圖書館後，毅然決定捐贈其藏書 579 種，2600 餘册，其中線裝古籍 423 種，内有明隆慶元年刻本《洪武正韻》等十餘種善本。

值得一提的是，1926 年，中華書局擬重印《古今圖書集成》，因苦無善本而擱置，直至 1933 年從陳炳謙處以一萬元購入曾經康有爲收藏的清雍正四年内府銅活字精印本一部，作爲底稿，將原書 5000 册以九頁合一頁拼版照相影印，分訂線裝 800 册。這部用於影印的珍貴底稿，是近代古籍影印的傑作，其拼版、修描、製作三精，堪爲楷模，而留存至今實屬不易。

二、古籍普查工作

自古籍保護工作開展以來，上海辭書出版社圖書館的領導和員工高度重視，在專業人員不足、資金有限的情況下，努力做了以下幾方面的普查工作。

1. 整理目録，統計館藏古籍

館藏古籍由於歷史原因，分散在以四部分類法、杜定友分類法、劉國鈞分類法分隔的三部分館藏圖書中。我館根據古籍保護中心的要求作了基礎的統計，並且用《江蘇省立國學圖書館圖書總目》四部分類法統一編制了古籍分類目録（卡片），總數約 18 萬册。

2. 積極開展《國家珍貴古籍名録》和《上海市珍貴古籍名録》的申報工作

我館貫徹國務院"保護爲主，搶救第一，合理利用，加强管理"十六字方針，在上海古籍保護中心的指導下，建立完善古籍保護制度，改善保護環境，並持續有效地做好古籍的申報工作。在館藏一二級古籍藏品範圍内，根據上海古籍保護中心的要求，以歷史文物性、學術資料性和藝術代表性爲主要標準，每年進行古籍的申報。我館進入《國家珍貴古籍名録》及《上海市珍貴古籍名録》的有：

入選第一批《國家珍貴古籍名録》：《通鑑紀事本末》四十二卷，宋寶祐五年（1257）趙與籌刻元明遞修本，清孫星衍批，楊守敬、繆荃孫、葉德輝跋。

入選第二批《國家珍貴古籍名録》：《入注附音司馬溫公資治通鑑綱目》一卷、《入注附音司馬溫公資治通鑑詳節目録》一卷，宋刊本，末有袁裛、陸沉題識；《朝鮮賦》一卷，明正德十六年刻本；《四書或問》三十六卷，明正德十二年閩閩刻本；《漢書》一百卷，元大德九年太平路儒學刻明成化修補本；《全芳備祖》二十七卷《後集》三十一卷，清初毛氏汲古閣抄本等五種。

入選第三批《國家珍貴古籍名録》：《前漢書》一百卷，明嘉靖八至九年南京國子監刻本；《史記評林》一百三十卷（蕭夢坡批並跋），明萬曆二至四年凌稚隆刻本；《遼史》一百十六卷，明嘉靖八年南京國子監刻本等三種。

入選第五批《國家珍貴古籍名録》：《思益梵天所問經卷第三》，唐寫本；《周益文忠公集》二百卷《附録》五卷，明純白齋抄本等二種。

入選《上海市珍貴古籍名録》：《韻經》五卷，明嘉靖刻本；《文體明辯》六十一卷首一卷目録六卷附録十四卷附録目録二卷，明萬曆游榕銅活字印本；《國榷》不分卷，清胡爾滎抄本；《太和縣志》八卷，清順治十六年刻本；《揚州府志》二十七卷，清康熙三年刻本；《增城縣志》十四卷，清康熙二十五年刻本；《江夏縣志》五十二卷，清康熙五十三年刻本；《弋陽縣志》八卷，清乾隆十五年刻本等 19 種古籍。

3. 近年來，對館藏古籍善本進行了逐一清點核查，並對部分善本書影拍照留存

對館藏 1000 餘種未整理拓片進行了整理登記。另外，由於書庫條件所限，《古今圖書集成》的底本一直存放在外庫，其間還歷經了兩次搬遷。爲做到萬無一失，每次搬遷都投入了大量的人力去維護。書庫搬遷、古籍清點修復保護等工作雖然勞動强度高，工作環境差，但圖書館工作人員不畏艱辛，不計名利，爲保護古籍傾心付出。

三、古籍保護措施

1. 完善管理制度，加强保護措施

歷屆社領導非常重視圖書館的古籍保護工作，明確指出，要加强對珍貴古籍的重點保護，更好地改善書庫防護，不斷完備管理制度。自"中華古籍保護計畫"啟動以來，圖書館重新根據古籍保護要求，製定了《上海辭書出版社圖書館書庫管理辦法（附：善本書庫管理辦法）》、《上海辭書出版社圖書館圖書資料借閱辦法》、《上海辭書出版社圖書館館藏文獻資料複製流程》、《上海辭書出版社圖書館館藏書報刊賠償辦法》等規章制度。"安全第一"是保護古籍的重中之重，爲確保萬無一失，不出任何責任事故，我館在社領導帶領下，參觀了兄弟單位古籍安全保護設施，學習兄弟館的經驗，結合我館的實際情況，裝置了紅外線攝像探頭、警報裝置，對原防盜門進行更換，改裝爲安全係數更高的防火防盜門。採取員工自身嚴格自律與規章制度相結合、技防和人防相結合等方式確保庫房的安全，推動我館的古籍保護工作。

2. 圖書館硬件設施

我社圖書館大樓建於 1976 年，長期以來一直沒有維護修繕，牆面脫落、滲水現象嚴重，電路照明設備也不符合圖書館書庫的安全要求，老式排氣扇也存在安全隱患。 隨着古籍保護工作的深入，出版社領導在企業財政有限的情況下，於2015 年投入資金，對圖書館內外部的牆面、窗户、遮陽簾、照明及電路作了全面的修繕。

3. 人員培養

爲培養古籍修復人才，國家古籍保護中心多次舉辦培訓班。我館在人員緊缺的情況下，仍積極派出員工參加北京、廣州、上海的古籍修復培訓，並兩次派員參加上海古籍保護中心古籍修復技能競賽，均獲得優勝獎。還派員參加了古籍鑒定與保護高級研修班及普查業務培訓。

4. 我館高度重視古籍的修復工作

近年來，根據古籍保護中心的要求，我們對館藏古籍的破損情況作了調查，對破損特別嚴重的進行搶救性修復。幾年來，計修復破損圖書 200 册。

5. 館藏古籍數字化工作

我館的近代教科書收藏是一大特色，品種數量之豐富爲國內圖書館少見。但教科書因紙張酸性度高，破損嚴重，爲保護這批教科書資源，擬對館藏全部教科書進行數字化處理。迄今爲止，已掃描了 80 餘萬頁，並於 2014 年成功申請了上海市文創項目——中國近代中小學教育資源數據庫及網絡運行平臺，目前項目一期清末部分已建設完成，實現了全文、作者、課本、課文、出版社等多功能檢索。

四、古籍的利用與服務

我館雖爲企業内部圖書館，但對社會的古籍整理和研究項目給予支持，如爲華東師範大學的《子藏》項目提供資料；爲《廣州大典》提供館藏孤本清康熙二十五年刻本《增城縣志》等。

五、館藏古籍的整理出版

1. 館藏《通鑑紀事本末》四十二卷，《入注附音司馬溫公資治通鑑綱目》一卷、《入注附音司馬溫公資治通鑑詳節目録》一卷兩種宋刻本，入選"中華再造善本工程"影印出版，並授權數字版權供中國古籍保護網瀏覽使用。

2. 上海辭書出版社以出版工具書著稱，但近年來對古籍整理、古文獻研究成果的出版亦予以關注，利用本館館藏資源出版了《上海辭書出版社圖書館藏稀見方志》、《清末中小學教科書彙編》等。《上海辭書出版社圖書館藏稀見方志初編》收稀見方志 15 種，《上海辭書出版社圖書館藏稀見方志續編》收稀見方志 13 種，計明版 1 種、清康熙以前 14 種、乾隆至光緒年間 13 種。其中刻於康熙五十三年的《江夏縣志》、乾隆十五年的《弋陽縣志》更是海内外孤本。此書榮獲上海市古籍保護優秀成果獎（2012-2014）三等獎。

（陳　韻）

上海圖書公司古籍整理和普查總結

古籍整理和普查是古籍保護的基礎性工作,是古籍搶救、保護與利用工作的重要環節。2008 年,上海圖書公司有幸和北京中國書店一起被列入國家古籍整理和普查五十家試點單位中僅有的古舊書經營機構。十年來,在國家古籍保護中心和上海市古籍保護中心的領導和具體指導幫助下,我們全面貫徹落實《國務院辦公廳關於進一步加强古籍保護工作的意見》,根據相關的工作要求,切實開展古籍普查和整理工作。十年來,我們主要做了以下幾個方面的工作。

一、加强組織領導,製訂並實施古籍整理和普查工作方案

普查工作開展伊始,公司就分別組建了古籍普查和整理領導小組和工作小組。由總經理任組長,相關職能部門主管領導參加。製訂並組織實施了《上海圖書公司古籍整理和普查工作方案》,明確工作目標和階段性工作計畫,確定工作步驟,有條不紊地展開古籍整理和普查的相關工作。

首先,改善古籍庫藏條件,分類整理庫藏古籍,有步驟實施公司古籍普查工作。公司通過内部挖潛,進行庫房置換,完成了 2000 多平方米的古籍庫房的改造,新增了古籍書庫 1000 多平方米左右。在古籍書庫置換和改造中,我們升級了相關的硬件設備,尤其是按照古籍特藏書庫的基本要求,對特藏書庫在硬件和軟件兩方面做了全面的改造,包括恒溫濕度處理、紅外綫報警系統,以及與警方聯網的即時報警系統等,有效地改善了古籍庫藏條件,加强了技防措施。 同時加强内控制度,設立了"三人三鎖制度"和"古籍庫房日誌",確保庫房的安全。

其次,優化古舊書信息管理系統。我們對原有古籍庫藏管理系統實施了升級改造,根據古籍普查的具體要求,增加了新的數據管理模塊,使計算機數據録入整理更加科學和詳盡。借助於古籍庫藏管理系統,我們對庫藏古籍進行了整理和歸類,基本建成了《庫藏古籍目録數據庫》。十年來,我們完成了 15.2 萬種,233.57 萬册古籍的整理、分類和計算機數據録入。在對庫藏古籍整理的基礎上,我們完成了兩項基礎性工程。其一,我們完成了上海圖書公司古籍標價目録《販書實録》的編製,並於 2014 年正式出版。其二,完成了包含了 350 種歷代有關古籍版本的書目、題跋記、讀書志、書影類目録學著作的百餘萬字的《中國古籍目録版本題跋記索引》的編撰工作,此書也將於 2017 年由上海人民出版社正式出版。

第三,以打造古籍數字化平臺爲核心的上海圖書公司古舊書網絡業務解決方案由上海市科委立項,並獲得了市科委

百萬專項資金的資助。古籍數字化平臺的打造立足於借助數字技術，通過掃描、識別、轉化，對古舊圖書進行數字化轉化和深加工，製作成圖文對照、可全文檢索並可供文獻整理和研究者、專業古籍出版機構等單位提供古籍數字化加工製作服務。這一方案的實施，將進一步強化上海圖書公司的專業定位，拓展業務空間，也將進一步促進整個古舊書行業的專業服務水準的提高。

二、以古籍整理和普查爲培訓的實戰平臺，在古籍整理和普查中提高青年專業人員的實際業務水準

我們在選送青年業務骨幹參加國家古籍保護中心和市古籍保護中心舉辦的各類古籍研修班的同時，持續組織公司内部的古籍業務系列培訓，堅持每週學習，在時間和人員上予以充分的保證。

三、積極申報古籍珍本名録和古籍重點保護單位

在古籍整理和普查過程中，我們遴選了符合條件的古籍善本，申報了《全國珍貴古籍名録》和《上海市珍貴古籍名録》，公司所藏的西魏寫經《十地論義記》和宋本《監本纂圖重言重意互注禮記》等 20 餘種珍貴善本入選了《全國珍貴古籍名録》。毛宸校《四書集注》、黄丕烈跋《石田稿》等 50 餘種珍貴善本入選《上海市珍貴古籍名録》。

四、積極做好古籍修復性保護和再生性保護工作

1. 加强古籍修補隊伍的年輕化建設

我們選拔了優秀的青年同志充實到古籍修復部門工作。通過師徒帶教和崗位練兵，在實際工作中提高青年同志的古籍修復技能。同時，選派優秀的青年同志參加國家古籍保護中心主辦的古籍修復研修班的學習，爲古籍修補、修復工作儲備骨幹人才。

2. 做好古籍修復性保護工作。

10 年來，我們完成了 800 餘册計 5 萬餘葉各類古籍的修補和修復。

3. 積極做好古籍再生性保護工作

十年來，以資料性和珍稀性爲原則，我們選擇庫藏珍善古籍文獻影印出版了宋本《監本纂圖重言重意互注禮記》、毛宸校《四書集注》、宋拓《太室石闕銘》和《孟子私淑録》，以清刻原板重新刷印了《桐陰論畫》，以及編撰出版《創刊號賞真》、《團結禦侮——上海圖書公司藏抗戰珍稀文獻特刊》，受到了社會各界的好評。

（胡建强）

上海文廟古籍保護工作總結

　　上海文廟尊經閣始建於明成化二十年（1484），是古時藏書之所，用以貯藏儒家經典及百家子史諸書。1931 年，當時上海市教育局撥款在尊經閣原址復建一座緑瓦翹簷的城堡型中西結合式圖書館，並於 1932 年 6 月向公衆開放，是上海最早的一座市立公共圖書館。1997 年始，原南市區人民政府在原地重建尊經閣。2006 年，在上海市和黃浦區政府的關心下，啟動藏書樓恢復工作，並開始搜集、選購古籍，逐步恢復尊經閣藏書功能。2007 年 12 月，尊經閣被確定爲上海圖書館下屬的“儒家經典展示基地”並正式對外開放。2009 年，上海文廟管理處被列爲上海市第一批古籍重點保護單位。

　　上海文廟尊經閣現藏有古籍 270 種，近 6500 册，其中，清代及以前的藏書 2500 册。上海文廟作爲一個文物保護和旅遊景點單位，服務對象主要爲遊客和市民，每年遊客接待量爲 15 萬人，古籍保護工作的重點落實在傳播古籍知識、弘揚中華優秀傳統文化，通過展覽、講座、互動等形式引導遊客關心、熱愛傳統文化。

一、展　覽

　　文廟展覽有長期展覽和臨時展覽兩種形式。

　　長期展覽有“儒家經典展示基地”和《論語》全文青石碑刻兩項。

　　“儒家經典展示基地”坐落於尊經閣，賦予了其歷史上原有儒學藏書樓的功能。展品有百納本《二十四史》，清版《皇清經解》，雍正內府本《欽定書經傳説匯纂》和《欽定詩經傳説匯纂》，明版《孟子集注大全》、《論語集注》、《春秋集傳大全》、《鹽鐵論》，明仿宋刻本《爾雅翼》，元刻本《朱子大全別集》，乾隆時“禁毁書”吕留良等所編《四書朱子語類》等。另有日本珂羅版《至聖文宣王》、香港 1898 年版中英文對照《四書》，以及部分中華再造善本影印書等，幫助遊客對古代科舉考試科目有一個基本的瞭解。

　　《論語》全文青石碑刻在文廟主殿大成殿內，四壁鑲嵌有《論語》全文青石碑刻，由著名書法家劉小晴先生沐手恭書的《論語》全文，凡 16400 字，刻在 52 塊青石板上，這在全國各地孔廟中是獨一無二的。

　　臨時展覽，社會影響較大、深受遊客好評的有：

　　“儒家經典古籍善本展”。2010 年，上海市第一批古籍重點保護單位在上海文廟尊經閣聯合舉辦“儒家經典古籍善本展”。這是一次業內高水準的展覽，其中有宋刻本三種、元刻本六種、明刻本二十三種、稿本四種、明清抄本四種。

這次業內盛舉，不僅對專事研究儒學之士，抑或對古籍善本愛好者，在賞覽之間即有所收獲。

2010 上海世博年城市特色文化展示館。在上海世博會舉辦期間推出了許多文化活動，與園區內形成同城互動效應。其中，在 14 個城市特色文化展示館舉辦一系列具有"海派"經典特色的展覽，從不同角度、不同層面凸顯上海城市文化的積澱和樣式。上海文廟尊經閣內的儒家經典展示基地也榮列 14 家特色展示館之一。這裡既是一個儒學經典展示基地，又爲弘揚中華優秀傳統文化、廣泛開展國內外文化交流活動提供了一個平臺。文廟特邀專家根據現有藏品精心挑選一批珍貴的古籍善本向中外遊客陳列展示。爲了方便國外遊客理解中國傳統文化，將全部展品説明牌重新製作成中英文對照版。另外，還請專業公司精心製作了中英文對照版的展館介紹宣傳單片，供中外遊客免費取閱。

孔門七十二賢畫像展。爲紀念孔子誕辰 2560 年，上海文廟精心籌畫、展出的"孔門七十二賢像"，由著名人物畫大師戴敦邦先生及其弟子周一新先生鼎力合作、歷時半年精心繪製而成。作品計七十三幀，人物特徵全部依《史記》記載，個性鮮明，對有據可查的孔門弟子逐一進行敘述，力圖清理出他們各自的生平、對社會的貢獻、對孔子學術思想的繼承和創新以及對後世的影響，這也是一組融合中西繪畫手法的開拓創新之作。上海文廟與上海古籍出版社合作，將全部展品集結成畫册正式出版發行，受到讀者的歡迎。

二、講座與學術交流

開設"文廟講堂"，以弘揚傳統經典文化爲己任，自 2007 年起面向公衆開辦以來，將學術性的、深奧難懂的經典著作進行通俗易懂的講演，先後邀請紀連海、張尚德、姚淦銘、樊樹志、陳先行等學者開展國學講座，共舉辦講座近百場。其中，反響熱烈的有"古籍版本的收藏與鑒賞"、"孔子家語系列"、"相聲劇《子曰》"、"凡夫俗子談《論語》"、"古典詩詞音樂會"、"四大名著解讀"等等，逐步形成了固定的參與群體。

上海文廟還利用自身得天獨厚的環境優勢和所藏儒家經典古籍善本開展學術交流活動——儒學研討會。儒學研討會成員是來自本市高等院校、社科院等理論學術界的教授、專家、學者。1997 年舉辦首屆以來目前已成功舉辦了八屆，並出版了"與孔子對話"論文集共八集，努力使上海文廟成爲儒學研究的重要基地和交流平臺。

三、傳統文化互動活動

上海文廟還通過與遊客一系列的互動活動，吸引公衆學習經典的熱情。如：

2015 年 7 月，與曲阜孔廟共同舉辦的"背《論語》免費游'三孔'"活動，有 66 名遊客參與，其中一位 9 歲小朋友能夠完整背誦出隨機抽取的《論語》篇章而獲得了免費參觀曲阜所有文物景區的榮譽證書。

文廟業餘小導遊培訓班：自 2000 年起，爲敬業初級中學的學生提供"文廟業餘小導遊"的課外輔導活動，每年參加小導遊輔導班的同學有 30 人。在參加培訓和爲遊客講解的過程中，同學們增加了對傳統文化的興趣和瞭解。

文廟周日舊書交易市場。上海文廟舊書交易市場作爲建國以來全國唯一一家有組織的、定期開辦的個人舊書集市，至今已存在了 30 年。從 1986 年創辦至今，經粗略估計，累計遊客已達 180 萬人次，並培育了一批古籍愛好者。

四、文獻管理

在古籍善本保護方面，上海文廟一方面加強專人管理，負責古籍的分類管理、編制、保護等工作，並制定了相應的古籍保護制度，如：定期對庫存和展出古籍進行互換，對古籍進行評估、檢查，對老化、破損嚴重、亟待保護和修復的書籍作記錄，進行重點保護，重點做好古籍保護的預防措施。另一方面，盡力做好專用資金落實工作，嚴格按照區財政每年下撥專款用於古籍的添置和修繕，貫徹"保護爲主、搶救第一、合理利用、加强管理"的指導方針，切實做好珍貴古籍的保護、管理和合理利用。

今後，上海文廟在古籍保護工作方面將重點加强數字資源的建設和人員培訓工作，努力將上海文廟建成儒家經典的展示、交流和研究基地。

（徐學蓮）

附録一

上海市入選"全國古籍保護單位"名録

批　次	"全國古籍重點保護單位"上海地區
第一批	上海圖書館
	上海博物館
	復旦大學圖書館
第二批	華東師範大學圖書館
	上海師範大學圖書館
	上海中醫藥大學圖書信息中心
第三批	上海社會科學院圖書館
	共7家

附録二

"上海市重點古籍保護單位"名録

批　次	上海市古籍重點保護單位
第一批	上海圖書館
	上海博物館
	復旦大學圖書館
	華東師範大學圖書館
	上海師範大學圖書館
	中國科學院上海生命科學信息中心
	上海中醫藥大學圖書信息中心
	上海文廟管理處
第二批	上海社會科學院圖書館
	共9家

附録三

上海市入選珍貴古籍名録一覽表

批　次	單　位	入選上海市珍貴古籍名録數	入選國家珍貴古籍名録數	共　計
第一批	上海圖書館	369	122	第一批上海市珍貴古籍名録共計549種；第一批國家珍貴古籍名録上海地區入選共計170種
	上海博物館	57	28	
	復旦大學圖書館	24	1	
	華東師範大學圖書館	27	7	
	上海師範大學圖書館	17	2	
	上海中醫藥大學圖書信息中心	7	1	
	中國科學院上海生命科學信息中心	7	1	
	上海辭書出版社圖書館	6	1	
	上海圖書公司	31	3	
	上海龍華寺	4	4	
第二批	上海圖書館	78	202	第二批上海市珍貴古籍名録共計258種；第二批國家珍貴古籍名録上海地區入選共計329種
	上海博物館	6	23	
	復旦大學圖書館	47	18	
	華東師範大學圖書館	56	46	
	上海師範大學圖書館	38	7	
	上海中醫藥大學圖書信息中心	6	5	
	中國科學院上海生命科學信息中心	10	3	
	上海辭書出版社圖書館	5	5	
	上海圖書公司	12	16	
	吳華安、吳侃文		2	
	陳昌、陳光遠		2	
第三批	上海圖書館	200	42	第三批上海市珍貴古籍名録共計317種；第三批國家珍貴古籍名録上海地區入選共計108種
	上海博物館	9	2	
	復旦大學圖書館	37	17	
	華東師範大學圖書館	30	22	
	上海師範大學圖書館	4	8	
	上海中醫藥大學圖書信息中心	8	4	
	中國科學院上海生命科學信息中心	10	3	
	上海辭書出版社圖書館	5	3	
	上海圖書公司	4	3	
	上海社會科學院圖書館	8	2	
	上海盛華堂	2	1	
	元雨軒		1	

批 次	單 位	入選上海市珍貴古籍名録數	入選國家珍貴古籍名録數	共 計
第四批	上海圖書館	100	150	第四批上海市珍貴古籍名録共計199種；第四批國家珍貴古籍名録上海地區入選共計195種
	上海博物館	4	3	
	復旦大學圖書館	30	21	
	華東師範大學圖書館	20	14	
	上海師範大學圖書館	17	2	
	上海中醫藥大學圖書館	6		
	中國科學院上海生命科學信息中心	7	3	
	上海辭書出版社圖書館	3		
	上海圖書公司	6		
	上海社會科學院圖書館	5	2	
	上海交通大學醫學院圖書館	1		
第五批	上海圖書館	15	91	第五批上海市珍貴古籍名録共計70種；第五批國家珍貴古籍名録上海地區入選共計111種
	上海博物館	7		
	復旦大學圖書館	30	9	
	華東師範大學圖書館		5	
	上海師範大學圖書館	2	1	
	上海中醫藥大學圖書館	8		
	中國科學院上海生命科學信息中心		2	
	上海辭書出版社圖書館	4	2	
	上海圖書公司	4	1	
第六批	上海圖書館	42		第六批上海市珍貴古籍名録共計80種
	上海博物館	1		
	復旦大學圖書館	15		
	上海師範大學圖書館	2		
	中國科學院上海生命科學信息中心	5		
	上海辭書出版社圖書館	6		
	上海圖書公司	7		
	上海交通大學醫學院圖書館	1		
	畢舜偉	1		

以上合計入選上海市珍貴古籍名録 1473 種；入選國家珍貴古籍名録 913 種

圖書在版編目（ＣＩＰ）數據

上海市古籍保護十年 / 上海市古籍保護中心編. -- 上海 : 上海古籍出版社, 2017.6
ISBN 978-7-5325-8464-2

Ⅰ. ①上… Ⅱ. ①上… Ⅲ. ① 古籍－圖書保護－成就
－上海－圖録 Ⅳ. ①G253.6-64

中國版本圖書館CIP數據核字(2017)第099306號

責任編輯：余鳴鴻
裝幀設計：嚴克勤
技術編輯：隗婷婷

ISBN 978-7-5325-8464-2

上海市古籍保護十年

上海市古籍保護中心 編

上海世紀出版股份有限公司 出版
上 海 古 籍 出 版 社
（上海瑞金二路272號　郵政編碼 200020）

(1) 網　　　址：www.guji.com.cn
(2) E－mail：guji1@guji.com.cn
(3) 易文網址：www.ewen.co

上海世紀出版股份有限公司發行中心發行經銷
上海界龍藝術印刷有限公司印刷
開本 787×1092　1/8　印張 47　字數 300,000
2017年6月第1版 2017年6月第1次印刷
印數：1-1,300
ISBN 978-7-5325-8464-2/K.2329
定價：580.00元
如發生質量問題，請與承印公司聯繫